시스템 코칭과 컨스텔레이션

Systemic Coaching and Constellations

© John Whittington, 2012, 2016, 2020
This transition of Systemic Coaching and Constellations 3rd edition is published by arrangement eith Kogan Page.
All rights reserved

Korean Transition Copyright © 2021 by Korea Coaching Supervision Academy
Korean Transition published by arrangement with KOGAN PAGE LTD
through Imprima Korea Agency

이 책의 한국어판 저작권은 Imprima Korea Agency를 통해
KOGAN PAGE LTD사와의 독점 계약으로 한국코칭수퍼비전아카데미에 있습니다.
저작권법에 의해 한국 내에서 보호를 받는 저작물이므로
무단전재와 무단복제를 금합니다.

호모코치쿠스 29

시스템 코칭과 컨스텔레이션
Systemic Coaching and Constellations
개인, 팀 및 그룹에 대한 원칙, 실천 및 적용

THIRD EDITION

존 휘팅턴 지음
가향순, 문현숙, 임정희, 홍삼열, 홍승지 옮김

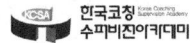

표지설명

자신이 속한 시스템이 마치 공작 꼬리에 있는 눈꼴 무늬eyespot처럼 자신을 감싸고 있다고 떠올려보자. 각 시스템에 합류joining, 소속belonging, 떠났던 leaving 경험이 있을 것이다.

  함께 일하는 사람들을 그저 한 개인이라고만 생각하기 쉬운 일이지만, 우리는 관계 시스템 안에서 태어나고 소속된다. 첫째로, 우리 인생은 가족 시스템에서 자기 위치를 찾는 것으로 시작한다. 소속된 그룹의 규칙에 맞게 자신을 조율하고tune 상대적인 위치와 크기를 찾으면서 우리의 가장 깊은 패턴이 형성되기 시작한다.

  성장하면서 우리는 교육, 직업, 그리고 조직 등 각기 다른 시스템에 소속된다. 각 시스템에서 자신의 위치를 찾을 뿐 아니라 불문율unwritten rules까지 조율하는 법을 배운다.

  이러한 여러 가지 시스템에 소속하면서 자신의 정체성과 세상에서의 위치감sense of place을 알 수 있게 된다. 각각의 시스템은 강력한 경험을 제공하고 그곳에서 우리가 포함되거나 배제된 느낌을 배운다. 어떤 시스템에서는 활발하게 지내고, 어떤 시스템에서는 겨우 살아남기도 한다survive. 우리는 각 시스템과 그 안에 있는 몸에 체화한embodied 위치 감각인 내적 컨스텔레이션constellation을 가지고 있다.

  그래서 공작의 꼬리처럼 자신을 감싸고 있는 모든 시스템을 떠올린다면, 과거 자신과 함께했던 시스템에서 현재까지 미치는 영향과 그에 대한 반응resonant experiences, 그리고 그 신의loyalties를 보기 시작했을 것이다.

각 꼬리 깃털tail feathers에서의 경험과 관련된 보이지 않는 역동성hidden dynamics, 반복되는 패턴, 다양한 경험과 풍부한 자원을 포함해서 떠올리면 자신에 대한 완전한 그림이 그려질 것이다. 그러면서 시스템으로 생각할 수 있게 된다.

이것이 시스템 코칭을 이해하는 출발점이다. 그것은 또한 복합적인 관계로 이루어진 시스템에 미치는 영향을 보는 방식이다. 과거에 속했던 시스템을 명확히 분석하고resolving, 현재 자신의 위치를 찾아냄으로써 자신의 미래로 더 쉽게 나아갈 수 있다. 그것은 시스템 내에서의 자연 질서력ordering forces을 이해함으로써 알게 되고 컨스텔레이션 매핑mapping과 퍼실리테이션 프로세스를 통해 가능하다.

공작의 꼬리는 많은 코칭 고객이 자기 상황을 개방하는 순간 코치가 고객에게 기본적으로 늘 사용하는 은유다. 고객이 상황을 보는 관점은 고객이 속해 있고 거쳐온 시스템과 관련이 있다. 각자의 위치에서 찾고 경험한 기쁨과 도전, 그리고 흔히 어렵기는 하지만 떠남으로 끝내는endings 기쁨도 포함된다.

코칭은 개인이나 팀으로서 고객이 모든 답을 가졌다는 믿음에 기초한다. 이것은 코칭 시작에서 매우 유용하다. 그렇지만 개인이나 팀의 풍부한 꼬리 깃털을 포함하면 훨씬 더 깊고 넓은 정보와 자원을 제공하고 접근할 수 있다. 개인이나 팀을 넘어서 그들이 속해 있는 영역과 그들이 거쳐온 곳까지 포함한다.

컨스텔레이션 시스템 코칭의 자세stance, 원리principles 및 실행practices을 알게 됨으로써 이러한 현장에서 정중한 접근으로respectful access 코칭할 수 있게 되고 지속해서 영향을 미칠 수 있을 것이다.

시스템 코칭과 컨스텔리이션은 관계 시스템과 관련된 보이지 않는 역동성, 깊은 패턴 및 많은 자원에 정중하게 접근할 수 있다. 고객, 개인, 팀 및 그룹이 자신의 미래로 자유롭게 이동할 수 있도록 떠나보내는 것이 코칭이다.

시스템 코칭과 컨스텔레이션

3판을 보증하는 글

인생에서 두 번의 위기 순간에 존 휘팅턴John Whittington의 지도를 받는 행운이 있었다. 조직적 관점과 개인적 관점으로 컨스텔레이션constellation에서 내 위치를 이해하고 찾을 수 있도록 도와준 덕분에 중대한 결정을 내릴 수 있었다. 만약 예전의 패턴에 충실했다면 엉뚱한 방향으로 그것도 자신 있게 나아갔을 것이다. 아직 경험하지 않았다면 이 책에 있는 초대장을 받아 자신의 시스템에 매핑할 것을 적극적으로 추천한다.

정중한 마무리의 중요성에 대해 존이 강조한 것은 특별한 공명이 되어 긍정적 영향으로 다른 사람들과 함께 여러 차례 배우고 녹여내게 되었다. 이 책은 사고thought 리더십이자 매우 실용적인 지침이 되는 귀중한 책이다.

헬렌 하이드Helen Hyde
전 인사부장, 웨이트로즈, 이사회 이사,
존 루이스 파트너십

3판이 나왔다는 것은 시스템으로 그리고 몸으로 익히며 탐구하는embodied enquiry 코치들에게 가치가 있었다는 증거다. 존 휘팅턴은 컨스텔레이션 이론, 방법 및 핵심적인 실천을 간결하고 단순하게 전달하며, 이 강력한 접근 방식을 쉽게 접할 수 있도록 하는 데 도움을 준다. 또 조직 코칭에서 시스템적 접근 방식으로 컨스텔레이션을 광범위하게 활용한다.

특히 이번 판에서 소속의 중요성, 즉 자신의 가족 시스템과 직장에서 나타나는 많은 패턴의 근원, 그리고 코치가 고객의 결과물을 만들어낼 수 있는 도구가 되어 스스로 내면 작업을 하도록 초대하는 데에 특별히 초점을 맞춘다. 컨스텔레이션으로 경험하는 워크숍을 지원하고 설명하는 좋은 동반자로서 이 책을 적극적으로 추천한다.

타이 프랜시스Ty Francis 박사
코치, 퍼실리테이터, 영화 제작자 및 작가

존 휘팅턴이 이 책에서 조직 시스템에 가입하고joining, 소속하고belonging, 떠나는leaving 주기에 초점을 맞추는 것이 특히 유용하다. 우리는 조직 시스템의 리더나 구성원, 그리고 다른 분야의 전문가로서 처음에는 많은 에너지를 소비한다. 채용과 인센티브를 '고리 던지기hoopla'처럼 한 번에 딱 맞게 하기는 힘든 일이다. 실제로 존이 지적한 것처럼 개인의 존엄과 조직 시스템에서의 완전성이 이루어지고 유지될 수 있는 마무리와 떠남에 정중하게 참여할 수 있다.

몇 년 전에 이 방법론을 처음 연구한 이후로 나는 계속해서 컨스텔레이션 철학을 내 성장과 팀에 실제로 적용할 수 있는 접촉점을 발견했다.

사라 위어Sarah Weir
영국 디자인 위원회 최고 경영자

컨스텔레이션과 함께한 것은 내 삶 전반에 영향을 미쳤다. 그 과정은 시각적이며 즉시 실행 가능한 것이다. 창의적 비즈니스를 선도하는 일은 물건을 만들고, 이익을 내고, 구조를 만드는 것이다. 나에게 이것은 우선순위, 시스템 정렬, 시간과 에너지 할당으로 귀결된다. 이런 식으로 자신을 바라보는 효과적인 방법을 경험한 적이 없다.

나와 공동 창업자들의 방안은 사업을 기획하고, 시장에 진출하고, 사람들과 이야기를 나누고, 실행하는 것이다. 모든 것이 더 분명해지고 정렬되었다. 시스템 수준에서 상황이 변했다. 이 책에 기술된 방법론은 10년이 지나 다른 대륙에 있는 나에게 국제 비즈니스의 리더로서뿐만 아니라 인간human being으로서 지원해주고 명확하게 해주었다.

벤 월스텐홈Ben Wolstenholme
샌프란시스코의 Madefire 설립자이자 CEO

이 책에서 시스템 컨스텔레이션은 간단하고 실천적인 적용으로 묘사하지만 반면에 숨겨진 깊이가 있다. 많은 연구와 성찰에서 즉각적인 성과를 이룰 수 있다. 그것은 보편적으로 관찰할 수 있는 진리를 기초로 하지만 모든 인간 영혼의 유일성uniqueness을 표현한다. 그의 부드러운 도발성gentle provocativeness으로, 존 휘팅턴은 우리를 이 역설의 세계에 끌어들이고, 불확실성의 정글을 지나 우리를 안전하게 이해하도록 인도한다.

이 책의 천재성은 상황을 다른 시각으로 보도록 여러 맥락을 통해 코치와 리더를 초대하는 존의 능력에 있다. 매우 사랑받는 이 책의 3판은 더 발전된 존의 사고, 자신감, 표현 등을 보여준다. 그는 듣고 읽는 것을 즐기는 사고력 있는 리더이다.

앨리슨 하딩햄 Alison Hardingham
코치, 강사, 저자 및 비즈니스 심리학자

나는 이 책의 이전 판을 훈련하는 많은 코치에게 추천했다. 이 책은 말하지 않는 사람들을 코칭할 수 있는 실질적인 방법들로 가득하기 때문이다. 본 판은 또한 교류분석 transactional analyst(TA)에 뿌리를 둔 컨스텔레이션에 깔린 사고방식, 즉 있는 그대로 what is를 인정하고 코칭하는 것, 세대 간 메시지와 신의, 무의식적 역동성으로 생성된 교환 시스템을 자세히 설명한다.

이 판은 현상학적 phenomenology 코칭의 중요성, 소속감 욕구, 그리고 시스템 차원으로 보는 조직 리더들의 책임을 새롭게 강조하기에 나는 이 책을 추천한다. 표면적인 코칭 대화 수준보다 더 깊은 보이지 않는 역동성을 코칭할 때, 고객이 드러내는 모습을 궁금해하는 모든 코치에게 도움이 될 것이다.

로즈마리 내퍼 Rosemary Napper
교류분석 코치, 훈련 및 감독

목차

삽화 13
서문 14
저자 서문 16
역자 서문 19
감사의 말 21

1부 아웃사이드 인, 인사이드 아웃 25
  01 아웃사이드 인 27
    전문 시스템 경험에서 비롯된 패턴
  02 구성요소 35
    시스템 | 시스템적 | 시스템 코칭 | 컨스텔레이션 | 코칭 대화에서 컨스텔레이션 코칭까지 | 기원: 컨스텔레이션 워크숍
  03 인사이드 아웃 53
    시스템 코치의 내적 지향 | 시스템을 염두에 둔 코칭
  초대 1부 69
  실제 작업 사진 74

2부 원리 81
  04 소속 83
    소속 욕구와 나타나는 역동성 | 가정에서 시작된다 | 가입, 소속 및 탈퇴의 사이클
  05 양심, 죄책감, 결백함 95
    양심 집단과 소속 | 개인적 양심 | 조직적 양심 | 시스템적 양심 | 개인적 양심의 세부사항 | 요약: 개인적 양심 | 죄책감과 결백함 | 조직적 양심의 세부사항 | 조직적 양심: 요약 | 죄책감이 요구되는 성장 | 시스템적 양심의 세부사항 | 코치에게 유용한 방법 | 고객에게 유용한 방법
  06 시스템 범용어 125
    질서 | 개인이나 팀에서 시스템으로 | 인정의 원리 | 시스템

의 조직 원리 | TIME의 조직 원리 | PLACE의 조직 원리 | EXCHANGE의 조직 원리 | 조직 원리의 실행 | 조직 건강 | 시스템적 리더십

  07 바로 지금 ······ 169
    이 접근 방식이 적용될 경우 | 시스템에서 보낸 메시지 | 유익 및 설정 | 주의사항 | 컨스텔레이션 시기

3부 실천 ······ 184
  08 지도 작성 ······ 185
    시작하기 | 작업 허가받기 | 첫 단계로 이동 | 매핑에서 컨스텔레이션까지 | 핵심 프로세스 | 시스템의 비밀 언어
  09 삶의 지도 ······ 225
    패턴 바라보기 | 역동성 비추기 | 솔루션 촉진하기
  실제 작업 사진 ······ 234

4부 워크숍을 위한 테이블 구성 ······ 241
  10 일대일: 코칭의 원칙과 실행 ······ 243
    개인 코칭 | 리더십 개발 코칭 | 일대이 코칭 | 기존 접근 방식 및 방법과 통합 | 온라인 시스템 코칭
  초대 2부 ······ 289
  11 일대다: 시스템 팀 코칭 ······ 291
    자세 | 원칙 | 실행 | 필드에서 걷기 | 조건 만들기 | 맥락인가 시스템인가? | 팀에도 공작 꼬리가 있다 | 팀 리더의 내부 팀 | 여럿의 '나'가 팀을 이룬다 | 시스템 팀 코칭 활동 | 팀과 갈등 | 그룹 컨스텔레이션
  12 고착된 순간 ······ 335
    고착을 풀기 위한 전략
  13 실행 확장: 심화 실행 및 응용 ······ 341
    플로어 마커 | 손 대리인 | 대리인에 대한 메모

14 시스템 수퍼비전 ······ 353
　코칭 수퍼비전 | 수퍼비전: 요약
　실제 작업 사진 ······ 374

5부 유사 주제 ······ 381
　15 인간 ······ 383
　　존재, 인간의 욕구 | 소속 욕구 | 안전 욕구 | 인정 욕구 | 욕구가 충족되지 않을 때 | 조직의 문제
　16 F 단어 ······ 397
　　원가족 시스템 | 원가족 시스템 경험에서 나타나는 패턴 | 거울아, 거울아 | 리더십 권위 | 스스로 자원화 | 고객의 가족 시스템

부록: 출처 및 추가 자료 ······ 426
팀을 만나다 ······ 432
추신: 아웃사이드 인, 인사이드 아웃 ······ 435
FAQs ······ 438

색인 ······ 480
저자 및 역자 소개 ······ 487
발간사 ······ 492

삽화

표지의 삽화는 시스템 코칭과 컨스텔레이션에 생명을 불어넣기 위해 디자인되었으며, 다니엘 왓슨Daniel Watson이 디자인하였다.

  다니엘은 또한 전 세계의 다양한 상황과 환경에서 서로 다른 코치들이 진행하는 여러 시스템 코칭 세션의 본질을 포착하기 위해 힘썼다. 결과물 사진은 코치, 고객, 저자가 찍은 사진에서 뽑은 것이다.

  이 책에서는 이 삽화를 반복해서 사용함으로써 시각적인 일관성을 유지하였다.

서문

우리는 모두 적어도 두 개 이상의 언어를 조율tune할 수 있는 능력을 갖추고 태어났다. 모국어, 시스템 언어, 관계 시스템 언어 등. 어떤 언어는 서로 공명하고 어떤 언어는 그렇게 큰 의미가 있지 않다. 시스템 언어는 세대를 초월하며, 더 깊은 진실을 밝히면서illuminating 지금 여기로 이끈다. 그 뒤에 통찰력, 이해력 및 행동을 위한 새로운 길을 제공한다.

이 책은 그 기술craft을 알고, 그의 작품을 사랑하고 구성원들의 역동성에 대해 시스템 차원의 연민을 가진 사람이 쓴 것이다. 페이지마다 컨스텔레이션 작업을 촉진하고 가르치는 그의 경험을 느낄 수 있다. 존은 이해하기 쉬운 예제들과 흥미로운 사례연구를 통해, 이 강력한 방법의 기본 원리와 절차에 대한 배후 여정으로 안내한다.

그러면 곧 의미 있는 시스템 컨스텔레이션을 설정할 수 있다. 그리고 시스템을 통한 자신의 여정을 생각해볼 수 있도록 초대받을 것이다. 이를 통해 자신을 위한 강력한 통찰력, 흐름에 대한 이해, 그리고 고객에게 적용하는 지식과 방법을 알게 될 것이다.

포괄적인 소개를 통해 시스템 코칭의 깊이와 실제적인 내용 모두를 충족할 것이다. 이 글은 시스템 언어의 명확성과 개인과 그룹 및 팀 코칭에 적용되는 맥락에서 작성되었다.

이 책과 그의 팀이 진행하는 훈련 전반에 걸쳐 자기 성찰에 대한 존의 소신은 그의 진실성뿐 아니라 그가 지난 10년 동안 설계한 학습 여정의 증거로 나타난다. 나는 약 20년 동안 이 일을 스스로 촉진하고 가르치면서 이 책이 흥미롭고 통찰력 있는 책이라는 것을 알게 되었다. 간결하면서도 풍부한 디테일과 사례들로 가득하고, 그의 손길에 깊이와 마음이 닿아 있다. 이 책이 세 번째 판이라는 사실은 많은 코치가 크고 작은 작업 시스템에 대한 통찰력이 필요하다는 점을 확인해준다.

클라우스 P 혼 Klaus P Horn 박사
『보이지 않는 역동성과 미지에의 연결』의 저자

저자 서문

컨스텔레이션을 이해하는 가장 효과적인 방법은 워크숍에서 직접 경험해 보는 것이다. 워크숍에서 시스템이 만들어내고 의미를 주는 설계된 장면에 직접 서보면 시스템에 대한 이해와 영향력을 강력하고 빠르게 배울 수 있다. 이처럼 시스템 코칭과 컨스텔레이션은 체험을 통해서만 알 수 있으므로 쓴 글을 읽는 것만으로는 이해하기 어렵다.

이를 통해 컨스텔레이션을 배울 때의 자세stance(1부), 원리principles(2부), 실행practices(3부) 등의 구조와 같은 경험적이고 나선형 교육과정에 참여하면 딥러닝deep learning이 이루어진다. 이를 염두에 두고 워크숍과 훈련에서 자주 하는 질문 일부를 책 마지막에 있는 FAQ 섹션에 포함했다.

전반적으로 사례연구를 제공하고 있으나, 코치들은 실제 코칭을 통해 심도 있게 자신만의 방법을 찾기를 권한다. 이 책의 사례들은 전 세계 코치들이 저마다 다른 무대에서 각자의 촉진 스타일과 접근 방식을 사용한 것이다. 직접적인 경험을 통해 실용적인 적용의 묘미를 맛보길 권한다.

사례연구와 함께 실질적인 연습을 통해 이해와 자신감이 커지면 고객과 일대일, 팀 및 그룹 환경에서 함께해 볼 수 있다.

이 접근 방식이 나타내는 것은 경험하고, 배우고, 연습하는 동안 머리(사고), 가슴(감성), 장(행동)의 세 가지 뇌에서 받아들인 뒤이다. 가지고 있었지만 우리가 미처 알지 못했던 자기 몸이 기억하는 지혜를 바탕으로 한 원리와 실천은 이해와 조정alignment 및 행동의 깊은 변화shifts를 촉진할 수 있다.

　이 책은 또한 코치로서 다른 사고방식과 다른 코칭 방식들을 통합할 수 있는 몇 가지 예를 제공한다. 이런 생각과 코칭 방식들과 함께, 이미 사용하고 신뢰하는 모든 사고방식과 코칭 방식을 탐구함으로써 고객들과 그들의 시스템에 서비스를 제공할 것으로 믿는다. 자신의 모든 것, 그 모든 자리에 위치를 제공하는 접근 방식을 결합하면 매우 광범위한 문제에 직면할 수 있는 무엇인가를 얻게 될 것이다.

　이번 3판에는 첫 번째 두 장을 포함하여 많은 새로운 장들이 있다. 또 소속감과 양심에 관한 한 장을 두 장으로 확장하여 소속의 필요성과 역동성 사이의 연결고리를 더 명확하게 적용할 수 있게 했다.

　팀 작업을 위한 몇 가지 연습과 연결해서 시스템 팀 코칭에 관한 장에 상당히 많은 내용을 추가했다. 이것은 팀 및 그룹과 함께 일하는 사람들을 위한 자원으로써 별도의 장을 마련했다는 것을 의미한다.

　개인, 팀, 조직 전체에 걸쳐 진행되는 '비밀 문장'의 예시가, 언어의 힘과 그것이 시스템에 어떻게 내재하고 구현되는지를 이해하는 데 도움이 되기를 바란다.

　새로운 콘텐츠는 2판 이후 4년 동안 내 발전과 학습을 반영한다. 특히 새로운 15장에서는 고객과 함께 코칭하면서 떠오른 수많은 생각과 통찰의 본질을 담아내고 함께 공유하게 되어 기쁘다. 나는 인간의 핵심적인 욕구에 대한 성찰들이 코치로서 다른 사람들과 함께 일하면서 알아차림을 유지하는 데 유용할 수 있다고 믿는다.

나는 단지 코치일 뿐이다. 학자도, 훈련된 강사도, 경험이 풍부한 작가도 아니다. 나는 단순히 코칭에 대한 접근 방식을 공유하고, 나에게 고맙게 주어진 것을 전달했다. 왜냐하면 그것은 내 삶과 일에 대한 이해를 변화시켰고 그것이 진실이라고 느끼기 때문이다. 나뿐 아니라 내 모든 고객도 그들의 배경, 성별, 성격, 기술, 심리적 측면, 역할 또는 분야에 상관없이 그렇다.

이러한 시스템적 접근 방식과 여러 응용 프로그램들이 많이 개발되고 있다. 이 책은, 특히 경험적인 훈련을 병행하면 시작하기에는 충분하다. 그렇지만 그것이 전부는 아니다. 몸으로 익힌 경험을 통해 자신의 것으로 느껴질 때까지, 이 접근법을 완전히 신뢰하면서 실천과 응용, 그리고 더 많은 학습이 이루어진다면 '알지 못하는 not knowing' 사이에 익숙해질 것이다.

시스템 코칭은 사고와 일에 일관된 프레임워크를 제공한다. 이 책을 읽고 직접 실행해보는 – 독서와 체험 학습의 결합 – 것은 곧 고객이 새로운 영역, 상상하지 못한 통찰력, 그리고 지속적인 해결책을 찾도록 지원할 것이다.

자신과 고객들은 또 다른 존재 방식을 즐기기 시작할 것이다. 그들과 함께 여행을 즐기기 바란다.

역자 서문

코칭을 하면서 고객이 보여주지 않지만, 존재하는 부분에 어떻게 접근해서 근본적인 해결책을 찾고 지속적인 변화를 가져올 것인지 늘 고민해왔습니다. '코치의 직관을 나눈다'는 것에 대한 고민과 겹치는 부분이기도 했습니다. 시스템 코칭과 컨스텔레이션은 이런 고민에 유용한 방법론을 제시합니다.

최근 '조직 컨스텔레이션'에 관해 관심이 높아지고 있지만, 아직까지 활발하게 적용되고 있지는 않습니다. 시스템 코칭도 생소했지만 컨스텔레이션이라는 단어도 생소했습니다. 국내에서는 '가족 세우기'라고 불리는 '가족 컨스텔레이션' 분야에서 이미 많은 전문가가 활동 중이라는 것을 알게 되었습니다.

이 책은 조직 컨스텔레이션을 처음 접하는 사람들에게 간단한 원리와 다양한 사례를 함께 제공함으로써 이해와 자신감을 높여줍니다. 또 저자는 계속해서 코치로서 다양한 사고방식과 코칭 방식을 통합할 수 있다는 점을 상기시키면서 컨스텔레이션을 통해 자신만의 방식을 찾도록 권하고 있다는 점이 인상 깊었습니다.

코칭도 간단한 대화 모델처럼 보이지만 실제 현장에서 경험하면 다양한 깊이와 넓이가 있는 것처럼, 컨스텔레이션도 간단한 개념처럼 보이지만 실제로 경험하지 않고는 글로 읽고 전달하기는 힘든 개념입니다.

독자들에게 좀 더 가까이 다가가는 번역을 제공하기 위해 신과기업 조직 컨스텔레이션 워크숍에 참여하면서 시스템 코칭 및 컨스텔레이션을 더 깊게 이해하게 되었습니다. 책에 나온 예제들은 따라 하기 쉽고 간단한 방법이면서도 코치로서의 인식확장에 많은 도움이 됩니다.

실제 컨스텔레이션은 시스템의 우선순위와 조직원리, 그리고 일관성 있게 관찰되는 패턴을 이해하는 데 '느낀 감각'이라는 오감과 육감을 사용하여 많은 양의 정보를 대리인이라는 개념을 통해 전개합니다. 정보에 접속한 상태를 유지하되 '떨어져서, 있는 그대로' 보는 것과 동시에 컨스텔레이션 밖으로 전달하는 역할까지 수행할 수 있습니다. 많은 코치가 자신의 시스템을 탐색하고 지금까지 배우고 활용해 온 여러 가지 코칭 방법론에 컨스텔레이션이 통합되기를 바랍니다.

번역하면서 저자가 전달하고자 하는 내용과 의미를 독자들이 가장 이해하기 쉽게 옮기고자 하였으나 여전히 미흡한 부분에 대해 양해해주시기 바랍니다.

이 책의 번역을 제안해 주시고 출판을 맡아주신 한국코칭수퍼비전아카데미 김상복 대표님과 편집부 여러분께 깊은 감사를 드립니다. 함께 번역에 참여한 가향순 코치님, 문현숙 코치님, 임정희 코치님, 홍삼열 코치님께 온 마음으로 감사드립니다.

역자들을 대표하여, 홍승지 씀

감사의 말

이 책의 이전 판에서 내 선생님들과 동료들에게 시스템에 관해 매우 유용하고 실용적인 방법을 배웠다. 그 결과 인생과 일에 대한 내 관점이 바뀌었다; 코치로서 훨씬 광범위한 이슈를 다룰 수 있는 능력을 키웠고, 다양한 분야의 고객과 일할 수 있게 되었다. 지금은 많은 질문과 문의를 통해, 내가 아는 한 가장 포괄적이고 통찰을 주는 방법인 컨스텔레이션 강사로서 계속해서 배우고 성장하고 있다.

이번 3판에서는 이 방법을 설계하고, 개발하고, 접근할 수 있게 만든 사람에게 감사하고자 한다. 안톤 버트 헬린저Anton Bert Hellinger는 우리에게 선물을 남겨주었다. 그 선물은 개인적 삶에서든 전문적이고 조직적인 삶에서든 인간 조건의 핵심적 역동성에 대한 깊은 이해다.

버트 헬린저

안톤 '버트' 헬린저는 오늘날 코칭, 리더십, 조직개발 등이 알려지기 훨씬 이전인 1925년 독일 남서부의 작은 마을에서 태어났다.

그는 개인적, 직업적 이유로 전 세계를 여행했고, 특히 남아프리카의

줄루족Zulu people 사이에서 일하며 많은 시간을 보냈다. 그는 줄루족의 언어와 의식rituals을 배웠다. 그곳에서 현상학적 접근phenomenological orientation인 인종 간 일치 운동 훈련interracial ecumenical training을 받았는데, 특별한 감동을 받은 나머지 교회를 떠나 많은 심리적, 철학적 수양을 하게 되었다.

고전적이고 초개인적인 정신분석transpersonal psychoanalysis, 가족 시스템 치료, 사이코 드라마family systems therapy, 가족 조각family sculpting, 애착 이론attachment theory, NLP, 게슈탈트Gestalt를 포함한 현장 연구, 교류분석transactional analysis에서 나온 세대 간 이어지는 패턴을 가진 시스템으로서의 인간에 대한 개념에 몰두한 것으로 알고 있다.

버트는 연구하는 동안 시스템 이론과 교류분석에 가족 관계 시스템을 일관성 있게 일치시키고 결합시킨 강사이자 치료사인 루스 맥클렌던Ruth McClendon과 레슬리 카디스Leslie Kadis를 만났다. 버트는 이 경험과 이론적인 기초를 자신의 통찰력으로 독특하고 특별하게 융합하였다.

그의 융합은 도교Taoism, 유교Confucianism, 그리스 철학Greek philosophy, 그리고 현상학phenomenology의 다양한 표현의 연결고리를 결합한 다른 철학과 관점을 포함하고 있다. 그의 삶과 일에 대한 풍부한 경험들은 그의 생각을 뒷받침했고, 깊게 보고 일할 수 있게 하였다.

그는 통찰력, 경험, 관찰을 혼합해서 가족, 사회, 직업 및 조직 시스템에 강력하고, 영적이며 실용적으로 개입할 수 있게 했다. 시스템 컨스텔레이션은 숨겨진 구조와 역동성을 더 쉽게 볼 수 있고 영향력을 미치게 하려고 철학과 물리적인 3차원 표상 맵핑을 조합한 것이다.

버트가 70세에 이르렀을 때는 통찰력 있고 경험 많은 현자polymath가 되었고, 은퇴를 생각하고 있었다. 그러나 자기 관찰 일부를 기록하고 그 방법을 공유해달라는 요청이 있었다. 감사하게도 그는 그 요청을 받아들였고, 20년이 지난 지금도 그의 특별한 업적은 전 세계에서 여전히 배움과 촉진에 깊고 넓게 영향을 미치고 있다.

버트가 이 작업을 발전시킴으로써 가족, 사회, 그리고 개인적 시스템에서의 삶과 사랑의 흐름을 찾는 데 컨스텔레이션 방식이 확고하게 자리 잡게 되었다. 초창기에는 전 세계 수십만 명의 사람들에게 워크숍 형태로 진행되었으며, 그 단순한 힘은 경계, 맥락, 문화와 상관없이 작동하였다.

리더십과 조직 건강의 흐름을 중요하게 여기는 사람들은 이런 철학을 전문적이고 조직적인 환경에 적용하고 활용한다. 화해하기 어려운 갈등에 갇혀 있던 사람과 시스템을 다시 연결하고 관성innertia을 풀어준다. 즉 개인과 팀 및 전체 조직에 힘, 존엄성 및 권위를 회복시킨다. 이 방식은 코칭에 광범위하게 적용할 수 있으며, 코치들이 통합해서 사용하면서 자연스럽게 발전하고 있다.

버트는 이 책을 쓰기 시작하던 2019년 10월에 세상을 떠났다. 코칭 세계에서 그의 생각과 방법론을 공유하기 위해 처음 쓴 책의 3판이다. 내 고객들을 통해 이 접근 방식이 모든 맥락에서 아주 유용하고 명확하다는 것을 알게 되었으므로 글을 써본 적은 없었지만 시도하게 되었다. 나는 버트가 만든 접근 방식을 우연히 발견하고, 라이프, 리더십, 팀 및 조직개발 코칭을 통해 가족 시스템의 세계에서 조직 시스템의 세계로 확장을 돕는 사람들 가운데 하나가 된 것을 영광으로 생각한다.

버트 헬린저의 특별한 관점, 통찰력, 그리고 방법론을 전수해 준 데에 대해 버트 헬린저와 그에게 배운 모든 분에게 깊이 감사한다. 나도 그렇게 기꺼이 전할 것이다.

버트 주변에는 많은 1세대 강사들과 트레이너들이 있었고 나는 그들에게 배우는 것을 좋아했다. 특히 클라우스 혼Klaus Horn의 첫 번째 책인 『보이지 않는 역동성Hidden Dynamics』을 통해 현대 리더십과 조직 문제를 다루는 데 이 방식이 가치 있다는 증거를 발견할 수 있어서 특별히 감사한다. 클라우스와 그의 아내 레지나Regina가 쓴 책이 회의적이었던 내 생각과 마음을 열어주었다.

수년 뒤 나는 클라우스를 '코칭 컨스텔레이션Coaching Constellations' 첫 실무자 심화과정 프로그램에 초청했다. 그곳에서 많은 대화를 나눈 결과, 클라우스는 이 판에 친절하게 서문을 써주기로 했다.

1부
아웃사이드 인 outside in, 인사이드 아웃 inside out

01
아웃사이드 인

> 어제는 똑똑해서clever 세상을 바꾸고 싶었으나
> 오늘은 현명해서wise 나를 변화시킨다.
> – 루미Rumi

이 책의 첫 부분에서는 시스템 코칭과 컨스텔레이션constellation의 자세stance, 원리principles, 실행practices의 조합을 통해 자신만의 고객 맞춤 레시피를 만드는 데 필요한 재료들을 소개하고자 한다.

결과적으로 자신이 이용할 수 있는 것, 이미 알고 신뢰하는 것, 고객과 함께 즐겨 사용하는 것 등이 코치로 왕성히 활동할 때 모두 어떻게 쓰일지 생각하게 될 것이다.

코치가 심리 측정psychometrics, 정신역동psychodynamics, 게슈탈트Gestalt, 교류분석TA, 나선형 역동성Spiral Dynamics, 정서지능 프레임, 또는 목표 지향적 코칭이나 가치 기반 코칭 중 두 가지 이상을 통합한 코칭을 보는 것은 즐거운 일이다. 이 책이 설명하는 시스템 코칭 접근 방식은 다른 접근법과 경쟁하는 것이 아니라 다른 접근법을 설명하고 지원하며 더욱 풍부하게 하는 것이다.

기존 방식을 존중하며 또 다른 차원의 방식을 더하는 것이다. 고객과 함께 살펴보고 작업할 수 있는 다른 렌즈를 제공함으로써 개인과 그룹 또는 팀을 넘어 더 큰 그림을 볼 수 있을 뿐 아니라, 관계 시스템의 명확성과 흐름을 지원하는 매우 실용적인 방법을 제공한다.

그렇지만 먼저 자신이 하려는 것, 이 일을 하게 된 동기, 그리고 처음에 왜 코치가 되었는지에 대한 초점을 조금 바꿔보려고 한다. 처음 시작한 곳에서 지금 있는 곳으로의 여정에서 필연적으로 많은 것을 경험했을 것이다.

누군가를 코칭할 때, 자신이 시스템에 합류하고joining, 속하고belonging 떠나는leaving 사이클을 경험한 방식은 코칭에 큰 영향을 미친다.

코칭은 배우고 성장할 많은 기회를 제공하는 직업이다. 그래서 배우기를 좋아하는, 지적이고 경험 많은 사람들이 코칭에 끌린다. 똑똑하고 경험이 풍부하며 의욕적인 사람들이 코치가 되는 이유이다.

사람들이 코치가 되는 데는 배움에 대한 열정 외에도 여러 가지 이유가 있다. 하나는 조직 생활에서 풍부하고, 안전하고, 고무적인 리더십에 대한 경험과 개인적이거나 직업적으로 발전한 경험을 전수하고 싶어서일 수 있다. 즉 자신이 도움받은 감동의 선물을 다른 사람에게도 전수하고자 하는 것이다.

또 다른 하나는 관리자가 코치가 되고 나서, 코칭이 얼마나 큰 변화를 가져오는지 체험하고, 관리보다 코칭이 더 즐겁다고 깨달은 것일 수 있다. 또는 코치가 있었거나 다른 사람들을 위한 코칭과 리더십 프로그램을 개발하다가, 코칭 프로세스가 너무 명확하며 성과가 높은 것을 경험하고 직접 코치 훈련을 받기로 했을 수 있다. 이런 예들 가운데 자신의 경험이 있다면, 고객에게 실망하거나 얽매이지 않으며, 힘들이지 않고, 집착 없이 쉽게 코칭할 수 있을 것이다.

그렇지만 다른 패턴도 있으며, 부담감을 느끼거나 의식적으로 자각하지 못할 때 결과적으로 더 강력해진다.

'있는 그대로what is 인정한다'라는 개념은 이 접근법과 이 책의 입장, 원리, 실행의 핵심이다. 자신을 있는 그대로 인정하는 것과 코치가 된 이유가 바로 이 여정을 시작하게 된 본질이다. 많은 코치의 꼬리 깃털에 공통으로 있는 몇 가지 주제들을 살펴보자.

전문 시스템 경험에서 비롯된 패턴

다음과 같은 경험은 자신이 일하고, 소속된 조직 시스템에서 일어난 것이다. 이것은 외부환경에서 발생했더라도, 시스템 안에서 체화되어 자연스럽게 시스템 밖으로 표출된 것이다.

- 자신이 근무했던 조직의 가치가 자신의 가치와 일치하는 것으로 보았지만 실제로는 그 가치가 다르거나 반대인 상황을 경험했다. 그 긴장을 견디지 못하고 그 조직을 떠나 코칭 쪽으로 옮겨와 가치 기반 코치가 되었다.

- 리더십 스타일이 위압적이거나 안전하지 않거나 도전적인 조직에서 근무했다. 그래서 사람들을 진실함과 존중으로 리드하는 방법에 중점을 두고 지원하는 코치가 되었다.
- 대기업이나 글로벌 기업 조직에서 지치거나 '소진'한 경우에 코칭 또는 이와 비슷한 대화 모델이 유용하다는 것을 알게 되었다. 그래서 스스로 코치 훈련을 결정했고 비슷한 상황에서 다른 사람들을 지원하게 되었다.
- 조직 시스템을 떠날 때 어렵고 심리적으로 불완전한 마무리로 상처받았다. 제대로 된 마무리와 해결 방법을 찾기 위해 코칭으로 전환했고 해결하는 데 도움이 되었다. 결국 새로 시작하는 마음으로 스스로 코치 훈련을 하기로 했다.
- 직장에서 갈등을 해결하거나 중재하려고 사람들이 찾아왔다. 자신의 업무가 아니었지만 자연스럽게 연결되었고, 직업을 코치로 바꾸기로 한 계기가 되었다.
- 자신이 일하는 조직문화가 유독하다는toxic 것을 알았다. 공포 분위기가 팽배했다. 권력 남용이 있었고 더는 있고 싶지 않았다. 코치가 되었고 안전하다고 느꼈다.
- 조직에서 일하는 동안 목적의식을 잃었고, 삶과 직장에서 더 많은 의미가 필요했다. 코치를 만났고 그 전문가의 길을 따라나섰다.
- 관리자나 리더로서 자신의 권한을 찾기 위해 고군분투했다. 완벽한 리더십을 위해 자기 계발에 초점을 두었고, 결국 자신과 고객을 돕기 위한 학습 과정에 들어갔다.
- 팀으로 일하거나 팀을 이끄는 것이 너무 어려웠던 경험이 있다. 일대

일 또는 팀 코칭에 에너지를 집중하는 전문 코치가 되었다.
- 조직 시스템에 잘 맞지 않고 소속감을 느끼지 못하는 경험을 반복했다. 혼자 일하기로 하고 코칭 비즈니스를 구축했다.
- 자신이 일하는 조직에 도움을 주고 살리는 문화가 있었고, 여기에 많이 끌렸다. 그러나 많은 도움을 주었고 너무 오래 머물렀다. 결국 조직을 떠났고 코치로서 훈련받아, 돕는 기쁨을 표현할 다른 방법을 찾았다.
- 위의 몇 가지 사항
- 그 밖의 다른 것

위에서 설명한 코치가 되는 이유에는 한 가지 공통점이 있다. 그것은 모두 전에 속했던 시스템의 경험에서 출발한 것이라는 점이다.

자신의 패턴에 대한 인식이 늘어나는 것은 시스템 코치로서 중요한 자원이 된다.

열린 마음으로 시스템 코칭과 컨스텔레이션에 참여한 코치들을 만나면서, 코치들과 코칭 커뮤니티에 위에서 설명한 많은 공통된 기본 패턴과 깊은 동기가 있다는 것을 알게 되었다.

당연히 우리 가운데 많은 사람이 '배워야 할 것을 가르치고 있다'. 이것은 사람들이 성장하는 자연스러운 방법이다. 그러나 우리가 이것을 의식적으로 인식하고, 과거를 우리 안에서 더 안정되고 통합된 장소로 가져온다면, 다른 사람들이 시스템 밖에서 우리를 바라보는 시각이 달라진다.

과거의 직업 속에서 겪은 어려운 경험들이 '잊히면', 나중에 출몰하여 우리를 얽히게entangle 만든다.

과거 자신의 직업적인 문제를 해결할 기회가 없었던 코치는 비슷한 역동성과 어려움을 가진 고객들을 만나게 된다.

예를 들어, 회사나 기타 조직에서 역할을 하느라 소진했던 경험이 있는 코치는 위험에 처하고 지원받을 수 없다고 느끼는 고객에게 마음이 간다. 조직 시스템을 떠나는 데 어려움을 겪고 이를 해결하지 못했던 코치는 고객 포트폴리오를 보면 같은 심정으로 끌리지만 명확하게 지원하고 해결할 방법을 잘 찾지는 못한다.

이전의 직업 시스템에서 합류하고 소속하고 떠나는 데에 어려움이 있었던 자신의 문제를 해결하지 못한 채 다른 사람들을 코칭할 때, 이 문제에 계속 끌리면서도 해결하지 못하는 상황이 반복될 것이다.

과거의 어려움을 강점과 자원으로 만들려면, 그것들을 포용하는 마음으로 의식적으로 인식할 필요가 있다. 컨스텔레이션을 사용한 시스템 코칭이 제공하는 학습 여정은 이 부분에 특히 유용한 방법이며, 동시에 다른 길을 보여준다.

이 방식을 사용하면, 얽힘이 덜하고, 더 많은 것이 가능하며, 좋든 싫든 기존 시스템에 휘말리지 않는 모습을 고객과 함께 '볼 수 있다'. 그 가운데 일부는 자신의 경험과 유사할 수 있다. 정열적이지만 실용적인 컨스텔레이션 트레이너로서 자주 받는 피드백은, 이 학습이 어떻게 이전의 수많은 제한적 패턴에서 limiting patterns 자유롭게 하느냐 하는 것이다. 이 방식을 배우려면 자신의 직업 여정과 그 안에 있는 패턴을 탐색하고 explore 비추고 lilluminate 명확히 clarify 설명할 수 있어야 한다.

> 내부에서 밖으로 from the inside out 성장해야 한다.
> – 스와미 비베카난다 Swami Vivekananda

많은 사람이 '위'로는 연로한 부모들이 있고, '아래'로는 성장하는 아이가 있는, 일종의 시스템 샌드위치에 갇히는 시기에 코치가 된다. 또 그 시기가 직업적 전환기transition에 있고 소속에서 떠나면서 불확실한 미래를 about ending 알게 된다. 모든 것이 같은 시기에 밀려온다. 가입하고beginnings, 소속하고belongings, 떠나고leavings 마무리한다ending. 다시 한번 말하지만, 컨스텔레이션의 시스템 프레임과 방법론은 이 사이클에 초점을 맞추고 있으므로 이 시기에 많은 도움을 줄 수 있다.

물론 꼬리 깃털tail feathers에 있는 몇몇 패턴들은 직업적 여정professional journey보다 훨씬 이전의 일들과 연결되어 있다. 우리의 깊은 패턴을 만드는 원가족family of origin과의 연결이다. 첫 번째 시스템인 가족은 많은 패턴을 만들며 기본적으로 포함되는 데, 흔히 의식적으로 자각하지 못하고 일과 코칭에 그 패턴을 가지고 온다.

이 책의 마지막 장에서 코치가 되어가는 과정에서 함께 여행할 수 있는 패턴들을 살펴볼 것이다.

코치들의 공작 꼬리 깃털에는 흔히 숨겨진 역동성hidden dynamics과 반복되는 패턴과 '미완성 비즈니스unfinished business'가 많다는 점이 중요하다. 그래서 내면 자세inner stance, 내적 컨스텔레이션에 반드시 관심을 가져야 할 것이다.

코치가 내적인 것에 제대로 초점을 두지 않으면, 고객을 코칭할 때 많은 것이 외부로 드러날 것이다: 즉 얽히는 것, 부분적인 것, 도움이 지나치거나 지친 모습이 드러난다.

가장 큰 선물은 멍든 경험과 내적 상처를 통해 올 때가 많다. 선물을 거부하거나 부정하거나 싸우려고 하지 말고, 다른 차원의 이해와 통찰로 가는 통로로 여기는 것이 좋다. 그러면 힘들이지 않고 다른 사람에게 매우 유용한 코칭 작업을 제공할 수 있다. 매 순간 고객에게 자유로움을 선사할 수 있다.

이 '응용 철학'이 초대하는 학습 과정은 깊고 풍부하지만 시간이 걸리며, 다른 사람들에게 '하는' 것보다 자신의 첫 번째 시스템을 지속해서 인식하는 과정이 더 필요하다.

이쯤 되면 '시스템 코칭'에 대해 이야기할 때, 모두 의미를 다르게 말한다는 것을 알았을 것이다.

따라서 이 책에 사용된 참조와 구성요소로 설계된 경험적 교육 과정에 대해 명확히 할 것이다.

02
구성요소

> 사물들은 되도록 단순하게 구성되어야 하지만,
> 어떤 것도 본질에서 더 단순하지는 않다.
> – 알버트 아인슈타인Albert Einstein

시스템 코칭은 실질적이고 지속해서 관심을 끌 만한 이유가 많다. '시스템system'과 '시스템적systemic'이라는 단어는 여러 가지 의미와 용도가 각각의 방식으로 의미가 있다.

시스템systems

여러분은 이미 여러 시스템에 속해 있으므로 시스템이 무엇인지 알고 있다. 예를 들면, 관계 집단, 공동체, 부족tribe, 회사, 조직, 그리고 울타리 안에서의 관계 시스템이다. 공작의 꼬리 깃털에 있는 각 눈꼴 무늬가 하나의 시스템이라고 상상하면서 자신이 속한 모든 시스템을 떠올려 볼 수 있다.

각각의 관계 시스템에는 보이는 요소인 사람과 사물이 있다. 보이는 부분들 외에도, 숨겨진 역동성, 행동 패턴, 무언의 신의unspoken loyalties와 규칙들, 시간의 영향, 그리고 많은 자원이 있다.

보이는 것과 숨겨진 것들이 함께 필드를 만든다. 정보의 역동적 필드다. 전체는 부분의 합이며, 그 이상이다. 요소들이 결합하여 이 새로운 필드를 생성한다. 이것이 시스템, 즉 관계 시스템이다.

꼬리 깃털을 조금 더 살펴보면 자신이 속한 모든 교육 시스템을 볼 수 있다. 좀 더 깊게 보면 자신의 삶이 생겨난 가족제도가 보일 것이다. 원가족 시스템family-of-origin system은 자신이 삶과 일에 대한 가장 깊은 패턴의 근원이다. 그 시스템에서 자신의 위치, 소속과 안전을 지키는 행동과 위협하는 행동을 강제하는 무언의 규칙unspoken rules을 따르는 법을 처음 배운다.

가족 시스템은 그 자체로 사회와 문화 시스템에 내재하여 있으며, 출신지 시스템land-of-origin에도 소속되어 있다. 그 시스템들은 여러 가지 변화를 거친 생생한 역사를 통해, 나름의 구조와 소속 규칙이 있을 것이며, 어떻게 시스템에 속하고 거쳐 가는지를 형성할 것이다.

> 시스템 구성원 사이의 상호작용interactions과 상호의존성interdependencies은 소속을 정의하고 보호하는 정보 필드와 역동성 및 불문율unwritten rules을 생성한다. 그 필드에 모든 사람과 모든 것이 포함되므로 필드는 유의미한 영향력을 지닌다. 시스템의 역동성에 영향을 미치거나 바꾸려면 필드를 반드시 포함해야 한다.

자신의 꼬리 깃털에 관한 인식이 발달하면서, 그 안에 있는 연결, 패턴, 숨겨진 자원을 볼 수 있게 된다. 내재한 것embeddedness과 여러 개의 중첩된 소속들을 볼 수 있다. 사실 그것들은 자신 안에 있다. 자신이 속했던 모든 시스템에 대해 몸으로 익히고 느낀 감각, 즉 자신이 속했던 모든 시스템과의 관계에 대한 내부 컨스텔레이션이다.

'꼬리 깃털'을 상상하는 이 접근 방식은 더 넓은 영역의 정보를 다루고, 시스템에 대한 인식을 구축하는 데 유용하고 가치 있는 방법이다. 이것이 시스템 코칭의 기초이며 이러한 관점을 갖게 되면 자신과 다른 사람들에 관해 생각할 수 있는 넓고 깊이 있는 정보 프레임이 생긴다.

시스템은 구성원들에 의해 생성되기도 하지만, 자신이 속한 조직을 보호하고, 전체의 균형을 잡아 일관성을 유지하려고 한다는 점에서 자기 조직화self-organizing라고 할 수 있다. 균형은 조직 내의 힘을 갖게 하는 일관된 조직 원리를 따른다. 그 힘은 조직을 보호하기 위해 구성원을 보충하고 얽어매는 질서력ordering force이다.

> 시스템은 사람을 포함한 명시적인 요소뿐만 아니라 보이지 않는 역동성과 자원, 말하지 않아도 따르는 무언의 규칙과 숨겨진 신의loyalties 및 충성allegiances, 과거 어려운 사건의 여파aftershocks로 구성된다.

시스템은 정확한 조직 원리로 움직이며, 그 원칙을 무시하거나 위반할 경우 구성원들이 갈등을 빚거나 타성inertia에 젖어 변화에 저항할resistance 수 있다. 많은 리더와 코치, 변화 관리와 조직개발을 담당하는 컨설턴트들이 인식하지 못해서 조직 시스템의 원리를 무시하고 위반한다.

그래서 우리는 하나의 시스템, 즉 가족 시스템으로 시작해서 다른 여러 시스템을 거치며 일생을 보낸다. 우리는 보이지 않는 필드와 각 시스템의 불문율에 따른다. 각 소속 시스템에서 자신의 자리를 찾으려고 노력하면서 인생과 직장생활이 복잡해지고 도전적으로 된다.

> 큰 벼룩fleas 등에 작은 벼룩이, 작은 벼룩 등에 더 작은 벼룩이,
> 그렇게 무한정 반복된다.
> 큰 벼룩 아래 더 큰 벼룩이, 더~ 큰 것이 있고, 더 더 큰 것이,
> 계속해서 더 큰 것이 있다.
> – 아우구스투스 드 모간Augustus De Morgan, 시포냅테라Siphonaptera

시스템적 systemic

시스템은 자신이 상상할 수 있는 가장 자연스럽고 친숙한 것이다. 결국 우리는 모두 한 시스템으로 시작해서 다른 여러 시스템에 소속해서 여생을 보낸다. 우리의 모든 것, 우리가 하는 모든 일은 여러 시스템, 여러 필드의 정보들과 관련해서 발생한다.

그래서 우리는 선천적으로 시스템적이다.

개인, 그룹, 팀 등 고객이 코칭에 가져올 수 있는 모든 주제는 시스템으로 연결되고, 시스템 내부의 보이지 않는 흐름에서 나온다. 그래서 모든 사람은 상호의존적인 관계에 있다. 즉 자신만으로 또는 자신만을 위해 존재하지는 않는다. 모든 인간은 시스템적이다.

> 세계의 주요 문제는 자연이 작동하는 방식과
> 사람들이 생각하는 방식의 차이로 인한 것이다.
> — 그레고리 베이슨 Gregory Bateson

매우 단순한 아이디어의 중요한 점은, 어떤 일이나 누군가의 변화를 지원하고 싶다면, 정의에 따라, 시스템 관점을 통해 실제로 무슨 일이 일어나는지 볼 수 있어야 하며, 시스템 방법론을 통해 중요한 차이를 생성한다.

리더십 역할에 대한 생생한 경험과 수천 개의 컨스털레이션에서 우리가 알게 된 것은 자연적으로 발생하는 명확한 조직 원리가 있다는 것이다. 이것을 시스템 렌즈로 보면 자명하다.

이렇게 자명한 진실을 코치와 컨설턴트가 인식하지 못하면, 고객의 의식에서 지속적인 변화를 일으키도록 시스템을 재정렬realign할 수 없다. 이것은 시스템 코칭의 여러 역할과 기능 가운데 하나다.

시스템 코칭 systemic coaching

'시스템 코칭'이라는 말이 여러 가지 다른 용도로 사용되었으므로, 코칭을 요청하는 사람들뿐 아니라 코치들에게 약간의 혼란이 올 수 있다. 시스템 사고의 풍부한 다양성과 여러 가지 관점과 갈래를 포함하고, 저마다 자신의 자리가 있으며 진짜 가치를 발휘할 수 있다.

여기에는 관계 시스템이 상호 연결되고interconnected 상호의존적인interdependent 전체로 본다는 공통점이 있다. 또 내재성embeddedness에 대한 이해를 공유한다. 대부분은 '원격 작용' 현상도 포함되며, 아무런 관련 없는 행동과 패턴들이 연결된 것으로 본다.

여기서 우리가 탐구하고 이 책 전반에 걸쳐 생명을 불어넣고 있는, 시스템 코칭의 차이점을 소개하면 다음과 같다.

- 중력처럼 자연적이지만 보이지 않는 조직력을 이해하고 알게 되면, 모든 시스템에서 관찰할 수 있다. 이 질서력은 대부분 의식하고 있지 않다가 무시했을 때 발생하는 영향력을 경험하고 나서야 실제로 이해될 때가 많다.
- 양심 집단conscience groups에서 나타나는 불문율과 숨겨진 신의, 그 신의가 동기와 성장과 변화에 미치는 영향에 초점을 맞춘다.
- 대리인 매핑representational mapping과 컨스텔레이션 방법론을 통해 숨겨진 역동성에 접근하고 원격 작용, 시스템 저변의 흐름과 패턴의 근원을 식별하는 실용적인 방법을 제공하는 것
- 스토리를 뛰어넘어 작동하고, 진실을 비추고, 비언어적 표현을 존중하도록 설계된 공명 언어의 특별한 사용
- 관계 시스템 안에서의 사람, 사건 및 기타 요소로 인한 보이지 않는 영역을 포함한 필드에서의 작업
- 시스템에서 균형과 흐름을 인식하는 데 신뢰 가능한 좌표로 여기는 감정과 소매틱 반응
- 현상학적 자세 – 한쪽으로 기울어져 있는 옳고 그름에 대한 가치 판단, 가정 및 사고를 경험적 접근으로 다시 설정하는 철학적 수련법 – 감각적 경험에 대한 신뢰와 체화되는 과정을 통해 가능
- 자신이 다른 사람의 대리인이 되어, 다른 시스템 필드에 접하고 자신

안의 다양한 자아를 꺼낼 수 있도록 사고를 확장한다. 구성원 모두가 도구가 되는 self-as-instrument 특별한 방식을 사용한다; 그리고
- 자기 self, 다른 사람, 팀, 그룹, 전체 시스템에 쉽고 광범위하게 적용할 수 있다.

이러한 주요 단서들은 컨스텔레이션 경험과 프로세스를 통해 알려진 컨스텔레이션 시스템 코칭에 뚜렷한 차이와 유익을 제공한다. 다른 '시스템 코칭'보다 낫다고 주장하는 게 아니라, 단지 다른 방법론으로 다른 수준의 렌즈를 통해 보자는 것이다.

> 세상은 원으로 만들어졌고 우리는 직선으로 생각한다.
> – 피터 센게 Peter Senge

여기에 설명된 '시스템 코칭'의 의미를 받아들이고 싶다면 가장 먼저 이해해야 할 시스템이 바로 자신이다. 자신이 거쳐온 각 시스템에 대한 깊은 패턴, 숨겨진 신의, 체화된 소속 경험들이 어떻게 세상과 직업 세계에 존재하는 방식을 알려주는지 이해해야 한다. 특히 관계 시스템, 즉 자신과 내적 구성요소 그리고 내적 컨스텔레이션을 이해해야 한다. 이것이 시스템 인식의 첫 번째 장이다.

다음은 자신과 다른 시스템에 있는 사람들과의 관계 시스템인데, 그 사이에 있는 보이지 않지만 강력한 역동성, 패턴 및 자원에 집중하라. 아마 학교에서 가족 시스템과 다른 시스템을 처음 경험했을 것이다. 이제 컨스텔레이션하라.

이제 코치가 되었으므로 여러 시스템에서 온 고객과 함께하게 될 것이다. 이것이 바로 시스템 코칭이 사람들에게 깊은 공명을 불러일으키는 이유이다; 시스템 코칭을 통해 고객들의 살아 있는 경험과 그들 자신이 몸에 익힌 진실을 직접 알 수 있다.

> 시스템 코칭은 시스템의 우선순위를 정하고, 조직 원리와 그 안에서 일관성 있게 관찰되는 심층적인 패턴을 이해함으로써 정보를 얻는 코칭이다. 이러한 정보와 관점은 코치의 내적 태도 또는 '자세stance'에 체화되고embodied, 시스템 질문, 개입interventions, 매핑 및 컨스텔레이션 적용을 통해 공유된다.

코칭에 대한 이러한 접근 방식을 통해 모든 시스템이 다르다는 것과 그 차이를 빠르게 알아차리는 방법을 알 수 있다. 또 이 방식은 모든 차이가 시스템의 일관성을 강제하는 보편적 조직력에 있다는 것을 보여준다. 시스템 코칭은 구성원들과 그들의 영향력 사이의 상호작용interplay에 영향을 줄 수 있다.

여기서 설명하는 시스템 코칭은 관계 시스템에서 무엇이 지속하는지, 어떤 제한이 있는지에 대한 이해를 기초로 한다. 자신과의 내적 관계로 시작해서 그룹과 팀에서 다른 사람과의 관계, 그리고 조직, 사회 및 글로벌로 확장되는 관계 시스템이다. 맥락context이 아니라 내용content이다.

> 자세stance, 원칙principles 및 실행practices은 코칭 및 수퍼비전, 리더십 개발, 팀과 그룹코칭은 물론 대규모 그룹 촉진, 조직 설계 및 개발에 적용할 수 있다.

시스템 관점으로 작업하면 시스템에 대한 인식이 형성되고, 시스템 개입을 통해, 관계 시스템이 활성화되는 환경을 조성할 수 있다. 자신이 속한 시스템 안에서 일과 삶에서 온전히 성숙하도록 자원을 공급하는 접근법이다.

시스템 코칭과 컨스텔레이션을 통해 개인, 그룹, 팀 및 전체에서 리더십과 조직이 건강해지고 그 건강을 유지할 수 있는 환경을 만들 수 있다.

> 이런 종류의 시스템 코칭과 이를 뒷받침하는 철학은 개인, 팀, 그룹 또는 조직 전체의 라이프 사이클 – 합류, 소속, 떠남– 을 가진 접근법을 제공한다.

이 접근법과 이 책에는 단순한 전제가 있다. 사람들이 함께 모여 관계 시스템을 형성할 때마다, 정보 필드와 보이지 않는 역동성이 나타난다. 그 필드는 곧 시스템의 힘이 되고 실천 행동action, 행동behaviours, 회원 규칙, 생산성에 영향을 미친다.

여기에 설명된 시스템 코칭은 코치에게 해당 분야에 접근할 수 있는 권한을 허용하여 매우 실용적이고 유용한 정보를 제공함으로써 시스템 문제를 원천적으로 파악하고 해결할 수 있게 한다.

컨스텔레이션

모든 시스템은 숨겨진 역동성과 과거가 현재에 미치는 영향, 무언의 규칙뿐 아니라 다수의 사람과 구성요소들로 넘쳐난다. 그렇지만 이런 복잡한 시스템에 접근 가능하며 영향을 줄 수 있는 간단하고 유용한 방법이 있다. 시스템 컨스텔레이션이다.

컨스텔레이션은 고객이 속한 시스템과 그 시스템 내의 정보 필드에 정중하게 접근하므로 모든 종류의 관계 시스템을 탐색하고 명확하게 하는 방법이 된다.

> 보이지 않는 신의와 역동성, 반복되는 패턴, 또는 타성이나 갈등의 실제 원인 등 시스템에서 어떤 일이 일어나는지 이해하기 위해서는 그것을 볼 수 있어야 한다. 시스템을 실제로 보고 이해하려면 지도가 필요하다. 지도가 있으면 깊은 패턴과 역동성을 볼 수 있고, 시스템 내에서 이끌고, 코칭하고, 존재할 수 있는 가장 좋은 위치를 볼 수 있다. 그러면 자신의 모든 재능과 경험 그리고 기술을 발휘할 수 있다.

지도는 고객에게 거리감과 시각을 제공하고, 항상 새로운 정보가 드러나게 하며, 자기 계발 요소와 여정에 깊이 연결한다. 이런 작업 방식에서 고객들뿐만 아니라 코치 자신들도 자유를 느낀다고 보고한다.

컨스텔레이션은 구성원(사람)의 대리인과 탐색할 시스템의 요소(문화, 돈 등의 사건과 개념)로 구성된 3차원 지도를 만드는 것으로 시작한다. 이 대리인을 배치한 지도는 고객의 무의식 지도와 시스템 내부에서 영향을 받는 보이지 않는 시스템 역동성 모두를 보여준다. 시스템 코치는 공간 관계 배치 지도를 촉진해서, 새로운 정보를 비추고, 새로운 자원을 풀어주며, 명백히 다루기 어려운 문제에 대한 해결 경로를 보여주기 위해 여러 방법과 맥락에서 지도를 사용한다.

관계 시스템을 매핑하고 퍼실리테이션 과정을 따르는 컨스텔레이션은 단순히 실용적인 방법론일 뿐 아니라 관계 시스템에 깔린 아키텍쳐에서 실제로 일어나는 일을 정중하게 드러내는 방법이다.

이러한 철학과 방법론의 조합은 수많은 조직 및 팀과 개인 시스템을 어지럽히는 반복적 패턴, 변화에 대한 타성과 저항에 대한 고유한 통찰력을 제공한다.

> 컨스텔레이션은 관계의 어려움, 고착된stuck 문제 또는 지속적인 도전 뒤에 숨겨진 보이지 않는 역동성을 조명할 수 있는 실제적인 개입이다. 이것은 개인이 관계하는 내적 공간일 수도 있고, 팀과 그룹에서의 다른 사람(들)과의 관계 역동성일 수 있다.
> 컨스텔레이션은 과거, 현재, 미래의 수익성, 시간, 권한, 가치, 목적과 같은 추상적인 요소를 살펴볼 때도 매우 유용하다. 있는 그대로what is 보는 것만으로도 이해하는 데 돌파구를 찾기 쉽다. 진단하고, 자원화하고, 시스템에 합류하고 소속하는 최고의 방법을 찾고 건강하게 떠나도록 지원한다. 얽힌 것을 풀어주고, 차마 말 못하던 것을 말하고, 요청하고, 책임을 구분하고, 지속적인 해결을 위한 의미 있는 경로를 찾는 데도 사용될 수 있다.

코치와 고객은 컨스텔레이션을 통해 자원화하며 패턴을 확인하고, 까다로운 역동성을 비추고, 풀고, 광범위한 문제와 과제에 대한 명확한 해결책을 찾을 수 있다.

컨스텔레이션은 우리가 모두 관계를 맺었거나 맺고 있는 모든 사람에게 무의식적이고 체화된 내적 지도가 있어서 작동한다. 컨스텔레이션은 기본적인 관계 구조의 본질을 보여주는 패턴이 단순히 외부로 표현된 것 이상이다. 코치와 고객을 시스템에 있는 보이지 않는 정보 필드로 연결하고, 요소들을 재정렬하여 각자 위치를 정한다. 개인을 그들이 점유하는 시스템의 더 큰 진실 필드에 배치함으로써, 컨스텔레이션은 명확성과 일관성을 회복하면서 새로운 정보와 신선한 통찰력을 조명한다.

또 시스템은 놀랍고 유용한 자원들로 가득 차 있다. 고객이 회피하는 사안이나 사람 바로 아래에 그 자원이 숨겨져 있는 경우가 많다. 이러한 이유로 컨스텔레이션은 머리뿐 아니라 '마음과 영혼'까지 영향을 미치며, 말로 표현할 수 없는 무언가와 깊게 연결한다. 결과적으로 컨스텔레이션 프로세스와 유익은 고객이 몸으로 기억하게embodied 된다. 이것은 머리, 가슴, 장을 하나로 연결하여 통합하는 소매틱somatic 코칭이다.

> 고객이 특정 상황이나 도전에 대한 내적 그림을 입체적으로 만들게 하기는 비교적 쉽다. 코치가 아니라 고객이 매핑 작업을 하기 때문이다. 시스템 역동성과 자원을 비추고 드러나도록 촉진하는 방법을 알려면 시스템과 실행에 영향을 미치는 방법론으로 조직 원리를 알아야 한다.

코칭 컨스텔레이션의 첫 단계인 매핑은 초보 코치도 사용할 수 있으며, 계속 사용할수록 이해와 실행이 더욱 깊어진다. 이 방법론에 의한 여정이 발전되고 원리와 실행에 대한 이해가 높아짐에 따라 숨겨진 깊이가 드러난다.

> 시스템 코칭은 시스템을 우선시하는 코칭이다.

컨스텔레이션의 목적은 시스템이 드러나도록 한 다음 시스템 일관성이 회복되도록 촉진하여catalyse 모든 사람과 사안이 올바른 위치에 있게 하는 것이다. 이런 코칭을 통해 고객은 현재 자신이 속한 시스템에서 경험, 재능 및 기술을 발휘할 수 있을 뿐 아니라 반복 제한 패턴과 과거에서 자신을 분리할 수 있다disentangle.

```
자세 stance
+ principles 원칙
+ practices 실행
―――――――――――
= system coaching 시스템 코칭
```

코칭 대화에서 컨스텔레이션 코칭까지

컨스텔레이션 코칭을 통해 - 온라인 또는 개인 면대면 세션에서 사용하든, 팀 또는 그룹에서 사용하든 - 문제를 진단하고 숨겨진 역동성을 비추고, 자원을 찾고, 새로운 해결책을 발견할 수 있다. 그들은 간단하고 실용적이며 자연스러운 방식으로 사고 중심의 대화에서 전 인간적whole-person 전 신체적whole-body 지식으로 확장하도록 한다.

비록 컨스텔레이션은 외부에서 보면 단순히 공간 대리인spatial representation으로 보일 수 있지만, 강력한 체화embodied를 촉진하고catalyse 리더나 코치 그리고 컨설턴트가 접근할 수 없는 시스템적 인식을 가능하게 한다.

컨스텔레이션의 목적은 전체 시스템을 완성하면서 팀과 전체 시스템이 자신의 위치를 찾고, 풀어놓고, 새로운 자원에 접근할 수 있게 하는 것이다. 그들은 시스템을 통해 존경받는 리더십과 조직 건전성의 흐름을 지원하는 시스템 일관성을 복원한다. 이 접근 방식은 코치와 리더에게 자신의 내적 일관성을 찾는 능력을 제공하여 그들의 존재와 성과를 향상하게 한다.

코칭 컨스텔레이션은 코치와 고객이 풍부한 정보와 통찰력을 제공하는 직관적 수준의 지식으로 이성을 넘어, 느꼈던 감각으로 작업하도록 장려한다. 특별히 이름을 붙이거나 설명하지 않고도 이루어진다.

컨스텔레이션은 고객 또는 '이슈를 가진 사람'이 참여자와 관찰자로 동시에 자신을 경험할 수 있다는 점이 특이하다. 이는 워크숍과 일대일 세션 모두에 해당한다. 워크숍에서 고객은 자신을 위한 대리인을 선택하고 목표 대리인을 일대일 코칭하도록 초대받는 경우가 가장 많다. 이것은 그 자체로 풀어내는 과정의 시작이며 새로운 정보와 명확성을 가져온다. 대리인과 대리인의 생각과 느낌을 활용함으로써 자신이 탐구하는 시스템의 역동성에 대한 독특한 통찰력을 얻게 된다. 이를 통해 코치는 이전에 상상할 수 없었던 새로운 정보와 해결책의 출처를 알 수 있다.

기원: 컨스텔레이션 워크숍

컨스텔레이션은 개인과 대인관계의 복잡한 패턴을 밝히고 해결할 목적으로 워크숍에서 시작되었다. 워크숍 설정 경험은 개인과 팀 코칭에 적용하는 방법을 배우고 훈련하는 데 매우 필수적이다. 이어지는 내용은 간단하지만 직접 경험해야만 알 수 있다.

컨스텔레이션 워크숍은 일반적으로 약 12명의 참가자가 있는 소규모로 세션 내내 설명과 시연 및 질문하는 시간이 있다. 그룹은 원 안에 앉아 퍼실리테이터의 지도로 중앙의 공간을 사용하여 각각의 컨스텔레이션인

'살아 있는 지도'를 설정한다. 각각의 컨스텔레이션을 시작하기 위해, 이슈를 가져오는 사람은 퍼실리테이터에게 그들이 직면한 어려움이나 도전을 간략하게 설명한다.

문제의 본질이나 원하는 변화에 대한 명확성이 있으면, 퍼실리테이터는 고객('이슈 보유자'라고도 함)을 초대하고 워크숍 참가자를 선정하여 탐색 중인 시스템의 핵심 인력과 기타 부분을 '대리'하도록 한다.

또 고객은 흔히 컨스텔레이션에서 자신을 위한 대리인을 선택하도록 초대된다. 각 대리인 뒤에 서서 그들이 생각하는 관계의 경험을 허용하고, 대리인들의 어깨에 손을 얹고 진실하게 느껴지는 곳에 직관적으로 안내한다. 그 결과, 대체로 무의식적인 내부 이미지의 외부 그림인 패턴이 생성된다.

> 온몸으로 생각하라
> – 타이젠 데시마루 Taisen Deshimaru

심지어 컨스텔레이션은 이 초기 단계에서도 탐색 중인 시스템의 관계 구조에 대해 새롭게 통찰할 수 있다. 컨스텔레이션의 다음 단계는 이슈, 대리인 피드백, 퍼실리테이터의 관찰과 개입에 달려있다. 퍼실리테이터는 컨스텔레이션을 진행하는 동안 대리인에게 정보와 통찰력을 수집한다.

컨스텔레이션에 서 있는 사람들은 각자 자신의 경험을 표현해 달라고 요청받는다. 이 경험들은 복합적인 요인들에 영향을 받는데, 그들이 선택되고 배치되는 방식, 그리고 다른 대리인들과의 공간적 관계 등을 포함한다. 또 컨스텔레이션에 대한 경험이 없더라도 누구나 관계 시스템의 숨겨진 정보에 대해 조율할 능력이 있으며, 그들이 보고 들은 것도 경험의 표현에 영향을 준다. 이러한 현상을 대리인 인식representative perception이라고 한다.

> 컨스텔레이션에서 볼 수 있는 대부분 효과는 기본적으로 대리인 인식에 기인한다. 대리인은 말로 표현하지 않았던 정보와 시스템 역동성에 대해 중요한 진술을 할 수 있다. 대리인은 고객이 생각하지 못해 누락한 자원이나 사실을 언급할 수 있으며, 그때 고객의 정신 모델이 재편성realignment되고 깊은 변화를 가져온다.
> – 마르쿠스 비르켄크라헤Marcus Birkenkrahe, 베를린 경제대학원Berlin School of Economics

나는 워크숍에서 대리인, 훈련하는 코치와 도전하려는 조직의 리더와 함께 컨스텔레이션을 하는 데 많은 시간을 보낸다. 매일 대리인 인식 현상을 목격할 수 있다는 뜻이다. 컨스텔레이션 방법론에서 가장 강력하고 신뢰할 수 있는 부분이지만 이해하거나 설명하기 가장 어려운 부분이기도 하다. 분명한 것은 우리가 모두 개인들과 관계 시스템의 정보 필드를 정확하게 튜닝할 능력capacity이 있다는 것이다.

기본적인 역동성이 점차 명확해짐에 따라, 퍼실리테이터는 대리인들을 시스템 지도 안의 다른 곳으로 이동하도록 하고, 짧은 문구나 '공명 문장'을 제공함으로써 대리인들과 함께 협력한다. 이러한 정보는 기본 원리에 대한 이해와 제한적 역동성을 밝히고, 높이고, 해제하거나 풀기 위해 밝혀진 내용에 대한 인식을 통해 정보를 얻는다. 우리는 나중에 이 특별한 언어에 대해 알아볼 것이다.

면밀한 관찰, 대리인의 피드백과 퍼실리테이션이 어우러져 기본적인 역동성에 재연결과 명확성을 가져온다. 몇 분에서 한 시간 이상 지속하는 컨스텔레이션을 거치고 나면 이슈 보유자는 지속적인 해결을 위한 통찰력, 신선한 에너지와 자원을 얻게 된다. 대리인들은 그들 자신의 시스템을 입체적으로 바라보는 관점을 얻는다.

컨스텔레이션을 둘러싼 원 안에 앉은 사람들은 시스템의 일부 또는 시스템 경계를 나타낼 수 있다. 특히 비밀이나 예외 및 미확인 요소에 대한 정보가 풍부한 소스가 된다.

> 컨스텔레이션 프로세스는 내면 이미지와 말하지 않은 문장의
> 숨겨진 차원에 대한 문을 연다.
> – 댄 부스-코헨Dan Booth-Cohen

이 컨스텔레이션은 흔히 수정되어 완전히 새로운 시스템 역동성 그림을 고객에게 남긴다. 이 그림은 내면화될 수 있으므로 시스템을 고정하는 방식과 그 안에 있는 위치를 크게 변화시키는 촉매제catalyst 역할을 한다.

관찰자로서 다른 사람들의 컨스텔레이션 대리인으로 참여하거나 시스템 경계를 형성하는 원의 일부가 되도록 초대받을 수 있다. 다른 사람의 작업이 깊이 울려 퍼지고 그들의 컨스텔레이션을 통해 자신의 문제를 명확히 하는 것은 매우 통상적인 일이다. 이러한 이유로 워크숍은 문제에 직접 참여하든 아니든 참석자 모두에게 매력적이고 보람 있는 학습 경험이다.

워크숍에서 대리인 역할을 하면 누구든지 체화된 경험을 하게 된다. 이 경험은 가볍게 느낄 수도 있지만 항상 뚜렷하고, 보면 알 수 있으며, 알게 된 정보는 다음 단계를 진행하는 데 사용된다.

일반적으로 워크숍은 참여자들 사이에 구두로 비밀 유지 계약이 이루어지는 안전하고 서로 존중하는 환경에서 진행된다. 그러나 이슈가 무엇인지, 시스템 요소로 선택된 사람들이 무엇을 나타내는지 고객(또는 이슈 보

유자)과 퍼실리테이터만 아는 '블라인드' 코칭도 흔히 이루어진다. 이것은 시스템과 그에 따른 역동성에 작용하는 힘을 '테스트'하는 효과적인 방법이며, 참여자와 고객 사이에서 의미 있는 정보가 교환되는 경우가 많다.

~

컨스텔레이션 코칭은 워크숍을 통해 드러나는 기본 원리가 뒷받침되어야 한다. 이런 현상학적 이해와 내적 태도와 시스템 입장을 결합하여 컨스텔레이션 작업 방식의 토대를 형성한다.

> 현상학은 경험을 통해 배우는 것을 의미하지만
> 때로는 어떤 경험을 버릴 필요가 있다.
> 고객이나 상황을 잡고 있기보다는 한 발 뒤로 물러서서 있는 그대로 경험해야 한다.
> – 버트 헬린저Bert Hellinger

03
인사이드 아웃

> 사람들을 진심으로 존중한다면 사람들을 돕거나
> 구하려는 것을 포기해야만 한다essential.
>
> – 버트 헬린저Bert Hellinger

시스템 코치의 내적 지향

코치는 개인, 그룹, 팀 등의 고객과 만날 때 어떻게 '존재해야show up' 할지 이미 알고 있을 것이다. 방해받지 않으면서 온전히 현존할 수 있는 능력은 모든 효과적인 코칭의 기본이다. 코치란 성숙한maturity 존재이며, 폭넓은 개인적, 전문적인 경험을 통해 지속해서 자신을 코칭하는 사람boundaried adult이다. 이것이 코칭의 큰 선물이자 즐거움이다. 우리를 지속적인 배움과 발전의 여정으로 초대하며, 다른 사람들에게도 똑같이 제공할 수 있도록 자기 인식self-awareness을 확립하라는 일관된 요청이다.

또 시스템 코칭에서 이러한 접근 방식을 사용하려면 특정한 몇 가지 능력을 개발해야 한다. 그 가운데 첫 번째는 자신의 시스템 내재성systemic embeddedness, 얽힘entanglements, 자원과 무의식적 신의unconscious loyalties에 대한 자기 인식을 높이는 것이다. 이 시스템적 자각systemic self-awareness이 반드시 필요한 이유는, 이렇게 우리 자신을 바라보고 작업하지 않는다면, 꼬리 깃털을 염두에 두고 다른 사람들과 함께 보면서 작업하는 것이 매우 힘겨울struggle 수 있기 때문이다.

시스템 인식은 자신과 고객의 꼬리 깃털의 복잡성complexity을 보고 작업하는 법을 배우면서 확립할 수 있다. 시스템 인식은 이 책에서 제공하는 접근법의 원리principle와 실행preactices을 통합하여 형성될 것이며, 이를 통해 다른 차원, 즉 시스템 차원에서 듣고 지각하게 된다.

시스템에 있는 다양한 역동과 패턴 및 자원을 인식하고 작업을 시작할 수 있다면, 상당한 폭과 깊이 있는 코칭이 가능하다. 더 나아가 시간과 용기를 가지고 반대 입장과의 사이에서 시스템을 코칭하는 동안 난기류 속에 서서도 자기 입장을 지켜나갈 수 있다. 또 의도agenda나 편파성 없이 관계 시스템에 있는 정보를 알아차릴 수 있을 것이다.

고객과 시스템이 말하지 않은 진실을 정중하게 열어주는 질문을 하면, 전에는 활용하지 못했던 것이 자원이라는 것을 알 수 있다. 고객에게 모든 가능성을 제공할 수 있는 깊이 있는 기반을 가지고 컨스텔레이션을 진행할 수 있다. 이러한 견고한 기반에서 고객은 시스템의 관계 공간을 파악하는 통찰력을 얻고 시스템 가설hypotheses을 알게 된다.

그렇게 하기 위해서는 시스템적 입장을 찾기 위해 열심히 작업하기보다, 모든 것을 잠시 내려놓고, 반드시 어떻게 되어야 한다는 생각과 옳고 그름을 넘어서, 있는 그대로what is 직장생활과 삶의 단순한 진실과 관계 시스템의 복잡성에 몸을 맡기는 것이 필요하다.

그것은 명상meditation이나 마음챙김의mindfulness 수행에서 자신을 내려놓는 것을 느끼는 방법과 조금 비슷하다. 머리, 심장, 장enteric의 뇌가 정렬되어 단어 사이의 작은 공간에서 울려 퍼지는 필드를 듣고 느낄 수 있다. 이렇게 할 수 있다면 매우 자연스럽고 쉽게 느껴진다.

> 옳고 그름의 생각을 넘어서는 곳이 있다. 그곳에서 만나자.
> – 루미Rumi

이미 그 자세stance를 가지고 있으며, 몸에 배어 있고inhabits, 정보와 통찰력의 더 큰 필드를 향해 열려 있음을 느낀다. 시스템적 입장은 다음과 같다.

- 인식 필드와 필드에 대한 인식의 개방
- 개인 또는 팀을 넘어 더 큰 분야를 보고 인지하고 여러 세대에 걸쳐 바라보는 방법
- 반쪽짜리 시스템 언어를 선택해서, 희미하지만 구속력 있는 숨겨진 신의를 듣고, 에너지 넘치는 명확성과 그렇지 않은 부분을 감지하는 청취 방법
- 편파성이나 판단 없이 있는 그대로 모든 것에 동의하는 존재 방식
- 증상symptom이 아닌 시스템 차원에서 작업하도록 이끄는 내적 태도와 방향성

- 관계 시스템에 속해야 하는 인간의 욕구를 이해함으로써 알게 되는 것
- 보이지 않는 것과 그 필드에 영향을 미치는 질서력 ordering forces 에 대한 이해를 포함하는 작업 방법
- 개인에 대한 존엄성 dignity 을 회복하고 시스템으로 흐르는 내적 태도

만약 우리가 상황이 어떠해야 한다든가 옳고 그름 그리고 코칭과 리더십이 무엇인가에 대한 생각에 얽히거나 갇혀 있지 않다면, 시스템적 입장은 우리 모두가 서로에게 주는 선물이 된다. 시스템 코칭의 입장은 우리에게 특정한 무엇인가를 요구한다. 그것은 우리가 내적 거리를 찾고 유지하는 것이다.

안으로 기울이지 말고 밖으로

고객을 볼 때, 공작의 꼬리 깃털, 즉 그들 뒤의 모든 사람과 사건을 보도록 노력하라. 예컨대, 이전에 그 역할을 맡은 사람들과 그들이 떠난 방식. 그들이 맡은 역할의 원래 목적과 그 역할을 형성한 모든 사건. 동료, 직속 부하직원과 관리자뿐 아니라, 교육과 가족 시스템 및 신의와 그 안에 있는 많은 자원까지 보아야 한다. 그들이 거쳐 온 모든 것, 자신이 아는 모든 것과 결코 알 수 없는 것까지 존중하며 훑어보라. 그들 뒤에 뻗어있는 수많은 상호연결 시스템에 잠깐 등장한 손님뿐이라는 것을 기억하라.

- 코치는 이미 자신의 기준이 되는 틀 frame 을 뛰어넘는 인식 확장의 중요성 benefits 을 알고 있으며, 고객의 눈으로 세상을 바라보며 함께할 수

있다. 그러나 시스템 코치로 일할 때는 자신과 고객의 관점을 넘어서 인식을 열고 전체 시스템을 볼 수 있는 입장을 취해야 한다. 이렇게 해야 시스템 내부와 시스템들 사이에 존재하는 모든 것을 확인하고 작업할 수 있다.

- 은유적으로 또는 실질적으로 고객을 향해 기울이면 고객의 스토리와 시스템 역동성에 쉽게 얽히게 된다. 적절한 거리, 객관성, 분리성을 유지하기 위해 은유에서든 실제에서든 반대로 기울여라. 거기서 판단이나 편파성 없이 시스템을 더 잘 볼 수 있을 것이다.
- 개인뿐만 아니라 시스템에서 제공되는 정보를 듣기 시작하면 새로운 통찰력이 나타난다. '적극적 경청active listening'으로 개인뿐만 아니라 전체 시스템에 조율하는 것이다. 이를 통해 고객에 새로운 차원으로 이해할 수 있는 통찰력과 진실의 문을 열게 할 수 있다.
- 우선순위는 고객이 아니라 그들이 속한 시스템이다. 이 접근 방식은 고객이 모든 것을 혼자 할 필요가 없도록 안심시키고 더 넓은 범위의 시스템에서 자신의 위치와 자원을 찾는 데 도움이 된다. 전체 시스템을 염두에 두고 코칭하라. 그러면 자유롭다. 어느 정도의 거리를 두어야만 그렇게 할 수 있다.

> 그는 사물을 너무 가까이 보는 바람에 시야가 흐려졌다.
> 아마도 특별한 한두 가지 포인트를 확실하게 볼 수 있겠지만,
> 그렇게 하면 문제를 전체적으로 보지 못할 수밖에 없다.
> 진실이 항상 우물 속에 있는 것은 아니다.
> – 에드가 앨런 포Edgar Allan Poe

모든 것을 포함하라

고객이 모든 것, 특히 배제하려는 문제, 패턴 또는 사람들을 위한 위치를 찾을 수 있도록 최선을 다하라. 이렇게 모든 것을 포함하는 방식은 시스템 코칭과 컨스텔레이션 입장의 핵심이며, 코치로서 '문제를 사랑하고' 익숙한 것보다 더 오래 함께 머무르기를 필요로 한다.

- 어려움, 타성 inertia 및 갈등을 배제할 대상이 아닌 **정보**로 보라. 증상이 시스템에 관해 말하고 있는 것과 시스템 구성원에게 보여주거나 알려주려는 것이 무엇인지 보라.
- '부정적인 것'은, 특히 시스템 내 사람들이 그러한 가능성을 배제하려고 할 때 '긍정적인 것'만큼 환영한다. 반대되는 이 두 가지는 그 사이에 있는 모든 것들을 포함해서 전부 의미가 있다. 모든 것을 포함하라.
- 있는 그대로 모든 것을 인정하라. 모든 것에 찬성하는 것과는 다르다.
- 있는 그대로 모든 것을 인정한다면, 모든 것을 포함하고 비판단적 입장을 보이게 될 것이다. 이 입장이 '옳고 그름'이라는 생각을 훨씬 뛰어넘어 이런 코칭을 하나의 방법이 아닌 존재로 만든다.

> 한 발짝 물러나야 한다. 항로를 이해하고, 잠재력을 인지하고, 무엇을 해야 하는지 볼 때까지 둑에 올라가 강을 바라보아야 한다.
> – 버트 헬린저 Bert Hellinger

서서 진실을 말하라

고객이 현재 경험의 진실을 인정하게 하는 것은 코칭의 기본 구성요소이며, 고객과 업무 사이의 깊은 접촉으로 이어진다.

- '있는 그대로' 시스템의 진실에 서서 고객을 세팅시키고 새로운 해결의 문을 연다. '있는 그대로'에 설 때 그 상황에 대한 자신의 해석, 신념, 판단도 내려놓아야 한다. 중립적이라는 것은 공정하고 비의도적인 입장을 말한다.
- 고객이 실제 상황을 인정하게 되면 고객의 상황에 숨겨진 근본적인 역동성 속에 고객과 함께 서게 된다. 공감을 표현하는 대신 ('당신에게는 어려운 일이겠군요') 고객들이 시스템의 자기 위치에서 자신의 진실에 서도록 한다('이곳에서는 내가 …하도록 이끄는 것이 매우 어렵습니다').
- 고객이 자신의 문제를 실제로 바라볼 수 있도록 안전함이 유지되는 공간을 만들려면 코치가 차분하지만 강하고 명확한 중립성을 가져야 한다. 고통스러운 시스템적 진실에 직면하더라도 중립을 유지하는 것은 고객들에게 줄 수 있는 큰 선물이다.

> 코치로서 시스템과 그 역동성 대신 고객과 그들의 스토리에 충실하고 싶은 유혹에 저항하라.

몸이 마음을 말하게 하라

체화된 지식과 '암묵적 철학philosophy of the implicit'으로 코칭하는 방식을 개발한 사람은 미국의 철학자 유진 겐들린Eugene Gendlin이었고, 그는 우리가 '장 본능gut instinct'에 접근할 때 가진 감각, 즉 '직관'을 의미하는 '느낀 감각felt sense'이라는 문구를 처음 만들었다. 그것이 컨스텔레이션을 가능하게 하는 것이다.

아마도 그의 가장 유명한 문구는 '무의식은 몸이다'였을 것이다. 시스템 코칭과 컨스텔레이션을 사용하면 그 문구가 얼마나 진실인지 알 수 있다. 우리의 몸은 우리가 관계했던 모든 것을 기억하며 정보와 통찰력의 풍부한 원천이다. 시스템 코칭과 컨스텔레이션에서 신체적인 자기, 타인에 대한 느낀 감각과 시스템 역동성과 접촉을 유지하는 것은 시스템적 자세의 중요한 요소이다.

- 모든 사람의 세 가지 뇌 중심(머리, 심장, 장)과 연결하게 되면, 개인과 팀 및 전체 시스템 필드에 있는 정보를 활용할 수 있을 것이다.
- 몸으로 익힌embodied 지능을 사용하면 누가 있는지 그리고 그들과 함께 있는 것이 무엇인지 인지하고, 보고 감지할 수 있다.
- 이는 행동을 통한 소매틱somatic 코칭이며, 신체 인식 기능을 통해 자신의 감각에 조율할 수 있을 뿐 아니라, 고객이 느끼고, 보유하고, 몸에 익히는 것을 알아차릴 수 있다.
- 이 작업도 다른 것과 마찬가지로 눈앞에 보이는 것에 주의를 빼앗기기 쉬우므로 연습이 필요하다. 그 너머를 바라보면 고객이 몸에 익힌

경험을 자신의 시야에서도 느끼기 시작할 것이다.

스토리를 넘어서는 작업

코치로서 우리는 스토리에 쉽게 휘말릴 수 있고, 문제에 집중할 위험이 있다. 만약 그 스토리가 고객에게 도움이 되거나 유용한 것이었다면 해결책을 제시했을 것이다. 그러면 시스템 관점이나 코칭이 필요하지 않았을 것이다.

- 이 접근 방식은 상황을 설명하는 스토리에 정중하게 도전하고 고객의 질문이나 개발 여정에 도움이 되는 시스템 내에서 진실을 말하는 대담함과 의지를 요구한다.
- 스토리에서 자유로워지고 판단 없이 사실만으로 작업하려면 퍼실리테이터가 고객의 이야기를 정중하게 중단해야interrupt 할 수도 있다. 스토리에 충실한 것이 스토리가 만들어지고 문제가 존재하는 시스템에 올인하는loyal staying 방법이기 때문이다.

> 문제를 장황하게 묘사하게 하는 퍼실리테이터가 고객의 태도와 신념을 공유하는 것으로 이해할 수 있으며, 문제를 해결하기보다는 유지하는 역할을 한다. 이런 스토리들은 고객의 에너지와 자원화 능력을 떨어뜨리고 관련된 모든 사람에게 부담을 주는 경우가 많다.
> – 건타르트 베버Gunthard Weber

'알지 못하는not knowing' 상태에 머물기

많은 코치가 이 문구에 익숙하다. '대화가 어디로 가는지 안다면, 코칭 대화가 아니다'. 이 작업 방식은 대화가 어디로 가는지 모를 뿐 아니라 심지어 질문이나 때로는 해결책조차 완벽하게 이해하지 않으려는 의지로 진행된다.

- 시스템 소속에 관한 질문과 이슈는 혼란과 숨겨진 신의 및 숨겨진 역동성으로 얽혀있어서 좀처럼 명확하지 않다. 그것이 시스템적인 문제가 있다는 단서 가운데 하나다.
- 코치와 고객은 컨스텔레이션을 통해 모든 것을 알 필요 없이 시스템 문제를 조명하고illuminate 해결할 수 있다disentangle.
- 코칭 과정의 안전과 비밀 유지를 위해서는 존중하고 겸손한 자세가 특히 중요하다. 시스템 코칭과 컨스텔레이션에서는 훨씬 더 높은 수준의 침묵과 조용한 성찰reflection이 자주 나타난다. 눈을 감고 침묵 속에서 작업할 때 훨씬 더 많은 것을 보고 들을 수 있다.

악기 연주를 배우는 것과 비슷한 방식이다. 어느 순간부터는 과정을 의식하지 않고 음악이 흐르도록 해야 한다.

> 컨스텔레이션 작업을 크게 보면 지각과 내적 태도이고,
> 작게 보면 기술로 이루어진다.
> – 얀 제이콥 스탬Jan Jacob Stam

조건 만들기

코칭은 목표 설정이 전부라고 믿도록 훈련받은 사람들에게는 이러한 접근 방식에 약간의 저항과 혼란이 있을 수 있다. 컨스텔레이션은 목표에 도달하기보다는 명확성과 지속적 해결책을 가져오는 방식이므로 시스템의 복잡성을 풀고 '있는 그대로'를 드러내는 것에 더 관련이 있다. 목표 설정은 유용하고 동기부여가 되지만 다른 코칭 방법과 접근법을 배제하면서 실행할 경우 시스템의 더 깊은 난이도 패턴에 매몰될 수 있다. 그 패턴은 깊이 매몰될수록 더 강력해진다.

- 시스템 솔루션은 바라거나 기대하는 솔루션과 다를 수 있으며, 초기에 목표로 설정했던 것을 바꾸기도 한다.
- 내적 입장 변화를 통해 두 가지 접근 방식을 통합할 수 있다. 이 예는 목표 설정 컨스텔레이션 시작하기를 참조하라.

> 코치는 난해하고도 빠르게 움직이는 시스템 역동성 속에서 가만히 있을 수 있어야 한다. 또 사람과 시스템을 구하기 위해 개입stepping하지 않고 그들의 운명에 맡길 수 있어야 한다.

유용함으로 도움 되기

이는 솔루션 지향 접근 방식이지만 다른 개입과 동일한 방식으로는 솔루션을 찾을 수 없다. 목표나 솔루션만 끈질기게 탐색하게 되면 코칭 과정이 깨질 수 있다. 이 접근 방식은 해결책을 찾기 위해 다른 길을 택하는데, 그 길은 시스템의 진실에 서는 것으로 시작한다. 있는 그대로 인정하고 도우려는 의도를 내려놓는다. 만약 깔려 있는 의도가 도움을 주거나, 구하거나, 치유하는 것이라면, 자신의 필요가 고객보다 우선할 위험이 있다.

- 코치로서 자신에게 기대하는 것이 '반드시' 목표 설정을 해야 하고, 반드시 '도움'이 되어야 한다는 것이라면 시스템 코칭과 컨스텔레이션 여정이 어려워질 수 있다. 이것을 알아차림과 동시에 해방감과 활력을 얻을 수 있을 것이다.
- 관찰자 또는 '목격자' 위치에서 머무르며 도움이 되기보다는 유용하고 자원화하겠다고 마음먹는 것만으로 고객에게 엄청난 명확성과 통찰력을 제공할 수 있다. 도움을 주거나 해결책을 찾으려는 것은 우리가 생각하는 것만큼 유용하지 않다.

> 의도를 없애라. 특히 돕고 싶다면⋯.
> – 버트 헬린저Bert Hellinger

자신의 꼬리 깃털을 탐색하라

대부분 코치는 자기 인식 수준이 높고 지속해서 개인 및 전문성 개발에 전념할 수 있도록 노력한다. 또 많은 코치가 무의식적으로 그들이 배워야 할 것을 가르치고 있을 때가 많다.

시스템적 자세를 확립하기 위해서는 원가족부터 과거와 현재 직업 관계 시스템에 이르기까지 자신의 시스템에 적극적인 관심을 유지해야 한다.

- 이 작업의 핵심은 고객이 자기 일과 삶의 관계 시스템에서 무의식적 신의가 무엇인지 생각하게 하는 것이다. 그러기 위해서는 자신에게 어떤 숨겨진 신의가 있는지 계속해서 인식할 필요가 있다. 무엇에 그리고 누구를 신뢰하는지 생각해보라.
- 여기에는 대체로 원가족, 선호하는 코칭 방법, 전문적 배경, 사회적 정신적 문화적 신념, 행동 및 규범 등이 포함된다.
- 자신이 무엇에 누구를 신뢰하는지 자각하고 나면 고객이 스스로 동일한 작업을 수행할 수 있도록 도울 수 있고, 시스템의 얽힘에서 정중하게 분리할 수 있게 된다.

가족 시스템을 기억하라

많은 경영진, 리더십 및 조직 코치가 고객의 원가족family of origin 개념을 다루지 않으려 한다. 사적인 문제나 개인적 문제를 다루기 위한 훈련이 불충분하다는 두려움 때문에 고객의 가장 깊은 패턴과 신의의 근원을 배제하게 된다.

- 우리가 모두 가족 시스템에서 온다는 사실을 배제하는 것은, 일과 생활에 대해 다시 개별적이고 비 시스템적 시각으로 후퇴했다는 것이다.
- 이 접근 방식과 이 책은 코칭 과정 중 필요하고 적절한 경우에 가족 시스템 패턴을 포함한다.

- 원가족 패턴과 자원을 인식하는 것은 이 접근 방식의 입장을 확고히 하기 위한 긴 여정의 시작이다.

이 접근 방식으로 촉진하는 것은 아는 것과 모르는 것, 배운 것과 배우지 않은 것, 절차와 무절차, 존재being와 행위doing의 조합이다. 코치/퍼실리테이터는 시스템과 시스템 정보에 대해 느낀 감각을 신뢰하는 입장조차 넘어서야 한다. 이 느낀 감각은 무형의 것이며 또한 감정도 체화된 경험도 직관조차 넘어선 것이다. 프로세스를 실행하고 모든 시스템에 들어있는 정보 필드에 진입할 때 나타난다. 이러한 방식으로 결합되고 통합되면 이 책에 설명된 것과 같은 문제를 다룰 수 있다.

최근 프랙티셔너 훈련 참가자 가운데 한 사람인 로라 베킹엄Laura Beckingham은 자기 성찰 연습의 하나로 내적 입장을 이해하는 것에 관해 썼다.

그렇다면 시스템 코치에게 필요한 것은 무엇인가? 코치는 자기 자신이어야 하지만 동시에 자신을 넘어서야 한다. 강하고 용감하며 때로는 도전적이면서도 판단이나 편견bias 또는 편파성partiality이 없어야 한다. 그들은 펼쳐지는 작품의 그림 바깥에 위치해야 하지만, 깊숙이 들어가서 어떤 일이 일어나는지 관찰하고 직접 경험하고 느껴야 한다. 자신의 경험에 근거하지만, 시스템의 현재와 새로운 측면에 맞춰 조정된 전체 그림과 구성요소들을 알고 있어야 하며, 알려진 부분과 알려지지 않은 부분 모두에 주의를 기울여야 한다. 이 작업은 코치가 집착attachment이나 지나친 관여 없이 깊은 관심을 기울이는 것이 필요하다. 눈에 보이는 것과 보이지 않는 것을 모두 열어두고 인식해야 한다. 과학과 시poetry, 머리와 마음, 몸과 영혼 등과 같이 내적 존재인 동시에 외적인 행위이다. 이런 역설적으로 보이는 일련의 태도, 위치 및 능력이 요구된다. 이것들이 더 깊은 수준에서 함께 작용하여 유능하고 유용한 코치를 만드는 본질을 형성한다.

> 이 존재를 다루는 접근 방식은 일단 간단하고 편하다. 그래서 코치와 함께 작업하는 모든 사람에게 풍요로움을 주지만, 우리가 이전에 배운 것들과 애착하는 것들 가운데 일부는 내려놓아야 한다.
>
> – 로라 베킹엄 Laura Beckingham

시스템을 염두에 둔 코칭

그 자세 stance 는 특정한 방식으로 고객이나 팀 및 그들이 속한 시스템과 함께 자신의 위치를 찾는 것이다. 이러한 전체 시스템 접근 방식을 지원하려면 코치가 고객과 작업 중인 시스템에서 자신의 '적절한 위치'를 찾고 머물 수 있는 자세를 유지하는 것이 중요하다.

코칭에 대한 시스템적 접근에서 내적 자세는 이 책의 다른 모든 것의 초석이 된다. 시스템 코칭과 컨스텔레이션의 퍼실리테이션은 자세와 방법론의 미묘한 통합에 관한 것이다. 또 이러한 자세는 기존 코칭 개입을 뒷받침하여, 이미 알고 있는 모든 방법과 접근 방식에 더 넓은 관점을 제공하고 고객에게 큰 가치를 추가할 수 있다.

이러한 자세 stance, 원칙 principles 및 실행 practices 의 조합이 진정한 시스템 코칭을 가능하게 한다.

안으로 기울여 도움이 되려고 애쓰는 것보다 뒤로 물러서는 것이 더 도움이 된다는 것이 이 자세의 핵심이다. 유용한 것은 도움이 되려고 시도하는 것보다 훨씬 더 도움이 된다.

이 작업에서 많은 보람 가운데 하나는 촉진을 통해 어떤 특성과 자세가 자연스럽게 드러나는 일종의 '선순환'을 만든다는 것이다. 그 자세는 실행에서, 실행은 자세에서 드러난다.

초대
1부

> 초심자의 마음은 채움이지만, 전문가의 마음은 비움이다.
>
> – 순류 스즈키|Shunryu Suzuki

자신의 시스템 매핑하기

이 작업을 배우려면 경험이 필요하므로, 이 장에서는 그 기회를 제공한다. 그것을 뒷받침하는 실천 요강에 관한 자세한 설명은 다음과 같다.

~

코치가 되는 것은 즐겁고 풍요로운 개인적, 전문적 여정이다. 결과적으로, 코칭으로 이득을 보는 것은 고객만이 아니다. 그러나 많은 코치가 새로운 고객을 확보하고, 네트워크를 형성하고, 지속해서 전문성 개발에 참여하는 것을 힘들어한다. 때로는 이것이 코칭 그 자체만큼이나 많은 시간과 에너지를 소모하는 것처럼 느껴져 자원이 부족하다고 느끼게 된다. 코치가 되고 코칭하는 데 대한 중압감이 있을 때, 자기 업무와 직업적 관계 시스템에서 자원을 찾고 자기 위치를 찾는 컨스텔레이션 작업은 코치에게 매우 유용한 일이다.

그럼 지금부터 자신의 컨스텔레이션 코칭 여정을 출발할 때 새롭게 조율하도록 권한다. 몸의 감각 수준에서 자신에게 어떤 일이 일어나는지 몸으로 조율하라. 읽으면서 머리에서 벗어나 좀 더 본능적인 차원에서 무슨 일이 일어나는지 알아차려라. 말 그대로 땅에 발을 붙이고, 바닥^{floor}에 놓인 발의 무게, 의자에 앉은 몸의 무게를 느껴라. 자신을 판단하지 말고 알아차려라. 그저 존재하라.

잘 아는 것처럼 코칭은 지식, 프로세스 또는 기술 만큼이나 코치 자신을 하나의 도구로 활용하는 것이다. 코치로서 자신을 제대로 활용할 수 있으려면 매 순간 자신의 경험과 스스로에 대한 신뢰를 키워가야 한다. 자신의 존재를 느낄 수 있는 능력, 자신의 진실에 서는 능력은 무엇보다 중요한 부분이다. 특히 이런 시스템 지향적인 작업은 행동보다 존재인 '빈 중심$^{empty\ centre}$'에 느낀 감각으로 조율할 수 있다면 더욱 쉽고 효과적이다.

이제 더 집중되고, 현존하고, 인식하기 시작할 때, 자신의 코칭과 현재의 관계를 돌아보라. 코칭을 처음 접했거나, 이것이 첫 번째로 읽는 책일 수도 있다. 대기업의 사내$^{in\text{-}house}$ 코치일 수도 있고, 글로벌 역량을 갖춘 코칭 조직을 이끌고 있을 수 있다. 누구이든 어느 여정 중에 있든, 이것은 코칭 스타일 또는 코칭 비즈니스와의 관계를 조명할 기회다. 먼저 어떤 것이 코치로서 현재 직면한 가장 중요한 질문이나 어려움인지 정하라. 코칭 장면에서 코칭의 폭과 깊이를 생각할 때 표면으로 떠오르는 문제는 무엇인가?

코치로서 일과 관계 매핑하기

코치로서 자원이나 기술 또는 경험에 대한 고민이 있을 수 있고, 동료 코치와의 관계에서도 어려움이 있을 수 있다. 새로운 코칭 고객을 유치하는 데 어려움이 있을 수도 있고 또는 사회적 트라우마 이후 다음 단계를 찾기 위해 고군분투하고 있을 수 있다. 질문이 무엇이든 자기 마음에 질문으로 명확하게 표현될 때까지 집중하라.

이제 해당 질문이나 어려움과 관련된 관계 시스템을 구성하는 핵심 요소를 확인하라. 첫 번째 요소는 코치 자신이다. 자신을 포함해서 전부 대리인으로 작업할지, 아니면 자신은 코치의 역할로 남을지 결정하라. 원하는 경우 분리할 수 있다.

다음 요소로는 '코치로서의 내 일' 또는 '코칭 비즈니스', '비즈니스 파트너', 기존 고객 또는 '잠재 고객'이 있을 수 있다. 질문으로 들어가 느껴 보고 어떤 다른 요소가 필요한지 확인하라. 예를 들어, '미래', '내 수입' 또는 '다른 모든 옵션'이 있을 수 있다. 이 관계 시스템에서 가장 핵심적인 세 가지 '요소'를 정하라.

관계 시스템 맵 생성

이제 앞에 있는 테이블에 빈 공간을 마련하고, '나' 또는 '코치로서 나'를 나타내는 물건을 선택하라. 이때 방향성이 있는 물건을 선택해야 한다. 커피잔을 사용한다면 손잡이가 주의를 끄는 방향을 나타낼 수 있다. 대리물representative object은 이런 특성을 가져야 한다. 화살표가 그려진 포스트잇 메모지, 커피잔, 또는 열린 끝이 '방향'을 나타내는 스테이플러를 사용하든 상관없이, 자신의 내부 지도에 배치할 때 각각의 '방향'이 어디를 향하는지 알 수 있다면 문제가 없다.

대리물을 단순히 진실이라고 느껴지는 위치에 두어라. 옳고 그른 것이 아니라, 질문의 맥락 속에서 현재 자신만의 감각으로 느껴지는 위치가 진실이다.

두 번째 중요한 다음 요소를 나타낼 다른 물건을 선택하라. 거리와 방향에 집중하라. '있는 그대로what is'라고 느껴지는 곳이 어디인가? 두 물체가 얼마나 멀리 떨어져 있는지, 서로 마주 보고 있거나 다른 곳을 보고 있는지 위치를 확인하라. 원하는 대로 또는 원하지 않는 대로 설정하지 말고 있는 그대로 천천히 설정하라. 어렵지만 그렇게 하라.

잠시 후 똑같이 거리와 방향에 집중하면서 천천히 세 번째 대리물을 추가하라. 이제 이 세 가지 물체들 사이의 관계 시스템을 판단 없이 바라보라. 질문에 대한 관계 시스템의 지도를 작성했으며 이제 새로운 관점이 나타날 수도 있다.

이런 매핑은 향후 고객과 함께 사용할 수 있는 모든 컨스텔레이션의 기초가 된다. 다양한 형태로 모든 컨스텔레이션의 시작이며, 언어에서 비언어로 바뀌는 - 자신과 자신의 대리물, 고객과 고객의 대리물 - 변화의 시작이다.

이 첫 번째 단계에서도, 시스템 지도는 신체적으로 알기 전까지는 몰랐던 무의식적인 관계 구조의 체화된 경험을 제공한다. 자신의 진실에 설 때까지 더 체화된 감각을 얻고 싶다면, 지도를 다시 설정하라. 이번에는 화살표가 있는 종이를 플로어 마커floor markers로 사용한다. 각 위치에 서서 실제로 존재하는 것이 어떤 것인지 느껴보라.

지금까지 한 일이 있는 그대로의 매핑이라면 다음 단계는 이 지도에 생명을 불어넣어 시스템의 살아 있는 지도인 컨스텔레이션으로 바꾸는 것이다. 추가적 요소가 생기고, 시스템을 움직이게 하고, 관계 패턴을 유지하는 방식에 내적 변화가 생긴다. 이 내적 변화는 태도, 행동behaviours, 실천행동action의 변화로 이어지며, 지속적인 변화를 위한 새로운 가능성과 신선한 에너지를 열어준다.

이것이 바로 이 책에 관한 내용이다. 이 접근 방식을 탐구하면서 코치로서의 코칭에 대한 자신의 질문을 해결할 수 있는 또 다른 기회를 얻게 될 것이다. 이 책 전체는 고객과 함께 활용할 수 있도록 이 작업을 통한 여정을 지원하도록 설계되었지만, 이 책을 탐구하기 위한 초대를 통해 경험적 학습 환경에서 지속해서 경험해야 한다.

이 연습은 책의 마지막에 개발되고 확장되며, 그것을 한 단계 더 업그레이드할 기회를 얻게 된다. 이를 통해 다음 단계에 대한 새로운 통찰력과 명확성을 얻어, 이 접근 방식으로 코칭할 수 있게 될 것이다.

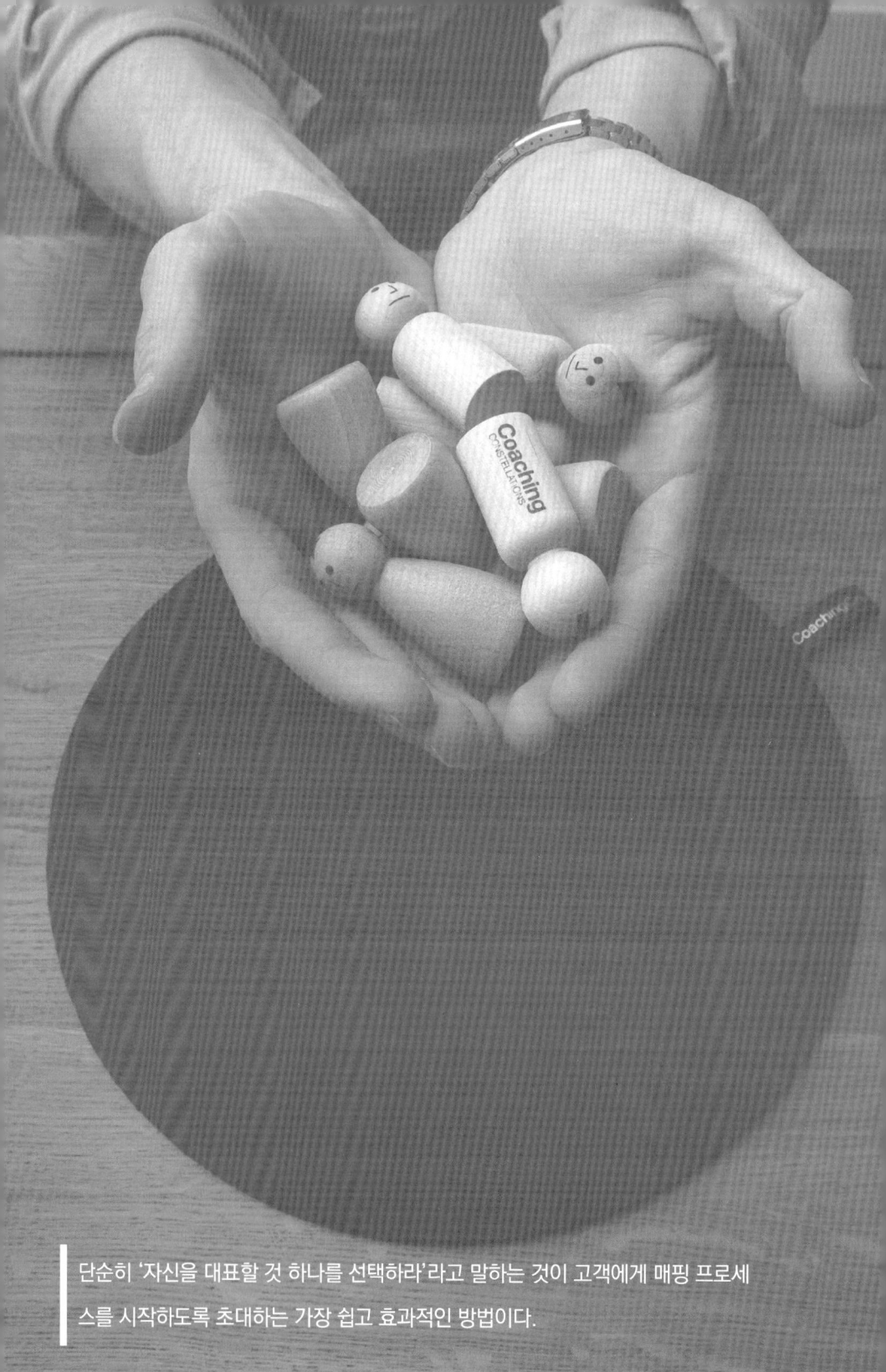

단순히 '자신을 대표할 것 하나를 선택하라'라고 말하는 것이 고객에게 매핑 프로세스를 시작하도록 초대하는 가장 쉽고 효과적인 방법이다.

한 고위 관리자 senior manager 가 6,500명 규모의 회사와 그녀를 초대하여 합류하게 했던 CEO와의 관계를 살펴본다.

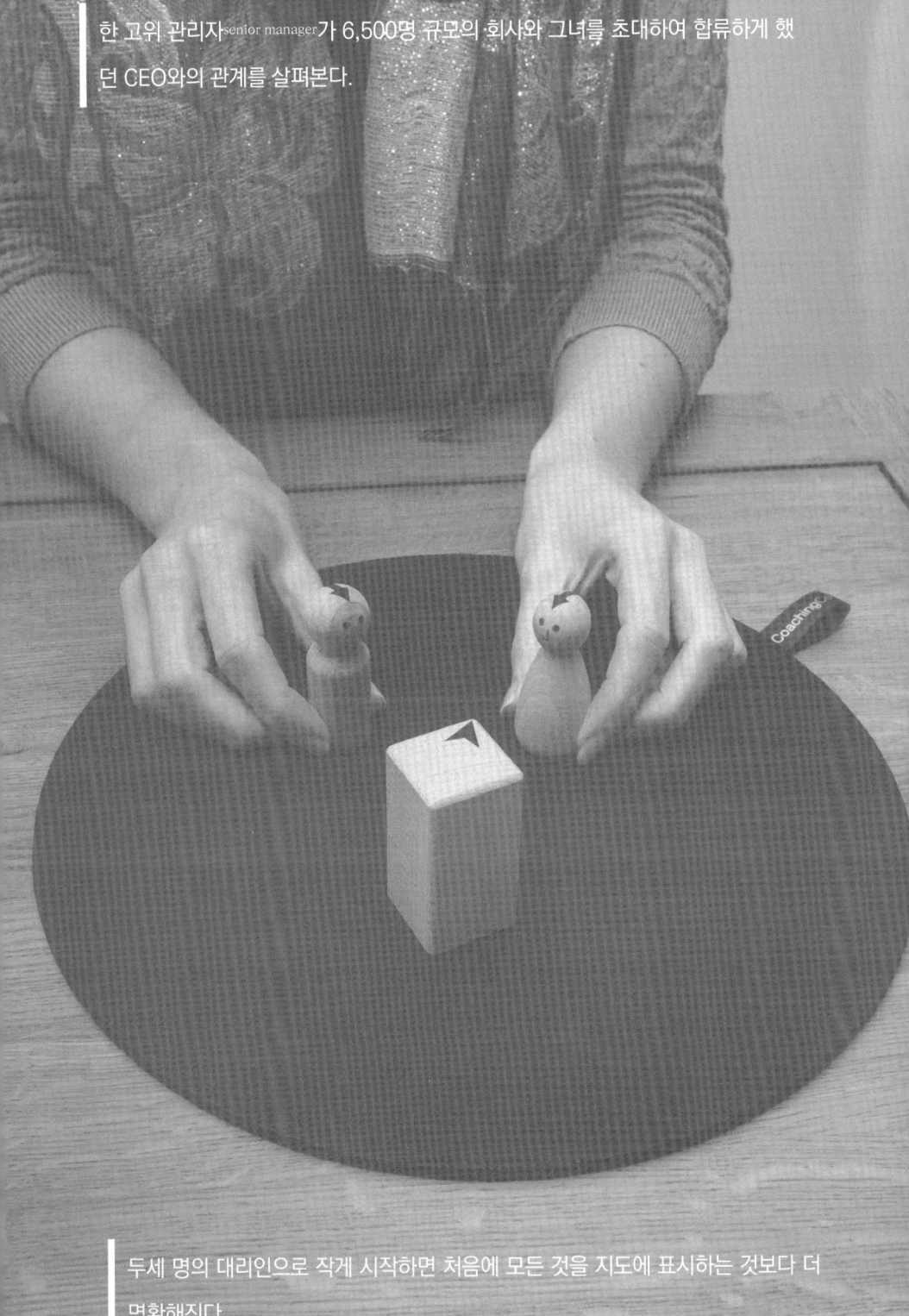

두세 명의 대리인으로 작게 시작하면 처음에 모든 것을 지도에 표시하는 것보다 더 명확해진다.

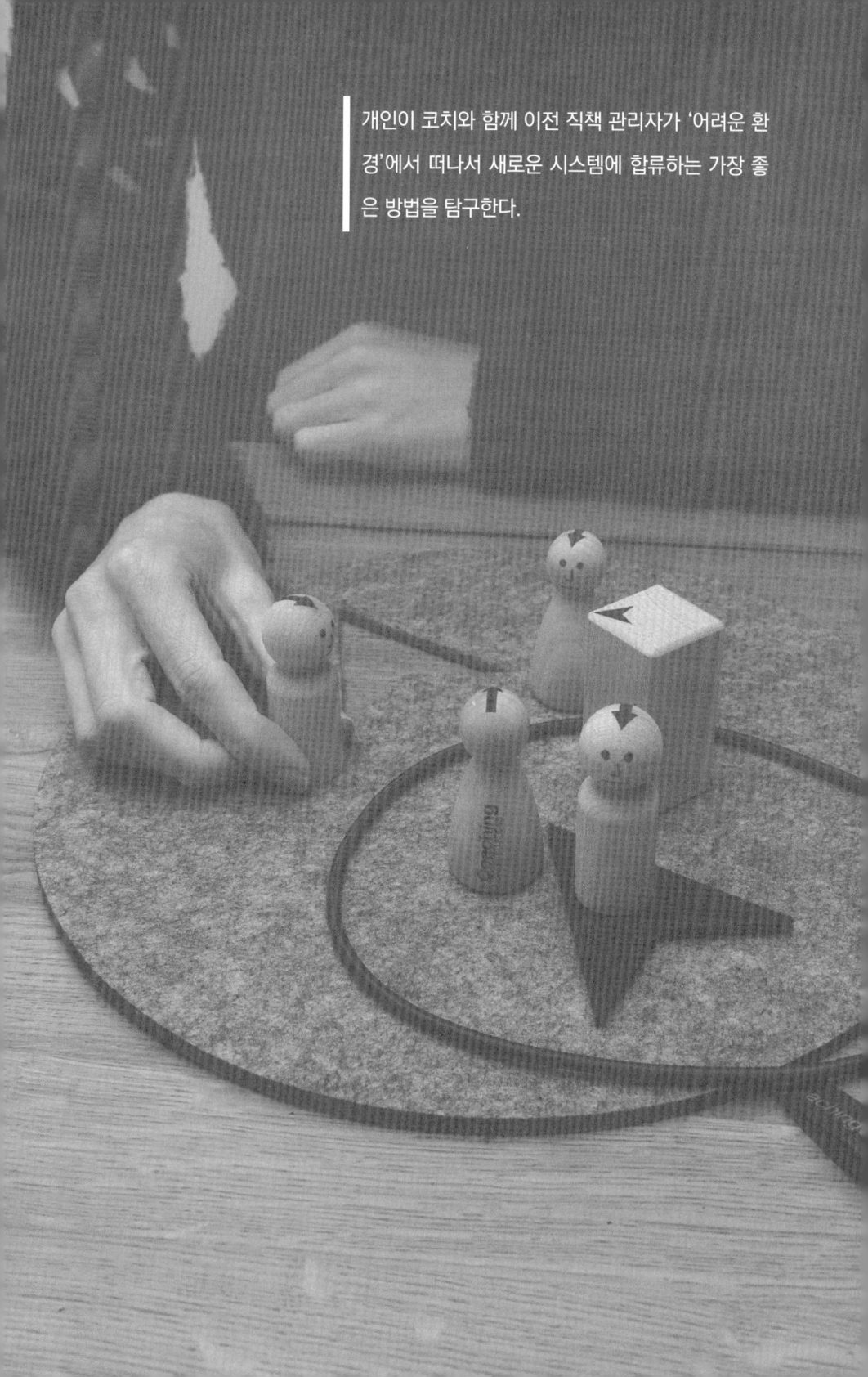

> 개인이 코치와 함께 이전 직책 관리자가 '어려운 환경'에서 떠나서 새로운 시스템에 합류하는 가장 좋은 방법을 탐구한다.

CEO는 '서로 등지고 있는 구성원들을' 임의로 구성하여 토론하게 할 준비를 한다.
매핑은 두 시스템에서 모두 기진맥진하고 소진된 역동을 나타낸다.

2020년 팬데믹의 복잡성에 직면하여 온라인에서 이 접근 방식을 사용하는 것이 유용하고 필수적이었던 시기에, 코치는 팀 리더가 자신과 팀의 반응과 자원을 탐구할 수 있도록 지원한다.

부서장divisional manager은 더 나은 거리와 관점을 찾기 위해 지역 감독관regional director 이나 조직 변화 프로그램의 대리인을 찾는다.

리더는 조직의 변화에 대한 압박감 속에서 진정한 자아와 어떻게 계속 연결될 수 있는지를 살펴본다.

'나는 역할the role이 아니다.'

2부

원리

04

소속

> 소속 없는 집은 집이 아니다.
> – 데이비드 와이트 David Whyte

소속 욕구와 나타나는 역동성

우리는 모두 시스템에서 왔다. 관계 시스템에는 복잡하고 중첩되며 각각 고유한 무언의 소속 belonging 규칙이 있다. 각 시스템에 대한 소속은 무의식적이지만, 몸에 익은 감각으로 우리가 시스템에 맞게 행동하는지 아닌지 알 수 있다. 이런 시스템에 대한 인식은 태어나면서부터 소속과 멤버십을 지키며, 빠르게 규칙을 학습하게 되는 바로 그곳에서 시작된다. 우리는 가장 먼저 원가족 family-of-origin 관계 시스템 속에서 소속감과 리더십, 권력과 권위를 배우며, 이후의 삶과 일에 가장 깊은 영향을 받는다. 가족 시스템은 그 자체로 더 넓은 사회 시스템을 내포하며 또한 우리의 의식이 발현되는 데 깊은 영향을 끼친다.

우리는 삶과 교육 그리고 직업에서의 소속감에 대해 잘 안다. 각각의 시스템에서 매우 빠르게, 소속을 지켜나갈 규칙들에 맞추고, 규칙들이 자신들과 잘 맞는지, 이전에 소속되어 있던 시스템과 잘 맞는지도 테스트한다.

시스템에 가입하는 즉시 말하지 않아도 어떻게 행동해야 하는지에 대한 규칙을 '알게 된다'. 그 규칙들은 '받아들이는 사람(것)과 배제하는 사람(것)에 대한 것', '서로를 대하는 방법', '파트너, 공급 업체, 고객 그리고 시스템을 떠나는 사람들을 대하는 방식' 등이다.

소속은 모든 분야에 존재한다; 소속은 언어와 문화에 스며있고, 정체성에서 중요한 부분을 차지한다. 어린 시절 학교에 입학했을 때를 생각해보라. 학교라는 큰 시스템이 학년, 학급, 그룹이라는 여러 가지 이름과 특성을 가진 작은 시스템으로 나뉘며 그것이 자신의 위치와 정체성의 중요한 부분이 된다는 것을 빠르게 학습한다.

성인이 된 뒤에도 마트, 스포츠센터, 식당, 항공사까지 다양한 곳에서 회원제로 가입하라고 권유받는다. 가입한 뒤에는 회원 자격을 유지하고 충성 고객을 만들기 위해 제공되는 다양한 혜택을 받는다. 사람들은 이러한 비공식 클럽의 회원이 되는 것이 매우 중요하다고 느끼며 이러한 충성은 보상을 받는다.

소셜 미디어의 급증과 가족 구조의 쇠퇴로 소속감을 느끼는 데 대한 보상과 비용이 커졌다. TV에서는 '외부인^{out}'이 아니라 '내부인^{in}'이 되고자 하는 우리 욕구를 보여주는 프로그램이 꾸준히 늘고 있다. 소셜 미디어들은 누가 어디에 소속되고, 어떤 집단에 포함되며, 어떻게 보이며, 어떤 사람으로 인식되고 싶은지 그 욕구를 건드리며, 출연자들만큼이나 강하게 시청자들의 정서에 영향을 준다.

많은 유명 예능 프로그램과 만화, 영화에서 소속감이 우리 삶에 어떤 역할을 하는지 다룬다. 영화 「대부Godfather」 3부작이 세계적으로 강력한 팬이 많은 이유도 꼴레오네 패밀리냐 아니냐라는 매우 본능적이고 정서적인 방법으로 소속감을 표현하고 있기 때문이다.

또 다른 예는 몬티 파이썬의 영화 「The Life of Brian」에 나오는 'People's Front' 장면인데, 이 장면에서 한 그룹의 멤버들이 명칭과 소속 규칙에 대해 논쟁한다. 이 장면은 '당신의 그룹에 가입해도 될까요?'로 시작해서 '분열자Splitter!'라는 한 단어로 끝난다. 소속 그룹에 포함하는 욕구와 어쩔 수 없이 누군가를 배제해야 한다는 것을 교묘하게 나타낸다. 사람들이 떠나거나 제외될 때 지급하는 대가와 함께 시스템 명칭과 경계를 정확하게 표현하는 사람들의 중요성이 강조된다.

매우 비슷한 시스템을 가진 두 개의 경쟁적 스포츠팀에 가입해 있다 해도, 각 팀에서의 소속감은 작지만 큰 차이를 보인다. 각 팀에서의 말과 행동에는 큰 차이가 없을지 몰라도, 그 안에서 형성된 신의와 경쟁심, 정서는 엄청난 차이가 있다. 자신이 소속할 시스템, 즉 충성할 시스템을 선택하는 것은 이후의 모든 행동과 실천 행동에 상당한 영향을 미친다. 그리고 승패와 옳고 그름, 때로는 삶과 죽음에 대한 생각으로까지 이어진다.

소속감은 실제로는 속하지 않으면서도 속해 있다고 믿게 만든다. 내가 좋아하는 선수 – 실제로 만나본 적도 없고, 만날 가능성도 거의 없지만 – 가 포함된 팀을 열렬히 응원하면서 그 팀에 소속감을 느낀다. 그 선수에 대해 잘 안다고 생각하고 가까운 친구나 가족에 대해 말하는 것보다 더 많이, 그 선수의 성격이 어떻고, 행동이 어떠하다고 토론한다. 경기의 승패에 따라 같이 죽기도 하고 살기도 한다.

소속에 대한 우리의 깊은 욕구를 표현하지 못하면 어떠한 방법을 동원해서라도 표현하려 할 것이다.

우리는 늘 소속감을 충족하려고 시도하는데, 조직과 코칭 커뮤니티에서 특히 강하게 나타난다. 사람들은 조직으로 자신의 기술, 경험, 동기, 그리고 재능을 가져오지만, 또한 소속 욕구도 가져온다. 특히 다른 시스템에서 소속감을 완전히 충족할 수 없었다면 더욱 그럴 것이다. 그렇지만 조직이 이것을 잘 다룰 수 있게 설계되어 있지 않다면, 조직에는 부담을 주고 구성원의 기대와 욕구를 충족시킬 수 없으며, 결국 소속감에 많은 어려움을 주고 고통스러운 결말로 이어진다.

멤버들의 유대감을 존중하지 않고, 얻은 것과 잃은 것을 인정하지 않은 채 떠나게 되면, 오랫동안 지속하는 얽힘을 만들며, 이후의 많은 시스템에서도 해결되지 않은 역동성의 얽힘을 남긴다.

고객을 대할 때, 그 사람이 어떤 시스템에 소속되어 충성(신의)하고 있는지, 그 신의를 이해하는 것은 코칭하는 데 매우 중요한 부분이다. 고객이 코칭 중 저항을 보일 때, 이것이 시스템에 대한 신의에서 생겨났다는 것을 알면, 지속적 해결이 가능해지고 저항에서 자유롭게 된다. 고객의 일과 업무 관계에 대해 제대로 된 객관적이고 시스템적인 접근 방식을 개발하여 코칭에 적용할 필요성이 여기에 있다.

가정에서 시작된다

원가족에 대한 소속감이 뚜렷하고 강한 사람을 만나면 금방 알아차릴 수 있다. 그들을 보고 있으면 고요하면서도 활력이 느껴지며, 자기 자신에게 기반을 두고 있는 것을 알 수 있다. 그들은 타인에게 쉽게 자신의 자원을 나눠주지만 그 경계선을 잘 알고 지키며, 자신의 내적 자원에서 에너지를 다시 채우는 방법도 잘 안다. 그들은 자신들의 생각을 다른 사람들에게 강요하지 않으며, 시스템에 가입하거나 탈퇴할 때도 지나치게 정서적으로 반응하지 않는다.

이런 사람들이 코치가 된다면 자신의 안전한 기반을 사용하여 코칭하므로 고객에게도 매우 유용하고 잘 작용할 것이다. 그러나 이것은 흔한 일이 아니다. 많은 코치와 치료사들처럼 '도움 주는help' 일을 하는 사람이 '소속'되기를 원한다. 결국 원가족에서 안정된 위치를 찾으려 했거나, 자기 가족에게서 소속감을 느끼기에 역부족이라고 판단한 사람들이 특히 조직 시스템이나 코칭 커뮤니티를 포함한 다른 전문적 커뮤니티에 소속되는 데에 끌리게 된다.

반대로, 어디에도 내 자리가 없다고 생각하거나 거절당할지 모른다는 두려움을 가지고 이것을 숨긴 채, 언제든 시스템에서 나올 수 있으니 편하다고 생각해버리거나, 아니면 차라리 나는 어떤 시스템에서도 독립적이라고 주장하는 것이 더 안전하다고 느낄지도 모른다.

다양한 시스템들에서 경험한 모든 소속감은 우리 안에서 평생 유지된다. 깊은 패턴들과 신의는 짐이 될 수도 있고, 또는 알아차림, 지혜, 내적 자원의 원천이 될 수도 있다. 코칭을 통해 일하는 방식과 문제 해결 방식에 근본적인 변화를 가져오기 위해서는 우리가 모두 시스템의 산물이라는 것을 염두에 두어야 한다.

연민 어린 시스템적 개입compassionate systemic intervention을 통해 소속감에서 나온 깊은 패턴과 역동성이 밝혀지고 풀리면 얽힘과 맹목적 신의가 느슨해지고 코치에게 깊은 자원이 될 수 있다. 이를 통해 코치는 통찰하고 통합하며 고객에게 시스템적 관점과 방법을 제공할 수 있게 된다.

소속감 때문에 소진하다

만약 고객이 자신을 소진하는 방식으로 지나치게 열심히 일하고 있다면, 원가족에서 소외되었거나 인정받지 못했던 소속감을 발견했을 가능성이 있다. 이런 방식으로 나타난 소속에 대한 숨겨진 욕구를 찾아내는 것은 고객의 건강과 균형을 회복하는 근본이 된다.

일을 통해 나타나는 이런 소속감은 외부적인 성공으로 이어질 때가 많지만 향후 개인과 조직 모두에 어려움을 초래하기도 한다. 조직 시스템의 소속이 한시적인 것도 소속 욕구가 완전히 충족될 수 없는 요인이다.

당연히 코치로서 자기 일에 내재화한 소속 욕구가 있다. 의식적으로 그것을 수행할 수 있다면, 코치와 고객 모두에게 건강하고 더 깊은 수준의 인식과 성장을 만들어 낼 수 있다. 그러나 의식적인 인식 없이 수행하는 것은 고객을 제한적으로 만들고 코치를 지치게 할 수 있다. 소속을 염두에 두고 코칭하면 더 고객과 온전하게 함께할 수 있다.

- 인간의 가장 깊은 욕구는 소속이다. 소속은 시스템, 시스템 관계, 다른 사람과 함께할 때만 발생한다. 태어나는 순간부터 연결되고 소속되면서 그 과정은 시작된다. 이것이 우리가 처음으로 마주하고 소속되는 시스템이며, 그것을 가족이라고 부른다.
- 가족에는 소속감을 보호하는 규칙이 있다. 어떤 것들은 말로 알려지며, 어떤 것들은 말하지 않아도 깊이 느껴진다. 가족 시스템에 속하기 위해 우리가 어떤 말을 하고 어떤 행동을 해야 하는지 말하지 않아도 빠르게 이해한다.
- 원가족 시스템은 앞으로의 일과 삶에 가장 깊은 패턴을 만든다. 우리는 원가족 '방식way'을 신의하지 않는다고 하면서도 더욱 신의한다.
- 신의는 소속을 보호한다. 예를 들어, 사람들은 자신의 부모가 할 수 있었던 것을 넘어서 더 행복해지거나 성공하기 어렵다. 이것은 숨겨진 신의의 한 예이며, 일단 이런 신의를 조명하고 정중하게 바라보고 통합한다면 직장생활과 인생을 변화시킬 수 있다.
- 현대 생활과 국제 여행의 용이성은 소속에 대한 새로운 도전적 역동성을 만들어냈다. 전통적인 가족 구조 밖에서 자랐거나 어린 시절 대부분을 기숙사에서 보낸 사람들, 자신을 '제3 문화 아이들'이라고 묘사하는 사람들에게서 볼 수 있다.
- 우리는 인생 전반을 통해 소속과 신의에 대한 내적 위계질서를 구축한다. 어떻게 행동할 것인가, 어떻게 소속될 것인가에 대한 갈등과 혼란 또는 불일치가 있을 때 무의식적으로 이 위계질서를 언급한다.
- 시스템에 소속되는 것은 많은 보상뿐 아니라 숨겨진 신의와 얽힘과 반복 패턴의 원천이 된다.

- 우리의 원가족, '1차 양심 집단'의 소속 '규칙'은 도덕적 가치를 가지지 않는다; 그것들은 단순히 우리 가족의 소속 규칙이다.

코치가 되기 위해 공부하러 다니는 이유 가운데 하나는 집단에 소속됨으로써 경험이 풍부해지고 자원화되는 것을 경험할 때가 많기 때문이다. 코치로서 첫 훈련부터 코칭 조직, 협회 또는 연맹 가입까지, 그것은 학습의 경험일 뿐 아니라 일련의 관계 시스템에 소속되는 경험이다.

코칭 전문가 과정을 배우고 관계 시스템에 참여하고 소속되는 경험은 코치인 우리와 앞으로 함께할 코칭 고객에게 비즈니스와 조직 생활에서 무엇이 중요한지를 알 수 있는 매우 중요한 정보가 된다.

가입, 소속 및 탈퇴의 사이클

일상생활과 직장생활은 소속과 비소속의 순환을 반복한다. 원가족을 제외하고, 다른 모든 시스템에 가입하고, 소속되고, 탈퇴하는 것을 반복한다. 가족 시스템은 영구적이고, 비즈니스와 조직 시스템은 한시적이다. 아무리 원해도 원가족 시스템을 떠날 수 없다. 노력하면 할수록, 자신의 출신을 더 많이 거부할수록, 그들과 더 똑같이 될 것이다. 싸울수록 더 똑같아지고 판단할수록 오히려 자신의 것이 된다.

가입, 소속 및 탈퇴 주기를 이해하는 것의 중요성과 영향력, 그리고 조직 생활에서의 시스템 원칙은 자주 위반되고 무시된다. 리더십, HR, 채용, 인재 관리, 코칭 및 리더십 개발도 이 사이클의 가장 중요한 부분인 탈퇴를 염두에 두지 않는다.

　사람들이 조직 시스템을 떠나는 방식은 시스템의 소속 주기에서 가장 관심을 덜 받는 부분이다. 기업들은 사람들을 조직에서 내보내기 위해 많은 돈을 지급하며 침묵하게 하려고 한다. 이런 식의 접근은 사람들을 배제하고 또한 조직 시스템 자체에 깊은 영향을 주고 얽힘을 만든다. 새로운 사람들이 대체하여 들어와도 그들은 곧 최선을 다하지 못하게 된다는 것을 느낀다. 퇴출된 사람들은 다른 시스템에 합류하면서, 자신에게 남겨진 어렵고 고통스러운 긴 꼬리를 끌고 들어간다. 그래서 그 패턴은 다른 시스템으로 들어가 반복되고 배가된다.

> 대중음악 밴드와 록 밴드에서 우리는 흔히 누가 원래의 라인업에 있었고 누가 떠났는지, 합류했는지, 소속되어 있는지 관심이 많다. 왜냐하면 밴드의 가입, 소속, 탈퇴가 그 밴드의 관계 역동성에 큰 영향을 미치고, 그들이 함께 연주하는 방식과 사람들에게 인식되는 방식에도 큰 영향을 준다는 것을 알기 때문이다.

　확실히 상업과 기업 부문에서의 조직 생활이 역동성의 어려움으로 가득 차 있는 이유는 신중하고 정중하게 마지막을 고하는 것의 중요성에 대한 이해가 부족한 결과이다.

　마지막ending이라는 것은 소속이 끝나는 것이며, 일차적인 인간 욕구와 연결되어 있다.

　개인과 그들이 속한 시스템 사이의 깊은 연결을 무시하는 것은 건강한 시스템의 핵심 원칙을 위반하는 것이다. 즉 모든 사람은 시스템에서 안전하고 존중받는 위치에 있을 동등한 권리가 있다. 그렇다고 해서 모든 사람이 평생 직업을 가져야 한다는 것은 아니며, 이는 오히려 시스템의 실존적 문제를 일으킬 수 있다.

떠나는 **방식**way에 주의를 기울이는 것은 매우 중요하다. 그 방식은 떠나는 사람(또는 사람들)의 기여가 존중받고 인정받으며, 그들이 소속된 동안 조직이 얻은 것을 인정하는 것이다. 이것은 어려운 역동성에서 감지하기 힘든 미묘한 춤이지만 컨스텔레이션을 통한 시스템 코칭과 촉진이 가능하도록 아름답게 갖추어진 춤이다.

소속을 피해 리더로 LEADING AVOID BELONGING

소속되는 것은 많은 사람에게 도전이다. 어떤 사람들은 몸을 사리거나 그룹, 팀 및 조직을 가능한 피함으로써 소속을 피할 방법을 찾는다. 이 방법은 그들을 안전하게 하고, 외롭기는 해도 소외감을 느낄 위험을 줄인다. 어떤 사람들은 소속을 피하려고, 리더가 되는 데에 개인적인 에너지를 투자한다. 이것은 외롭기는 해도 표면적으로 안전한 위치를 제공한다. 이런 리더들은 팀원들에게 도전적이고 안전하지 못한 존재가 되거나 모든 팀원에게 신경 쓰고, 그들이 편안함과 소속감을 느낄 수 있는 문화와 시스템을 만들기 위해 일한다. 어느 경우든 그들은 소속감을 찾고 있다. 옳고 그름에 대한 생각을 넘어서 이것을 염두에 두고 코칭하라.

잘 떠나는 것에 주의를 기울이는 것은 효과적인 참여와 건강한 소속감을 위한 환경을 조성하는 데 유익하다. 다른 조직 시스템에 가입하기 위해 떠난 사람과 그 역할을 대신하기 위해 들어온 사람, 양쪽 모두를 위한 것이다. 앞사람을 위엄 있게 떠나 보내야 – 예를 들어, 그 역할에서 했던 기여와 영향력에 경의를 표하는 것 등 – 제대로 역할 권한을 가지고 자신의 위치를 찾을 수 있을 것이다. 이런 방식으로 이전 자리가 '재구성$^{re-}$ $_{memberd}$'될 때 비로소 조직은 또 다른 사람을 위한 자리를 만들 수 있다.

소속했던 시스템을 떠날 때는 그 시스템의 모든 불문율을 버리고 특정 양심을 규정했던 무형의 경계에서 벗어나야 한다. 소속이 유지되고 영향을 받는 방식인 양심에 관한 내용이 다음 장의 주제이다.

이 접근법으로 코칭하는 방법을 시스템의 가입, 소속 및 탈퇴와 연계해서, 이 책에서 여러 맥락과 방법으로 설명하고 있다.

05
양심, 죄책감, 결백함

> 죄책감 없는 성장은 없다.
> – 버트 헬린저 Bert Hellinger

양심 집단과 소속

앞 장에서 시스템에 가입하고 관계 시스템에 속하고자 하는 욕구를 살펴보았다. 우리가 속해 있는 각각의 시스템은 경계선을 가진 보이지 않는 무형의 필드들로 연결되어 있으며 경계선 안에서는 안전함을 느끼고 밖에서는 그렇지 못하다. 우리는 각 시스템의 암묵적 규칙들을 통해 행동하거나 그렇지 않다.

이러한 명시적이거나 암묵적인 규칙들은 소속을 규정하며 보호하지만, 무시하거나 위반할 경우 우리를 배제하는 법이 된다. 경계란 시스템의 양심을 정의하는 선을 말한다. 그리고 경계 안에 있는 모든 것들은 공유된 양심을 통해 작동한다. 이것을 양심 집단conscience group이라 한다.

각 시스템의 양심은 컴퓨터의 OS(운영체제)처럼 특정 시스템에서 일관성과 역동적 균형을 유지하며 발생하는 모든 일에 일종의 프레임워크를 적용한다. 규칙을 무시하거나 위반하면 눈에 보이지 않는 무언의 지배력이 자신을 옭아맬 것이며 규칙을 위반할 때 시스템은 대가를 지급하며 균형을 회복하려고 한다.

양심은 행동을 규정하고 소속되지 않은 사람이나 요소들에서 관계 시스템을 보호하며 결국 어떤 대가를 치르더라도 시스템을 유지하는 규칙이다.

동일한 양심을 공유하는 관계 시스템은 신의로 인한 태도, 행동 및 반응을 하나로 만든다. 다른 시스템에서는 달라진 양심에 맞추고 또 다른 규칙에 빠르게 적응하여 멤버십을 보호한다.

'양심'은 집단 내 소속을 보호하는 데 필요한 시스템이며, 부여되고 보상받는 신념과 행동이 어떤 것인가에 대한 보이지 않는 경계를 짓는다.

코치로 일할 때 세 가지 양심을 고려할 수 있다.

- 개인적 양심personal conscience
- 조직적 양심organizational conscience
- 시스템적 양심systemic conscience

개인적 양심

우리가 태어나서 만나는 첫 번째 시스템은 가족이다. 가족 시스템에서 소속 경험은 개인적 양심의 초석이 된다. 이 양심은 우리 가족의 옳고 그름에 대한 생각에 바탕을 두며 그 자체가 조상으로부터 이어진 여러 세대의 사건 맥락과 관계 역동성의 결과이다. 물론 부모님과 조부모님들이 말하고 행동하는 것도 우리에게 특별한 잠재력을 가진다.

우리는 보이지 않지만 분명하게 느껴지는 가족 양심의 한계선을 감지하고 그것에서 자신만의 내면 그림을 만든다. 특히 아직 어리고 생존이 걸려있을 때는 필사적으로 그 경계선 안에 머무르려고 한다.

교육과정과 전문적 시스템을 거치면서, 나는 누구이며 무엇을 믿는지에 대한 느낌인 개인적 양심은 도전받고 재구성된다. 그렇지만 어떤 방식으로든 처음에 형성된 개인적 양심에 신의할 방법을 찾을 것이다. 왜냐하면 우리는 늘 자신이 어디에 속해 있고 어디서 왔는지 알고자 하며 모든 기쁨과 자원, 고통과 비극 등이 가족 시스템에서 체득되었기 때문이다. 소속되어 있음을 확신하기 위해 신의를 유지하는 방식으로 행동한다. 이것은 '결백함'을 느끼게 하며 그것에 맞지 않게 행동할 때 우리는 '죄책감'을 느낀다.

> 어린아이였을 때, 우리는 첫 번째 시스템, 즉 가족 시스템의 경계선 안에 최선을 다해 머물려고 했을 것이다. 마치 그렇게 해야 살아갈 수 있는 것처럼 명시적, 암묵적 모든 규칙을 받아들이고 수용한다.

공작 꼬리에 있는 첫 번째 깃털인 양심이나 가족제도를 벗어날 수는 없지만, 확장하여 성장할 수 있다. 앞으로 나아가는 방식을 보면 다른 시스템으로 어떻게 이동하고 소속되는지, 어떻게 사는지, 어떻게 리드하고 코칭하는지 알 수 있다.

개인적이고 전문적인 차원에서 자아가 성장하려면 원래의 양심 집단을 넘어서는 확장이 핵심이다. 그러므로 개인적 양심의 자원과 얽힘을 이해하고 연결해 나가는 여정은 결국 삶과 일을 학습하는 여정의 핵심이다.

개인의 양심은 소속감을 보호하고, 그 소속감은 강하고 무의식적인 신의를 낳을 때가 많다. 적절한 시점에 고객의 개인적이고 전문적인 시스템에 대한 숨겨진 신의를 밝히는 것이 시스템 코칭의 핵심 기능이자 유익이다.

조직적 양심

글로벌 기업이든 개인 소유의 작은 기업이든 사회 보건 시스템이든 창업자-주도 사업이든 각 조직 시스템은 자체적인 양심에 따라 불문율과 역동성을 만든다. 각 조직은 개인적인 양심을 가진 사람들과 그들로 인해 만들어진 사건들로 소속되었던 모든 사람과 그 사람들이 떠난 방식의 영향 - 구성된 그들만의 꼬리 깃털을 가지고 있다.

각 시스템은 그 안에서 일어난 모든 것을 자체적으로 기억한다. 어떤 이들은 이것을 조직 무의식 또는 '문화'라고 부른다. 이 무형의 속성을 어떻게 정의하든, 포함inclusion 또는 배제exclusion, 리더십의 흐름과 조직 건전성을 지배하는 일련의 규칙을 만드는 조직 시스템 내 역동성의 고유한 조합이다.

> 사람들은 어떤 비즈니스나 조직 시스템에 속하기 위해 그들의 성격을 조율하면서 온갖 부자연스러운 행동을 한다. 우리는 소속되기 위해 할 수 있는 모든 것을 한다.

우리가 속한 조직 시스템의 양심 집단에서도 죄책감과 결백한 감정을 강하게 느낀다. 아이였을 때 가족의 불문율을 빠르게 흡수한 것처럼, 전문적 시스템에서도 그렇게 한다. 신의와 '결백함'을 유지하기 위해 자기 행동을 조정한다.

기술과 전문적인 능력을 확장함에 따라, 우리는 성장하고 다른 전문적 (직업) 시스템으로 이동하기 위해 어떤 죄책감을 감당해야 한다.

코칭에서 이해해야 할 중요한 사항은 우리가 각 양심 집단에 가입하고 소속되고 탈퇴하는 사이클에 참여하는 방식이 삶과 일의 흐름에 핵심적이라는 것이다.

시스템적 양심

시스템적 양심은 모든 관계 시스템의 집단 무의식에 작용한다. 어떤 대가를 치르더라도 전체 시스템에서 일관성과 역동성의 균형을 유지하려는 일차적 의도로 작용하는 힘이다. 이 맥락에서는 도덕적 방식과 '맞다', '틀리다'와 '좋다', '나쁘다'라는 관념들이 아무런 의미가 없다. 시스템 양심의 유일한 목적은 시스템을 보호하고 전체를 유지하는 것이다.

비록 여러분이 시스템적 양심을 무시하거나 위반하는 것의 영향을 받더라도 그것을 깨닫지 않는 한 그 관계에서 '죄책감'이나 '결백함'을 느끼지 않을 것이다. 일단 그것을 인식하면 개인적, 전문적 그리고 전체 시스템의 건강 수준을 훨씬 더 좋게 만들 수 있다. 삶과 리더십은 계속 흐르고, 제한되고 반복되는 패턴은 점차 사라지게 된다.

다음 장에서 시스템 코칭의 맥락에 관해 자세히 설명하겠지만, 시간TIME, 위치PLACE, 교환EXCHANGE의 조직 원리는 시스템 양심의 산물이면서 모든 시스템을 강제하는 영역이고, 모든 시스템 속에 포함되어 있다.

각각의 양심의 유형, 그리고 이 죄책감과 결백함에 대한 개념을 좀 더 자세히 살펴보자.

개인적 양심의 세부사항

개인적 양심은 가족을 포함한 사회 시스템과 원가족의 소속 경험에서 나온다.

우리는 각자의 가족 시스템에서 태어나며 가족 드라마 필드는 시간을 거슬러 여전히 진행 중이다. 가족 필드에는 여러 세대 간 역동성, 은밀히 반복되는 패턴, 깊은 자원과 숨겨진 신의뿐만 아니라 우리 가족의 인생과 사랑의 흐름이 포함되어 있다. 우리는 모두 삶에서 이런 흐름의 힘에 영향을 받을 수밖에 없다.

가족 시스템에 있는 모든 무언의 규칙은 우리 안에서 공명하고 체화되어 우리의 일부가 되고 정체성을 만들며 세상을 이해하는 방식이 된다. 가족 시스템에 신의를 유지한다는 것은 속해 있다는 것을 의미하고 생존을 의미하기 때문에 어린 시절의 우리에게 매우 중요하다.

그것은 자아감과 초기early '도덕적 나침반'을 알려주는 등대이다. 만약 이것이 우리 가족이 무언가를 하는 방식이라면, 우리가 무언가를 하는 방식이 될 것이다. 만약 이 방식으로 우리 가족이 누군가를 '좋다'거나 '나쁘다'라고 정의한다면 우리가 어떤 사람들이 '옳고', '그른지' 생각하는 기준이 될 것이다.

개인적 양심은 우리가 태어난 사회적, 문화적 시스템뿐 아니라 가족 시스템의 영적 차원과 신념에 의해 형성된다. 그 결과 깊은 소속 욕구를 보호하기 위해 어떤 신념, 행동, 그리고 태도로 신의해야 하는지 알게 된다. 우리는 옳고 그름에 대한 보편적 진리를 잘 안다고 믿으며 다른 개인적 양심을 신의하는 다른 사람들을 의심하면서 이런 믿음으로 세상을 바라본다.

개인적인 양심에 따라 행동하면 소속감을 보호하고 결백함을 느낀다. 그때부터 그 이름으로 많은 태도와 행동을 정당화할 수 있게 된다. 개인적 양심은 어린 시절부터 깊게 새겨져 있어서, 어쩌면 우리가 그것을 거부할 때조차 필연적으로 앞으로의 삶에 계속 영향을 미칠 것이다.

개인적 양심은 교육 시스템, 친구 그룹, 그리고 나중에는 직업 세계에서 도전받고, 재구성되고, 확장된다. 성장하면서 다른 많은 양심 집단에 대해 알게 되는데, 일부는 자신과 쉽게 일치하고 일부는 외계인이라고 느낀다.

> 자기 자신이 옳다고 믿는 경우가 많지만, 우리의 개인적 양심은 다른 가족 시스템 또는 다른 환경에서는 옳고 그름에 대한 기준이 될 수 없다. 이것은 단지 기준점이며, 원가족 시스템과 일치하는지를 알려주는 내부 나침반일 뿐이다.

시스템적 양심은 대체로 무의식적이며, 독선적 역동성에 사로잡혀 있을 때만 인식되는 반면, 개인적 양심은 훨씬 더 의식적이며 우리의 행동이 소속을 보호하는지 위험을 감수하는지 관계없이 늘 인식한다.

개인적인 양심은 다음과 같이 묻는 내면의 목소리와 같다. '내가 말하고 행동하는 것들이 이 그룹에 대한 내 신의를 표현하고 보호하는 것인가? 내가 소속되어 있는가?'

그렇지만 개인적 양심은 그저 개인적일 뿐이다. 그것은 옳고 그름, 좋고 나쁨에 대한 명확한 견해를 가지고 있다. 자신과 맞지 않는 사람들과 상황들을 배제하도록 하며 우리가 한 행동이 '옳은' 일인지 '잘못된' 일인지를 믿는 근원이 된다. 다른 사람에게는 그 반대가 진실일 수 있다.

개인적인 양심을 이해하기 위해 자신에게 물어봐야 할 질문은 다음과 같다: 어렸을 때 가족의 양심 집단에 신의하기 위해 무엇을 하거나 말해야 했는가? 어떤 행동과 신념, 사람들이 '옳은 것'으로 묘사했고 어떤 것을 '잘못'된 것으로 간주하였는가?

젊은 시절에는 흔히 부모와 가장 다른 양심 집단이 가장 매력적이다. 그래서 원가족과 전혀 다른 양심 집단들의 일원이 될 수도 있다.

그렇지만 그것을 거부하거나 판단하려고 노력할수록 개인적 양심에서 벗어날 수 없다. 만일 지구 반대편으로 이동하여 부모와 정반대의 가치, 신념, 행동을 재정립한다고 해도 여전히 원가족 시스템에 신의하는 길을 찾아갈 것이다. 조부모와 강하고 긴밀하게 정서적 연결을 맺거나, 거부했던 부모와 오히려 현저하게 유사해지는 것을 보면 알 수 있다. 어떻게 해서든 신의를 유지하는 방법을 찾아서 어떤 식으로든 우리가 여전히 소속되어 있다는 것을 알려고 한다.

> 모든 코치와 고객은 복합적이고 중첩되는 시스템과 양심 집단에 속해 있고 복합적인 소속감을 느낀다. 이것은 공작의 꼬리 깃털이며 일과 삶에 내재하여 있다. 새로운 통찰력과 연민 어린 이해를 통해 꼬리 깃털을 '정화'하는 것이 가장 중요하며 다른 사람들도 똑같이 할 수 있도록 돕게 될 것이다.

우리는 삶의 여정에서 관계, 일, 타인에 대한 다양한 태도와 신념을 수집하고 내재화한다. 이 태도와 신념은 우리의 내적 참조 시스템이 되고 개인적 양심에 도전하거나 맞추거나 재구성한다.

이런 자원이 있다면, 개인적 양심을 수정하고 부모와 윗세대에서 할 수 있었던 것 그 이상으로 존중감 있게 성장할 것이다. 이것이 우리가 개별화되고 자유로운 어른으로 성장하고 성숙하는 방법이다. 내면의 여정을 만드는 방식은 결국 그것이 드러나는 방식에도 깊은 영향을 준다.

요약: 개인적 양심

가장 깊은 욕구는 소속감이다. 우리는 관계 시스템에 소속되어 있다. 삶과 일에 가장 깊은 패턴을 만들어내는 시스템은 바로 원가족이다.

- 개인적 양심의 목적은 가족 시스템의 경계를 정하고 보호하며 우리를 가족과 결속하는 것이다. 본질적인 도덕적 가치는 없지만 옳고 그름에 대한 명확한 개념을 설정한다. 이것들은 가족 시스템 양심의 경계를 보여주는 하나의 방법으로 지켜지고 정당화될 것이다.

- 각각의 가족 시스템은 특정 사고방식과 태도, 가족 특유의 언어와 행동을 통해 자신의 소속 규칙을 표현한다. 그 가족의 일원으로서 우리는 소속되기 위해 규칙에 맞춰야 한다는 것을 알고 있으며, 그래서 규칙, 특히 무언의 규칙에 빨리 맞춘다.
- 어떤 가족 시스템에서 수용할 수 있고, 분명히 '좋다'라고 느끼는 것이 다른 가족 시스템에서는 용납될 수 없고 완전히 '나쁘다'라고 느낄 수 있다.
- 개인적 양심 집단에 소속되는 것은 연결감과 '결백함'을 생성한다. 그 결과 신의가 깊어진다.
- 해당 그룹과 시스템의 양심에 맞지 않는 행동과 태도는 우리의 소속을 위태롭게 하고, 우리를 그룹에서 분리하여 '죄책감'을 느끼게 한다.
- 원래의 개인적 양심 집단, 즉 원가족을 넘어서 성장하려면 정중한 분리가 필요하다.

우리는 특정 집단, 그 관계 시스템의 양심과 일치하는 방식으로 행동할 때 우리가 소속되어 있음을 느낀다.

죄책감과 결백함

우리의 개인적 양심은 흔히 인간적, 조직적, 심지어 사회적 갈등의 원인이 된다. '나쁜' 또는 '잘못된' 것으로 간주하는 행동을 하는 많은 사람을 보면, 쉽게 시스템으로 들어가 깊은 신의를 보임으로써 자신의 소속을 유지한다. 이 책에서 의미하는 결백함과 소속에 대한 욕구로 인해, 그룹에서 배제될 위험이 느껴질 때나 깊은 신의를 증명할 기회로 여겨질 때면 매우 파괴적인 행동조차 서슴지 않는다.

20년 전 가족과 사회 시스템 컨스텔레이션에 대한 훈련 초기에 퍼실리테이터가 '테러'와 같은 끔찍하고 파괴적인 행동을 저지르는 사람들에 관해 이야기하면서, 그들이 온전히 개인적 양심에 따라 행동한다고 믿는다는 것을 상기시켰을 때 엄청난 충격을 받았던 것으로 기억한다. 그들은 깊은 신의로 '결백함'과 정당함을 가지고 이러한 엄청난 행위를 계속한다.

이러한 사고방식의 이면에 숨겨져 있는 충격적이지만 단순한 진리와 의미를 이해하는 데 오랜 시간이 걸렸다. 소속과 신의에 대한 욕구는 믿을 수 없을 정도로 강력한 역동성과 행동을 만들어낸다. 너무 강해서, 이러한 행위를 저지르는 사람들은 자신들의 양심 집단과 관련하여 결백함(여기서 의미하는 방식으로)을 느낀다.

> 군인은 앞에 있는 것을 미워해서가 아니라 뒤에 있는 것을 사랑하기 때문에 싸운다.
> – G K Chesterton

많은 경우 이러한 폭력 행위의 가해자들은 그들 이전에 비슷한 충성 행위를 한 가까운 가족 구성원들에 이끌려 합류하게 된다. 그런 폭력적 행동은 깊은 신의의 표현이고, 그렇게 행동함으로써 자신의 멤버십을 보호한다. 이런 방식으로 우리는 어쩌면 충격적인 폭력 행위 뒤에 숨겨진 소속감과 사랑 사이의 관련성을 보기 시작할 수도 있다.

> 내가 CIA와 함께하면서 교훈을 배운 것이 있다면 이것 한 가지다: 모두가 자신을 좋은 사람이라고 믿는다.
> - 전 CIA 비밀 장교이자 『라이프 언더 커버』의 저자인 아말리스 폭스

이러한 이해는 파괴적인 행동들을 정당화하거나 변명하거나 도덕적인 의미에서 옳게 만들자는 것이 아니다; 단지, 더 깊은 동기들과 양심 집단에 소속된다는 것이 얼마나 엄청난 중요성을 가지며 영향을 주는지와 그 결과로 나타나는 강력한 신의에 대해 밝히자는 것이다.

이런 방식으로 해로운 행동들을 이해하려고 할 때 도덕적 판단이 얼마나 제한된 가치를 가졌는지 알 수 있다; 그것들은 단지 비난하거나 지지할 뿐이다. 도덕적인 판단은 시스템을 깊이 이해할 수 있게 하지 못하며, 시스템의 그 어떤 것도 해결하지 못한다.

> 도덕주의자는 이 커다란 세상에 소소한 잣대를 사용하는 사람이다.
> - 버트 헬린저

이 관점이 내포한 의미를 알고 개인, 팀, 전체 시스템 차원에서의 변화에 대한 타성이나 저항과의 연관성을 확인하는 데 많은 시간이 걸렸다. 양심 집단에 대한 역동성, 신의는 지금도 비즈니스와 조직 생활에서 많이 작용한다.

"매우 파괴적인 행동들이 양심 집단에 대한 깊은 신의를 통해 '결백함'이라는 이름으로 수행된다."라는 이 단순한 깨달음이 삶과 일에 대한 내 이해를 변화시켰고 코칭 방법도 바꾸었다.

매우 도전적이고 고통을 주는 행동들을 조직 시스템에서 흔히 볼 수 있다. 대부분 사람은 '암적 존재'라고밖에 표현할 수 없는 영향력을 가진 사람과 함께 일하거나, 동료 또는 부하직원 중에 '매우 곤란한' 방식으로 행동하는 사람들을 코칭하려 할 때 난관에 봉착한 경험이 있을 것이다. 아마도 그들은 다른 양심 집단에 '결백한' 신의를 보일 것이다.

다른 사람에게 상처를 주는 곤란한 행동을 하는 사람을 코칭할 때 '옳고 그름'에 대한 판단 없이 그들의 스토리(또는 360도 피드백)를 지나가기 어려울 수도 있다. 그러나 양심 집단에 대한 신의를 이해하고 존중하며 코칭한다면 고객과의 연결 수준이 달라지고, 그들의 행동에 지속적인 변화를 가져올 것이다.

사람들은 흔히 이전 또는 현재 시스템과의 관계에서 '결백함'을 유지하려고 하는데, 그것은 변화에 저항하고 거부하는 태도 등으로 표현된다.

우리는 각 시스템에서 우리의 멤버십을 위태롭게 하는 것이 무엇인지 본능적으로 알고 있으므로 그 시스템과의 관계에서 '결백함'을 유지하여 소속을 보호하려고 한다. 도전하지 않고, 소속감과 결백함을 유지하기 위해 신의를 다한다. 시스템에 맞지 않게 행동하고 소속감을 위태롭게 할 때는 그룹의 멤버십을 위태롭게 했기 때문에 '죄책감'을 느낀다.

> 모든 행동은 시스템적 맥락에서 볼 때 신의의 발현으로 이해된다.

소속감, 신의, 죄책감 및 결백함과 관련된 코칭 질문

소속감과 신의의 영향력(힘)을 염두에 두고 코칭할 때, 거기에서 나오는 역동성 해결을 위해 노력하고 조명하며 지원할 수 있다.
   다음과 같이 질문을 함으로써 소속감과 그에 따른 숨겨진 신의를 탐색할 수 있다.

- 그렇게 행동할 때/그렇게 꼼짝 않고 있을 때/그렇게 반응할 때 누구에게 신의하고 있는가?
- 누가 자신의 '역기능'을 보고 조용히 기뻐하겠는가?
- 자신의 행동/반응/응답은 어떤 관계 시스템에 신의하는 행동인가?
- 다르게 행동하기로 선택했다면 누구에게 불충하게 되는가? 누가 달가워하지 않겠는가?

조직적 양심의 세부사항

각 시스템에서는 설립 의도와 관계 역동성, 모든 사건, 성공과 실패, 그리고 시스템 일부였던 사람들의 결과로 대부분 무언의 소속감 또는 '조직적 양심'의 고유한 규칙이 나타난다. 각각의 조직은 그 안에서 일어난 모든 것에 자체의 기억이 있다. 사람들은 이것을 조직 무의식 또는 단순히 문화라고 부르기도 한다. 무엇으로 부르든, 그것은 조직 시스템 내의 독특한 역동성의 조합을 통해 포함 또는 배제, 리더십과 조직 건강의 척도를 아우르는 불문율을 만들어낸다.

당연하게도, 조직 시스템 내에서 개인적 양심은 조직적 양심을 만들어내기도 하고 또한 조직적 양심에 반하기도 한다. 조직에 가입할 때도 자연스럽게 적응하기도 하고 그렇지 않기도 한다. 개인적 양심과 ('내 개인적 가치'라고 할 수 있는) 조직이 요구하는 태도와 행동이 충돌할 때 조직 시스템에서 많은 스트레스와 갈등의 원인이 된다.

잠시 자신이 속해 있던 모든 조직 시스템에 대해 생각해보자. 처음 가입했던 전문 시스템과 다음 가입했던 비즈니스 또는 조직으로 따라가 본다. 개인의 양심과 조직의 양심 사이의 갈등을 인식하면서 긴장이 올라오는 지점을 느껴보라. 몸에 맞는 옷을 입은 듯 두 양심이 잘 맞았던 지점이 어디인지 주목하고 느껴보라. 불편했던 때가 있다면 그 지점을 주목하고 그 긴장이 어디서 왔는지 느끼고 생각해보라.

그리고 자신에게 물어보라:

- 각 시스템의 구성원으로 소속되는 유익과 대가는 무엇이었는가?
- 여전히 가장 신의도가 높은 시스템은 무엇인가?

'공명 문장'의 방법론과 적용 방법에 익숙하다면, 일부가 떠오르는 것을 알아차릴 수 있다. 그렇지 않다면 나중에 책에서 살펴보자.

> 나는 지역 총괄 매니저를 코칭했던 적이 있다. 그는 매니저가 된 지 채 1년이 되지 않아 도전적 피드백을 받게 되었고, 이 피드백들을 어떻게 이해해야 할지 방법을 찾고 있었다. 그는 외부 인사였고 그의 권위에 대해 눈에 보이는 저항이 있었다.

'외부인'이 시스템을 이끌게 되면 주로 팀원들에게 그들의 리더십 스타일과 신의를 어떻게 만들고 쌓아갈 것인가 하는 부분에 많은 어려움을 느낀다. 흔히 있는 일이지만, 이 총괄 매니저는 실적도 매우 높았고, 머리도 좋았으며, 여러 가지 복합적인 문제들을 빠르게 처리해왔다. 적어도 서류상으로는 모든 것이 성공을 위해 준비된 것처럼 보였다. 새로운 리더가 시스템에 들어왔을 때 그 권위를 따르지 않는다면, 시스템 역동성과 신의와 관련된 두 가지 원인을 찾을 수 있다. 첫 번째는 일반적으로 많이 일어나는 경우로, 이 책의 다른 부분에서도 설명하고 있다. 누군가가 어려운 상황에서 시스템을 떠나고, 그 대신 온 사람이 그 역할의 권위를 인정받기 위해 고군분투하는 경우이다. 시스템은 존중받지 못하고 퇴출당한 사람을 '재-멤버화re-member'하려고 하므로, 다음에 온 사람이 아무리 훌륭하고 재능이 있어도, '시스템 퇴출석'에 앉은 자신을 발견하게 된다.

첫 번째 이유가 아니라면, 두 번째는 신의를 바꿔야 하는 경우이다. 새로 들어온 사람이 이전 시스템에서 리드하던 방식으로 시스템의 생존 및 성공과 연결된 신의와 역할을 해왔다면, 그것을 버리고 새로운 스타일과 속도를 배우기는 어려울 것이다. 여기도 이런 경우였다.

글로벌 기업의 일원으로 8개국을 담당하는, 새로 온 지역 총괄 매니저는 대형 병원에서 응급실 의사였다. 더 간단하게 말하면, 그의 신의는 명시적, 암묵적으로 '모든 것이 비상사태다'라는 시스템에 관한 것이었다. 그가 첫 직업에 대한 깊고 큰 무의식적인 신의를 완화하기 위해서는 성장과 약간의 죄책감이 요구되었다.

이 모든 것이 첫 번째 코칭 세션에서 밝혀졌고, 그는 완전히 다른 업무 속도와 리더십 스타일의 기반을 닦았다. 그는 새로운 시스템에서 무언의 규칙이 '우리는 장기적인 게임을 하고 있다'라는 것을 인식하고, 자기 스타일을 조정할 수 있었다.

이 책의 초판을 작성한 이후에 전 세계적으로 영향력을 가진 큰 유럽연합 기관에서 고위 지도자와 부서장을 코칭한 적이 있다. 코칭과 팀 개발을 담당하는 매니저가 컨퍼런스에서 내가 시스템 코칭과 컨스텔레이션을 촉진하는 것을 보고 초대했다. 시스템으로의 초대가 이름하여 '시스템적'이었지만 시스템적 개입을 통해 시스템적 이슈들이 드러나고 상황의 변화가 일어나기까지는 꽤 오랜 시간이 걸렸다. 그동안 이 이슈들은 가시화되지도 언어화되지도 않았다.

분명해진 것은 국가의 정체성과 사회적-시스템 양심 집단이 혼합된 조직은 원문화original culture와 무언의 소속 규칙을 규정하기 위해 일련의 역동성과 행동들을 만들어낸다는 것이다.

원문화 기준점 - 조직적 양심의 출발점 - 이 인정되고 포함되고, 무엇보다 소속의 규칙이 언급될 때, 사람들은 그것들과 완전히 분리되어 새로운 규칙과 진화하는 문화를 받아들이려는 의지를 갖추고 미래로 나아갈 수 있다. '옛날 방식'에 대한 신의는 일단 드러나서 정중하게 인정되면 완화되고 해소된다.

이러한 연구는 시스템의 규칙, 숨겨진 자원 그리고 무언의 역동성을 진정으로 이해하려면 시스템 토대와 문화적 기준점을 되돌아보고 인정하는 것이 중요함을 다시 한번 상기시킨다.

~

더는 긴장을 견디지 못하고 그룹의 양심과 관련하여 '죄책감'을 선택할 때까지 소속되기 위해 할 수 있는 모든 것을 다 할 것이다. 그런데도 조직적 양심에 맞지 않게 행동하기로 선택한다면 소속감에 타격을 입고, 흔히 그 대가를 감수하게 된다.

조직에서 맡은 직책이 시스템의 안전이나 위험과 관련된 것이라면 죄책감을 계속해서 가지고 가야 할 수도 있다. 회사의 일원으로 급여를 받지만, 그것과는 별개로 위험하거나 안전하지 않다고 여겨지는 행동을 '유발한' 경우, 기꺼이 죄책감을 느끼고 소속의 위험을 감수해야 한다. 이 책에서 의미하는 방식으로의 '결백함'을 유지하려는 강한 힘이 그렇게 하지 못하게 막는 경우가 많다. 그렇게 되면 안전과 위험이 자주 뒤섞이는 힘들고 제한적인 문화가 되어 결국 시스템이 붕괴된다.

우리는 한 단계 더 나아가 유죄가 되어 '내부 고발자'가 됨으로써 소속을 위태롭게 할 수 있다. '내부 고발자'로 묘사되는 사람들은 시스템 규칙에 위배 되는 것처럼 보이지만 대부분 시스템을 위한 행동을 한다. 결과적으로 매우 운이 좋다면, 그들과 시스템은 성장한다. 왜냐하면 약간의 죄책감 없는 성장은 없기 때문이다. 그렇지만 대부분 그들은 비싼 대가를 치르고 퇴출당한다.

선한 양심(마음)으로 정직함을 지지하고 부적절하다고 판단되는 행동을 알리더라도, '내부 고발자'가 된 사람은 이런 행동이 시스템에서 자신의 위치를 위협한다는 사실을 알게 된다. 많은 사람에게 이것은 엄청난 개인적 비용이 드는 매우 어려운 '시스템과의 싸움'을 의미한다.

> 소득, 집, 친구, 결혼의 파탄이 있을 수 있다. 건강 문제가 있으며 때로는 스트레스 때문에 사망하기도 한다.
> – 존 R 필립스John R Phillips, 워싱턴의 내부 고발자 변호사

집단에게 배척당할 것이라는 위협은 규정을 지키도록 강요하기에 충분하다. 불충은 거의 항상 퇴출로 처벌받으며, 그 퇴출의 대가는 가정과 직

장의 소속이 인간의 조건에 얼마나 핵심적인지 보여준다.

　매릴랜드 대학 교수인 프레드 앨포드Fred Alford는 내부고발의 영향에 관한 연구 저서인『내부 고발자: 부서진 삶과 조직의 힘』의 저자이다. 그의 실제 표본 그룹 가운데 대부분은 직장을 잃고 다시는 같은 분야에서 일하지 않았다. 법원 소송과 재판이 10년 이상 질질 끄는 동안 많은 사람이 가족을 잃었다. 내부 고발의 신성함sanctity은 많은 국가에서 법률로만 기록되어 있을 뿐, 대부분 그것은 정신적 충격을 받을 만큼 괴로운 경험이다. 퇴출은 조직적 양심 집단에 대한 불충의 대가이다. 또 개인적 양심과 조직적 양심 사이의 내적 싸움이기도 하다.

조직적 양심: 요약

- 설립자의 개인적 양심은 그 조직의 바탕이 되고 일하는 모든 사람, 발생하는 모든 상황, 목적 및 사람들이 시스템에 가입, 소속 및 탈퇴하는 방식과 연결되어 있다.
- 각 조직 시스템은 자체로 명시적이거나 암묵적인 소속 규칙을 발달시켜, 해당 영역에 들어오는 사람들에게 영향을 미치는 필드를 형성한다. 우리는 흔히 이것을 '여기서 일하는 방식' 또는 '문화'라고 한다.
- 직업 세계에서도 각 시스템의 소속 규칙에 빠르게 조율한다. 새로운 시스템, 기업, 조직 또는 전문 그룹에 가입할 때, '여기에 속하기 위해 내가 무엇을 해야 하고, 어떻게 행동해야 하는가?'라고 자신에게 묻는다.

- 고객의 시스템적인 관점을 열어주는 유용한 코칭 질문은 다음과 같다: '이 시스템에서 자신의 소속을 지키기 위해, 말하고 행동해야 하는 것이 무엇인가?(또는 하지 말아야 하는 것은 무엇인가?)'
- 각각의 전문적 또는 조직 시스템에서 암묵적 규칙을 배우면서, 자연스럽게 우리는 소속을 보호하기 위해 그 관계에서 '결백함'을 유지하려 한다. 이것은 개인적 양심과 충돌할 수 있고, 서로 다른 두 양심 집단 사이에서 자신의 위치가 뭔가 잘 맞지 않는다고 느끼게 한다.
  - 개인적 양심과 조직적 양심 사이에 지속하는 긴장은 직장에서 고질적 스트레스와 피로의 주요 원인이다.
- 조직적 시스템에서의 소속과 복지에 대한 느낌은 대부분 우리가 소속되기 위해 동의해야 하거나 타협해야 하는 것에 대한 느낌에서 비롯된다.
  - 개인적 양심과 조직적 양심 사이에 지속하는 긴장은 직장에서의 건강과 복지와 관련된 문제의 주요 원인이다.
- 만약 우리가 암묵적 소속 규칙, 조직적 양심에 불충을 선택한다면 퇴출된다.
  - 업무 또는 다른 조직 시스템에서 배제되는 것은 우리가 직장에서 겪을 수 있는 가장 고통스러운 경험 가운데 하나다. 왜냐하면 그것은 해결되지 않은 채 맞이하는 소속의 끝으로 소속감이 인간의 가장 깊은 욕구의 하나이기 때문이다.

죄책감이 요구되는 성장

소속을 보호하고 '결백함'을 느끼기 위해 시스템에 신의하는 것은, 성장과 발전에 대한 신의보다 더 강한 경우가 많다. 자신이 그렇지 않다고 해도 아마 고객들은 그럴 것이다.

그러나 원래의 시스템에 너무 완벽히 조율한 경우, '결백함'을 유지하려는 욕구로 인해 시야와 반응 및 행동 범위가 제한되어 성장하는 능력과 유연함이 줄어든다.

자신의 일차 양심 집단과의 관계에서 결백한 사람들은 대부분 '옳고 그름'에 대한 견해가 강하며, 이를 바탕으로 도덕적 판단을 내린다. 그들은 엄격한 신조, 절대적 신념을 고수하고, 문자 그대로 '옳고 그른' 이유만 선택한다.

> 우리는 모두 가족 시스템에서 왔다. 가족 시스템에서 개인적 양심의 토대를 형성하며 소속을 처음 경험하게 된다. 그렇지만 우리는 성장을 위해 이 일차 시스템을 존중하며 확장하고 다른 진리와 가능성을 포함하도록 개인 양심을 재정립하여 '유죄'가 될 필요가 있다. 또 여러 조직 시스템을 거치면서 죄책감과 내적 성장으로 이어지는 여정을 이어갈 필요가 있다.

자신의 일차 시스템에 대해 '유죄'가 되는 법을 정중하게 배운 사람들은 - 유용한 것은 통합하고, 그렇지 않은 것은 시스템적 렌즈로 보며, 앞서 있었던 사람들의 가능성을 연민으로 바라보는 사람들은 - 더 넓은 범위의 태도와 행동을 판단 없이 포용하고 배울 수 있다.

우리에게 주어진 것을 있는 그대로, 그리고 가능했던 것에 대한 존중을 진심으로 느낄 때, 자원을 확장하고 전달할 수 있다. 이런 방식으로 우리는 고립된 느낌이 아닌 확장된 느낌을 받고, 주어진 것을 받아들이고, 그 가치를 발견하고 성장시킨다. 따라서 개인적, 전문적 성장과 발전을 위해서는 우리가 소속되었던 다양한 시스템과 관련하여 '유죄'가 되어야 한다. 만일 원래 시스템(가족, 영적 또는 사회적 시스템)과 관련하여 '결백한' 상태에 머무른다면 우리는 '무게감', 즉 다른 사람들을 코치(또는 리드)할 때 중립을 유지하지 못하고, 추론적 생각, 도구, 모델의 프레임워크에 의지하게 될 것이다.

> 원래 양심 집단에서 벗어나려면 용기가 필요하다. 주어진 것과 받은 것에 대한 인정과 존중으로 죄책감이 촉진될 때 깊이 있는 성장과 힘을 가져온다.
> – 앨라스테어 키드 Alastair Kidd

　죄책감을 증가시키고 용인하는 것이 쉬운 길은 아니지만, 결과적으로 많은 시스템에서 다양한 분야의 사람들을 편파성이나 고갈 없이 코칭하고 이끌 수 있는 능력과 점잖은 권위를 가져온다.
　양심 집단에 소속되는 것과 이것이 만들어내는 깊은 신의에 대한 이해는 코치로서 자신의 발전에 중요하다. 개인, 팀 또는 그룹으로 코칭하는 경우, 코치가 개인적으로 신의하는 대상을 탐색하는 것은 시스템 코칭으로 향하는 학습 여정에 꼭 필요한 부분이다.
　시스템적 관점과 방법론의 가능성을 열어둠으로써, 당신은 이미 다른 존재방식과 일과의 관계에서 느끼는 죄책감을 완화하기 시작했다.
　시스템적 접근론으로 바라볼 때 어떤 것에 죄책감을 느끼는가?
　우리는 모두 성장해야 한다. 우리가 의식을 발전시키고 확장하려면 이전의 개인적 양심에서 벗어나 성장해야 한다. 버트 헬린저Bert Helinger의 책 『Love's Own Truths』에서 그는 개인적 성장과 변화의 어려움에 관해 설명한다.

> 문제가 회사를 끌어가고 있으므로, 해결은 사람들을 외롭게 하고 위험을 동반한다.
> 문제는 주로 자신들의 결백함과 신의로 귀착시키는 반면,
> 해결은 배신감이나 죄책감과 결부될 때가 많다.
> 죄책감이 옳지 않다는 것이 아니라, 배신감과 죄책감이 함께 경험된다는 것이다.
> 이것이 문제에서 해결로의 전환이 어려운 이유다.
> 그렇지만 지금 내가 한 말이 사실이고 그렇게 받아들인다면,
> 모든 관점을 바꿔야 할 것이다!
> – 버트 헬린저『Love's Own Truths』

양심 집단에 대한 신의, 그들과 관계에서 결백함을 유지하는 것에 대한 이해는 특히 시스템적 자세로 코칭하려고 할 때 매우 유용하다. 예를 들어, '별로 좋지 않은 사람'이라고 느껴지는 고객이나 리더와 함께 있다고 상상해보라. 그들을 좋아하거나 존중하기 어려울 것이다.

만약 그들 뒤에 있는 공작새의 꼬리 깃털, 즉 그들이 지금까지 거쳐오고 소속되는 법을 배워온 모든 양심 집단을 포함해서 인식하게 된다면, 그들과 그들이 무의식적으로 신의해온 것(또는 사람)에 대한 옳고 그름에 대한 자기 생각을 넘어서서 거리를 두고 연민심으로 볼 수 있게 된다. 그들이 단순히 세상을 바라보고 존재하는 다른 방식에 충실하다는 것을 이해하게 되면서 '좋다'와 '나쁘다'에 대한 생각을 재정립할 수 있다.

만약 이런 입장을 보일 수 있다면, 다르게 질문하고 개입할 수 있다.

옳고 그름의 판단을 넘어서서 양심의 개념을 염두에 두고 코칭할 때, 그들이 모든 것을 있는 그대로 존중하면서 자신의 도전을 바라볼 수 있도록 안전하고 존중받는 공간에서 함께할 수 있다.

이 책에서는 특히 신의에 도전하고 완화하는 시스템적 언어의 사용을 탐구하는 내용을 많이 다룬다. 간단한 예로 '그렇게 할 때 누구에게 신의하는가?'라는 질문은 소속감, 개인적 양심, 죄책감과 결백함을 둘러싼 역동성과 관련된 문제를 다룰 때 유용하다.

> 소속의 힘, 양심 집단의 힘, 그리고 '유죄'가 되는 것의 어려움을 이해하는 것은 코칭에서 만나는 많은 상황, 즉 개인과 팀 및 전체 조직 차원에서 변화에 대한 저항을 다룰 때 유용하다.
>
> 개인적 양심 집단의 숨겨진 신의 또한 의사 결정에서 매우 중요한 역동성을 일으킨다. 나는 직업적 선택에서 둘 중 하나를 결정하는 데 어려움이 있는 코칭 고객을 만난 적이 있다. 코칭 질문, 의사 결정 모델, 성격 유형 등을 사용했지만 달라지지 않았다. 그녀는 점점 더 흔들렸고, 선택하고 결정하기 어려울 수밖에 없는 새로운 이유들을 계속해서 더 생각해냈다. 그녀 자신뿐 아니라, 나와 다른 사람들이 시도했던 어떤 것도 그녀를 내적 혼란에서 풀어주지 못한 것 같았다.
>
> 나는 개인적 양심에 대한 그녀의 신의가 작용하고 있는지 궁금해서 적당한 시점에 이 질문을 하였다: '생소한 질문처럼 들리겠지만, 당신 자신에게 맞는다고 생각하는 것을 선택한다면, 누구에게 불충과 죄책감을 느낄 것 같습니까?'
>
> 잠시 침묵이 흐른 뒤 감춰진 신의가 나타나면서 갑자기 모든 것이 분명해졌다. 그녀는 뭔가를 깨닫고 안도의 미소를 지으며 "어머니는 항상 '마음을 따르라'라고 말했기 때문에 어머니에게는 신의(결백함)를 느꼈을 것이고, 아버지는 항상 '돈을 따르라'라고 직접 말하거나 암시했기 때문에 아버지에게 불충(죄책감)을 느꼈을 것이다."라고 설명했다. 그녀는 부모 중 누구에게 신의할 것인가에 대한 심리적 딜

레마에 얽혀있을 뿐만 아니라 가족 시스템의 확장된 필드에서 발생한 양심에도 얽혀있었다. 우리는 몇 가지 작업을 했고, 그녀는 긴장을 풀고 안정감을 몸으로 느끼며 명확성을 가지고 선택할 수 있었다.

그녀는 열정과 재능을 따르는 멋진 조합을 선택했고 수입도 좋아졌다. 모든 성장에는 죄책감이 필요하다는 것을 이해함으로써 그녀는 불충을 참아 내고 개인적 양심을 넘어 성장할 수 있었다. 이 성장은 향후 다른 상황에서도 여러 방면으로 그녀에게 도움이 되었다.

시스템적 양심의 세부사항

개인적, 조직적 양심을 넘어 모든 시스템에서 일관성을 만들어내려는 시스템적 양심이 있다. 그 영향은 잘 보이지 않지만 기반이 되는 조직 원칙이 무시되거나 위반되었을 때는 분명하게 느껴진다. 이러한 위반은 여러 가지 조직적 어려움, 타성과 갈등의 근본 원인이다.

조직 시스템은 그 안에 있는 모든 사람의 가족 시스템과 개인적 양심을 포함하기 때문에 가족 시스템보다 더 복잡하다. 여러 양심 집단이 혼합되고 서로 상충하는 신의들은 현대 조직 생활에 많은 긴장과 혼란을 일으킨다.

시스템 코칭과 컨스텔레이션은 서로 다른 신의들을 정중하게 인정하고 분리하여 각자 제 위치를 찾고 전체가 균형을 이루도록 설계되었기 때문에 이 분야에 많은 것을 제공할 수 있다.

시스템적 양심은 '옳고 그름'에 대한 우리의 생각에 관심이 없을 뿐 아니라 전체 시스템을 위해 존재하며, 그것을 더 확실하게 유지하기 위해 시스템적 양심에 따라 사람들을 모집할 것이다. 일관성을 위한 시스템의 자연적 추진력이 무시되거나 위반되면 시스템은 구조와 완전성을 복구하기 위해 노력하고 이것은 사람들과 구성요소들을 얽히게 한다. 시스템적 양심의 관점에서는 모든 것, 모든 사람이 포함되어야 하고 각자의 위치가 있어야 한다. 따라서 개인은 배제된 누군가를 대신하기 위해 시스템적인 양심에 의해 모집된다.

다른 말로 하면, 시스템은 그들을 '재-멤버화re-member'하려고 시도할 것이다.

예를 들어, 예전 리더를 '잊으려'고 하거나 누군가의 기여(또는 그들이 저지른 피해)를 인정하지 않고 해고했을 때, 시스템은 그 기여가 진실과 존중으로 기억될 때까지 역동성에 갇힐 것이다. 시스템적 양심에 의한 '재-멤버화re-membering'는 매우 흔히 일어나지만, 일반적으로는 이해하기 쉽지 않다.

> 시스템적 힘은 중력과 같다. 우리가 그들과 일치할 때, 삶과 일은 흐른다.

시스템적 양심은 개인적 양심에 관심이 없고 조직적 양심에도 관심이 없으며 단순히 자체 규칙에 따라 전체 시스템의 완전성을 보호하는 역할을 한다. 시스템적 양심을 알아차려야 어려움과 복잡성을 밝히고 해결할 수 있다.

시스템 코칭과 컨스텔레이션은 시스템에 목소리를 더하여 시스템의 얽힘을 밝히고 해결할 수 있도록 설계되었기 때문에 큰 영향을 미칠 수 있다.

이 책의 다음 장과 나머지 부분은 사례연구와 함께 시스템적 양심이 삶에 다양한 방식으로 영향을 주는 것에 관해 자세히 설명한다.

코치에게 유용한 방법

- 모든 코치는 자신이 속한 여러 시스템에서 숨겨진 자원과 얽힘을 가지고 있으며, 이를 탐색하는 것은 중요하고 유용하다.
  - 공작의 꼬리 깃털, 즉 자신이 속한 시스템에 대한 유대감을 인정하고 완화해야 시스템적 입장에 완전히 접속할 수 있다.
- 고객이 속한 시스템의 모든 자원, 얽힘 및 신의를 다루려면 먼저 자신이 속한 시스템에서 이것을 탐색해 보아야 한다.
  - 만일 어떤 시스템을 배제한다면 – 코치들이 원가족을 숨기는 경우가 많다 – 자신뿐만 아니라 고객의 뿌리와 자원을 배제하는 것이다.
- 고객과 공유하는 스토리와 판단에 코치로서 신의하거나 편파적으로 치우치기 쉽다.
  - 소속감, 신의, 양심 집단에 대해 이해하면 옳고 그름에 대한 스토리와 생각을 넘어 진정으로 중립적이고 공정한 입장을 유지하면서 코칭하는 것이 가능해진다.

코치로서 소속감과 관련된 셀프 질문:

- 자신과 친밀했던 사람이 누구인가?(원가족, 출신 지역, 선조, 교사 및 이전 조직 시스템 리더 등)
- 코칭할 때 어떤 시스템과 관련하여 '결백한' 상태를 유지하는가? '죄책감'을 견뎌야 하는 것은 무엇인가?(원가족, 출신 지역, 선조, 교육 및 조직 시스템 등)
- 나는 한 사람이자 코치로서 성장과 변화에 필요한 '죄책감'(내가 소속한/소속된 시스템에서 내 소속을 위태롭게 행동하는 것)을 견뎌낼 준비가 되어 있는가?

- '옳고 그름'에 대한 생각을 넘어서 코칭하며 있는 그대로 모든 것에 동의할 수 있는가? 각 개인과 시스템을 '조정하지' 않고 있는 그대로 유지할 수 있는가?

고객에게 유용한 방법

- 모든 고객은 자신이 속한 여러 시스템(가족, 사회 및 조직)에서 신의와 얽힘을 가지므로 모든 코칭에는 시스템적 문제가 포함된다.
  - 개인과 조직 시스템에서의 이러한 신의와 얽힘을 조명하고 해결하는 데 컨스텔레이션과 시스템 코칭이 유익하다.
- 모든 코칭은 필연적으로 소속감과 관련된 시스템적 문제를 포함하므로 이를 인식하고 접근하는 방법을 알고 조율하는 것은 중요하다.
  - 그 안에 있는 시스템적 이슈와 깊은 패턴은 일차원적이고 논리적인 개입으로는 해결할 수 없다. 시스템적 이슈는 시스템적 인식, 통찰 및 비논리적인 개입이 필요하다.
- 모든 고객은 가족 시스템에서 온다. 그들의 뿌리와 자원뿐만 아니라 신의와 한계도 가족 시스템에서 만들어진다. 또 이 일차 시스템에서 리더십의 권위에 대해 처음으로 경험한다.
  - 리더 자신과 구성원에 대해 이 부분을 인지하고 이해하는 리더라면 따르고 신뢰할 수 있다.
- 리더가 소속에 대한 자신의 욕구를 인정하면, 다른 사람의 행동과 패턴에 대한 이해의 폭이 넓어진다.

- 예를 들어, 다른 곳에서 충족되지 않은 소속 욕구를 현재 조직에서 충족할 수 없다는 것을 인정한다면 얽힘에서 훨씬 자유로워지고 조직에서 일하면서 치르는 대가와 영향을 줄일 수 있다.
- 단순히 소속의 중요성에 대해 인식하기만 해도, '어렵게' 느껴지는 하위 시스템 - 예를 들어, 노동조합, 전문가 집단 및 압력 그룹에 대해 시각을 명확히 하고 유연하게 대처할 수 있다.
  - 개인적 양심과 숨겨진 신의의 영향을 이해하는 리더는 조직 시스템을 안전하고 포용적으로 이끌어 개인이 소속감을 더 느낄 수 있게 한다.
- 코칭을 통해 자신을 발전시켜 온 리더들은 과거에 소속되었던 사람들과 시스템에 대한 숨겨진 신의가 정중하게 조명되고 부드러워질 때 명확성과 해방감을 느낀다.
  - 예를 들어, 조직에서 어느 정도 직위에 도달했지만 더는 진급이 힘들다고 생각하는 사람은 가족 패턴에 신의함으로써 리더십을 피하고 성공을 내려놓는다. 일차 양심 집단과의 관계에서 '결백한' 상태를 유지하려는 이러한 종류의 무의식적 시도는 사람들의 삶과 일에 큰 영향을 미친다.
- 조직에서 사람들이 변화와 성장에 저항하는 경우에 신의에 대해 한번 생각해보아야 한다. 그 배경에는 '양심을 유지' 하려고 애쓰는 경우가 많지만. 이런 상황에서도 목표를 설정하고 달성하는 데 초점을 두는 코칭 방법을 많이 사용한다. 이런 접근 방식은 일시적인 효과만 있을 뿐이다. 고객이 목표에 도달하지 못하거나 의도를 드러내지 못하는 이유가 궁금하다면, '만일 당신이 그 위치에만 머문다면, 누가

당신에게 미소를 지을까요?'라는 질문이 효과적일 수 있다.
- 숨겨진 신의를 밝히면 사람들은 깊은 시스템적 얽힘에서 벗어나 자유롭게 앞으로 나아갈 수 있다.
- 시스템의 조직 원리를 이해하는 리더는 과거를 자원으로 활용하여 미래로 나아가며, 시스템에 기여했던 사람들과 일들을 존중하므로 다른 사람들도 기여할 수 있다고 느끼게 하고, 각자의 위치를 보장하며, 떠날 때도 사람들이 인정과 존중받는 문화를 만든다.

소속감은 인간의 기본적 욕구이자 동력이다. 그래서, 모든 코치와 고객은 서로 다른 양심 집단의 소속으로 인한 각각의 역동성을 가지고 있다. 소속의 중요성과 역할을 염두에 둔다면, 이전 시스템과의 관계에서 죄책감을 요구받는 개인적 전문적 여정이 더 많아질 것이다.

실제 적용을 통해 양심 집단의 소속에 대한 이해가 높아짐에 따라, 코칭에서 이런 측면과 중요성을 더 깊게 이해할 수 있게 되었을 때, 이 장을 다시 볼 것을 권한다.

06
시스템 범용어

> 설계와 구조에 대한 우려, 절차와 규칙의 수정, 규정 준수와 통제로는 창의적 조직화는 결코 성공하지 못한다. 조직은 이와 같은 요소들을 포함하며 절대 통제할 수 없는 과정을 통해 발현한다.
> – 마거릿 J 휘틀리Margaret J Wheatley와 마이런 켈너 로저스Myron Kellner-Rogers

여러 가지 효과적인 코칭 방법들이 있다. 어떤 사람들은 일대일로 하고, 어떤 사람들은 거의 팀과 그룹에서만 퍼실리테이터로 활동한다. 어떤 사람들은 목표 설정 방식을 사용하고, 어떤 사람들은 정신역동이나 정신 측정 프레임워크를 사용한다. 누군가는 정서지능, 팀 기능과 리더십을 성장시키는 모델을 사용한다. 자신이 어떤 코치인지, 선호하는 접근 방식이 무엇이든 시스템적인 문제에 직면할 수밖에 없다.

시스템에서 '어려운 행동', '기능 장애 팀', '고착화', '반복 패턴', '갈등', '역할 수행의 어려움'으로 표현되는 역동성은 모든 코치에게 익숙하다. 늘 그렇지만, 이러한 역동성이 시스템 증상의 표현이라면 시스템 렌즈만이 그것을 식별할 수 있으며 시스템적 접근만이 지속해서 효과가 있을 것이다.

자신의 배경, 근거 또는 상황에 관계없이, 이 접근 방식(이 책에서 설명하는 시스템 코칭의 관점과 원리와 실제)은 시스템 역동성을 밝히고, 명료하게 하고 해결할 기회를 제공하는 동시에 자신의 고유한 스타일과 방향을 통합하는 기회를 제공한다. 이 접근은 시스템 일관성을 유지하는 보편적 원리에 의해 뒷받침된다.

상황, 시스템 역동성, 인식 등과 관계없이 모두 가능하다.

~

다양한 종류의 사람, 관리자와 리더가 있다.

생활에서든 일에서든 긴급한 이슈를 다루는 데서 시스템의 자연 질서력을 이해하지 못한 사람은 없었다. 그들은 다음과 같이 말하기도 한다: '이것이 진실이기를 바라지는 않지만, 확실히 그렇다고 느껴진다! 좀 더 이야기해보자.' 그들은 생활, 관계 및 리더십을 일상생활에서 경험했기 때문에 진실이라는 것을 안다.

가벼운 대화를 통해 사람의 인지, 인식 및 어려운 문제를 다루는 방식을 그때그때 변경하기 때문에 맵핑과 컨스텔레이션 경험을 통해 원칙을 공유하는 것은 항상 즐겁다. 일단 이해되면 기본 원칙은 절대 잊히지 않으며 지속적인 개입 없이도 적용된다. 이것은 그 자체로 업무와 생활의 관계 시스템에 변화를 가져온다.

개인에서 더 넓은 시스템으로 초점을 전환하는 것은 그 자체로 시스템적 개입이며, 고객은 IQ, EQ, 성격, 리더십 스타일 및 대인관계 기술에 관한 것만이 자신의 전부가 아니라는 것을 깊게 이해하면서 안도감을 느끼게 된다. 자기 인식, 대인관계 및 리더십 스킬 개발을 통해 다른 보편적인 것을 탐색할 수 있다. 개인적 관점과 시스템적 관점이 모두 중요하므로 어느 것도 놓치지 않기 위해서는 두 가지 관점이 모두 필요하다.

따라서 이 접근 방식을 더 잘 이해하고 촉진하기 위해서는 시스템을 관리하고 유지하려는 자연 발생적 조직력에 대해 알아야 한다. 조직 원리에 대한 이해를 바탕으로 코칭해야 유익을 제공할 수 있는 자세와 프로세스를 알 수 있다. 컨스텔레이션을 촉진하지 않더라도 이 원칙을 이해하면 코칭 대화에 대한 기존 접근 방식과 자신이 선호하는 프레임이 풍부하고 깊어지면서 지속적인 영향을 줄 수 있다.

우리는 여기서 바로 시스템 인식에 관해 이야기하고 있다.

> 시스템적 인식을 개발하기 위해서는 자연스러운 것과 익숙한 것을 구분할 필요가 있다.
> – 오아나 타나세|Oana Tănase

시스템 코칭과 리더십은 조직이 일관된 구조와 질서를 만들려고 시도하는 자연 질서력에 의해 움직여지는 부자연스러운 생활 시스템이라는 인식에서 시작된다. 우리는 뛰어난 이성적 사고와 상상력으로 자연 질서력에 반하는 조직 설계와 변화로 시스템에 압력을 가할 수 있다고 자신을 속인다.

자연과 시스템을 넘어선 에고와 마인드는 세상을 있는 그대로 보는 것을 맹목적으로 거부하고 우리가 생각하거나 원하는 대로 세상을 보도록 끊임없이 제자리를 맴돌며 시각을 좁힌다.

  단순히 시스템에 깔린 보편적 조직의 힘이 무시되거나 위반되기 때문에 조직 생활에서 타성과 에너지 낭비로 많은 혼란이 있고, 관리자와 리더들에게 많은 피로와 고통이 있다. 사람들이 이것에 대해 알지 못할 뿐 이것은 매우 단순하고 기본적인 것들이다.

  시스템 공용어는 모두가 아는 언어지만, 우리는 대부분 말하는 방법을 잊어버렸다. 이 접근 방식은 우리가 속한 시스템에 목소리를 부여하여 코칭할 수 있게 한다.

질서

모든 인간관계 시스템에 공통으로 적용되는 몇 가지 간단한 진실이 이 접근 방식을 뒷받침한다. 이것은 원래 버트 헬린저Bert Hellinger에 의해 '자연 질서'로 표현되었으며 많은 실험과 관찰을 통해 발견되었다. 그가 가족과 조직 시스템에서 컨스텔레이션 방법론을 개발하는 데 시간이 오래 걸린 이유는 새로운 이론을 만들려고 하지 않았기 때문이다. 그는 더 본질적인 것을 찾고 또 찾았다. 그는 무언가를 찾고 있었다. 그가 발견하고 밝혀낸 것은 인간관계 시스템을 뒷받침하는 시간을 초월한 진실이었다.

  이 작업 방식을 통한 통찰과 이해는 이성적으로 생각해내는 것이 아니라 발견되는 것이다. 그것을 경험했을 때 깊은 수준에서 진실을 즉각적으로 '안다'. 이 경험은 시스템을 유지하는 '자연 질서', '조직 원리' 또는 '힘'에 대한 이해로 이어진다. 그래서 이 접근법을 현상학적(경험 - 구체적이고 신체적인 경험 - 을 통한 사실 탐구)이라고 한다. 처음에 진실은 자신의 개인적 진실로 보인다. 컨스텔레이션은 이 진실들이 보편적인 인간의 경험이라는 것을 보여준다.

> 우리는 머리만이 아니라 몸에 새겨져 온 생각을 믿을 뿐이다.
> – W B 예이츠Yeats

저자를 포함해서 많은 사람이, 처음 이 방식으로 접근했을 때 어느 정도 회의적인 태도로 이렇게 묻는다. 증거가 어디 있는가? 자연적인 질서력에 대한 이러한 주장에 관해 어떤 연구가 이루어졌는가? 가족 시스템에서 발견되는 역동성이 비즈니스, 조직 및 임원코칭과 어떤 관련이 있는가?

이는 중요하고 타당한 질문이며, 이 연구가 발전하는 데 중요한 역할을 한다. 이런 질문들이 없다면 일종의 '신념 시스템' 또는 어기면 안 되는 일련의 '규칙'처럼 보이는 이 접근 방식이 위험할 수 있다. 질문에 따라 삶과 일에서 인간 경험의 일관된 진실을 찾기 위한 조사, 탐색, 경험의 지속적인 연구가 이어졌다.

자기 문제에 대해 컨스텔레이션을 경험해 본 사람들이 '작동 원리'나 조직 원칙의 진실에 대해 질문하지 않는 것을 관찰하는 것은 항상 흥미롭다. 이들은 자신이 가졌던 이슈나 질문에 대해 새롭게 확장된 의미와 해결책에 몰두한다. 이들의 경험을 검증하기 위해 이론적 모델, 신념 또는 신념의 전환이 필요하지 않다. 이것은 오히려 불필요한 복잡성과 이성적 사고의 틀을 더하고 시스템 역동성, 숨겨진 자원과의 연결을 직접 경험하는 힘을 감소시킬 뿐이다.

이 접근 방식을 뒷받침하는 원리는 눈에 보이지 않지만 문제를 해결하는 효과는 가시적이다. 이러한 정보를 식별하고 이해하기 위해서는 명확성과 통찰력, 행동으로 이어지는 면밀한 관찰과 테스트가 필요하다.

> 시스템의 모든 사물과 사람들의 유기체적 연결에 대해 이해했다. 시스템 일부분을 변경하면 나머지 부분에도 영향을 미친나. 이미 알고 있듯이, 이 접근 방식은 원인을 설명하고 결과적으로 발생하는 역동성을 다루는 방법을 보여준다.

불변의 자연 질서, 즉 시스템을 움직이는 것으로 보이는 힘은 일관성과 흐름을 얻기 위해 움직임으로써 시스템을 보호하는 것처럼 보인다. 이 힘은 무의식적으로 많은 개인, 팀 및 전체 조직의 내부에서 계속해서 작동한다.

결과적으로 개인, 팀, 기업은 조직의 힘을 묵살하거나 무시하는 역동성에 무의식적으로 사로잡혀 있다. 이러한 역동성은 타성, 리더십에 대한 어려움, 역할 명확성의 결여, 높은 직원 이직, 갈등 및 기타 도전적 증상과 행동으로 나타난다. 이것들은 시스템적 이슈의 징후이고, 시스템적 렌즈를 통해 근본적인 힘을 볼 수 있는 창을 제공한다.

이 작업이 시작된 환경인 컨스텔레이션 워크숍은 이러한 숨겨진 조직력의 본능적 경험을 제공한다; 문자 그대로 보이지 않는 힘에 서서, 그 효과를 느낄 기회다. 놀랍게도 그 경험은 일대일 코칭 관계와 프로세스에서 사람이 아닌 사물이 시스템의 다양한 요소를 대신할 수 있도록 쉽고 영향력 있게 전환된다. 또 팀으로 하는 여러 응용프로그램이 있으며, 이 장과 11장에서 다시 다룰 것이다.

워크숍과 팀 애플리케이션, 일대일 작업 그 어떤 것이든 컨스텔레이션은 이 책 전체와 모든 워크숍 및 교육 환경에서 설명한 것과 동일한 원칙과 실행으로 진행된다. 컨스텔레이션을 만드는 것은 설정한 환경이 아니라 코치나 퍼실리테이터의 시스템적 관점과 태도이다. 시스템에 깔린 조직적 힘을 이해하고, 컨스텔레이션으로 적절히 개입할 수 있는 시기를 알고, 접근하는 방법을 이해하는 데서 시작된다.

> 세상에 질서를 부여할 필요는 없다: 세상은 질서의 화신이다.
> 이 질서에 부합하기 위해 인간이 만들어내고 서로에게 강요하는 질서와 대조되는 자연 질서가 무엇인지 알아야 한다.
> – 헨리 밀러Henry Miller

개인이나 팀에서 시스템으로

전문적 개발을 지원하고, 리더십 이슈를 해결하며, 조직의 복잡성을 밝히는 방법은 여러 가지가 있다. 지도자와 코치 및 조직 컨설턴트가 사용할 수 있는 다양한 이론과 모델이 있다. 이러한 관점과 지침은 각각의 분야에서 효과적으로 사용된다.

비즈니스 리더십의 인적, 조직적 개발 측면에서 리더는 강력한 대인관계를 만들고 모델링하고 비즈니스 전반에 걸쳐 고성과 팀을 구축해야 한다. 리더들은 자신의 목소리를 찾으며 다른 사람들에게 효과적으로 동기 부여하는 법을 배운다. 비즈니스 전반에 걸쳐 높은 성과를 내기 위해 위임 및 자기 주장과 같은 기술을 학습하고 개발한다.

자신이 하는 일뿐만 아니라 자신이 어떤 사람인지 알게 됨에 따라 정서 지능과 리더십이 확대된다. 자기 인식이 증가하고 자기 관리가 뒤따른다.

이렇게 하면 비즈니스 성과가 개선된다. 자기 자신, 타고난 강점, 맹점에 대한 이해가 잘 형성되어 있지 않으면 영향력을 행사하기 어렵다. 다양한 상황에 대응하고 다양한 스타일을 통해 다른 사람에게 영향을 미칠 수 있도록 높은 자기 인식과 정서지능을 구축하는 것은 성공적 리더십의 필수 요소이며, 고객이 상품이 아니라 사람이나 고성과 팀을 필요로 하는 지식과 서비스 경제 분야에서 특히 중요하다. 그러나 대인관계, 전문성, 리더십 개발만으로는 충분하지 않다. 추가로 필요한 것이 있다.

명확화 및 자원화를 위해 개인적 차원에서 코칭하는 것은 필수적이지만 더 넓은 관점 – 시스템 전체에서 이용 가능한 정보 필드에 관한 관점 – 이 포함되지 않는 한 지속해서 건강한 조직을 구축하고 복잡하거나 다루기 어려운 문제를 해결하기 위한 중요한 정보를 놓칠 수 있다. 개인이 자신의 가치, 동기 및 목표를 잘 수행하고 조정하더라도 조직 시스템에서 작용하는 숨겨진 힘은 개인의 기술, 재능 및 성과에 영향을 미치거나 상쇄하기도 한다.

> 시스템에 대해 알지도 못하면서 너무 많은 이야기를 한다.
> – 로버트 퍼시그Robert Pirsig, 『선과 모터사이클 관리술Zen and the Art of Motorcycle Maintenance』

개인적 차원에서 작업한다면 표면적인 증상을 없앨 수는 있지만, 시스템 차원의 역동성은 다른 사람이나 무엇인가를 통해 다시 표출된다. 시스템은 누구 또는 무엇이 얽혀있는지 상관하지 않는다; 단지 일관성을 유지하려 할 뿐이다.

시스템 역동성은 성격 유형 평가, 목표 설정 또는 새로운 전략에 반응하지 않는다. 시스템은 팀 구성원의 특성이나 어떤 특정 갈등 모델로 코칭하고 있는지에 영향받지 않는다. 시스템 역동성은 이성적 개입을 넘어서 시스템적 개입으로 접근할 필요가 있다.

비즈니스 또는 '조직 시스템'은 지속해서 변화하는 관계, 계층, 신의 및 동기의 집합체로 볼 수 있다. 구름처럼 각 부분이 서로 연결되어 영향을 미치면서 섬세한 균형을 이루고 있다. 모든 요소가 제자리를 갖고 자유롭게 움직이고 제 역할을 할 때, 시스템적 일관성이 이루어진다.

인정의 원리

시스템 기반 코칭은 리더십, 팀 및 조직이 건강하도록 돕는다. 시스템의 질서력과 숨겨진 역동성을 찾아내고 리더십을 이해하고 통합하여 비즈니스의 조정, 흐름, 생성을 유지하는 데 도움이 된다. 시스템의 보이지 않는 질서력을 이해하고 적용하는 것은 간단한 개념 하나로 시작된다: 있는 그대로what is 인정하는 것.

인정이라는 주제는 컨스텔레이션 작업의 원리, 실행, 태도 및 적용에서 모든 것을 뒷받침한다. 인정은 개발, 변화 또는 조직 건강을 코칭할 때 염두에 두어야 한다고 말하기엔 좀 이상할 만큼 너무 단순한 원칙처럼 보이지만 현대 비즈니스에서 인정은 너무나 중요한 주제이다.

단순히 어려움에 대한 인정이 아니다. 예를 들어, 이런 식으로 말하는 것: '정말 힘들었겠어요.' 그런 종류의 말은 공감하는 것처럼 들리지만, 실제로는 판단과 가정으로 고객을 약하게 하고 상황에 대한 자신의 스토리에 사로잡히게 만드는 위험한 말이다. 시스템 코칭은 고객을 강하게 하고 자신의 스토리에서 자유롭게 한다. 그 강함은 정말 본질적인 진실을 겸허하게 받아들일 때 나온다. 이 주제는 여러 번 다시 보게 될 것이다.

일반적인 코칭에서는 **가능성**을 보고 **현재에서** 목표까지 가는 것에 집중한다. 컨스텔레이션은 지금 있는 그대로를 인정하고 그 상태를 비추어 시스템 차원에서 자원을 찾고 풀어내며 문제를 해결해나간다. 컨스텔레이션은 내적 그림을 표면화하며, 이를 통해 자기 계발과 리더십 여정이 예상치 못한 지점에서 시작된다.

확장해보면 대부분 기업은 사람들을 떠나보내고 경쟁의 압력과 재정적인 어려움 또는 다른 문제들과 씨름하며 어려운 시기에 빠졌던 적이 있다. 좋은 시절이 돌아오면 이런 힘든 시기를 잊으려고 하는 것이 일반적이다. 이러한 인정의 결핍은 시스템에 부정적인 영향을 주고 조작적이고 단기적인 동기부여와 신의를 만든다. 그 대신 모든 것에 제 위치를 줄 때, 회사 역사상 어려웠던 일들이 인정될 때, 기여했던 사람들이 인정받을 때, 시스템은 정착되고 나아갈 수 있다.

일과 사람이 배제되어 그들이 설 자리가 없고 인정받지 못할 때, 리더도 따르는 사람도 모두 어려움을 겪게 될 것이다.

> 배제되는 것이 무엇이든 그것은 다시 포함될 때까지 계속해서 강력한 에너지로 신경 쓰이게 할 것이다.

인정의 핵심은 과거의 어려움이나 성공과 함께 현실을 직시하는 리더와 기업이 신뢰·신의·존경을 받는다는 것이다. 개인과 팀은 과거에 얽매이지 않고 회사의 말과 시스템 내에서 자신의 위치를 신뢰하게 된다.

이런 방식의 작업을 시작한다면 모든 것을 있는 그대로 인정하는 데서 출발해야 함을 기억하라. 그러면 시스템적 실행을 더 완전히 이해하고 발전시킬 수 있다. 인정은 시스템 코칭과 컨스텔레이션의 핵심 원리이자 과정이며, 시스템 작업 시 가장 강력하고 유일한 개입이기 때문이다. 더 나아가서 시스템이 어떤 것인지 먼저 있는 그대로 인정하지 않는 한, 시스템은 어떤 접근과 영향도 허용하지 않을 것이라고 말하고 싶다. 인정을 위해서는 해결책을 찾는 것과 주제에서 목표를 찾거나 심지어 코칭하는 것조차 잠시 뒤로 물러서는 겸손과 의지가 필요하다.

모든 컨스텔레이션의 첫 번째 단계는 고객이 자신의 현재 위치와 상황의 진실에 설 수 있도록 설계되었다. 단순히 있는 그대로를 인정하면서 어려움, 의문, 도전 또는 고착 상태에 서는 것이다.

이러한 접근 방식은 프로세스 전반에서 고객이 시스템, 개인 또는 팀의 진실과 직접 대면하고 현재 상황을 완전히 이해하면서 진행된다. 신선한 에너지와 통찰력이 생기고 코치, 고객과 코칭 프로세스가 개방적이고 일관성을 띤다. 그다음으로 새로운 차원에 연결하고, 지속적인 개발 여정과 해결로 이어진다.

앞서 설명한 간단한 예로 돌아가 보자. '정말 힘들었겠어요'라고 공감을 표현하는 것이 자연스러워 보이는 경향이 있다. 리더십 권위를 찾기 위해 고군분투하는 고위 경영진을 코칭한다고 상상해보자. 이러한 공감은 추상적이며 초점을 맞추기 어렵다.

책의 뒷부분에서 설명하는 프로세스를 사용하여 고객에게 관계 역동성의 신체적 지도를 설정하도록 초대한다. 이를 통해 그들은 자신들도 팀을 '보고' 있지만, 팀 또는 적어도 일부 팀원들 역시 '보고' 있다는 것을 즉시 알아차리게 된다. 어떤 이들은 심지어 시스템 밖에서 다른 무언가를 보고 있다.

시스템 역동성이나 매핑 프로세스에 대한 지식 없이 코칭한다면, 공감을 표현하거나 도움을 주거나 고객이 이 상황에서 벗어나기 위한 목표나 목적을 설정하도록 할 것이다.

여러 측정 도구 또는 360도 피드백 메커니즘을 사용하여 팀을 분석할 수도 있고, 정신역동이나 심리측정학적 접근법을 사용할 수 있다. 이 모든 것은 개인 또는 팀 차원에서 작업할 때 유용할 수 있지만, 시스템과 시스템 역동성은 측정, 피드백, 목표, 심리 측정 또는 공감에 관심이 없으며 영향받지 않는다.

이것은 시스템과 시스템을 유지하고 균형을 유지하는 힘에는 아무런 영향을 미치지 않는다.

그 대신 시스템 코치는 고객이 무엇을 있는 그대로 인정하는지 말로 표현할 수 있게 초대한다. 이는 방법론의 핵심에 있는 언어를 사용하여 이루어지며, 이 장과 이 책 전체에 포함된 모든 예제에 설명되어 있다.

> 시스템적 측면으로 생각하기가 어렵고 힘들어서 피해가기 위해 열심히 딴소리한다.
> – 개럿 하딘Garrett Hardin, 생태학자

시스템의 조직 원리

있는 그대로 인정하는 것에 더해서 코칭을 통해 고객에게 진정한 변화를 일으키기 위해서는 시스템 조직력의 내부 감지 레이더를 개발해서 고객이 보고 인정할 수 있도록 도와야 한다. 이 조직력은 기상 시스템에 영향을 미치는 힘처럼 인간의 개입을 넘어서 역동성의 균형을 유지하기 위해 시스템에 존재한다. 이 힘은 그 자체는 눈에 보이지 않지만 영향력은 눈에 보이는 필드를 형성한다.

자석을 상상해보라. 작동 중인 자기장은 보이지 않지만, 자석이 쇳가루에 미치는 영향은 볼 수 있다.

많은 코칭, 조직 설계 및 조직개발이 자석이나 쇳가루처럼 이루어진다. 시스템적 코칭과 컨스텔레이션은 보이지 않는 영역에서 작동한다. 코칭을 통한 시스템의 변화를 원한다면 보이지 않는 분야를 이해하여 작업하는 능력이 중요하다.

조직 원리는 시스템적 양심, 즉 전체 시스템의 일관성을 유지하는 조직력에서 나온다. 이 '양심'에 대한 개념은 앞 장에서 자세히 설명했고, 조직 원리는 면밀한 관찰을 통해 확인되었다. 어떤 이론이나 생각이 아니라 모든 사람의 생생한 경험이다. 이 책을 읽고 이 개념을 염두에 두고 코칭할 때, 어떤 것이 진실인지 확인하고 그 진실성과 유용성을 테스트하면서 차례로 학습하라.

내가 이 작업을 하는 학생이나 고객들과 시스템의 조직력을 이해하고 공유하는 방법은 다음과 같다.

- 시간TIME의 조직 원리
- 장소PLACE의 조직 원리
- 교환EXCHANGE의 조직 원리

각 항목을 좀 더 자세히 살펴보고 고객에게 어떻게 유용한지 알아보자.

TIME의 조직 원리

시스템에서 먼저 오는 것이 뒤에 오는 것보다 자연적으로 우선한다. 그러나 우선순위는 나중에 결정된다.

- 먼저 시스템에 가입한 사람이 나중에 가입한 사람보다 우선한다. 일한 기간은 조직 시스템에서 중요하다.
- 설립자를 시작으로 그들의 위치와 기여가 인정되면, 시스템은 새로운 구성원이 가입하고 활발히 움직일 수 있는 공간을 창출할 수 있다.
- 나중에 시스템에 합류하는 사람들, 특히 '고위직'이거나 경험이 있는 사람들은 이전에 왔던 사람들과 그들이 기여한 것들에 대해 내적 존중을 해야 한다. 먼저 온 것이 뒤에 오는 것들을 가능하게 했다.
- 새로운 리더가, TIME의 자연적 조직 원리의 맥락에서 자신이 마지막 위치에 있음을 인식하면, 시스템이 안정되고 권한이 명백해지고, 영향력을 가질 수 있게 된다.
- 역사를 인정하는 것은 현재와 미래의 어려움을 이해하는 데 항상 중요하다.
- 기본적인 역동성이 인정되고 해결될 때까지 모든 패턴은 반복된다. 과거, 그들의 위치, 그것이 현재에 미치는 영향을 이해함으로써 리더, 개인, 팀은 그 한계에서 벗어나 미래에 그들의 위치를 찾고 패턴을 바

꿀 수 있을 것이다.
- 과거의 사람들과 사건들이 이러한 방식으로 완전히 인정되어야 현재와 미래가 우선순위가 된다.

> 모든 시스템은 제외된 TIME 우선순위를 조정하여 균형을 맞춘다.

TIME이 조직 시스템에 미치는 영향 인정하기

앞에서 우리는 고위 경영진이 조직 시스템에 가입하고 자신의 경험, 성격 및 지식이 새로운 역할에서 권위를 찾는 데 충분하다고 생각했지만 예상대로 되지 않아서 실망하는 것을 보았다. 모든 것이 다 갖추어진 경우, 가장 흔한 이유 가운데 하나는 이전에 누가 왔었고 무엇이 있었는지 인정하지 않는 것이다; 이미 시스템 안에 있는 모든 사람에게 자신의 자리를 빚지고 있다는 단순한 진리이다.

 이 간단한 진실은 가족 컨스텔레이션에서 처음 드러났다. 개인이 자원을 얻고 삶을 영위하기 위해서는 삶에 기여한 각 사람에게 자리를 주고 존중해야 한다는 것이 분명해진 것이다. 그들의 삶과 가족 시스템에 기여한 모든 사람을 존중해야 한다. 그들이 없었다면 존재하지 않았을 것이다. 부모가 다치게 했거나, 배제하려 했거나, 태어났을 때 환영하지 않은 경우라 해도 이것은 사실이다. 그들은 여전히 생명의 근원이며 그들 앞에 있다. 일의 순서도 마찬가지다. 비즈니스에서도 이것이 존재한다.

 누가 먼저이고 누가 나중에 가입했는지, 그들 이전에 누가 왔었는지를 인정해야 한다는 이런 생각은 일반적으로 '빠르게 승진'했다고 느끼는 임원진에게 상당한 충격으로 다가온다. 주어진 것에 대해 매우 감사하게 여긴다는 충격이다. 왜냐하면 모든 사람이 확장된 질서에 대해 경험으로 깨달을 때 겸손함과 위치감sense of place을 깨닫기 때문이다. 대부분 리더는 현재 자신이 전부가 아니라, 시간을 거슬러 훨씬 더 큰 전체 중 일부라는 것을 깨달음에 따라 실제로 자신과 자연적인 권위를 자리 잡는다.

이 책에서 시스템 건강 관점에서 작업할 때 인정하는 것의 중요성에 대한 몇 가지 예를 찾을 수 있다. 또 자신의 컨스텔레이션을 촉진할 때 TIME을 프로세스에 포함할 수 있을 것이다. 간단히 말해서 미래에는 항상 과거가 존재한다는 것을 기억하라.

> 과거 없이도 고객과 함께 미래가 어떻게 될지에 대한 아이디어를 만들 수 있고, 미래에 대한 희망을 만들 수 있다. 그러나 이것은 고객의 진짜 시스템적 변화가 아니다. 그저 고객이 관심 있다고 상상하는 것, 코칭이 전부라고 믿는 것뿐이다. 현재의 그 사람은 그들의 과거이다. 그리고 그들의 과거에 대해 모른 채, 그 사람 전부를 많이 이해하려 할수록, 바꾸려고 하는 것이 무엇인지 알 수 없을 것이다.
> '여기'가 어딘지 모르면 '거기'에 도착할 가능성은 희박하다.
> 폴Paul과 버지니아 브라운Virginia Brown, 『코치를 위한 신경심리학Neuropsychology for Coaches』

이 단계에서는 일대일 또는 팀 코칭 상황에서 적용할 수 있는 몇 가지 연습을 고려해 볼 것이다. 이 책에서의 모든 연습처럼, 고객과 함께 진행하기 전에 스스로 연습해보고 동료들과 함께 해보아야 한다.

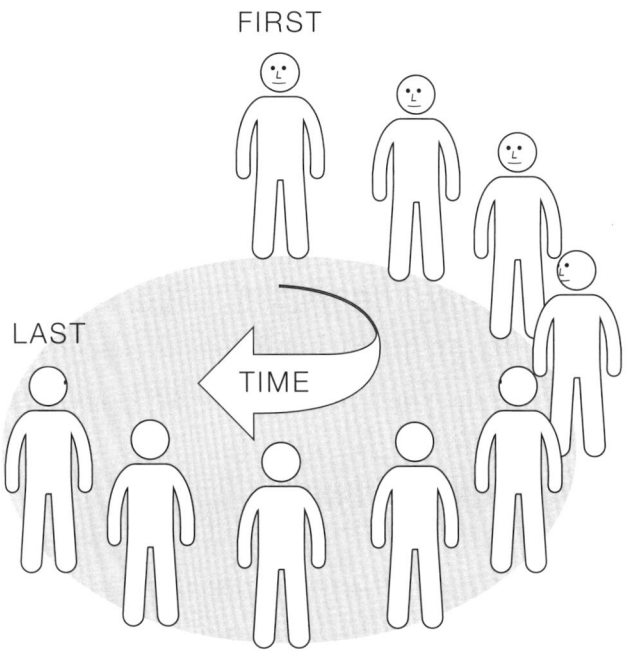

TIME: 일대일 코칭에 적용하기 위한 연습

최근에 조직 또는 팀에 가입한 사람과 함께 작업하는 경우 테이블 또는 플로어 마커에 있는 물건을 사용하여 시스템의 중요 구성요소를 설정한다. (이 '설정'이라는 표현은 시스템의 각 핵심 요소를 대표하는 물체를 선택하고, 이성적인 생각이 아닌 '느낀 감각'으로 서로 관계에 맞게 물건들을 놓는다는 것을 의미한다. 이런 식으로 하면 진짜 내적 그림이 나타나고 근본적인 관계 구조가 드러난다.) 12시에 첫 번째 요소(예: 창립자, 창립 아이디어 또는 제품 또는 첫 번째 팀 구성원)부터 시작하여 시스템에 가입한 순서대로 시계 표면에 있는 것처럼 설정한다.

> 사람들이 가입한 정확한 순서를 모르더라도 상관없다. 다만 이 시스템에서 시간 순서에 따라 시각적 이미지를 형성하면서, 누가 무엇이 그들보다 먼저 왔는지 그리고 자신이 마지막 위치에 있다는 것을 보게 될 것이다. 말이 필요 없다; 대부분 자연스럽게 통찰하고 이해하게 되며 고객 안에서 있는 그대로 더 깊게 존중하는 새로운 수준의 인식과 내적 변화를 보게 될 것이다.

리더들이 자신보다 앞서 같은 역할을 한 사람들을 인식하고 그들의 기여를 존중하는 것도 중요하다. 이 장 뒷부분에는 이 간단한 아이디어를 실현할 몇 가지 사례연구가 있다. 먼저, 여기에 이것을 밝히는 연습이 있다.

> **TIME: 일대일 코칭에 적용하기 위한 연습**
>
> 최근에 새로운 역할로 이동 또는 승진한 사람과 함께 작업 중인 경우, 바로 앞서 그 역할을 맡았던 사람의 대리인 또는 플로어 마커를 설정하게 한다. 그런 다음 그 앞사람, 그 앞사람으로 계속해서 대리인을 두게 한다. 앞서 그 역할을 맡았던 사람들 앞에 서는 것만으로도 현재 그 역할을 맡은 사람은 자신의 임무와 역할에 임하는 방식에 대해 매우 다른 관점을 갖게 된다. 그 역할에 부여된 목표의 대리인을 배치하는 것으로 이 실습을 마무리한다. 그런 다음 고객이 과거, 목표 및 미래와의 관계에서 자신의 위치를 찾는 방법을 탐색하고 논의하라.

함께 일하는 팀에서 어떻게 TIME의 조직 원리가 무시되거나 위반되었는지 궁금하다면, 팀 전체가 참가해서 이 연습을 시도해 볼 수 있다.

TIME: 팀 코칭에 적용하기 위한 연습

현재 변화에 직면하고, 의사소통 문제 또는 갈등을 다루는 팀과 함께 작업하는 경우라면 시간 순서에 따라 가장 먼저 조직(또는 팀)에 들어온 사람, 그다음 사람, 그다음 사람으로 계속해서 원으로 서게 한다.

순서에 대한 자신의 '느낌'만을 믿고, 침묵 속에서 진행하도록 한다. 그런 다음 바로 옆 사람들과 순서의 정확성을 확인하도록 한다. 각자 자신의 자리에서 말할 기회를 제공하고 앞 순서에 있는 사람들에게 존중하는 말을 하게 한다(다음과 같이); '내가 들어오기 전 당신이 한 일 덕분에 내가 나중에 시스템에 들어올 수 있었습니다. 감사합니다.'

TIME의 조직 원리에 바탕을 둔 이 간단한 '팀의 역사(이력)' 실습은 팀 역동성에 큰 영향을 미칠 수 있다. 이것은 계속해서 시스템 중심의 개입이 유지되는지와 상관없이 팀 워크숍에 대한 시스템적 관점을 열어준다.

상황이 적절하다면 가장 오랫동안 소속되어 있는 사람들을 초대하여 최근에 가입한 사람들을 차례로 바라보며 다음과 같이 말하게 한다.; '우리가 여기에 더 오래 있으면서 배운 모든 것을 기꺼이 당신에게 전달할 것입니다. 그리고 당신은 그것을 전체 시스템을 위해 사용할 수 있습니다.'

팀 데이 워크숍을 시작할 때 이 실습을 하고 나서 팀 목적을 개선하거나 동의하고, 끝날 때 '가입 순서대로 서는 것'으로 다시 돌아간다. 큰 종이에 팀 목적을 적어 바닥에 놓은 다음 먼저 가입한 사람부터 순서대로 각자에게 의미 있는 위치에 서도록 한다. 이것은 깊고 근본적인 위계질서에 대한 존중으로 서로 연결되어, 더 넓은 대화를 위한 강력한 촉매 역할을 한다.

위에서 설명한 실습은 인수 또는 합병된 팀이나 그룹과 작업할 때 매우 효과적이다. 이전에 라이벌이었거나 경쟁적이었던 팀이나 그룹의 경우는 두 개의 원 안에 서서 그들이 함께하기 전에 어떤 모습이었는지를 보여주는 것도 효과적이다.

이를 통해 각자 자신의 TIME 순서를 찾을 수 있을 뿐 아니라 어떤 시스템이 처음이었는지 명확하게 할 수 있다. 많은 경우에 인수('합병'으로 잘못 명명되는 경우가 많음) 과정에서 인수된 시스템이 실제로 먼저 존재한 시스템이다. 이러한 사실을 보고 인정할 수 있다면 시스템 내부와 시스템 사이에 명확성이 더 커지고 존중하게 될 것이다. 때에 따라서는 한 팀은 아니지만 더 긴밀하게 협력해야 하는 같은 회사 내의 두 팀이나 부서와 작업할 수도 있다.

~

코치로서의 기술과 경험을 발전시키는 동안 런던, 두바이, 홍콩에서 열리는 런던 경영대학원 MBA 프로그램에 참석한 많은 임원진 수강생들과 함께 작업하는 것을 즐겼다. 여기서 TIME의 중요성에 대한 이해가 작업 그룹을 신속하게 하나로 통합하는 데 유용하고 확실한 방법임이 입증되었다.

수강생들은 무작위로 6개 그룹에 배치되어 빡빡한 일정에 맞춰서 복잡한 문제에 대해 서로 협력하며 팀 작업을 완료해야 했다. 기존의 위계질서도 없고 리더를 맡은 사람도 책임자도 경쟁도 없는 상황이었다. 이러한 측면이 학습의 핵심 부분을 형성하지만, 일부 수강생들은 너무 놀라서 제 기능을 하는 데 어려움을 겪기도 한다. 코치로 작업하는 동안 나는 경영대학원 방식에 맞춰 작업하면서도 함께 일할 때 자연적 위계질서를 경험할 수 있도록 실험해보고 싶었다. 학생들이 그들의 임시 시스템을 정착시키고 모두를 자원화하는 방법으로 '누가 먼저 왔는지'를 몸으로 체험하게 하자는 취지였다.

나는 특히 어려운 집단 역동성에 직면한 그룹 학생들을 서로에게 생년월일을 묻지 않고 나이 순서로 반원형 대열에 맞춰 서도록 했다. 이 접근법을 적용했을 때를 생생하게 기억한다. 이 그룹은 눈을 마주치지 않고 팀이라는 느낌이 없으며 서로 실제적으로 접촉하지 않고 무언의 긴장감이 가득했다. 그들에게 침묵을 지키면서 우리가 모인 테이블에 가장 나이가 많게 느껴지는 사람이 12시에 위치하고 나이에 따라 반원형으로 서도록 요청했다.

그들은 침묵 속에서 서로 자리를 잡을 때까지 천천히 움직였다. 나와 몇몇 사람들 눈에는 뭔가 잘못된 것처럼 보였다. 시각적으로 가장 어려 보이는 학생이 12시 위치에 섰고, 확실히 가장 나이가 많아 보이는 학생이 반원의 반대쪽 끝 가장 어린 자리에 섰다. 컨스텔레이션이 다 끝난 것도 아니지만 나는 시스템의 힘과 인간이 자신의 '느낀 감각'을 체화하고 느끼고 신뢰하는 능력에 대해 궁금해지기 시작했다.

그런 다음 가장 나이가 많은 사람부터 시작하여 각자 생년월일을 나누도록 했다. 그렇게 하자 사람들은 깜짝 놀라서 헉하고 숨을 들이마셨다. 서로의 나이를 알게 되면서 TIME 순서대로 자신이 속한 위치에 대한 직관적인 감각이 정확히 옳다는 것을 확인했다.

이것은 특히 아프리카 출신의 가장 나이 많은 학생에게서 가족 시스템과 조상과 문화를 통해 나이에 대한 존중이 깊었던 개인적인 이야기들의 감동적인 교환으로 이어졌다. 순서상 자신의 원래 자리를 인정받은 가장 어린 학생은 '내 자리를 찾은 것'에 깊은 안도감을 표하며 그를 지치게 하고 피부를 손상한 원래 나이보다 훨씬 더 나이 들어 보이게 만든 어린 시절의 트라우마를 만든 질병에 관해 이야기했다. 어떤 많은 말이나 워밍업보다 단순한 진실의 공유와 실습으로 그룹은 더 깊은 수준으로 정착되고 연결되었다.

나머지 세션은 가장 생산적이고 생동감 넘치며 심지어 존중감이 가득한 세션 가운데 하나였으며 내가 촉진할 수 있는 특권을 누렸다. 각 사람은 자신의 위치를 알고 있었으며 이를 명시한 결과 매우 효과적인 임시 팀을 만들어 함께 모였다.

내가 이 접근 방식을 시도할 때 학생들은 항상 단순히 공부하는 과정이나 당면한 이슈 이상의 것에 몰입할 수 있는 안정감을 가지고 다시 착석하곤 했다. 각각의 경우에 권위, 위계질서 및 리더십에 대한 '더 깊은 대화'가 이루어졌다. TIME이 가진 자연적 질서를 존중할 때 그것은 우리가 의지하고 힘을 얻을 수 있는 안전과 자원을 공급하는 자연적 위계질서를 제공한다.

PLACE의 조직 원리

시스템의 모든 것과 모든 사람은 각각 다르지만 고유하고 존중받는 자리를 가질 권리가 있다.

- 시스템이 활성화되기 위해서는 소속된 모든 것과 모든 사람에게 자리가 주어져야 한다. 자리에 대한 권리가 거부당하고 사람들이 갑자기 또는 존중받지 못한 채 시스템에서 배제될 때, 시스템은 배제된 것 또는 사람들의 기여가 인정될 때까지 '재-멤버화 re-member'함으로서 강

력한 역동성을 생성한다.
- 시스템에 위치한 모든 사람은 인정받아야 하며 그래야 자신과 시스템이 자유롭게 움직이고 활성화될 수 있다. 배제되거나 인정받지 못한 위치라고 해도 누군가가 신의를 지키며 비밀리에 따라갈 것이다. 누가 어떤 권리를 가지고 그 위치에 속해 있는가에 대해 단순히 알기만 해도 시스템의 이동과 행동이 자유로워진다.
- 시스템 코칭 및 컨스텔레이션에서 흔히 볼 수 있는 '퇴출석 증후군'은 그 역할의 탑승자가 이전 사람과 동일하거나 유사한 어려움을 겪는 현상이다. 그 역할 자체는 어떤 식으로든 부담이 되는 것 같다.
  - 누군가가 부정적인 방식으로 급하게 나갔을 때, 이유가 이해되지 않았거나 회사에 대한 그 사람의 기여를 인정하지 않았을 때 이런 현상이 발생한다.
  - 떠나는 사람은 그 역할에서 완전히 떠나야 하며, 다음으로 그 역할을 맡을 사람이 성공할 수 있는 가장 좋은 기회를 얻도록 도와야 한다.
- 최고 임직원, 심지어 창립자가 자신의 위치와 권한을 온전히 가지는 것을 암묵적으로 거부하거나 피하는 경우, 시스템 전반에 걸쳐 위치와 권한을 찾기 어려워진다. 리더는 이끌어야 한다.
- 각각의 요소, 사람 및 역할은 시스템 구성과 목적에 맞게 특정 순서에 따라 위치를 가진다. 비즈니스 시스템의 활력과 건강을 위해 어떤 역할이 가장 중요한지, 그리고 각 시스템에 대해 모든 역할이 어떤 순서로 필요한지 파악할 수 있다. 예를 들어, 이사회나 임원 역할이 동등하다고 간주하는 경우가 많지만, 각 역할은 시스템의 나머지 다른 역할들과 관련하여 '더 나은' 위치와 '더 나쁜' 위치가 있을 것이다. 이

시스템적 위계질서는 리더와 컨설턴트가 자신들이 강요할 수 있다고 생각하는 것보다 훨씬 더 강력하고 시스템에 더 많은 힘을 행사한다.
- 실적이 저조했던 해, 말하지 못할 산업재해, 몇 년 전에 구조조정했다는 사실을 비밀로 유지하려는 기업들은 시스템을 활성화하지 않고 방어적이며 불안정한 문화를 조성한다.
- 모든 것에는 위치가 있다. 잘 떠나보내려면 먼저 그들의 기여를 인정하면서 완전히 '재-멤버화'해야 한다. 그러면 그들은 자유롭게 떠날 수 있다.

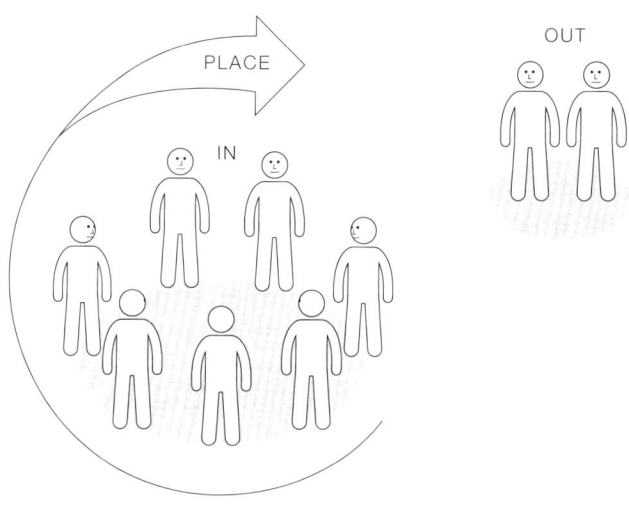

모든 시스템은 거부된 PLACE를 올바르게 균형 잡으려 한다.

PLACE가 조직 시스템에 미치는 영향 인정하기

우리는 시스템에 대한 소속을 지키기 위해 무엇이든 할 것이다. 소속감은 인간의 가장 깊은 욕구 가운데 하나다. 우리는 끊임없이 이것을 확인하면서 자신에게 묻는다: '내가 내부에 있나, 아니면 외부에 있나?'

가족 시스템에서 자녀들이 부모의 문제를 해결하려 할 때 혼란과 부담감을 겪는다. 사람들이 다른 사람의 짐을 대신 지려고 할 때, 즉 위치를 대신하려고 할 때 불가피하게 실패하게 되고, 자신을 지치게 하고, 노력하다가 자신의 위치를 잃게 된다. 마찬가지로 조직 위계질서에서 누군가가 마치 다른 위치에 앉을 자격이 있는 것처럼 행동하면, 역동이 생기고 갈등이 일어난다. 이 책 전반에 생생한 사례연구들이 있고 이 접근법을 자신의 코칭에 통합한다면 역동성을 더 많이 보게 될 것이다.

일대일로 작업하든 팀으로 작업하든, '해고'된 사람이나 퇴출된 어려운 상황에 관해 들으면, 해당 요소의 대리인을 설정하고 책에 설명된 프로세스를 사용하여 위치를 제공할 수 있다. 이러한 종류의 시스템적 실습은 개인, 팀 또는 회사 전체를 근본적으로 재조정하는 효과를 줄 수 있다.

> 사람들은 그것에 대해 입 다물고 있으면 멀리 사라질 것으로 생각한다.
> 문제는 '멀리'라는 곳이 없다는 것이다. 바로 여기 있다.
> – 클라우스 혼Klaus Horn

다음의 간단한 연습은 코칭 대화 중 자리가 거부된 대상이나 사람에 대한 이슈가 드러났을 때 고객이 쉽게 인정할 수 있도록 설계되어 있다. 이것은 기여한 대상이나 사람이 언급되지 않거나 진짜로 인정받지 못한다는 느낌을 받을 때도 사용할 수 있다.

> PLACE: 일대일 코칭에 적용하기 위한 연습
>
> 고객에게 팀이나 팀원, 제품이나 서비스와 같은 시스템 요소를 대리인으로 설정하도록 초대한다. 그런 다음 배제된 사람이나 상황이 대리인도 포함하도록 초대한다.
>
> 팀 리더와 함께 작업하는 경우, 현재 모든 팀원의 대리인을 설정하도록 한다. 그런 다음 팀의 이전 멤버를 모두 추가하고, 서로 협력하여 인정할 기여 부분을 찾도록 요청한다. 팀의 더 완전한 전체 모습을 염두에 두면 리더십이 달라진다.
>
> 마찬가지로 팀이나 조직의 목적을 위한 대리인도 추가할 수 있다. 이것은 팀 리더가 시스템 내의 요소 사이의 관계를 살펴볼 때, 이 자체로 유용한 주제 설정 연습이 된다.
>
> 보통은 말이 별로 필요 없지만, 만약 시스템에서 가장 상급자 또는 퇴출을 결정하는 책임자와 작업한다면, 이 책의 뒷부분에 설명된 대로 적절한 시스템적 개입을 할 수도 있다.

이 간단한 연습은 코칭에 시스템적 관점을 포함하기로 할 때, 익숙해지게 될 몇 가지 시스템을 지향하는 연습들 가운데 하나다.

EXCHANGE의 조직 원리

시스템에는 교환의 역동적 균형이 필요하다:
- 모든 상호작용에서 교환exchange의 균형이 필요하다: 고용인과 피고용인, 조직과 고객 및 공급 업체 사이의 상호작용

- 돈에 관한 것만이 아니다. 더 많은 돈을 주는 것으로 사람들을 진정으로 동기부여하고 교환에 대한 필요성을 충족시키기는 매우 힘들다. 사실 그것은 오히려 정반대의 효과를 가져올 때가 더 많다.
- 사람들은 너무 많은 돈을 받았다고 생각하면 회사에서 개인적인 에너지를 일부 거둬들이고 문제아처럼 되어버린다. 너무 많이 받은 사람은 빚을 갚을 수 없다고 느끼며 조직에서 탈퇴한다.
- 직장에서 받을 수 있는 가장 가치 있는 것은 자신이 누구이며 어떤 능력과 성과를 가져왔는지 보여주고, 인정받고 존중받는 발전적 피드백을 받는 것이다. 꾸준한 개발 지원과 함께 성과에 대해 정기적으로 기획되어 전문적으로 제공되는 피드백은 고용주와 피고용인 사이의 교환 균형을 개선하는 열쇠이다.
- 다시 말하면, 코칭하는 것 자체가 조직 생활과 리더십에서 EXCHANGE 균형에서 중요한 부분이라는 것이다.
- 이러한 조직 원리는 인수합병M&A 상황에서 명백해질 때가 많다. 많은 실패 원인이 어떤 조직이 또는 누가 무엇을 더 많이 주었는지에 대한 균형이 없었기 때문이다. EXCHANGE 원칙은 숨겨진 정보와 함께 야망, 탐욕 및 인위적 평가 때문에 위반되는 경우가 많으며, 역동성은 비즈니스에 피해를 주는 행동과 이탈로 나타난다.
- 이러한 무의식적이고 눈에 보이지 않는 차원의 교환 원칙은 조직 건강을 뒷받침하고 돈이나 자동차 및 건강 계획 등 의식적이고 눈에 보이는 방법들이 유용한 효과를 얻도록 하는 데 매우 중요하다.

모든 시스템은 EXCHANGE의 불균형을 균형 있게 조정한다.

06 시스템 범용어

우리는 모두 삶과 일의 여러 영역에서 교환을 조정하는 내부 균형 감각이 있다. 친밀한 관계에서 EXCHANGE의 작동을 볼 수 있다. 1세대 시스템 퍼실리테이터들이 밝힌 많은 통찰 가운데 하나는 교환의 불균형이 있는 친밀한 관계에서 너무 많이 받는 사람이 결국 부담을 느껴 시스템을 떠나고 싶어 한다는 것이다. 그들은 힘과 자의식을 되찾기 위해 그들이 성장하고 돌려줄 수 있는 다른 사람과 합류하거나 다른 시스템으로 옮겨 가입하거나 교환의 균형을 맞출 수 있는 다른 방법을 찾을 것이다.

지금 우리가 주고받는 섬세하고 미세한 내적 균형을 어린아이일 때 가족 시스템에서 가장 먼저 느낀다. 가정에 삶과 사랑이 흐르려면 부모는 주고 자녀는 받아야 한다. 이러한 역동성이 균형이 맞지 않는 경우가 있는데, 부모가 자신의 상처나 자원 부족으로 인해 자신이 받은 것보다 더 많은 것을 제공하지 못하기도 하기 때문이다. 만일 부모가 자기 부모에게 온전히 받지 못했다면, 즉 '위'에서 빠진 것이 있다면, 그들은 자녀, 즉 '아래'에서 이것을 받으려고 할 것이다. 그렇게 되면, 아이들은 부모의 삶에 빨려 들어가는 느낌이 들게 되고, 부모가 안전한 액자가 아니라 그림이 되어버린다. 이 컨스텔레이션에서 많은 교환 구조가 얽혀있다.

많은 경우에 아이들은 부모에게 충분히 받지 못했다고 느끼고 이 역동성의 불균형을 해결하기 위해 삶을 허비하는 경우가 많다. 이것은 중독 행동의 가장 흔한 원인 가운데 하나이며, 부모를 향해 움직임이던 것이 갑자기 멈춰버렸거나 중단된 것을 다시 받기 위한 움직임으로 볼 수 있다. 더 많은 것을 받기 위해 그 안에 얼어버린 것처럼, 아이들은 삶과 일에서 '관심받기' 원하는 어른으로 성장한다. 또 다른 반응은 부모에 관한 관심을 끊고 관계를 닫아버리거나 부모보다 '더 큰' 존재가 되어 그들을 용서하는 때도 있다. 부모에게서 벗어나거나 우월한 위치에 자리를 잡거나 자신의 정체성을 유지하거나 자원이 있다고 느끼는 것은 슬프게도 실패하게 될 운명이다. 많은 사람이 교환의 균형에 대한 욕구를 충족시키는 방법을 찾느라 많은 시간을 보낸다.

부모 자녀 사이에 어린 시절 극명하게 느껴지는 가족 시스템에서 교환의 균형은 세밀하게 조정하고 균형을 잡으려고 노력하지만, 불균형 속에서 일생을 보낼 수 있다. 우리에게 주어진 것을 최대한 '있는 그대로' 존중하며 받을 때, 삶을 더 풍요롭게 살 수 있다.

자신의 시스템을 이해한다면 당연히 고객들의 시스템에 대한 이해가 쉬워진다. 그래서 우리는 이 책의 끝에서 다시 가족 사이의 교환 균형으로 돌아와서 어떻게 다른 방식으로 다른 맥락에서 자신과 고객을 돌보고 자원과 균형을 조정할 수 있는지 살펴볼 것이다.

> EXCHANGE의 균형은 다른 사람을 돌보는 조직 시스템에서 가장 눈에 띄게 불균형한 경우가 많다. 교회, 학교, 병원 및 기타 의료 시스템, 그리고 물론 코칭 및 코칭협회에서 이 '주고받기'가 잘 일어나지 않는다.
>
> 만약 부모님에게 필요한 것을 받는 것이 어려웠던 가족 시스템이었다면, 어렵더라도 부모님보다 '더 큰 존재'가 되어 부모님을 도우려는 것에 몰두할 수 있다. 대부분 사람이 이런 행동을 하는 이유는 부모와 계속 함께하기 위해 무엇이든 할 수 있는 아이의 맹목적인 사랑 때문이다.
>
> 이것은 부모가 필요한 것을 공작의 꼬리, 즉 그들의 부모에게 받지 못하고 자녀의 도움을 받고자 할 때 발생할 가능성이 크다. 이러한 얽힘은 '돕는 직업'에 끌리는 많은 사람의 뒤에 놓여 있으며 경계선을 지키지 못하고 모든 것이 고갈될 때까지 지나치게 돕는 것을 포함하여 여러 가지 방식으로 나타날 수 있다.

> 이러한 종류의 역동성은 마지막 장에서 다룰 것이며, 컨스텔레이션에서 직접 몸으로 체험함으로써 많은 것을 해결할 수 있는 훈련 여정의 발전된 단계이기도 하다.
>
> 정보를 알려주거나 도움을 주기 위해 만들어진 자원봉사 시스템에서 일했던 사람의 경험에 대한 글을 읽은 적 있다. 그 글에서 도움을 주고받는 것에서 EXCHANGE의 불균형이 발생했을 때 어떤 느낌인지 특히 잘 설명하고 있다고 생각한다. 그녀는 그 조직 문화를 '파벌 싸움, 분노, 무능, 피해 의식'으로 특징지어 묘사했다.
>
> 이는 실제로 교환의 균형이 제대로 지켜지지 않을 때 나타나는 역동성의 종류다.

내적 교환 감각은 우리에게 매우 중요하다. EXCHANGE의 중요한 점은 불균형이 균형보다 훨씬 더 깊은 유대감을 만들어 사람들을 자유롭게 한다는 것이다. 이것은 비즈니스와 조직 생활의 모든 단계와 교환마다 이루어진다. 위로도 아래로도 마찬가지이다.

대부분 코치는 경력상 두 번째, 세 번째 또는 네 번째이다. 다음 연습은 각각의 주요 경험에서 주었던 것과 받았던 것을 시각화함으로써 자신에 대한 과거의 직업적 경험을 깊이 통합하는 데 도움이 될 것이다. 다음 연습을 자기 자신에게 먼저 해 본 뒤에 고객과 함께해 보도록 하라.

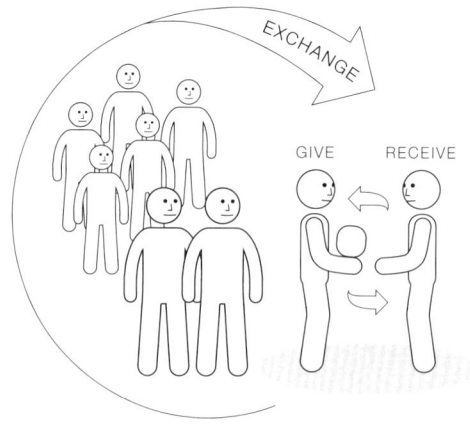

EXCHANGE: 스스로 연습하기

학교를 졸업한 이후로 가졌던 3~4개의 주요 직업이나 경력을 적어보라. 만약 필요하다고 생각하면 고급 교육을 포함해도 된다. 각각을 작은 종이나 큰 포스트잇에 적고 0.5m 간격으로 평평한 벽에 일렬로 눈높이에 붙인다. 가장 먼저 가졌던 교육적 또는 직업적 경험 앞에서 천천히 자리를 잡아라. 자신과 이 과거 경험 사이의 관계에 대한 내적 그림에 따라 몸에서 '진짜 위치'라고 느껴지는 적절한 간격을 찾아서 그 앞에 서라.

차례로 각각의 직업이나 교육 앞에 서서 느낌과 감각 및 기억이 어떻게 나타나는지 관심을 가지고 느껴보아라. 이것은 그 자체로 컨스텔레이션의 기본 구성요소인 몸으로 조율하고 대리인과의 관계에 서보는 좋은 연습이다.

각 경험의 진실과 연결할 때, 짧은 문장을 사용하여 연습을 시작하라. 앞으로 퍼실리테이터로서도 사용하게 될 것이다. 이 연습에서는 문득 먼저 떠오르는 단어인 '진실의 문장', 즉 단순히 경험에서 진실을 말하는 방법을 사용한다.

그 뒤 '있는 그대로'를 인정하고, EXCHANGE 원리인 주고받기의 균형을 탐색하기 시작한다.

문장은 각 대표 마커 앞에 서 있을 때 순간적으로 경험을 통한 본능적 감각으로 떠오른다. 자기 내면의 진실을 따르라.

예를 들어, '있는 그대로'를 인정할 때 다음과 같은 문장을 사용하게 된다.

- '이곳은 매우 고통스러웠습니다.'
- '여기서는 온전히 소속한다고 느낀 적이 없습니다'
- '여기 소속되는 것이 좋았습니다'
- '여기는 즐거웠습니다. 일과 사람들 모두 좋았습니다'

또 EXCHANGE의 건강한 균형을 인식할 때 다음과 같은 문장을 사용할 수 있다.

- '감사합니다. 많이 배웠습니다'
- '여기서 배운 것을 잘 간직하고 사용할 것입니다. 감사합니다.'
- '애정을 담아 당신을 기억합니다. 내가 얻은 모든 것에 감사드립니다. 잘 쓰겠습니다.'
- '내가 준 건 당신이 간직하고, 당신이 준 건 내가 간직하고 있습니다. 감사합니다.'

또는 EXCHANGE의 불균형을 인식할 때 다음과 같은 문장을 사용할 수 있다.

- '너무 오래 있었습니다.'
- '여긴 있기에 너무 힘들었습니다. 나는 떠날 수밖에 없었습니다.'
- '나에게 도움이 된 것은 간직하고 나머지는 네게 맡기고 떠나겠습니다.'
- '난 내가 가진 에너지보다 더 많은 것을 줬습니다.'
- '여기서 중요한 것을 배웠습니다. 고맙습니다.'

처음 시작할 때 필요한 경우에 위에 제시한 문장을 사용하라. 각 위치에 설 때 나타날 수 있는 진실의 문장 중 짧은 형태의 사례이다. 앞으로는 자신만의 문장을 만들게 될 것이다. 중요한 것은 이 문장들이 진실하다는 것이다. 이 문장들은 자신의 책임과 다른 사람의 책임을 분리하고 EXCHANGE 균형을 인식하여 시스템의 기본 원칙과 일치하도록 시스템의 일관성을 지킨다.

라인을 따라 자원으로 간직할 것과 존중하며 떠나 보낼 것을 통합하고 주고받은 것을 인식하면서, 20분에서 30분 정도 시간을 들여 작업하라.

EXCHANGE가 균형을 잘 이루고 있더라도 주어진 것에 감사할 때 더 깊이 받아들이고 통합하여 온전히 남겨두고 떠날 수 있다는 것을 알게 될 것이다.

~

이 연습을 완료했다면 컨스텔레이션의 핵심 구성요소를 처음으로 경험한 것이다. TIME 순서대로 배치된 대리인으로 서는 것; 관계 역동성의 체화; 움직임; 있는 그대로 인정하는 말; 시스템에서 소속감을 명확히 표현하는 것; PLACE 감각; 시스템을 유연하게 만들고 통합하는 것. 그리고 각 요소 앞에 섰을 때 감사나 존경을 표현한다면 EXCHANGE를 인정하고 시스템을 정착시킬 수 있는 의식을 경험한 것이다.

~

숨겨진 힘은 보이지 않는 역동성을 만들어내고 그 역동성은 행동을 통해 가시적인 증상을 일으킨다. 이런 행동이 조직력에 맞게 조정하려는 무의식적 시도이며 시스템 이슈의 증상이다. 증상은 무엇인가 드러내기를 원하고 시스템이 완전성을 추구한다는 것을 보여준다. 눈에 보이지 않는 영역이 정렬에서 벗어나고 사람들은 '여기 분위기가 바뀌었어'라고 말한다.

임원급에서 스트레스나 갈등이 있을 때 그들이 필요로 하는 인정과 시스템의 자연적 위계질서가 없거나 자리를 주지 않는 경우가 많다. 시스템 매핑, 시스템 코칭 및 컨스텔레이션은 시스템에서 리더십의 흐름과 사업적 성공을 제한하는 숨겨진 역동성을 파악하고 각각의 역할과 기능, 팀과 사람에 대한 '최선의 위치'와 자원을 찾을 수 있다.

이러한 자연 질서력에 대한 지식을 비판적인 태도로 사용하지 않아야 하며, 고객 자신이 무엇인가 '잘못'되었다는 느낌을 주지 않는 것이 중요하다. 사람들은 고의로 조직 원칙에 맞지 않게 행동하는 것이 아니라 깊고 무의식적인 신의와 지식 부족 때문에 그렇게 행동한다. 시스템 코치의 역할 가운데 하나가 이러한 기본 원칙을 공유하여 함께 일하는 조직 시스템에 뿌리내리는 것이다.

원칙을 공유하면 리더들은 자신의 내면 자세와 행동에 대해 더 넓고 깊이 있게 이해하기 쉬워진다.

> 이미 알고 있다고 생각하는 것에 대해 혼란이 생길 때 기꺼이 받아들이면, 알고 있는 것이 더 확장되고 유용해진다.
> – 밀턴 에릭슨Milton Erickson

조직 원리의 실행

조직력은 시스템 건강을 위한 주요 원동력이며 이것이 언제 작동하고 무시되거나 위반되는지 알아차리기 시작하면 자신과 고객에 대해 더 많은 통찰과 이해를 하게 될 것이다. 경험이 많아짐에 따라 고객들과 작업을 시작할 때 조직력이 '나타난다'는 것을 바로 알게 되고, 관련성이 높다는 것을 '알고' 있다는 것을 발견하게 된다.

처음 이러한 원리와 방법을 사용하여 사업체의 공동 창립자인 네 명의 리더를 팀으로 하여 촉진했을 때를 기억한다. 소규모 워크숍으로 나는 그 시스템의 원조에 대해 탐색했다. 가입 날짜순으로 바닥에 보이지 않는 타임 라인을 따라 각자 차례대로 서도록 요청했다. CEO라는 직함을 가지고 사업을 이끌던 사람이 사실은 가장 먼저 추진했던 사람의 에너지를 따르고 있다는 것이 곧 분명해졌다.

그녀는 자신이 소외감을 느꼈고 에너지와 의욕을 잃어가고 있다는 것을 조용히 털어놓았다.

나는 아주 작은 개입을 촉진하여 CEO에게 그녀가 시스템에 가장 먼저 존재했음을 인정하도록 했다. 그는 "사실 이 일을 시작한 건 당신이었고, 당신의 에너지가 이 일을 시작하게 했어요. 감사합니다."라고 말했다. 이것은 그 둘 모두와 관찰하고 있었던 나머지 다른 두 사람에게도 상당한 안도감을 주었다. 시스템이 시간의 우선순위라는 단순한 TIME 원칙에 따라 결정된다는 것을 알 수 있다.

조금 후에 나는 세 번째 창립자에게 직관적으로 자신에게 맞는 위치에 서달라고 부탁했다. 그는 자신의 위치를 찾으려고 노력했지만 많이 어려워했다. 다음으로, 네 번째이자 마지막 창립자를 초대하면서 그들의 원래 그룹에 다섯 번째 멤버가 있었다는 것이 드러났다. 이전의 모든 논의에서 '잊혔던' 이 단순한 사실을 표현하면서 PLACE의 원리에 대한 더 넓은 대화가 가능해졌다. 다섯 번째 창립자가 기여한 것에 대해 약간의 좌절과 분노가 표출되었지만 - EXCHANGE의 불균형이 있었다는 것 - 그런데도 이 또한 있는 그대로 인정함으로써 해결되었다.

분명한 것은 세 번째 창립자가 시스템 '퇴출석'에 발을 들여놓았다는 것이다. 다시 말해, 그는 고립이라는 부정적 감정을 경험하고 있었고, 다섯 번째 창립자가 드러내지 못하고 시스템을 떠날 때 남겨두었던 업무를 수행하는 데 어려움을 겪고 있었다.

나는 나머지 창립자들과 함께 다섯 번째 창립자가 기여한 내용을 포함하기 위해 작업했다. 여기에는 창업 단계에서 그가 전력을 다한 것과 효과적으로 기여한 것에 대한 인정도 포함되었다. 나는 다음과 같은 내용으로 그들에게 인정하는 문장을 제시했다; '처음에 당신이 기여할 수 있었던 것에 감사합니다. 그것은 변화를 만들었고 유용했습니다.' 그들은 다섯 번째 창립자의 위치를 확인할 수 있도록 놓은 의자를 향하여 기꺼이 이 문장에 덧붙여 말했다. 그 뒤, 그의 역할 업무를 맡은 세 번째 창립자는 기분이 상쾌해지고 재정렬되었으며 훨씬 더 가치 있고 귀중한 기여를 할 수 있다고 느꼈다. 그는 이 실습에서 자신의 위치를 찾을 수 있었고, 심지어 떠날 생각을 하고 있던 그 조직에서도 이제 자신의 자리를 찾을 수 있었다.

우리는 나머지 네 명의 창업자들이 그들의 고객 정보를 나타내는 플립차트를 바라보며 둥글게 서는 것으로 실습을 마쳤다. 각 개인은 원칙에 맞게 자신의 위치를 찾았다. 이번에는 명시적으로 원칙을 공유하지 않았고 단지 개입에 대한 나 자신의 기준일 뿐이었다.

불과 몇 주 지나지 않아서 그들은 떠난 창립자와의 EXCHANGE 불균형을 해결할 건강한 방법을 찾아냈고, 그가 기여한 것에 감사를 표했다. 그들은 여전히 그와 쉽게 접촉하고 있으며 경쟁할 뿐 아니라 함께 진행할 단기 프로젝트를 찾을 수 있었다. 그들의 진실성, 전문성, 열심히 일한 노력의 결과와 함께 이 컨스텔레이션을 통해 표면으로 올라온 신선한 에너지로, 이 네 명의 창업자들은 그들 분야에서 가장 성공적인 사업가가 되었고, 오늘날 전 세계적으로 번창하고 있다. 리더십이 시스템의 원리와 일치할 때 나타나는 조직 시스템의 건강에 대한 그들의 관심은 여전히 유지되고 있다.

~

이것은 세 가지 질서력 또는 조직화 원칙이 단순한 컨스텔레이션에서 어떻게 표면화되는지 보여주는 유용한 예이다. 그리고 존중하는 시스템-지향 자세와 틀 안에서 상대적으로 적은 지식으로 얼마나 많은 것을 달성할 수 있는지 보여주는 고무적인 예가 되기를 바란다.

이 예에서는 첫째, 가입 순서인 TIME의 조직 원리를 인정하는 것이 중요했다. 둘째, 창립자 사이의 EXCHANGE의 균형도 마찬가지였다: 무엇을 언제 주었는가. 셋째, PLACE: 시스템에 중요하게 기여한 사람을 배제할 때의 영향과 시스템에서 특정 순서, 특정 위치의 중요성.

조직 건강

나는 오랫동안 조직 건강 개념에 관심을 가져왔다. 처음에는 오랫동안 고위 경영진에 의해 강요되어 온 '우리 가치와 일치하는 행동'이라는 공허한 이야기를 넘어서, 진정성 있는 프레임워크를 반*의식적으로 탐색하였다. 시스템에 대한 이 접근 방식을 발견했을 때 나는 다른 사람의 가치관을 공유하는 것 이상으로 더 큰 가능성을 느꼈다. 그것은 개인의 정서지능과 리더십 개발을 넘어서 전체 시스템의 건강과 일관성을 끌어낼 수 있었다.

시스템 관점과 이해를 통해 조직과 비즈니스 시스템에서 나타나는 일부 복잡한 관계의 역동성이 어디에서 비롯되는지가 확실히 보인다. 시스템 컨스텔레이션, 시스템 컨설팅 및 시스템 코칭은 이러한 보이지 않는 역동성을 명확하게 하고 조명하며 해결하는 역할을 한다. 이를 통해 지금과 다른 더 넓은 시야에서 작업할 수 있게 된다. 문제의 맥락을 확장하고 새로운 자원과 근본적인 해결 방법들이 눈에 들어오게 된다.

자 이제 코칭과 컨스텔레이션에서 잠시 뒤로 물러나 조직 건강에 대한 더 넓은 그림을 살펴보자.

> 불행히도, 대부분 조직에서는 선형적 사고를 우선시하기 때문에 이때 개입은 대개 근본적인 원인보다 증상의 빠른 해결에 중점을 둔다. 이는 일시적 해결이므로 이후에 개입 수준을 점점 더 낮출 수밖에 없게 된다.
> – 피터 센게 Peter Senge

조직은 혼자서 할 수 있는 것보다 더 큰 것을 만들기 위해 함께 노력하는 공동의 의도를 가진 사람들의 집합이다. 조직은 말 그대로 그 부분의 합보다 더 큰 전체를 만들기 위한 것이다. 이것이 시스템이다. 시스템은 상업적일 수도 비영리적일 수도 있으며, 공공 부문이든 민간 부문이든 모든 인간 시스템에 일어나는 역동성은 공통이다.

어떤 조직은 수천 명의 직원이 있다. 예를 들어, 몇몇 기술 회사, 국가 보건 시스템과 일부 국제 소매업체들은 상호 연결된 하나의 거대한 시스템에 백만 명이 넘는 직원을 두고 있다.

이것은 거대하고 복잡한 시스템이다. 또 각 시스템은 여러 다른 시스템들, 즉 계약 업체 시스템, 공급 업체 및 고객들과 겹치고 상호 작용한다.

게다가 규모가 10명 미만의 소규모 기업도 수십만 개에 달하며 그 가운데 많은 기업이 매우 성공적이고 수익성이 높다. 비전 있는 기업가가 이끄는 이러한 소규모 시스템들은 점점 더 성장하여 대규모 시스템과 경쟁한다. 그들은 그 자체로 큰 시스템이 되기도 한다. 그렇지만 크기는 중요하지 않다; 역동성은 두 사람 사이에서도 20만 명 사이에서도 일어날 수 있다.

사람들이 '평판이 나쁘게' 조직 시스템을 떠날 때, 다시 말해 그들이 조직에 기여한 것과 기여한 기간에 대해 충분히 인정받지 못하고 인정되지 않은 상태에서 떠날 때, 그것은 남아있는 사람들에게 장기적으로 영향을 끼친다. 사람들이 안 좋은 방식으로 떠나거나 그들이 떠나는 것에 대한 진실이 숨겨질 때, 그들은 시스템에 남아있는 것들과 얽히는 방식으로 '기억'된다. 비즈니스와 특정 종류의 리더십에 대한 위대한 신화 가운데 하나는 단순히 사람들을 시스템에서 제거한 다음 잊어버릴 수 있다는 것이다. 우리는 그것이 어떻게 우리가 상상하거나 기대하는 것과 완전히 반대되는 영향을 미치는가를 지속해서 볼 수 밖에 없다.

> 시스템은 그 부분의 합이 아니라 상호작용의 산물이다.
> – 러스 애코프 Russ Ackoff

반면 개인은 오랜 경력이나 전문성, 채용 방식 등으로 인해 자신에 대한 내적 우월감을 가지고 비즈니스에 합류하는 경우가 많다. 자신이 얼마나 가치 있는가와 시스템에 무엇을 줄 수 있는가만 생각하고 합류한 사람들은 무례하고 이기적인 리더가 될 가능성이 크다. 이들은 대부분 매우 경험이 많고 재능 있는 사람들이다. 그들은 시스템에 혼란을 일으킬 의도가 전혀 없지만, 결국 다른 곳으로 떠나게 되고 그곳에서 다시 그들의 경험과 전문지식을 적용하기를 원한다. 그러나 그들이 이전 역할 소유자를 포함해서 이전에 이 시스템에서 일하고 기여한 사람들에 대해 존경심을 갖지 않은 채 경솔하게 그 역할을 맡게 된다면 자신을 따를 것이라 기대했던 사람들의 존경을 얻기 위해 고군분투할 것이다.

시스템의 힘에 대한 간단한 예시는 조직 생활, 개발 및 팀 코칭, 조직 컨설팅에 대한 다른 관점을 보여준다. 많은 기업이 시스템에서 작동하는 숨겨진 역동성 때문에 경쟁 우위를 잃거나 잘못된 타성에 시달린다.

> 건강한 관계 시스템에서는 기여한 모든 사람이 인정받고 시스템의 역사에 모든 어려움을 포함해서 이야기한다. 모든 것에는 위치가 있고 역할은 전체 시스템의 복지과 연결되어 있다. 각 개인과 팀이 주고받는 것 사이에는 균형이 있다. 모든 사람이 안전함을 느끼고 편안하게 자신의 권위에 서고 시스템에 좋은 방향으로 맞춰간다.

건강한 조직 시스템은 개인과 팀 및 회사 전체 차원에서 명백하게 드러난다. 리더는 권한이 있고 존중받고 자신이 유용하다고 느낀다. 각 개인은 자신이 시스템에서 안전하고 신뢰할 수 있는 위치에서 존중받고 있음을 안다.

건강한 조직 시스템은 직원 이직률이 낮고 동기부여가 높다. 과거의 어려운 사건에 대한 비밀도 수치심도 없으며, 시스템에 기여했던 누구도 잊히거나 배제되지 않는다. 사람들은 자신이 가치 있는 일을 하고 있고, 전체 중 일부로서 영향을 미칠 수 있다는 것을 알고 있으며, 전체는 부분의 합보다 더 많은 것을 성취할 수 있으므로 조직에 남아서 자신의 기여를 완성하고 싶어 한다.

> 전체가 잘되지 않으면 부분은 절대 잘될 수 없다.
> – 플라톤Plato

그러나 조직이 건강하지 않은 시스템에서는 구성원들도 마찬가지다.

시스템에서 자신의 위치와 역할 또는 책임 수준을 잘 모르면 시스템에 온전히 자리할 수 없고 따라서 자신의 재능과 경험을 비즈니스에 전부 가져올 수 없다. 그들은 무의식적으로 더 많이 기여하기를 거부하고 보류한다. 신뢰, 신의 및 동기가 없거나 있더라도 신뢰할 수 없다.

개인과 팀이 시스템 역동성에 얽히게 되면 행동과 태도 및 업무 방식을 통해 상황을 더 복잡하게 만든다. 빠뜨리거나 제외된 것들이 표면화되고 변화를 넘어선 경쟁과 반복 패턴이 나타난다. 에너지와 동기가 일관성이 없어지고 불안과 수치심이 올라온다. 불신과 갈등이 생기고 사람들은 스트레스가 커진다. 시스템은 성장할 수 있겠지만 업무가 더 어려워지고 많은 사람이 자신의 역할을 하는 데 힘들어한다.

시스템은 리더와 구성원들이 인식하지 못하는 자율적 기제로 작동한다. 시스템이 일관성과 완전성을 위해 구성원을 희생하기 때문에, 시대를 초월한 이러한 원칙들을 무시하거나 위반하게 되고 그 영향을 경험하게 된다.

조직 시스템이 더 건강해지고, 조직 설계와 학습 및 개발, 코칭 및 HR이 더 효과적이려면, 리더뿐 아니라 함께 일하는 사람들도 조직을 바라보는 또 다른 관점을 이해하고 수용해야 한다. 고독한 영웅 리더십이 더는 소용이 없을 뿐 아니라 자신도 모르게 가졌던 개인적이며 비시스템적인 관점의 코칭으로 초점이 바뀐다는 것이다. 이러한 변화는 일부 지역 사업에서부터 서서히 일어나고 있다. 그러나 여전히 대부분은 개인적인 접근 방식인 영웅 리더십을 원한다. 이런 접근 방식은 한 사람 또는 한 팀이 시스템을 변화시킬 수 있을 만큼 '강력'할 수 있다는 믿음을 전제로 한다. 그래서 전체를 염두에 둔 시스템 코칭이 새로운 시각과 진정한 가치를 더

할 수 있다. 이는 리더가 시스템이 가진 더 높은 권한을 존중하는 방식을 찾고 발휘하도록 지원함으로써 가능해진다. 이것은 그 자체로 코치와 고객에게 겸손을 느끼게 하고 시스템에 대한 이해가 가능해진다.

> 리더란 방향을 정하고 중요한 결정을 내리고 군대에 활력을 불어넣는 특별한 사람이라고 바라보는 우리의 전통적 시각은 개인주의적이고 비시스템적인 세계관에 깊이 뿌리 내리고 있다. 이런 신화가 만연하는 한 시스템적 힘과 집단지성보다는 단기적 사건과 카리스마가 있는 영웅만을 바라보게 된다.
>
> — 피터 센게 Peter Senge

시스템적 리더십

리더십이란 리더의 통제력이 없는 자연적 시스템을 제공하는 역할로 생각해야 한다. 리더들이 자신들의 기능을 서비스 가운데 하나로 보면서 리더십 개념이 새로워지기 시작했다. 서번트 리더십 개념은 새로운 것이 아니지만, 이 접근 방식의 다른 요소들과 마찬가지로 여기서는 작지만 중요한 차이가 있다. 시스템적 리더십은 사람들에게만 집중하기보다는 전체 시스템의 목적과 일관성을 위해 일하면서 시스템 전반의 에너지에 신경 써야 한다.

> 그들은 위에서 주도하고 지원하지 않으면 변화가 일어나지 않을 것이라고 말한다. 실제로 시스템 자체의 건강이나 생존을 위해 그것을 요구하지 않는다면 변화는 일어나지 않는다.

시스템과 조직의 실제 상황을 알기 위해서는 개인과 팀의 행동 양식을 볼 필요가 있다. 리더가 시스템의 질서력을 무시하거나 마음대로 바꾸려고 할 때 복잡한 리더십 문제, 타성, 위계질서의 어려움, 반복 패턴 또는 '고착'감이 나타난다. 예를 들어, 리더들은 팀이 명확한 목적, 의도, 목표 또는 사명만 있으면 충분할 것이라고 여기는 경우가 많다. 그러나 시스템의 목적과 시스템을 둘러싼 역동성이 시스템 조직력과 일치하지 않기 때문에 저항이 생긴다.

> 리더십에 관한 매우 다양한 이론, 모델, 아이디어가 존재하는 이유는 개인이나 팀의 범주에 국한해서 본다면 매우 복잡해지기 때문이다.

리더들은 만약 자신의 타고난 강점에 접근하고 약점을 잘 다룰 수 있으며 충분한 자각을 통해 자기 관리를 할 수 있다면, 조직이 그들에게 던지는 어떠한 도전도 극복할 수 있을 것으로 리더들은 믿는다. 그렇지만 시스템 역동성은 이 모든 인간의 노력에 영향받지 않는다. 한 사람, 한 가지 방법, 한 가지 모델로 다루기에는 너무 많다. 보이지 않는 심리적 역동성이 드러나는 시스템적 관점은 크고 작은 복잡한 조직 시스템에서 에너지와 새로운 명확성을 해방할 수 있는 대안적 접근 방식을 조명한다 .

~

시스템 질서력에 대한 이론을 바탕으로 시스템 역동성에 대한 가설들을 개발할 수 있다. 그런 다음 상황에 따라 고객과 가설을 공유할 수도 있고 그렇지 않을 수도 있다. 지속적인 경험을 쌓아가면서 더 분명해질 것이다. 기본 원칙을 공유하는 방법 가운데 하나는 고객에게 시스템 이슈를 있는 그대로 맵핑하도록 초대하는 것이다. 그것을 컨스텔레이션으로 이어 갈 수 있다.

컨스텔레이션은 고객이 조직 원리에 맞지 않는 행동을 하는 모습을 스스로 볼 수 있다는 장점이 있다. 또 시스템을 재정렬하고 균형을 되찾을 방법을 보여줌으로써 더 발전할 수 있게 된다.

07
바로 지금

> 직관은 신성한 선물이고 이성은 충실한 종이다.
> 우리는 선물을 잊고 종을 받드는 사회로 만들었다.
>
> – 알버트 아인슈타인Albert Einstein

이 접근 방식이 적용될 경우

시스템적 개입의 적절한 시기를 알기 위해서는 시스템 정보를 듣는 능력을 높이는 것이 중요하다. 정보를 듣는 데에 익숙해질수록 미묘한 신호들이 점차 더 명확해진다. 비록 시스템적 개입, 즉 컨스텔레이션을 진행하지 않아도 나타나는 정보의 종류와 이것이 고객의 발전적 여정의 맥락에서 무엇을 의미하는지에 대해 듣는 귀가 발달하게 될 것이다.

컨스텔레이션 워크숍에서 진행자는 작업을 진행하기 전에 고객이나

'이슈 보유자'를 '인터뷰'할 수 있다. 고객은 이 워크숍에 참여해서 특별한 렌즈를 통해 문제를 살펴볼 수 있다. 그들은 컨스텔레이션 방식에 초점을 맞춘 하루를 준비할 것이다.

반면에 임원이나 팀 코칭에서 함께 작업한 적이 있고 코치의 시스템적 지향에 대해 이미 알고 있는데도 함께 작업할 때마다 컨스텔레이션을 하고 싶어 하지 않는 고객들도 있다. 사실 매번 해서도 안 된다: 컨스텔레이션은 그렇게 높은 빈도로 사용하거나 모든 어려운 코칭 상황에 사용하기 위한 개입이 아니다. 그렇지만 컨스텔레이션을 통해 시스템 플래그, 즉 시스템의 메시지를 듣고 행동할 시점을 알 수 있게 된다.

시스템 기반 코칭과 질서력의 이해를 바탕으로 컨스텔레이션을 적용한 프로그램이 많다. 다음 요약에서 원리와 실행이 유용하게 적용될 수 있는 상황을 소개한다.

- 코칭 주제를 조명하거나 명확히 할 필요가 있을 때
- 코치로서 시스템의 자연 질서력 가운데 하나를 소홀히 하였거나 무시하였음을 감지할 때
- 고착되어 있거나 동일한 문제 또는 이슈가 계속 발생할 때
- 이성적 분석으로는 문제의 핵심을 파악할 수 없고 고객이 '생각 속'에 갇혀 있거나 말이 너무 많다는 느낌이 들 때
- 시스템에 비밀이나 금기 사항이 있고, 코치가 그것을 볼 수 있도록 허락받았을 때
- 고객이 자신과 또는 주변과의 관계에서 반복되는 갈등이 있을 때
- 숙련되고 경험이 풍부한 사람이 자기 역할 권한을 온전히 수행할 수

없을 때
- 코치로서 시스템에 고객이 현존하거나 수행하는 능력에 영향을 미치는, 말하지 않은 어떤 것이 있음을 느낄 때: 즉 고객의 주의를 분산시키고 에너지를 빼앗는 것

> 시스템이 일관성을 재확립하려고 한다는 메시지로 도전적인 그룹 역동성, 달갑지 않은 행동, 타성, '정치' 및 복잡한 감정들이 나타난다. 시스템은 일관성을 추구한다.

- 증상은 분명한데 원인이 명확하지 않을 때
- 에너지나 집중력이 부족할 때
- 시스템에 충격이나 트라우마가 있을 때
- 사람들이 동일 사건을 다르게 설명하거나 해석할 때
- 갈등이 있는데 원인이 확실하지 않거나 이유가 없는 것처럼 보일 때
- 선호하는 코칭 모델이나 코칭 방법이 잘 적용되지 않거나 효과가 지속적이지 않을 때
- 고객이 자원에 접속하고 시스템에 정렬할 수 있게 도와야 할 때
- 잘못된 의사소통이 빈번히 일어날 때
- 고객이 시스템에서 자신의 목소리로 다른 사람에게 진실을 말할 수 있도록 지원이 필요할 때
- 고객이 조직을 대신하여 어려운 일을 맡고 있거나 진행하고 있고 그 공로를 인정받거나 그 일에서 풀려날 필요가 있을 때
- 더 넓은 관점으로 본다면 해결을 위한 유용한 단계가 될 수 있는데도 고객이 자신의 스토리와 시각만으로 상황을 볼 때
- 고객이 시스템 내의 다른 사람에 대한 강력한 판단을 포함하는 단어

를 사용할 때
- 둘 중 하나를 선택해야 하는 상황에서 불확실성, 모순 또는 모호성을 띨 때
- 시스템에 무관심, 모순 또는 저항이 있다는 말을 들었을 때
- 해결 방법이 제시되고 명명되었는데도 계속 처음으로 다시 돌아가 빙빙 도는 대화를 들을 때
- 보이지 않는 적에 대항하는 것처럼 서로를 방어할 때
- 반대자들과 '골칫덩어리 black sheep'가 있을 때
- 합리적인 설명에 고조된 정서로 반응할 때
- 사람들이 말과 다른 행동을 할 때
- 음모론이 있을 때
- 팀이나 조직 문화에 대한 존중이 부족할 때

시스템에서 보낸 메시지

어떤 이슈에서 시스템적 관점이 유용한가에 대한 지표는 초기 매핑 단계만 하든 전체 컨스텔레이션을 하든 동일하다. 예를 들어, 혼란스럽거나 불가사의하거나 고착된 듯한 문제를 들었을 때, 문제를 개방하고 고객에게 새로운 방식을 탐색할 기회를 제공해야 적절할 것이다. 시스템 맵을 도입하기에 적당한 상황인지 확인이 필요한 언어의 예는 다음과 같다.

뒤죽박죽이거나 불분명한 이슈

숨겨진 시스템 역동성에 의해 영향을 받는 이슈들은 흔히 명확하게 설명하기 힘든 이슈들이다. 예를 들어 다음과 같은 말을 들을 수 있다.

'이걸 표현할 적당한 말을 찾을 수가 없어요. 헷갈려요.'
'이 이슈를 떨쳐내고 신경 쓰고 싶지 않은데…. 좀 복잡해요…. 안개 속에 있는 것 같아요….'

고객들은 적당한 단어를 찾을 수 없거나, 맵핑할 때 손길이 많이 가거나, 어떤 것에 어려움을 겪고 있다고 말한 후 침묵할 수도 있다.

너무 자세한/긴 이야기

코치가 판단, 신념 또는 기대를 하고 길고 상세한 설명을 듣거나 고객이 자기 중심적 시각으로만 스토리를 만들어서 세부사항에 집착하는 것처럼 보일 때가 바로 다른 작업 방식을 사용하기에 적합한 때이다. 고객은 코치가 용기를 가지고 자기 이야기의 중간에 개입해서 그 상황을 만일 다른 관점으로 바라본다면 어떨지에 대해 정중히 물어볼 때 오히려 안도감을 느낀다.

이것은 시스템의 메시지, 즉 시스템 플래그의 좋은 예이며, 이를 알아보고 고객이 자각하게 하는 여러 가지 방법이 있다.

기타 '시스템 플래그'

시스템에서 작동하는 기본 원칙과 질서력에 점점 더 익숙해지면서 고객이 말하는 것을 시스템 의미의 말로 '번역'할 수 있다. 고객이 시스템의 직접적인 언어를 사용하기 시작하는 때도 있다. 두 가지 예는 다음과 같다.

'전에도 여러 번 시도해 보았지만 바꿀 수 없는 것 같아요.'
  (시스템에 개인과 또는 팀의 영향을 넘어서는 숨겨진 역동성이 있나요?)
'내 머리로는 이걸 정리할 수 없을 것 같아요. 빠져나갈 길이 보이지 않는다고요.'
  (시스템 이슈에서 그것들이 어떻게 위치하는지 찾아볼까요?)
'이 이슈에서 내 발목을 잡는 것이 있나요?'
  (이 이슈는 숨겨진 신의, 얽힘이나 보이지 않는 시스템 역동성에 관한 것인가요?)
'우리 팀은 수년간 회사에서 일해왔고 생산 방법을 바꾸도록 설득하기 위해 고군분투하고 있습니다.'
  (이 시스템에서 고객은 일한 기간으로 표현된 시간 순서를 인정하나요?)
'가끔은 떠날 생각을 하기는 하지만…. 별로 그러고 싶진 않아요. 계속 있어야 하는 건가요? 아니면 떠나야 하는 건가요?'
  (무엇이 그들을 시스템에서 밀어내고 있을까요? 누구 또는 무엇에 신의할 수 있을까요? 또는 어떤 힘이 그들을 시스템 밖으로 튕겨 나가게 할까요?)

주로 어떤 의견의 마지막 시점이나 고객이 꼬리를 내리는 시점에 시스템 이슈에 대한 직접적인 언급을 들을 수 있다. 예를 들어 다음과 같은 말을 한다. '예, 여기에 모두 약간씩은 연관되어 있죠….' 또는 '네, … 하지만 마지막 최고 경영자는 거의 2년 전에 떠났는데 그와는 아무 상관이 없는 건가요?' 이것은 쉽게 접할 수 있는 친숙한 시스템 문제의 일반적인 예이다.

또 관계 시스템에 대해 더 분명히 언급하기 시작하면서 코칭 대화가 방향성을 가지게 되거나 개입할 수 있게 된다. 예를 들어, '우리는 팀 전략에 합류하지 않았어요….' 심지어 다음과 같이 명확하게 말한다. '이것으로 제 위치를 찾을 수 없을 것 같아요….'

컨스텔레이션은 시스템 인식이 증가하는 시점에서 코치의 개입으로, 광범위한 정보 필드를 포함하며 시스템에서 집단지성을 개방하고, 개인을 넘어서 새로운 정보와 통찰력 그리고 해결책을 찾는 데 사용된다.

유익 및 설정

이 접근 방식을 적용할 적절한 시기에 대해 생각할 수 있는 또 다른 방법은 다양한 설정에서 제공되는 유익을 고려하는 것이다.

주제 설정 agenda setting

개인을 넘어서 혁신적인 코칭 여정으로 이어지는 깊이와 폭을 가진 주제를 설정할 수 있도록 고객을 지원한다.

- 매핑은 강력한 코칭 주제를 표면화하는 데 도움이 된다. 이는 복잡성을 명확히 하고 단순화하며 고객의 가장 시급한 관심사와 성장 욕구를 연결해줌으로써 고객에게 활력을 불어넣는다.
- 코칭 주제를 새롭게 설정하거나 고칠 필요가 있을 때 컨스텔레이션의 첫 번째 부분인 매핑을 통해 개인적 어려움을 더 넓은 시스템적 맥락에서 볼 수 있게 되고 해당 시스템의 정보들이 표면화되기도 한다. 이는 코칭 주제와 과정을 풍부하게 만들고 컨스텔레이션의 구성요소들에 익숙해지는 효과적인 방법이다.

진단 diagnosing

고객이 문제를 진단하고 변화 또는 성장에 대한 저항의 원인을 진단할 수 있도록 도움:

- 고객이 상황이나 도전적인 관계 역동성에 대해 적절한 단어로 표현하려고 할 때, 컨스텔레이션은 숨겨진 정보와 역동성을 드러내는 데 도움이 된다.
- 컨스텔레이션은 깊이 숨겨진 이슈들을 신속하게 규명할 수 있으므로 개인, 팀과 전체 기업에서 신선한 자극으로 강력한 진단을 제공한다. 스토리는 건너뛰고 사실에 초점을 맞추고 문제의 핵심을 빠르게 파악하여 행동에 대한 비난이나 판단 없이 통찰력과 에너지 및 동기를 생성하므로 코치와 고객 모두에게 활력을 준다.

위치 설정 placemaking

고객이 시스템에서 자신의 위치를 찾을 수 있도록 지원:

- 누군가 또는 무엇인가가 배제되어 기억되어야 한다고 느낄 때는 시스템의 모든 것에 위치를 부여하는 것이 좋다. 시스템이 설정되고 코치는 시스템 관점에서 컨스텔레이션 한다.
- 컨스텔레이션은 사람들이 시스템에서 자신의 '올바른 위치'를 찾도록 지원하는 효과적인 방법이다 – 이는 대부분 '느낌'으로만 아는 추상적인 특성이다. 컨스텔레이션은 적절한 위치를 몸으로 경험하게 함으로써 이 위치에 대한 '느낀 감각'을 내면화하는 독특하고 강력한 방법을 제공한다.

인정 acknowledging

고객이 시스템과 자신에 대해 있는 그대로 직면하도록 지원:

- 조직 생활에서는 있는 그대로 인정하는 경우가 드물다. 컨스텔레이션은 전체 시스템을 있는 그대로 보고 직면할 수 있도록 돕는다. 전체 시스템에 섰을 때 드러나는 진실을 통해 구성요소들 사이의 더 나은 관계를 찾아내는 것은 자연스럽게 내적 변화를 일으키고 명확하고 지속적인 해결책을 끌어낸다.
- 컨스텔레이션과 시스템 코칭 언어는 리더들이 자신의 강점과 한계,

책임, 숨겨진 신의, 얽힘 등 자신의 진실에 직면할 수 있도록 돕기 위해 설계되었다. 이런 진정성과 일관성은 변화와 발전을 위한 새로운 에너지를 뿜어낸다.

관계 맺기 relating

고객이 관계에서의 어려움을 쉽게 다룰 수 있도록 지원:

- 고객이 이해할 수도 해결할 수도 없을 것 같은 까다로운 관계 이슈를 겪는 경우, 컨스텔레이션은 문제의 원인이 되는 숨겨진 역동성과 얽힘을 드러내는 방법을 제공한다.
- 이 접근법의 언어와 방법은 살려낼 방법이 없어 보이는 관계의 변화를 정중하게 촉진할 수 있는 잠재력이 있다.

의사소통 communicating

고객이 '어려운 대화'를 할 수 있도록 지원:

- 고객이 상대방에게 듣기 어려운 말을 해야 하면서도 존중하는 자세와 목소리를 유지하기 위한 도움이 필요할 때, 컨스텔레이션을 사용하면 상대방이 들을 수 있는 방식으로 대화를 시작할 수 있다.
- 컨스텔레이션은 시스템의 살아 있는 지도를 만들고 실제 관계 모델을 보여주기 때문에, 코치와 고객에게 오래되고 다루기 힘들어 보이

는 의사소통 패턴을 관통하는 새로운 방법을 제공한다.

탈퇴와 가입 leaving and joining

고객이 시스템을 탈퇴하고 가입할 수 있도록 지원:

- 고객이 한 시스템을 떠나 다른 시스템에 가입할 때, 컨스텔레이션은 첫 번째 시스템에서 받은 것을 내재화하고 두 번째 시스템에 제공할 것을 표면화하는 데 도움이 된다.
- 사람들이 시스템에 가입하고 탈퇴하는 방식은 조직 건강을 유지하는 데 중요하다. 시스템적 관점과 시스템 코칭 및 컨스텔레이션은 명확성과 교환의 정중한 균형을 도울 수 있다.

자원화 resourcing

고객이 시스템 내에서 개인적, 직업적 자원을 찾을 수 있도록 지원:

- 고객이 추가 자원이 필요하지만 획득 가능한 자원과 그 위치를 알 수 없는 경우, 컨스텔레이션을 통해 시스템 내에서 사용 가능한 자원의 위치를 볼 수 있다.
- 시스템이 커질수록 자원화가 필요하며, 컨스텔레이션은 리더십과 조직 건강의 흐름에 명확성과 활력을 가져다주어 프로세스를 통해 그 방법을 제공한다.

개발developing

고객의 개인적·전문적·리더십 개발 지원:

- 시스템 코칭, 매핑 및 컨스텔레이션은 관계나 팀 역동성 그리고 광범위한 조직 시스템과 관련된 이슈를 해결할 때만 유용한 것은 아니다. 개발에 대한 더 깊은 동기부여와 장애물을 바라보는 새로운 시각을 제공하므로 전문성 개발에 강력한 응용프로그램이다.
- 리더십, 피드백, 개발 목표 및 행동 변화에 관해 이야기하는 것과 이를 매핑하여 이들이 존재하는 무의식적 관계 시스템 내의 숨겨진 장애물과 자원을 조명하는 것은 중요한 차이가 있다. 시스템 코칭과 컨스텔레이션은 고객이 속한 더 광범위한 시스템의 맥락에서 깊은 개발 동기와 변화를 지원하는 방법을 제공한다.

해결resolving

고객이 제한된 역동성에서 벗어나도록 지원:

- 시스템과 고객이 정체된 경우, 컨스텔레이션을 통해 예상하지 못했던 방법으로 해결되거나 풀려나게 된다.
- 개인이나 팀이 변화에 대한 양면성 또는 저항을 보일 때, 컨스텔레이션을 통해 얻은 명확성과 에너지로 해결할 수 있다.

또 컨스텔레이션을 사용하면 코치와 고객의 이슈 해결방안을 신중하게 검토한 뒤 실제 상황에서 확인할 수 있다. 이 접근 방식은 개인이나 가족 시스템 이슈가 조직 시스템과 겹치는 때에도 매우 잘 적용되며, 혼란을 초래한 시스템과 얽힘을 드러내고 해결하는 데 도움이 될 수 있기 때문이다.

주의 사항

시스템 코칭과 컨스텔레이션의 사용이 적절하지 않은 상황도 있다는 점을 주목해야 한다. 상황은 다음과 같다.

- 확정되고 합의된 결과가 필요하며 완료를 위해 선택권도 없고 방해물도 없는 경우
- 일정에 맞춘 세부적인 실행계획
- 고객이 관여하지 않아 탐색을 허락하지 않은 시스템에서 관계 역동성을 탐색할 때
- 개인의 영향력이 시스템의 영향력보다 크다고 믿기 때문에 시스템 관점이나 개입이 유용할 것으로 고객이 생각하지 않을 때

컨스텔레이션 시기

2000년대 초부터 코치들과 조직 컨설턴트들은 대기업과 중소기업에서

리더십과 조직 생활의 흐름과 활력을 확립하는 데 도움을 주기 위해 시스템 코칭과 컨스텔레이션을 사용해왔다. 이제 여러 컨스텔레이션에서 일대일과 그룹으로 얻은 경험들을 통해 통찰해 볼 작업이 늘어나고 있다. 컨스텔레이션이 유익하다는 것은 이것을 적용했던 많은 상황과 시스템에서 증명되었으며, 명확성과 통찰력 그리고 문제 해결 외에도 더 많은 것을 제공한다.

> 이 접근 방식은 본질에서 포괄적이고 다른 작업 방식과 함께 적용되고 통합될 수 있으므로 광범위하게 사용하기 쉽다. 이것은 고객과 코치가 모든 것을 있는 그대로 포함하고, 보이고, 인정하도록 설정한다. 모든 것에는 위치가 있다.

'전체를 보는 것'과 '있는 그대로 인정하는 것'에 초점을 맞추면 높은 수준의 신뢰와 안전성이 생긴다. 코치와 고객은 이 방식으로 작업을 시작하기가 쉬웠다고 보고할 때가 많다. 모든 컨스텔레이션의 첫 단계인 시스템 매핑은 상대적으로 적은 지식이나 경험으로 가능하며, 이전에는 볼 수 없었던 연결성과 새로운 통찰을 보여주기 때문이다.

이를 통해 코칭에 대한 자신감이 생기고 이 접근법에 대한 학습이 발전할 수 있다. 숨겨진 장애물과 자원을 찾고 해결책으로 나아가기 위해 코칭 프로그램의 모든 부분에서 매핑과 전체 컨스텔레이션을 사용할 수 있으므로 임원과 팀 코칭에서 접목해서 적용할 수 있다고 느끼게 된다.

이 방법으로 코칭을 시작하면 시간이 지남에 따라 이상한 일이 발생하는 것처럼 보인다. 가만히 서 있는데 동시에 빠르게 진행되는 것처럼 보인다. 즉 관찰자에게 이 작업은 긴 침묵과 함께 매우 느리게 움직이며 별다른 일이 일어나지 않는 것처럼 보일 수 있다. 반면에, 고객들은 말로 표현이 안 되는 것과 깊게 닿아 있는 경우가 많다. 그들은 증상, 도전 또는 저항의 표면 아래에 숨어 있는 시간을 초월한 시스템의 근본적인 힘과 닿아 있다.

이 시간의 왜곡은 특정한 방식으로 매우 빠르고 동시에 깊게 작업할 수 있게 하여 이전에는 아마도 도달할 수 없고 해결할 수 없을 것 같았던 이슈와 의문들을 밝히고, 명확히 하고 또한 해결할 수 있게 한다. 시간을 초월한 본질적인 것과의 연결은 코치들이 이 접근법을 선호하는 이유 가운데 하나이다.

> 리더십, 팀 및 조직개발은 거대한 분야이며 지속해서 새로운 아이디어가 나오고 개발된다.
> 이러한 특성의 시스템적 코칭이 자리를 잡는 이유 가운데 하나는, 거의 개입하지 않고도 인간관계 시스템에 대한 일종의 시대를 초월한 지혜에 접근할 수 있게 해주기 때문이다.
> 여기에 더하여 사회는 점점 더 좌·우, 좋고·나쁜, 사회적·정치적 프레임을 유지하는 쪽으로 움직이고 있다. 지금이 바로 시스템 코칭과 시스템 개입의 시기이다.

3부

실행

08
지도 작성

> 지도는 커뮤니케이션의 가장 오래된 형태 가운데 하나이다.
> 지도 작성은 문자보다 먼저 시작되었다.
> – 오카다okada

시작하기

대부분 코치나 그룹 또는 팀과 함께 많은 시간을 작업하는 사람들은 일대일 코칭을 배우고 연습함으로써 이 접근 방식을 활용하는 기술을 이해하고 개발한다. 어떤 사람들은 워크숍으로 작업하기가 더 쉽다고 생각하지만, 퍼실리테이터의 역할이 다른 그룹 활동과 매우 다르므로 일반적이지 않다. 이 책은 두 가지 방법을 모두 다루지만 일대일 코칭을 출발점으로 삼는다.

컨스텔레이션의 첫 번째 단계인 매핑은 컨스텔레이션에 대한 포괄적인 지식이나 오랜 경험 없이도 수행할 수 있다. 퍼실리테이터가 명확한 경계선을 제공할수록 매핑은 그 자체로 매우 유용한 독립적 개입이 될 수 있다. '있는 그대로 매핑'하고 이것을 보기로 동의한 다음, 일단 처음 설정한 이것이 전부라고 명명하거나, 시간 제한을 두고 작업함으로써 고객과 코치 모두가 안전감을 느끼며 작업할 수 있게 된다. 이처럼 경계 설정을 명확하게 하는 것은 고객을 풀어주어, 서로 동의한 경계선 안에서 도전적 이슈를 새롭게 살펴볼 수 있을 만큼 안전하다고 느낄 수 있게 한다.

작업 허락받기

시스템 관점과 개입이 문제를 해결할 수 있다고 생각하면 새로운 방식으로 그 이슈를 바라볼 것을 요청할 수 있다. 이는 이 작업에 대해 '시스템적 컨스텔레이션' 또는 어떤 다른 명칭을 사용하기보다 고객의 이슈나 질문을 '다른 방식으로' 살펴보도록 초대하는 것이다. '컨스텔레이션'이라는 이름을 지정하지 않음으로써 고객에게 기대감을 주며, 자신들의 이슈에 대해 더 높은 수준의 질문을 하게 된다. 단 몇 마디로, 오래되었거나 다루기 어려운 문제들을 새로운 시각으로 바라보도록 초대하게 된다.

  예를 들어, 고객이 도전적이고 매우 난처한 문제에 직면했을 때 다음과 같이 간단히 말할 수 있다. '당신이 이 문제를 해결하기 위해 정말 고군분투한다는 말을 들었습니다. 다른 방식으로 이 문제를 바라보시겠습니까?' 또는 '우리가 이 문제를 다소 다른 방식으로 바라본다면 어떨까요? 말보다는 관계 패턴을 자세히 알아보는 방식입니다.' 또는 '이것의 내적 그림 inner picture을 탐색하고 새로운 방식으로 바라보는 것은 어떨까요?'

대부분 고객은 새로운 방식을 모색하는 데 동의하고 다음 단계로 진행하기를 원한다. 때때로 그들은 이미 많은 다른 방식을 사용해 보았다고 말하며 해결할 수 없는 이유를 설명할 것이다. 다시 말하지만, 다른 방식으로 보는 것을 제안하고 그들이 자신의 익숙한 생각에서 빠져나와 이전에 탐구하지 않았던 것들을 찾는 또 다른 방법으로 그들을 초대할 것이다.

시스템 건강에 접근하는 방식에서 중요한 작업 허락 방식은 함께 작업 중인 사람이 시스템에 접속할 권한이 있는지다. 여기서 말하는 권한은 컨스텔레이션 이후에 어떤 행동을 위한 역할과 책임이다. 만약 고객에게 그런 역할과 책임이 없다면 단지 호기심을 해결하거나 상대방에 대한 좌절감에서 벗어나려는 것일 수 있다. 이런 상황이라면 상사에 대해 작업하기보다는 상사와의 관계를 조명하고 명확히 하는 컨스텔레이션을 제공하는 것이 더 낫다.

자신이 감지한 질문과는 별개로 작업 권한을 확인하는 방법 가운데 하나는 고객에게 잠시 '시스템 안으로 들어가서' 이 문제를 조사할 권한이 있는지 생각해보도록 요청하는 것이다. 이것은 소매틱somatic 정보와 시스템 역동성에 대한 민감도를 개선할 뿐만 아니라, 일반적으로 실제 문제와 더 깊이 접촉하고 권한 수준에 대한 명확성을 생성한다. 존중감이 생겨나고 더 깊은 수준의 작업이 가능해진다.

첫 단계로 이동

첫 번째 단계인 매핑은 고객에게 비교적 쉬운 컨스텔레이션의 진입 방법을 제공할 뿐만 아니라, 시스템에 대한 학습 초기 단계에 있고 자신이 배운 범위 안에서 작업할 수밖에 없는 코치들에게도 제공한다. 고객과의 작업 범위를 제한하면 고객의 참조 시스템에 들어갔다가 적절한 시간에 다시 나올 수 있을 만큼 충분히 안전하게 개방하는 데 도움이 된다.

매핑 프로세스는 '인터뷰', '매핑' 및 '종결closure' 단계로 나누어지지만, 실제로는 자연스럽게 이어진다. 첫 번째 단계인 '인터뷰'는 단지 별다른 질문이 아닌 것처럼 느껴질 수도 있지만, 고객을 시스템 범위 내의 관점으로 초대하여 문제에 대한 더 전반적인 관점을 '알아차리게knowing' 하는 것이다.

'인터뷰'

학습 여정의 초기 단계라면 이 과정에서 세 가지 질문만 하면 된다.

1. 문제를 짧게 한 문장으로 말해본다면 무엇일까요?

이것은 사람들이 스토리, 판단 및 집착에서 벗어날 수 있도록 도와준다. 문제를 '짧은 한 문장'으로 표현함으로써 핵심을 파악하고 싶다고 강조할 수 있다. 또 고객에게 익숙한 스토리가 되풀이된다고 생각될 때 사용 중인 단어의 양을 줄이도록 요청할 수 있는 권한을 만든다.

다음 질문은 해결 중심solution-orientated 자리로 고객과 코치를 이동시켜, 고객이 해결된 상태의 그림을 그리게 한다(예: 편하게 앉아서 숨을 들이쉬고 내쉬고, 기타 등).

2. 이 문제가 해결된다면 어떤 변화가 생길까?

이 질문에 대한 대답은 '느낌feel'을 표현하는 경우가 많은데, '내 일을 훨씬 더 잘 할 수 있을 것 같다', '자유롭고 활기차다', '명확하고 힘이 있으며 안전하게 역할을 할 것이다'와 같은 말이다. 예를 들어 '이 문제가 해결되면 어떤 기분이 들까요?'와 같이 느낌을 포함하는 질문을 할 수도 있다.

이 질문의 목적은 여정이 아니라 목적지에 서로 동의하는 것이다. 이것은 마지막에 있는 컨스텔레이션의 유용성을 테스트하기 위한 닻anchor을 제공한다.

이 단계에 이르러 고객은 이미 맛보기로 해결책의 가능성을 느끼고 방법을 찾는 데 몰두하게 된다. 그러나 많은 코칭 접근 방식과 달리 목표를 설정하거나 해결책에 대한 경로를 시각화하지는 않는다. 단지 있는 그대로 인정하는 것에서 시작한다.

3. 어떤 문제의 지도를 만들 때 공유해야 할 가장 중요한 요소는 무엇인가?

이것은 고객의 문제와 관련된 핵심 요소(대부분 사람)를 나열하는 초대장이다. 자기 자신부터 시작하도록 초대할 수도 있다. 즉 '당신이 있고, 또 누가 또는 무엇이 있죠?'. 또는 문제와 관련된 가장 중요한 요소 3~4개를 나열하도록 초대할 수 있다. 다음과 같이 말하면 된다. '상사, 팀 목표 및 주요 고객이 있나요?'. 특정 인물과 '목적'처럼 추상적인 것과 사람이 섞여 있는 것이 대부분이며, 요소들 사이에 유용한 관계 지도를 설정할 수 있다. 어떤 경우든 이제 자신을 포함하도록 초대할 수 있으며, 정보 자체의 일부가 될 수 있으므로 그 영향을 알 수 있게 된다. 이상적으로 3~4개 정도의 가장 중요한 요소에 동의하고 나면, 필요에 따라 나중에 추가할 수 있으므로 매핑을 시작할 준비가 된 것이다.

'매핑'

시스템 탐색으로 유용한 맵을 구성하려면 먼저 경계를 설정해야 한다. 경계를 설정하고 고객이나 고객의 이슈에 대한 대리인을 함께 선택할 수 있다. 먼저 '이 테이블이 회사 전체를 나타내고 이 종이가 리더십 팀이라면 어떨까요?'와 같은 말로 시작한다.

다음으로 고객이 느끼는 상대적 크기와 위치를 확인한다. 그리고 다음과 같이 계속 진행한다. '자, 이제 직접 대리인을 선택하고 지도에서 이것이 자신에게 어떤 의미인지 내적 감각에 따라 위치를 찾으세요, 이 지도에서 있는 그대로 여러분의 내적 그림에 따라 맞는다고 느껴지는 위치를 찾으세요. 원하거나 더 나아지기를 바라는 위치가 아니에요.' 고객이 시스템 경계 내에서 자신의 위치를 찾기 위해 고군분투하는 경우에는(정보 자체도 포함) 처음부터 두 개의 대리인을 동시에 설정하도록 초대할 수도 있다. 예: '자기 self' 및 '팀 목적 team purpose'

이 간단한 초대로 고객은 강력하고 효과적인 시스템 맵 system map 을 빠르게 만들고 문제의 핵심, 경험, 진실에 대해 느끼게 된다. 이러한 작업 방식을 처음 접하는 고객에게 강조해야 할 두 가지 사항은 방향과 거리이다.

각 대리물이 어떤 방식으로 주의가 끌리는지에 따라 방향을 표시하도록 한다. 사용 가능한 모든 컨스텔레이션 스톤, 블록 및 '칩'(사진 및 부록 참조)을 사용하여 주의가 끌리는 방향을 화살표나 점으로 표시한다. 포스트잇이나 물병, 컵과 같은 '주변 물건'으로 대리물을 사용하는 경우에 방향을 확실히 정해야 한다. 예를 들어, 컵의 손잡이나 포스트잇의 화살표는 방향을 나타내는 매우 효과적인 방법이다.

거리에 대해서 다음과 같이 고객에게 안내한다. '각 대리물이 서로 얼마나 가깝거나 멀리 떨어져 있는지를 확인하십시오. 달라지기를 바라지 않고 그냥 알아차리는 것입니다.'

방향과 거리에 집중하면서 첫 이미지를 설정하고 나면 문제에 더 깊게 접촉할 수 있게 된다. 고객에게 다음과 같이 질문하여 세부사항을 확인하는 것이 좋다. '이 관계 맵relationship map의 위치에서 보면 재무 담당자를 직접 보고 있는 것 같은데, 맞습니까?' 또는 그들이 가까이 있는 대리물 너머를 바라보고 있는 것처럼 보일 때, '이것은 다른 것에 관심이 있다는 것을 나타냅니까?'

> 자신을 단지 '코치'가 아닌 퍼실리테이터로 생각하라. 이 방법론methodology은 코치로서뿐 아니라 다른 작업도 수행할 것을 요구한다. 사실, 가끔은 코칭하는 것을 자제해야 한다.

일반적으로 작은 것부터 시작하는 것이 가장 좋다. 예를 들어, 간단하게 다른 요소와 관련된 시스템에서 고객의 위치로 시작한다. 누군가 팀에 관해 이야기한다면 적어도 이 단계에서 팀 전체를 대표할 대리물 하나를 선택하게 한다. 이렇게 하면 작업에 집중할 수 있게 되고 코치와 고객 모두 문제나 질문에 대한 핵심에 접근할 수 있게 된다. 나중에 더 세분화할 수도 있다.

어느 단계에서든 코치는 '지금 어떤 느낌인가요?'라고 질문하여 자신에게 진실하게 느끼는 대로 반응하고 있는지 확인할 수 있다. 이 질문은 일반적으로 긍정적인 반응과 더 많은 정보를 끌어낸다. 다음과 같이 하면 더 많은 것을 확인할 수도 있다: '좋아요, 여기서 다른 중요한 것은 무엇이 있나요? 이 단계에 포함되어야 하는 것 또는 사람이 있나요?'

이 작업의 핵심 원칙 가운데 하나로 모든 것에 위치가 있다는 것이 명확히 드러나는 것은 고객이나 더 넓은 참조 시스템에서 배제된 누군가 또는 무엇이 나타나는 시점이다: '아, 네, 방금 기억났어요. 거기에….'

이런 작업 방식은 천천히 하면 잘 진행된다. 예를 들어, 위의 전체 과정은 맵을 설정할 때 자연스럽게 발생하는 모든 반영, 새로운 정보, 조정 및 통찰력과 함께 5분에서 30분 정도 걸린다.

대부분의 매핑은 여기까지 진행한다. 이 단계는 코칭 관계와 프로세스에서 새로운 정보를 처리하고 탐색하며 새로운 관점과 통찰력을 충분히 드러낼 수 있다. 이는 초기 매핑 연습에 불과하므로 충분한 관찰과 통찰이 일어났다고 생각되면 코치와 고객이 아직 준비되지 않은 영역으로는 들어가지 않도록 매핑을 끝내야 한다. 그러나 새로운 관점에서 코칭을 하면서 새로운 정보가 있으면 새로운 해결책을 위해 평소에 선호하는 작업 방식으로 되돌아가는 경우가 많다. 매핑은 끝도 아니고 시작도 아니다.

종결

이 첫 번째 부분, 즉 이 초기 매핑을 마무리하는 방법은 '이 이슈에 대해 이렇게 보고 나니 어떤 새로운 정보나 통찰이 생겼는가?'를 묻는 것이다. 또 할 수 있다면 고객을 일어나게 하여 스스로 작업한 테이블 주변을 천천히 걸으면서 맵에서 또 다른 관점을 얻도록 초대하는 것이다. 이렇게 간단하게 물어볼 수 있다: '이것을 볼 때 어떤 것을 알아차리게 되었나요?'

또 경계와 이름을 정할 수도 있다. 예를 들어, '우리는 이 문제를 더는 깊이 생각하지 않기로 했었죠?(또는 '매핑을 10분 동안 해 보기로 합의했었죠?') 이제 마무리하고 우리가 알아차린 내용에 대해 서로 나누는 시간을 가져도 괜찮을까요?'

이처럼 '생각의 자리 head space'로 이동한다. 고객은 방금 만든 맵을 합리적으로 이해하기 시작하며 코치는 다음 프로세스를 진행할 수 있게 된다. 이런 '감각 이해하기'는 특히 관계 시스템에 대한 자기 내면의 그림을 조명하거나 자신의 문제에 대한 '느낀 감각 felt sense'을 잘 믿지 못하는 고객과 함께 작업할 때 반드시 포함해야 하는 부분이다.

'있는 그대로' 매핑하는 것은 고객이 단순한 '스토리'를 말할 때보다 훨씬 더 핵심적이고 활기찬 코칭 주제를 만들어낸다. 매핑은 코칭 프로세스와의 관계에서 초기에 수행하는 것이 유용하다.

때에 따라 고객은 시스템의 더 깊은 힘과 이미 접촉하고 있고 계속해야 한다는 생각에 끌리기 때문에 매핑을 종료하기 어려워할 수도 있다. 코치도 마찬가지다. 이러한 상황에서 종료하려면 조금 긴 대체 경로를 거쳐야 할 수도 있다. 너무 빠르거나 너무 늦으면 효과가 약해질 수 있으므로 종료는 민감하게 이루어져야 한다.

마무리가 어려운 상황에서는 고객에게 대리물 가운데 하나를 '더 나은 위치'로 옮기도록 요청한다. 예를 들어, 이렇게 말하면 된다: '우리는 이 모습 그대로 마무리하기로 합의했지만, 나는 당신이 조금 더 나아가고 싶어 한다는 것이 느껴져요. 그대로 이 맵에서 대리물 가운데 하나를 선택하여 어디로 움직이면 더 나은 해결의 첫걸음으로 느껴질지 이동해 보세요….' 이러한 종류의 초대는 고객이 더 안정된 시스템으로 나아가기 위해 무엇을 해야 할지 결정하는 명확성과 통찰력을 낳는 경우가 많다. 그들이 결정하거나 행동하는 모든 것은 변화를 만들며, 다시 코칭이나 프로세스로 돌아갈 수 있게 한다.

특히 초기 이미지가 복잡하거나 고착되어 있다면 잠시 멈추고 핵심 질문을 다시 검토하도록 하는 것도 유용하다. 여기에 해당하는 질문은 '이게 답이라면 질문은 무엇입니까?'라고 묻는 것이다.

> 매핑을 진행하면서 적절한 시기에 선호하는 코칭 대화 스타일로 돌아가 매핑으로 드러난 정보와 통찰력을 사용할 수 있다. 그런 다음 필요하다고 생각되면 고객을 다시 매핑으로 초대한다.

매핑은 더 완전한 컨스텔레이션으로 발전할 수 있지만, 프로세스를 정중하게 종료하고 익숙한 코칭으로 돌아갈 수 있다는 것을 안다면 컨스텔레이터로서의 범위와 기술을 더 많이 개발할 수 있다.

매핑에서 컨스텔레이션까지

컨스텔레이션을 하려면 네 가지를 이해해야 한다. 첫째, 적절한 개입이 언제 이루어져야 하는지 알아야 한다. 앞에서 시스템 메시지에 대한 귀가 이미 열리고 있음을 탐색했다. 둘째, 시스템을 이끄는 '질서력ordering forces'을 이해해야 한다. 셋째, 컨스텔레이션 퍼실리테이터의 자세를 발전시켜야 한다; 그 힘을 조율하고 작업할 수 있도록 하는 것이다. 마지막으로, 컨스텔레이션에서 나타나는 역동을 조명하고, 명확히 하고, 분리하는 데 필요한 프로세스에 대해 배워야 한다. 이들 각각을 학습하고 이해하며 연습하여 효과적으로 결합하여 사용해야 한다.

경계선에 관한 기술을 발전시키면서 컨스텔레이션의 첫 번째 단계인 매핑을 실습한 뒤에는 더 실질적인 작업으로 이동할 준비가 된 느낌이 들 것이다. 개입을 통해 무의식적인 관계 패턴을 보여주고 명확하게 할 뿐 아니라, 더 넓은 시스템이 가진 집단지성을 드러나게 할 것이다. 여기까지 진행했다면 핵심 프로세스에 대해 알고 싶을 것이다. 고객이 시스템 내의 역동성 관계를 보고 이해한 다음 해결 방향으로 나아갈 수 있도록 지원하는 것이다. 드러난 것에 대해 말하는 동안 초기에 작업한 매핑의 물리적인 요소들을 제자리에 둔다면, 나중에 자연스럽게 다시 돌아와 같은 세션의 더 완전한 컨스텔레이션으로 이어질 기회를 제공한다.

매핑과 컨스텔레이션의 중요한 차이는 컨스텔레이션에서 나타난 숨겨진 역동성이 명명되고, 조명되고, 얽힘에서 분리된다는 것이다. 또 적절하고 필요한 경우 해결 방법을 보여주는 그림이 발견된다. 그러나 코칭이나 조직적 맥락에서 개인 또는 가족 컨스텔레이션 작업을 할 때처럼 '해결책 그림'으로 이동하는 것은 적절하지 않거나 불필요한 경우가 많다. 이것은 중요한 차이점이며 이 작업에서 자유를 느끼는 핵심적 이유가 된다. 어려운 문제에 대한 해결책을 찾아야 한다는 부담감에서 벗어나면 큰 성과를 거두게 되며, 예상치 못한 해결 방법이 지금까지 생각하지 못했던 방식으로 나타난다.

이 단계에서는 컨스텔레이션의 '옳은' 방법이 없으며 완전한 해결책을 얻을 필요가 없다는 것을 기억하라. 핵심 프로세스에 대한 원칙, 입장 및 지식을 결합하기에는 충분할 것이다. 지금까지 컨스텔레이션을 정중하게 끝내는 방법을 배웠다. 만약 충분히 인정하고 편안해졌다면 이제 선호하는 코칭 접근 방식 또는 방법론으로 돌아가면 된다.

핵심 프로세스

새롭게 나타난 역동을 작업하기 위해서는 두 가지 핵심 프로세스가 필요하다.

1. 움직임movement
2. 진술sentences

시스템의 숨겨진 역동성과 지능을 조명하고 작업하는 데 필요한 두 가지 핵심 역할과 적용에 대해 살펴보기로 한다.

움직임

각 대리물의 위치를 조정하는 것과 대리물의 방향은 숨겨진 정보를 드러내고 '올바른 위치right place'를 찾을 수 있도록 하므로 컨스텔레이션에서 특별한 의미가 있다.

따라서 우리가 이미 살펴본 바와 같이, 대리물이 컨스텔레이션에서 어떤 방향을 '보고 있는지'를 확인하는 것이 중요하다.

고객이 각 대리물을 배치할 때가 이 작업의 가장 효과적인 순간이다. 예를 들면: '이 맵에서 대리물이 어떤 방향을 향하고 있나요?' 또는 '당신이 거기 서 있다면 어느 쪽으로 주의가 끌리나요?' 또는 '당신이 그 자리에 서 있다고 상상하면, 어느 쪽을 바라보고 있나요?' 이러한 종류의 질문들은 방향에 대한 명확성을 얻을 수 있고 또한 컨스텔레이션을 관찰하면서 그 '안에' 있는 체화된 경험을 시작할 수 있다.

테이블 컨스텔레이션을 위해 설계된 물체를 사용하는 경우 '얼굴' 방향이 이미 표시되어 있다. 그러나 커피잔, 물병 및 종잇조각과 같은 '주변에서 찾은 물건'으로 시작할 때도 많다. 이 접근 방식은 고객의 저항 가능성을 최소로 유지하고 돌로 만들어진 특별한 대리물을 사용할 때 일부 사람들의 주의가 흩어지는 걸 줄여준다.

일단 방향이 정해지면 코치와 고객은 컨스텔레이션에서 움직임을 통해 나타나는 통찰에 맞춰 대리인을 움직일 수 있다. 컨스텔레이션에서 대리물로 이동할 때 기억해야 할 몇 가지 사항이 있다.

- 이슈와 위치에 대해 항상 '생각'이 아닌 내재된 감각에서 오는 것인지

확인하기 위해 천천히 움직인다.
- 고객이 대리인 가운데 한 명을 이동시키고 싶을 때는 먼저 이유를 말하고 움직임을 촉진하면 의도가 명확해진다.
- 진술(다음 장 참조)이 더 나은지 또는 움직임에 앞서 할 것인지 결정한다. 이것은 움직임의 근본적인 동기를 드러낸다. 예를 들어, 다음과 같이 고객의 깊은 내면의 움직임을 지원할 수 있다: 단순히 대리물을 상사에게서 멀리 옮겨놓기보다는 '당신이 상사입니다. 나는 물러섭니다'라고 말한다.
- 움직임은 무작위로 또는 아무렇게나 이루어지는 것이 아니라 자연 질서와 균형을 잡고 재조정하기 위한 것이라는 점을 기억하라. 다른 예들은 배제된 사람을 데려오는 것이다; 다른 사람에게 대리물을 가까이 가져와서 인정을 받게 한다; 팀의 사람들을 더 나은 순서로 재배치한다; 또는 다른 옵션이나 가능성을 테스트한다.
- 컨스텔레이션에서 서로 다른 상대적 위치를 탐색할 때 한 가지 중요한 질문이 있다: '이것이 더 좋을까요, 같거나 더 나쁠까요?' 약해지는 것이 아니라 강화하는 것을 찾고 있으므로, 이 간단한 질문은 가장 좋은 위치를 찾는 데 도움이 될 것이다.
- 모든 매핑 연습과 컨스텔레이션의 마지막 움직임은 프로세스가 종료되고 조각을 치울 때 나타난다. 조각에서 나타난 것과 그림이 의미하는 바를 존중하며 작업을 수행하는 것은 고객에게 큰 영향을 준다. 고객에게 컨스텔레이션 조각을 가방으로 천천히 집어넣거나 포스트잇 노트를 적절하다고 생각하는 순서대로 나누어 모을 기회를 제공하는 것은 작업을 내재화하고 통합하는 방식에 상당한 차이를 가져올 수 있다.

> 항상 어디로 가는지 살펴봐야 해.
> 그렇지 않으면 빠져나온 숲에 실수로 다시 들어갈 수도 있어.
> 『푸우의 작은 설명서Pooh's Little Instruction Book』 - AA 밀른Milne

진술 - 시스템의 언어

6장에서 우리는 시스템의 보편적 언어를 살펴보았다. 들으면 모두 알지만, 말하는 방법을 대부분 잊어버린 언어이다. 이 접근 방식의 특별한 측면(시스템적 문장)은 우리와 시스템에 목소리를 부여한다. 짧은 문장 사용은 컨스텔레이션 방법론의 중요한 부분을 형성하며, 시스템적 코칭에서 강력하고 지속적인 효과를 가져온다.

나중에 볼 수 있지만, '컨스텔레이션을 하지 않고' 할 수 있는 많은 일이 있다. 시스템적으로 조율된 귀로 듣고, 짧은 형태의 '진실의 문장'을 제공하는 것만으로 숨겨진 역동성을 인정하고 조명하고 해결하는 것이다. 이것은 아마도 이 접근 방식에서 숙달하기 가장 어려우며 강력한 측면의 하나이다.

이러한 짧은 문구 또는 '문장'의 목적은 다음과 같다.

- 몸, 감정, 마음을 더 깊게 통합하는 새로운 의사소통 방법을 제공한다.
- 더 크고 덜 얽힌 그림이 드러나도록 숨겨진 역동성을 조명하고 얽힘을 푼다.
- 시스템을 '있는 그대로'와 근본적인 진실을 연결하고 설명한다.
- 시스템이 긴장을 풀 수 있도록 이름을 명명하여 모든 것에 존중받는 위치를 제공한다.

- 시스템적 코칭의 더 큰 목적인 책임감과 죄책감의 근원을 찾기 위한 것이다.
- 다양한 해결책의 영향을 테스트하여 실제적이고 지속적인 해결 장면을 향해 움직인다.
- 조직 원리에 시스템을 정렬한다.
- 비난, 고통, 용서를 재구성하고 더 깊은 것과 연결한다.
- 잘못 분리된 것을 결합하고 잘못 결합한 것을 분리하여 각자의 책임과 힘에 설 수 있게 하는 것이다.

문장을 제공하는 방법

예를 들어 통찰력, 숨겨진 신의 또는 강력한 느낌 등 고객에게 무엇인가 떠오르고 있음을 느낀다면 그때가 문장을 제공하거나 초대하기에 적절한 시기이다. 처음이거나 고객이 이러한 작업 방식에 익숙해질 때까지 문장을 제공할 때 매우 주의해서 제공해야 한다. 예를 들면 다음과 같다.

- '제가 여기에서 무슨 일이 일어나고 있는지 알아내기 위해 몇 가지 단어를 제시할 것입니다. 괜찮으시죠?'
- '큰 소리로 말해도 좋고 조용히 말해도 좋아요. 자신에게 말해보도록 할 거예요.
- '이 문장들이 어떤 영향을 미치는지 보려고요. 괜찮으시죠? 한번 말해 보세요….'
- '마치 OOO라고 말하는 것처럼 들리네요.'
- '문장은 마치 말풍선이라고 생각하면 되고요. 테스트하고 시험해 보

고, 맞는다는 생각이 들 때까지 바꾸면 됩니다.'

> 시스템에는 부족국가인 초기 인류의 시작부터 지금까지 이어지는
> 체화된 보편적 언어가 있다.
> – 마티아스 바르가 폰 키베드 Matthias Varga von Kibéd

또 다른 방법은 고객이 자신의 문장을 말하도록 하는 것이다. 하고 싶은 말이 있는지 물어보면 된다. 그렇지만 그렇게 하면 머리와 스토리로 되돌아갈 위험이 있다. '지금 느낌을 짧게 한 문장으로 표현해 주시겠어요?'라고 하면 더 정확하고 유용한 응답을 얻을 수 있다.

문맥과 상관없이 이 문장은 짧고 단순해야 하며 억양이나 강조가 없어야 한다. '있는 그대로' 이름 붙일 때의 영향을 존중하며 바른 판단을 하겠다는 마음 없이 제공되어야 한다. 문장은 또한 고객이 자신의 감정, 요청 및 행동에 책임진다는 것을 전제하므로 비난 없이 진정한 명확성과 함께 분리할 수 있게 지원해야 한다.

> 단순한 진실은 산소와 같다. 그것으로 우리는 살아나고
> 그것이 없이는 우리의 스토리에 질식한다.
> – 존 L 페인 John L Payne

실습을 발전시켜 갈 때 자신이나 고객이 긴 문장을 사용하더라도 걱정하지 말고 천천히 정중하게 진행하면 된다. 이런 특별한 언어는 시간이 지남에 따라 발전하며 이 접근 방식을 처음 접하는 코치들은 언어들이 지시적으로 들릴지 모른다는 우려로 인해 어려움을 겪기도 한다. 이것은 언

어들이 코치의 의견이라는 가정 때문이다. 그러나 꼭 그런 것은 아니고, 시스템 조직력으로 재정렬하려는 시도이다. 코치는 공명을 점검하기 위해 존중하는 테스트와 '리트머스 시험지'를 제공하는 경험을 한다. 문장은 코치가 아니라 시스템의 목소리다. 코치가 개인적인 의견이나 애착 없이 문장을 제공할 때 시스템의 권위에 굴복한다.

문장에 대한 응답
시스템 코치가 문장을 제시하면 고객은 일반적으로 4가지 반응을 보인다.

- 100% 정확하고 사실이라고 느껴져서 고객이 기꺼이 말하거나
- 100% 정확하지만 '너무 사실'이라서 고객이 말하기에는 너무 어렵고 고통스러워 하거나
- 그래서 말문을 닫지만, 고객이 정확한 문장을 만들기 위해 조정하거나
- 완전히 틀렸을 경우 고객이 대체로 대안을 제시한다.

네 가지 모두 '좋은' 응답이며 조명하고 illuminating, 명확히 하고 해결하는 데 유용하다. 제시된 문장이 완전히 '잘못' 되었을 경우 마지막 문장이 가장 풍부한 정보와 정확성을 제공하는 경우가 많은데, '옳은' 문장과 구절이 기꺼이 제공되기 때문이다. 따라서 문장을 첨부하지 말고 거부하거나 개선할 수 있도록 제공하라.

문장을 제공할 때
실습과 학습이 통합될 때 문장을 유용하게 사용할 수 있게 된다. 시스템

지향적인 자세로 내적 전환이 이루어질 때 흐름이 시작되며, 진실을 인정하는 말을 할 수 있게 되고, 얽힘을 밝히고 해결하고, 솔루션을 체화하는 데 사용할 수 있게 된다.

문장을 문서화하는 것이 어려운 이유는 작업할 때 나타나는 시스템 역동성과 얽힘을 경험하면서 이러한 문장이 발현되기 때문이다. 이런 이유가 있어서 본문에 나오는 예문은 단순히 예문일 뿐이다.

다음으로, 단순히 있는 그대로를 인정하기 위해 제공할 수 있는 문장과 더 명확하게 문제의 초점을 맞추기 위해 강도를 높이는 다른 문장이 있다. 또 다른 예에서는 가능성을 열고 판단과 저항을 해소하는 문장이 있다. 이런 방식으로 작업을 수행하다 보면 받아들이는 것이 강한 것이라는 것을 느끼기 시작할 것이다.

> 많은 개인, 리더, 팀은 회사를 유지하면서 많은 에너지를 소비하며 현재 상황을 실제로 인정하기를 거부하거나 저항한다. 그러나 저항하는 대신 받아들이는 방법을 알게 되면, 시스템이 전반적으로 안정되고 근본적인 변화를 가져오게 된다.

다음은 이해와 범위가 커질 때 발견할 수 있는 내용을 감각으로 발현하는 '공명 문장resonant sentences'이다. 이 문장들은 대략 범주를 나누어 볼 수 있지만 겹치거나 서로 연결되기 때문에 완전히 명확하게 나누기는 어렵다.

있는 그대로 인정하기; 진실을 언어화하기; 어려움을 표현하는 짧은 문장:

- '나는 그것이 어떻게 여기에 있는지 보기 시작했습니다.'
- '어렵습니다.'

- '이것은 우리 둘 다에 어려운 일이라는 것을 알 수 있습니다.'
- '이곳에서는 내가 이끌 권한이 없습니다.'
- '이곳에서 팀에 대한 내 영향력은 제한적입니다.'
- '옴짝달싹할 수 없습니다.'

이슈에 대해 의견을 제시하려면:

- 컨스텔레이션에 PLACE 문제가 나타날 때 : '위치에 대한 권한을 인정하지 않고 있습니다.'
- 컨스텔레이션에 TIME 문제가 나타날 때: '당신이 나보다 먼저 여기에 있었으므로 더 큰 비중을 가지고 있고 나는 그것을 인정하지 않고 있습니다.'
- 컨스텔레이션에서 EXCHANGE 문제가 나타날 때: '너무 많이 받아서 나는 당신이 절대 줄 수 없는 것을 찾고 있습니다.'
- 컨스텔레이션에서 있는 그대로 실제로 보는 것에 대한 저항이 나타날 때: '나는 보는 것을 거부하고 있습니다.'
- 컨스텔레이션에서 가능하거나 실제적인 판단이 나타날 때 : '나는 아무도 모르게 당신을 판단하고 있습니다.'

얽힘을 더 명확하게 밝히려면:

- 제외된 요소가 발견될 때 : '우리는 당신을 잊을 수 있는 것처럼 행동했습니다.'

- 그리고 그 결과로 발생한 행동이나 어려움을 인정하면서: '우리는 당신을 기억할 방법을 찾았습니다.'

기억할 점:

이 특별한 문장 형식은 무언의 진실이 목소리를 가지도록 설계되었으며 이슈와 관련 없는 중립적인 대리인이 참여할 때만 컨스텔레이션에서 사용된다. 따라서 대리물 또는 바닥 마커를 사용하는 일대일 코칭 컨스텔레이션에서 필수적인 부분이다. 또 이슈 보유자와 관련 없는 다른 참가자가 대리인으로 참여하는 워크숍에서도 사용된다. 이 문장들은 이슈를 가진 실제의 사람들에게 말하도록 설계되지 않았다. 컨스텔레이션에서 문장은 고객에게 체화된 변화를 만들어내고 실제 상황에서 다른 존중하는 언어를 찾을 수 있게 한다.

시스템 역동성이나 얽힘의 해결을 위해 이동을 시작하려면:

- PLACE 이슈가 해결될 때:
  - '이 시스템에 대한 당신의 기여는 중요했습니다. 감사합니다.'
  - '당신의 기여 덕분에 당신 역시 이곳에 위치합니다….'
- TIME 이슈가 해결될 때:
  - '당신의 기여 덕분에 나중에 합류할 수 있었습니다.'
- EXCHANGE 이슈가 해결될 때:
  - '당신이 준 것에 감사합니다. 나머지는 내가 하겠습니다.'

- '당신은 단지 내 고용주였습니다. 내가 당신에게 준 것은 당신이 가져도 되고, 내가 배운 것은 내가 가지겠습니다. 감사합니다.'
- 보는 것에 대한 저항이 누그러질 때:
  - '나는 이제 보기 시작했습니다.'
- 제외된 요소가 다시 포함될 때:
  - '우리는 당신이 보고 싶었습니다.'
  - '우리는 당신이 기여한 것을 기억합니다.'
- 누군가에 관한 판단이 완화될 때:
  - '내가 당신보다 낫지 않습니다.'
  - '당신 입장이라면 나도 똑같이 했을 수 있습니다.'

이동을 요청하고 테스트하려면:

- 컨스텔레이션은 이동이 가능하기까지 많은 시간이 필요함을 보여준다: '시간을 주세요.'
- 퍼실리테이터는 이동을 통해 체화된 특정 솔루션이 발현될 수 있는지 궁금해하므로, 고객이나 대리인에게 다음과 같이 말하도록 초대하여 그 가능성을 테스트한다: '좀 더 가까이/더 멀리 이동하겠습니다.' 또는 '이 위치에 있으면, 이 역할에서 내 권한을 차지할 수 있습니다.'

해결책에 목소리를 부여하고 확정하려면:
컨스텔레이션에서 더 나은 위치를 찾을 때:

- '여기가 내 자리입니다.'
- '난 곧 떠날 것입니다.'
- '난 모든 것에 동의합니다.'
- '나는 이것을 당신에게 맡기고 물러설 것입니다.'
- '감사합니다.'

> 모든 위대한 것들은 단순하며 많은 것도 단순한 단어로 표현될 수 있다.
> – 윈스턴 처칠Winston Churchill

시스템의 비밀 언어

시스템 코칭은 우리가 말한 것과 말하지 않는 것 사이의 공간에 닿는 공명 시스템 언어를 함께 만들고 제공하도록 초대한다. 시스템 코칭과 컨스텔레이션에서 제공되는 언어는 얽힘을 인정하는 것이다. 책임을 되찾고 존엄을 회복하는 언어다.

배제된 것을 '재-멤버화re-members'하고, 모든 사람과 사물에 위치를 제공하고, 있는 그대로 인정하고 자신과 전체 시스템을 위해 더 나은 단계를 찾을 수 있게 한다.

이러한 종류의 언어는 개인, 리더와 팀에게 깊은 공감을 불러일으킨다.

이런 종류의 언어는 필드에서 발현되고 상황에 따라 다르므로 컨스텔레이션에서 그 영향을 설명하거나 포착하기가 어렵다. 이러한 문장을 찾고 표현하는 방법과 위치를 배우는 컨스텔레이션 워크숍 및 교육에 참여하는 것 외에도 단순한 힘에 조율할 수 있는 또 다른 방법이 있다.

그것은 무언의unspoken, 말로 표현이 안 되는 언어들과 감정과 진실이 팀과 전체 시스템에서 어떻게 체화되는지 살펴보는 것이다.

조직 시스템도 이 언어들로 가득 차 있다. 바로 비밀 문장이다.

비밀 문장secret sentences

조직 시스템에서의 생활은 매우 복잡하고 때로는 고통스러울 수 있다. 모든 것이 빠르게 진행되고 고려해야 할 이해관계자가 더 많으며 우리가 VUCA 세계에 살고 있다고 말하기는 쉽지만 영향을 미치는 다른 요인들도 있다. 바로 숨겨진 것들이다.

비밀은 개인적 양심과 관련된 것으로 개인적으로도 존재하지만 팀과 더 넓은 조직의 양심에서도 존재한다. 개인적 양심들의 조합은 타성inertia, 변화에 대한 저항 및 일부 도전적인 역동을 만든다. 시스템은 비밀을 가지고 있지만 언급되는 경우가 거의 없다. 이름을 명명하지 않는 것이 조직적 양심에 신의를 유지하는 방법이기 때문이다.

> 모든 시스템에서는 자체적으로 진실을 만들고 체화한다. 모든 시스템에는 비밀 문장이 포함되어 있다.

우리는 각자 비밀스러운 판단secret judgements, 결정decisions 및 약속promises을 내면에 가지고 있다. 비밀 유지 코칭 프로세스와 관계에서 이를 명확히 하도록 고객을 초대하는 것은 개인의 시스템을 안정시키고 명확하게 할 수 있을 뿐 아니라 팀이나 그 이상에서도 명확성을 가질 수 있게 한다. 일대일 세팅에서는 다양한 방법으로 컨스텔레이션을 사용하면서 이 프로세스가 가능하도록 아름답게 설계되었다.

개인의 비밀 문장
비밀 문장의 몇 가지 예 - 코치와 함께 또는 관계 시스템의 3차원 지도를 사용해서 작업할 때 잘 나타난다.

'비밀이지만, 당신의 권한을 거부합니다.'
'비밀이지만, 내가 당신보다 더 나은 리더가 될 것 같아요.'
'비밀이지만, 나는 이 조직이 하는 일에 동의하지 않습니다.'
'비밀이지만, 나는 단지 돈 때문에 여기에 있습니다.'
'비밀이지만, 나는 이 조직을 내 가족처럼 대합니다.'
'비밀이지만, 나는 파트너를 찾으러 왔습니다.'
'비밀이지만, 여기서 일하는 것이 외롭습니다.'
'비밀이지만, 이 역할을 절대 받아들이지 않기를 바랍니다.'
'비밀이지만, 나는 떠납니다.'

> 비밀을 지키고 싶다면, 자신에게도 비밀을 숨겨야 한다.
> – 조지 오웰George Orwell

팀에 숨겨진 비밀 문장
팀은 거의 항상 비밀리에 판단하고 목적이나 근로 계약을 무시할 합의된 방법을 개발한다. 팀 워크숍 이전에 일대일 세션을 통하거나 적절한 경우

워크숍 자체에서 이러한 문제를 말하게 하는 것은 시스템을 자유롭고 명확하게 하면서 정착시킬 수 있다.

팀에 있는 비밀 문장의 몇 가지 예 – 관계 시스템의 3차원 맵을 볼 때 가장 쉽게 표현된다.

'비밀이지만, 우리는 엄밀히 말해 팀이 아닙니다.'
'비밀이지만, 우리가 왜 한 팀인지 정확히 모릅니다.'
'비밀이지만, 비공식 팀 리더가 있습니다. 상사는 그 사람이 아닙니다.'
'비밀이지만, 팀이 아니라 서로 경쟁하는 사람들의 그룹입니다.'
'비밀이지만, 이 팀은 리더의 그룹일 뿐입니다.'
'비밀이지만, 아무도 이 팀에 있기를 원하지 않지만 떠날 수 없습니다.'
'비밀이지만, 당신은 이 팀에서 침묵/발성/성냄/순응해야 합니다.'
'비밀이지만, 우리는 단지 돈 때문에 팀에 있습니다.'
'비밀이지만, 팀은 우리에게 가족 같습니다.'
'비밀이지만, 팀은 조직 내에서 우리가 안전하다고 느끼는 유일한 곳입니다.'

의미 없이 말하는 것과 의미는 있지만 말하지 않은 것 사이에서 많은 사랑을 잃는다.
– 칼릴 지브란Khalil Gibran

조직에 숨겨진 비밀 문장

조직은 흔히 비밀과 판단으로 가득 차 있으며 목적, 고객들 또는 옹호하는 가치를 무시하는 방법에 동의한다. 사람들이 일대일 및 워크숍 환경에서 이러한 비밀스러운 진실을 표현하도록 초대하는 것을 정중하게 수행하면 시스템을 해방하고 명확하게 할 수 있다.

전체 조직 시스템에 있는 비밀 문장의 몇 가지 예
- 관계 시스템의 3차원 맵을 볼 때 가장 쉽게 표현된다.

'비밀이지만, 우리는 절대로 고객을 우선하지 않습니다.'
'비밀이지만, 우리는 단지 우리 주주들을 기쁘게 만들 뿐입니다.'
'비밀이지만, 우리는 조직이 옹호하는 가치에 동의하거나 머무를 생각이 없습니다.'
'비밀이지만, 우리는 리더십과 조직개발을 지원하지 않습니다.'
'비밀이지만, 우리는 시스템을 유지하기에 충분한 이익을 얻지 못하고 있습니다.'
'비밀이지만, 우리는 세상을 구하고 싶었습니다.'
'비밀이지만, 우리는 권력은 있지만 권위는 없습니다.'
'비밀이지만, 투자자들이 여기를 책임지고 있습니다.'
'비밀이지만, 비밀을 지키는 법을 알아야만 여기에 속할 수 있습니다.'
'비밀이지만, 우리는 여기에 비밀이 없는 척합니다.'

개인, 팀 또는 전체 시스템에 체화된 비밀 문장의 맵을 만드는 것은 내부의 일을 표면화하는 효과적인 방법이다. 그런 다음 시작부터 거꾸로 작업하여 무시되거나 위반된 원칙과 질서력을 찾아낸다. 당연히 이러한 종류의 문장을 표면화하고 수집하는 방식은 익명성이 보장되는 매우 안전하고 정중한 방식으로 이루어져야 한다.

코치의 비밀 문장

시스템을 자유롭게 하고 강화하기 위해 조직 시스템에서 이러한 종류의 진실을 초대하고 촉진하는 것은 조직 시스템을 만들고 이끌고 영향을 미치는 것이 얼마나 어려운 일인지에 대해 깊은 존경심을 가지고 수행해야 한다. 이 존경심은 코치 안에 체화되어 있어야 하므로 먼저 내적 필드를 정리하는 것이 필요하다.

  정리하기에 좋은 방법은 자신의 비밀 문장을 찾아 표현하고 스스로에 대해 컨스텔레이션해보는 것이다.

  코치의 비밀 문장의 예는 다음과 같다.

개인에 대해

  '비밀이지만, 내가 당신보다 더 잘할 것 같습니다.'
  '비밀이지만, 당신이 내 가치를 공유하지 않는다고 판단합니다.'
  '비밀이지만, 나는 당신이 충분히 빨리 배우고 발전한다고 생각하지 않습니다.'
  '비밀이지만, 나는 당신의 경영 스타일이 잘못되었다고 생각하고 그것을 바꾸고 싶습니다.'
  '비밀이지만, 나는 당신이 부하직원과 의사소통하는 방식이 잘못되었다고 생각하며 당신을 변화시킬 것입니다.'

팀에 대해

  '비밀이지만, 나는 당신들이 매우 잘못된 팀이라고 생각합니다.'
  '비밀이지만, 내가 멤버라면 함께 일하는 법을 보여주고 싶다는 생각이

듭니다.'
'비밀이지만, 나는 이 팀을 사랑하고 멤버가 되고 싶습니다.'
'비밀이지만, 내가 이 팀의 리더였으면 좋겠습니다.'
'비밀이지만, 내가 당신들 모두를 구할 수 있을 것 같습니다.'

이러한 판단이나 예측 및 개념은 이성적인 생각이지만, 시스템에 속했던 경험이나 개인적인 관점에서 나온다. 시스템적 관점에서 볼 때 그 의도가 유용하다면 이 모든 것을 주의 깊게 보고 내적 조정을 통해 자세와 거리를 먼저 조정해야 한다. 시스템 수퍼비전은 이 내부 교정에 매우 유용하다.

자세를 조정할 때 표현되는 공명 문장에는 다음과 같은 내용이 포함된다.

'내가 당신보다 낫지 않습니다.'
'나는 있는 그대로 당신 옆에서 함께 작업할 것입니다.'
'당신에게 가장 적합한 속도로 발전하도록 함께 작업할 것입니다.'
'당신이 일하고 함께 일하는 방식은 나도 좋습니다.'
'비록 당신과 일치하지 않지만 동의합니다.'
'당신은 이 팀의 리더이고, 나는 단지 코치일 뿐입니다.'
'당신은 이 팀에 소속되어 있고, 나는 방문자일 뿐입니다.'

요약하면, 자신의 비밀 문장을 조율해 보면 이런 종류의 숨겨진 언어가 얼마나 강력한지 효과적으로 깨닫게 된다.

이처럼 공명 언어의 영향력을 경험하면 그것이 코칭과 컨스텔레이션의 핵심 부분으로서 얼마나 유용한지 알게 된다.

~

나는 이 방법론을 일대일 코칭에 적용해보려 했던 첫 번째 경험을 기억한다. '제대로' 하지 못할까 봐 걱정한 것 때문이 아니라, 고객에게 미치는 지속적인 영향 때문이다. 그는 고객에게 영향력을 미치고자 하는 젊은 경영 컨설턴트였다. 나는 그가 관계에 대해 말한 것을 통해 의견, 신념 또는 성격 유형과 같이 직접적인 것 외에 다른 것이 있다는 것을 느꼈다. 그의 언어에는 많은 판단이 있었고, 존중이 부족하고 고착된 느낌이 있었다. 그는 이전 세션에서 자신의 고객에 대해 길게 이야기했고 코칭은 제대로 진행되지 않았다. 성격 유형, 토론 및 내가 생각할 수 있는 모든 코칭 질문과 프레임워크를 사용하여 문제를 살펴보았다. 이때 그가 다시 관계의 어려움에 관해 이야기하기 시작하자 나는 조용히 그의 말을 가로막았다. 나는 그에게 앞에 있는 테이블 위의 물건 가운데 하나를 고객의 '대리물'로 정하게 하고 그 자리를 찾아보도록 초대했다.

그 순간, 마치 세상에서 가장 자연스러운 일인 것처럼 이 이성적 남자는 자기 고객이 얼마나 무능한 리더인지 말하는 것을 멈추고, 테이블 위에 있는 많은 커피잔 가운데 하나를 선택하여 우리 사이 공간의 중앙에 놓았다.

그는 갑자기 말을 멈추고 생각에 빠지며 조용해졌다. 나는 이런 간단한 초대가 그에게 너무도 빨리 그리고 아주 깊이 영향을 미친 것에 매료되었다. 그는 머리에서 나와 더 침묵하고 더 조용한 곳에 다다랐다. 분명히 다른 사고방식과 감정, 즉 자신의 문제와 자신의 고객에게 접속했다. 나 또한 그러했다.

그는 컵을 완전히 새롭고 가장 흥미롭고 중요한 것처럼 쳐다보았다. 무의식적으로 자신의 고객 대리물인 이 커피잔이 감각적으로 아주 진실의 위치에 있다는 것을 알았다. 그것은 테이블 위의 특정 장소에 있었다. 제자리에 있었다. 그는 한동안 말없이 응시하다가 컵의 손잡이가 향하는 방향을 아주 살짝 조정한 다음 고개를 들었다.

> 컨스텔레이션은 흔히 움직임, 말과 통찰력이 의식적 자각을 넘어 어딘가에서 오는 일종의 가벼운 트랜스trance 상태를 가져온다.

무슨 일이 일어나는지 확신이 서지 않아 그 과정을 신뢰하기로 했다. 그에게 자신을 대리할 다른 물건을 선택하게 하고 그의 고객인 커피잔과의 관계를 볼 수 있게 배치하도록 초대했다. 그는 커피잔, 펜, 패드 및 기타 테이블 위의 잡동사니를 둘러보았다. 그런 다음 일어서서 테이블 건너편까지 손을 뻗어 커다란 은색 커피 플라스크를 들고 그의 고객인 커피잔 바로 옆에 놓았다. 그는 자리에 앉아 플라스크와 컵 두 개의 대리물을 보고 있었고 나는 그를 자세히 보았다.

이 접근법에 대한 경험 없이도 그가 강하게 몸에 익히는 경험을 하고 있다는 것을 확인할 수 있었다. 지금까지 본 적 없는 것을 볼 수 있는 근본적인 관계 역동에 대한 직접적인 경험이다. 그는 이 관계에 대한 자신의 무의식적 정신 지도unconscious mental map를 표현하는 일종의 그림을 만들었다. 이전에 알려지지 않은 내부 풍경의 외부 그림이다.

첫 코칭이라서 조심스럽게 진행했지만 걱정할 필요는 없었다. 첫 번째 경험 이후 그는 여러 차례 이 맵을 들여다보았다. 잠시 멈춘 다음 그는 '너무 가까운 것 아닌가요?'라고 묻지 않고 '너무 커요'라고 목소리를 냈다. 나는 이 분명한 진실의 문장에 존경심을 표하며 고개를 끄덕였다. 코치의 관여가 적을수록 고객은 더 많이 빠르게 바뀌었다. 나는 그가 지금처럼 자기 상황에 깊이 몰두하는 것을 본 적이 없었다.

나는 최근에 '시스템 문장'의 사용에 대한 훈련을 마무리했다. 이런 방식으로 작업할 때 흐르는 진실과 통찰력을 포착하고 체화하는 데 도움이 되는 짧은 문구들이다. 나는 내 마음에 떠오르는 것을 시도해 보았다: '당신은 고객이고 나는 컨설턴트입니다'라고 말해보세요.

천천히 그리고 엄청난 현존감으로 great sense of presence 그는 말했다: '당신은 고객입니다…. 나는 단지 컨설턴트일 뿐입니다.' 잠시 뒤, 그는 내 지시 없이 천천히 플라스크를 커피잔에서 밀어냈다. 그는 이 새로운 그림을 보고 숨을 내쉬었다. 그는 편안하게 숨을 내쉬며 자기 위치를 찾았다.

불과 5분이 채 걸리지 않고, 단 몇 마디의 말로 그는 말로 판단하던 위치에서 조용하고 공손한 겸손의 위치로 이동했다. 통찰력과 신선한 이해는 그의 머릿속이 아니라 몸속에 체화되었다. 말 그대로 더 나은 곳에 있었다. 그곳에서 그는 훨씬 더 많은 가치를 찾을 수 있었다.

그리고 그것은 자신에 관한 것만이 아니었다. 자신의 자리를 찾음으로써 자신의 고객에게도 자리를 내주었다. 둘 다 훨씬 더 큰 시스템의 이 작은 부분에서 동등한 가치를 가지는 자리에 위치함으로 각자 성장할 수 있었다. 이것은 그 뒤 몇 주, 몇 달 동안 현실 세계에서도 입증되었다.

나는 의심스럽던 것이 의미 있는 위치를 갖도록 촉진했다. 처음에는 관계를 입체적으로 표현하는 것에 지나지 않는 것처럼 보였던 이 짧은 작업은 매우 귀중한 것이었다. 그것은 고객에 대한 자신의 '스토리'에 대한 집착에서 풀려나게 해주었다. 관계 역동에 대한 그의 내면 이미지가 떠오르면서 판단, 가정 및 예측이 녹아내렸다. '뒤로 물러서는' 움직임을 몸으로 체화함으로써 전에 보지 못했던 방식으로 영향을 주었다. 컨스텔레이션이 제공하는 비언어적 교환은 너무나 효과적이었다.

그 순간부터 고객과의 업무 관계, 더 깊고 생산적인 업무 관계 등 그의 모든 것이 바뀌었다. 그리고 내 다른 모든 고객에 대한 코칭 방식도 바뀌었다. 그 당시 나는 시스템에 영향을 미치는 조직 원리에 대해 잘 알지 못했다. 나는 이 접근 방식이 대인관계처럼 추상적인 문제에서도 잘 작동하는지 몰랐고, 얽힘, 숨겨진 신의나 더 광범위한 개념들과 시스템 코칭의 많은 표현과 응용프로그램에 대해 알지 못했다. 나는 단지 건강한 시스템에서 위치의 중요성을 알고 있었다. 번창하면서 관계가 흐르기 위해 시스템의 모든 사람은 존중받으며 각기 다른 위치에 대한 동등한 권리를 갖는다는 것이다.

나는 이 첫 번째 시도에서 숨겨진 역동성이 너무나 빨리, 그리고 가식이나 많은 말을 하지 않고도 드러났다는 것과 그가 고객과의 관계에서 '잘못된 위치'에 있다는 것을 직접 보여준 것에 감명받았다.

전체 코칭 과정은 어떻게 해서든 타고난 정서지능과 시스템 지능이 표면화되었고 최소한의 개입과 가벼운 터치만으로 코칭했다. 또 내가 코치로서 목격자로서의 자리에 머무르게 해주었고, 그가 자신의 이슈와 고객 사이에서 자리를 찾을 수 있게 해주었다.

이 책을 읽고, 배우고, 연습하는 동안 지식과 기술을 쌓으면서 그 과정에서 긴장을 풀 수 있다는 것을 발견하게 될 것이다. 보이지 않는 것을 밝히고 상상도 하지 못했던 해결책을 촉진하는 작업을 하게 될 것이다.

> 어떤 것도 현재만으로 홀로 완벽하지 않다.
> 과거에 뿌리를 두고 미래로 향한다.
> 팀 팍스Tim Parks, 『Teach Us to Sit Still』

교육에서 우리가 가르치는 컨스텔레이션 가운데 하나가 '통합 컨스텔레이션'이며 고객이 삶과 일에서의 경험을 더 깊게 통합하도록 설계했다. 고객이 받은 모든 것을 통합하여 자원을 제공하는 동시에 제한된 역동성과 불완전한 결말을 풀어주는 것이 목적이다. 즐겁고 자원이 풍부한 관계는 물론, 에너지를 많이 쓰고 어려운 감정과 연결된 고통스러운 관계까지 찾아가는 것이 중요하다.

체험 학습 환경에서 우리는 다른 그룹 구성원을 사용하여 고객이 속한 각 핵심 관계 시스템을 각 대리인이 어깨를 나란히 하고 시간 순서대로 서 있는 구조화된 형태로 나타낸다.

그런 다음 각 시스템을 나타내는 벽의 선에 포스트잇을 사용하여 이러한 형태의 컨스텔레이션을 일대일로 하는 방법을 가르친다. 이것은 이 사례연구에서 헤이즐Hazel이 증명한 것처럼 문장의 적용과 유용하게 결합하고, 그것들을 찾고 표현하는 효과적인 방법을 제공한다.

헤리즐은 리더 및 리더십 팀과 작업하는 임원코치다. 그녀는 컨스텔레이션 코칭교육을 받고 시스템적 접근 방식과 컨스텔레이션 방법론을 그녀의 코칭에 성공적으로 통합하기 시작했다.

'**인생의 발걸음**': 통합 컨스텔레이션
코치/퍼실리테이터: 헤이즐 채프먼Hazel Chapman, 임원코치
고객: 유럽 기업의 영국 영업 책임자, '트리샤Tricia'

코칭 프로그램에 참석한 트리샤의 목표 가운데 하나는 자신의 감정, 특히 조직 내의 현재 관계에서 느끼는 좌절과 분노를 잘 관리하는 것이었다.

두 번째 코칭 세션이 되었고 트리샤는 준비한 종이에 타임 라인을 그렸다. 그것을 완성한 기분이 어떠냐고 물었고 그녀는 자신이 얼마나 감정적이었는지 놀랐다고 말했다. 그녀는 말하면서 눈물을 흘렸고, 곧이어 눈물이 났다는 것에 화가 나 있었다.

'이것이 이 일의 원인이지만, 이미 완전히 끝났잖아, 이해할 수 없어'라고 그녀는 말했다. 나는 그녀에게 그렇게 큰 사건이 일어나면 이해할 수 있고 과거를 놓기는 절대 쉽지 않다고 안심시켰다. 나는 이 부분을 해결하고 싶은지 물었다. 그녀는 '아니요, 오늘은 할 수 없어요. 가능하다면 다음에 할게요'라고 그 제안을 거절했다. 그래서 나는 그녀에게 무엇을 탐색해 보고 싶은지 물었고 그녀는 자신의 타임 라인이라고 말했다.

그녀가 어린 시절의 이야기를 시작했을 때, 자신의 경험을 정당화하고 분석하는 이성적 생각에 빠져 있음을 발견했다. 그녀는 이별에 대한 감정 탐색은 거부했지만, 과거 사건과의 감정적 연관성을 이해하는 것이 현재 감정 관리의 핵심이 될 수 있다고 느꼈다. '타임 라인'의 특성과 감성적 수준 때문에 '통합 컨스텔레이션'이 이 과정을 촉진하는 방법이라고 생각했다.

그래서 나는 다른 것을 하자고 제안했다. 그녀는 동의했고 나는 큰 포스트잇에 '어린 시절'이라고 적고 머리 높이 주변의 벽 왼쪽에 붙였다. 나는 그녀에게 단순하게 진실이라고 느껴지는 거리에 서서 그것을 마주 보고 서도록 했다. 그녀가 말을 시작하자 나는 그녀에게 먼저 '본인의 위치를 찾아서 몸으로 느껴보세요. 인생의 이 부분과 관련하여 어디에 소속되어 있나요?' 그녀는 아주 가까이 섰고 눈물을 흘리기 시작했다.

'내가 왜 울어 – 이건 좋은 기억이야!'. 나는 그녀를 그냥 서서 그 시간과 다시 연결되도록 초대했고, 잠시 뒤 어린 시절 그것에 감사했던 것을 말해달라고 했다. 나는 그녀를 자세히 보았고 그녀가 접속했다는 것을 표현할 수 있는 몇 가지 단어들이 떠오르는 것을 느꼈다. 나는 그녀에게 이렇게 말하기를 제안했다. '저에게 주신 안전과 따뜻함에 감사드립니다.' 그녀는 고개를 끄덕이면서 쉽게 이 말들을 받아들였다.

나는 그녀에게 이 과정을 계속해도 괜찮을지 물었다.

'네.'

나는 트리샤를 타임 라인으로 다시 불러서, 그녀가 설명한 대로 단계마다 큰 포스트잇에 다른 사람들과 나란히 벽에 붙였다. 나는 그녀가 진실이라고 느끼는 거리에 서서 단순히 그녀의 삶의 각 부분과 다시 연결되도록 초대했다. 그녀가 무엇을 알아차렸는가? 그녀가 무엇을 느꼈는가?

'11~16세 때 학교'에서 그녀는 조금 떨어진 곳에 서 있었다. 행복했던 만큼 어려움도 있었다. 그녀는 그들이 함께한 부분을 인정했다. 그녀가 말한 것의 본질을 요약하기 위해 문장을 제시했다. '내가 길을 찾았을 때 내 가족과 친구들은 항상 내 곁에 있었다.' 그녀는 이것을 반복하고 한동안 미소를 지으며 생각에 잠긴 채 서 있었다.

다음 단계인 '16~18세' 때는 부모와의 갈등이 불거졌고 거리가 크게 멀어졌다. 그러나 부모님에 대한 감사함은 확실했다. 나는 그녀에게 다음 문장을 제공함으로써 이것을 그녀에게 되돌려 주었다.

'제가 그런 모든 일을 했는데도 내 곁을 지켜 주셔서 감사합니다. 저를 위해 해주신 것에 정말 감사드립니다.' 그녀는 이것을 행복하게 반복했다. – '제가 그런 모든 일을 했는데도 제 곁을 지켜 주셔서 감사합니다.' 그리고 한참 동안 침묵하며 서 있었다.

우리는 그녀가 대학에 들어갈 때까지 한 해 동안 시간이 있었고 그녀는 집과 친구들과 멀리 떨어져 있지만 그런데도 길을 찾았다는 것을 인정했다. 그녀와 각 포스트잇 사이의 거리는 모든 단계에서 더 멀어졌다. 그녀도 그 패턴을 알아차렸다.

다음 단계는 20대였다. 그녀는 즉시 일과 가정이 다르다고 말했고, 그래서 나는 '커리어'와 '가정'을 위해 두 개의 작은 포스트잇을 만들어 20대라고 적힌 큰 포스트잇의 왼쪽과 오른쪽 아래 끝 모서리에 추가했다. 그녀는 각각 따로 떨어져 서 있었고 이것에 대해 몇 가지 작업을 했다.

고통스러운 이별은 다음 단계였다. 트리샤는 그가 왜 떠났는지 모르는 자신의 고통을 말했다. 잠시 뒤 나는 다음과 같은 문장을 제안했다.

'당신의 설명이 부족해서 나는 매우 고통스러웠습니다.' 그녀는 즉시 받아들이고 반복했다. 잠시 후 나는 그녀에게 이렇게 제안했다.

'당신의 이유는 당신에게 맡기고 나는 앞으로 나아갈래요.' 그녀는 이것을 거절했고, 그 말은 지금까지 그녀가 할 수 없었던 그를 용서하라는 것 같다고 말했다.

그래서 나는 이렇게 말했다.

'당신은 당신의 이유가 있었고 나는 그것들을 당신과 함께 남겨둡니다. 그것은 당신 것이지 내 것이 아닙니다.'

그녀는 즉시 미소를 지으며 그 문장을 여러 번 반복했다. 그녀가 이 진실과 말을 통합하는 동안 우리는 잠시 침묵 속에 서 있었다.

'당신은 당신의 이유가 있었고 나는 그것들을 당신과 함께 남겨둡니다. 그것은 당신 것이지 내 것이 아닙니다.'

잠시 뒤 나는 그녀에게 EXCHANGE의 균형을 인정하기 위해 제안했다. '좋았던 것은 내가 가져가고 나머지는 당신과 함께 남겨둡니다.' 이 또한 깊은 반향을 일으켰고 그녀는 그것을 강하고 단호하게 반복했다.

그 단계가 정리되고 우리는 '지금^{now}'이라고 표시된 포스트잇으로 넘어왔고, 그녀는 이전 대화와는 매우 다르게 낙관적 태도로 현재 상황에 대해 자유롭게 이야기하기 시작했다. 그러고 나서 나는 그녀가 준비되었다고 느꼈을 때, 돌아서서 과거가 그녀에게 준 모든 것을 가지고 미래를 바라보도록 초대했다. 사실 그녀는 기분이 좋아서 '지금'에 머물고 싶다고 말했다. 그녀는 방금 경험했던 모든 것이 단순하게 통합되는 '지금'에서 시간을 보낸 후 그 과정을 끝냈다.

혜택

트리샤가 자신의 감정에 사로잡힌 상태에서 벗어난 위치를 마련해 주었으므로 이번 세션은 코칭의 전환점이 되었다. 비난, 판단 또는 부담감 없이 통합의 여정을 시작할 수 있었다.

다음 세션에서 눈에 띄는 차이가 관찰되었다. 트리샤는 자신의 건강, 체력 및 외모에 더 신경 쓰기 시작했고, 밝은 색상과 패턴의 옷을 입기 시작했으며, 부정적 언어에서 긍정적인 표현으로 바뀌었다.

몇 달 뒤, 내가 이것을 사례연구로 사용할 수 있도록 허락해 달라고 요청했을 때 그녀는 내게 이렇게 편지를 썼다.

'헤이즐, 나는 이 실습이 매우 강력하다는 것을 알았어요. 내 삶의 각 부분이 어떻게 지금의 자리로 이끌어 왔는지 성찰하고 이해하는 데 큰 도움이 되었습니다. 나는 이것을 '인생의 발걸음$^{walk\ of\ life}$'이라고 불러요. 당신이 제안한 문장들은 각각에 대한 이해와 통합을 더 쉽게 해 주었고 고통의 순간을 이해하게 해 주었으며, 어깨에서 감정적인 무게를 덜어주었습니다.'

내 학습

처음이라도 연습을 해보면 경험이 깊어지고 발전하면서 문장이 스스로 드러난다는 것을 알게 되었다. 이 일에는 놀라울 정도로 적은 노력이 있었고, 나는 그저 자리에 머물면서 트리샤의 체화된 경험에 조율하였고 그 단어들이 떠올랐다.

문장을 제시했을 때 고객이 공감하지 않으면 쉽게 거부하고 더 많은 정보를 제공해 주거나 스스로 문장을 바꾸면서라도 결과적으로는 효과가 있었다. 제시하는 문장은 모두 옳고 그른 것이 없다는 것을 배웠다. 이 일은 나를 놀라게 했고 긴장을 풀고 현재 상태에 집중하고 단순히 그 과정을 신뢰하는 데 도움이 되었다.

코칭이 끝난 뒤, '너무 많은 것을 주었습니다' 또는 '우리 사이에 일어난 일에 책임을 지고 당신에게 맡기겠습니다'와 같이 좀 더 깊이 들어갈 수 있었던 EXCHANGE 문장이 있다는 것을 깨달았다. 그렇지만 그것들이 없어도 고객에게는 여전히 매우 강력했다.

무엇보다 코치가 유용한 문장에 집중하게 되면 매 순간 해야 할 실습 구조와 문장이 떠올라서 작동한다는 것을 믿음으로써 '바로 잡을' 필요 없이 정말 유용하게 쓸 수 있다는 것을 배웠다.

절하기 bowing

동작과 문장을 넘어서 이런 방식으로 작업할 때 탐색할 수 있는 세 번째 프로세스가 있다. 깊게 고개 숙이기이다. 이 '의식 ritual'은 근본적으로 연결되는 영향을 미칠 수 있다. 임원코칭 상황에서 이것은 불가능하고 심지어 바람직하지 않은 것처럼 보일 수 있지만 앞서 언급했듯이 얼마나 자주 이런 일이 일어나는지에 대해 놀랄 것이다.

가족 워크숍에서 퍼실리테이터가 고객이나 대리인에게 부모, 운명, 떠나간 사람에게 절을 하는 것은 흔한 일이다. 그렇지만 코칭에서는 고객이나 대리인에게 존중을 표현하고 적절하다고 느끼는 움직임을 따르게 하는 것을 선호한다.

자신보다 시스템이나 조직의 우선순위를 가진 다른 사람과 관계를 맺을 위치를 찾을 때, 자신이 받은 것에 감사하며 물러날 때, 조직 시스템의 어려움이 크다는 것을 인정할 때, 그들을 존중하는 방법을 몸으로 표현하도록 초대할 수 있다. 대부분 그들은 고개를 살짝 끄덕인다. 때로는 그들의 개인적인 스타일과 문화적 관점에 따라 완전히 허리 굽혀 절하기도 할 것이다.

~

컨스텔레이션 경험이 없는 사람들이 기꺼이 일어나서 대리인으로 서고, 체화된 경험을 정확하게 담보하며 탐색 중인 시스템의 숨겨진 정보에 접속하는 것을 보고 충격받을 때가 많다. 워크숍이나 훈련이 시작되기 전 오프닝 라운드 때 가장 회의적이고 방어적이며 저항하는 것처럼 보였던 사람들이 대리인을 경험하고 기꺼이 자신의 경험을 표현하고, 내면의 움직임을 따르며 주저 없이 절을 하겠다고 제안하는 것을 자주 경험한다.

마치 다른 것, 어떤 더 큰 힘이 컨스텔레이션의 섬김에 동원되는 것 같다. 거짓에 대한 높은 민감성, 이론이나 신념에 대한 의심이 중요한 필드에서 아주 미묘한 정보에 접근할 수 있게 한다.

09

삶의 지도

이해한다는 것은 패턴을 인식하는 것이다.
– 이사야 베를린Isaiah Berlin

일단 여러분이 정적인 지도를 역동적 그림으로 바꾸는 과정을 정중하고 천천히 진행하기 시작하면 단순히 '있는 그대로'를 매핑하는 것에서 컨스텔레이션으로 옮겨가게 된다. 지도가 현실로 나타나고 많은 새로운 가능성이 열린다.

지도가 현실로 나타나기 시작하면 여러 가지 작업 방법이 있다. 그것은 자기 손 안에 있다.

패턴 바라보기

컨스텔레이션에서 나타나는 다양한 패턴을 인식하는 가장 좋은 방법은 그것을 경험함으로써 인식하는 것이다. 한 번 보면 잊어버릴지 모르지만 다시 보면 기억날 것이다. 고객을 초대하여 다양한 맥락에 있는 것을 매핑할 때 보게 될 패턴 가운데 일부를 이미 상상할 수 있다.

- 떠남leaving(고객의 대리인이 '나가고 싶다'라고 말하는 것처럼 시스템 외부를 본다.)
- 누군가에 대한 신의loyalty(고객의 대리인이 마치 '나는 당신을 기억합니다'라고 말하는 것처럼 시스템 외부를 보고 있으며 무엇인가/누군가와 얽혀 있을 수 있다.)
- 순서가 잘못됨(고객의 대리인은 상사보다 '위에' 있다고 느낀다. 예를 들어 '나는 당신보다 낫습니다'라고 말하는 것처럼 자신을 표현하기 위해 훨씬 더 큰 물체를 선택한다.)
- 자원의 필요(대리인이 자원이 부족한 것처럼 보이거나 '여기서는 자원이 더 필요합니다'라고 말하는 것처럼 권한을 찾는 데 어려움을 표현한다.)
- 갈등 패턴(대리인이 다른 핵심 대리인과 반대 방향을 보고 있거나 '정면으로 마주 보고' '나는 당신의 권위를 거부합니다'라고 말하는 것 같다.)
- 목적이 다름(대리인이 조직이나 팀의 목적이나 업무에서 멀리 떨어져 있음: '다른 목적으로 여기에 있습니다.')
- TIME(대리인이 먼저 온 사람이나 역할의 위치에 배치됨: '나는 앞서 온 사람 보기를 거부하며 어쨌든 이 상황을 바꿀 것입니다.')
- PLACE(대리인이 자신의 위치를 찾기 어려워하고 일대일 코칭에서 다른 사람들의 맵 위를 맴돌거나 계속해서 다른 위치를 찾으려고 움

직임: '내 자리를 찾을 수 없습니다. 여기 속하려면 어떻게 해야 할지 모르겠습니다.')
- EXCHANGE(대리인이 회사 또는 조직 대리인 앞에 배치됨: '너무 많이 드렸어요/나에게 빚진 거예요.')

앞으로 더 많은 관계 패턴을 보고 기억하게 될 것이다. 두 컨스텔레이션이 같은 점이 하나도 없다고 해도, 이런 패턴은 곧 익숙해지고 고객에게 통찰력이나 떠오르는 생각을 정중하게 제시할 수 있게 된다.

만약 시각적 패턴을 지향하지 않는다면 시스템의 자연 조직력을 떠올리고 탐색함으로써 그것들을 식별하고 명명할 수 있다. 이것은 숨겨진 역동성을 조명하기 시작하기에 좋은 방법이다.

역동성 비추기

첫째, 누가 무엇이 먼저인지, 누가 그들의 위치를 차지하고 누가 또는 무엇이 시스템에서 제외되었을 수 있는지에 대해 TIME, PLACE 및 EXCHANGE의 조직력에 주의를 기울일 수 있다. 주고받는 것의 균형, 즉 교환 수준을 탐색할 수도 있다. 이제 이 모든 것을 자세히 비추고 탐색하기 위해 움직임과 문장을 제공할 수 있다. 또는 실습으로 완전히 다른 방식으로 자신과 고객의 감정과 정서적 반응을 신뢰할 수 있다. 이것은 시스템을 앞으로 나아가게 하며 작업 중 시스템의 숨겨진 역동을 비출 경우가 많다.

마지막으로, 고객이 이슈에 대해 말한 것을 간단히 정리하고, 그 사실에 대해서만 작업해서 있는 그대로를 확인하는 인정 문장을 제공한다. 이는 컨스텔레이션을 공부하기 시작할 때 이 방법론으로 매핑하고 작업하는 데 유용하며 학습할 수 있는 좋은 방법이다.

따라서 힘, 감정 또는 사실 등으로 작업할 수 있다. 이 가운데 하나 이상을 자연스럽게 선호하게 되며 좋은 출발점을 제공할 것이다. 그러나 역동성을 진정으로 밝히고, 고객이 진실에 서도록 정중하게 지원하면서 해결에 대한 새로운 경로를 제공할 수 있으려면 시간이 지남에 따라 이러한 세 가지 접근 방식을 동시에 사용할 수 있도록 완전히 통합해야 한다. 이것은 자신의 자세가 바탕이 되어야 하며 인정의 원리와 컨스텔레이션 실습을 통해 촉진되어야 한다.

솔루션 촉진하기

고객이 컨스텔레이션을 통해 깊은 변화를 경험하고, 상호 연결의 중요성을 이해하고 있다면, 해결책이나 목표 또는 측정 가능한 결과에 도달하지 못하는 것 자체가 해결책이라는 것을 알게 될 것이다. 이것은 목표지향적 코칭과의 근본적인 차이점 가운데 하나이며, 코치가 모든 것을 해결해야 할 필요성에서 벗어날 뿐만 아니라 도전, 딜레마 또는 고착의 복합성을 통해 자신만의 속도로 자신의 방법을 찾을 수 있도록 해 준다.

워크숍이나 일대일로 코칭할 때 코치와 퍼실리테이터가 이를 모두 해결의 그림으로 통합하지 않으면 작업이 불완전하다고 느끼는 경향이 있을 수 있다. 그림이 가능한 것일 수도 있고 그렇지 않을 수도 있지만, 너무 빨리 그 그림에 도착하려고 하면 고객은 너무 많은 경험 때문에 새로운 그림을 내면화하기는커녕 아직 볼 준비가 안 될 수도 있다. 오히려 적은 것이 낫다.

다른 경우에는 해결의 그림으로 이동하고 보려는 에너지가 강하고 고객이 원하기도 한다. 그런데도 나는 너무 빨리 해결책에 도달하지 못하는 것이 낫다는 의견이다. 그 이유는 첫째, 그 변화의 순간을 되새기고 심화하는 것이 자원이 되고 유용하며, 둘째로 해결책을 현실 세계와 실제 상황으로 가져가는 데 필요한 에너지를 줄일 수 있기 때문이다. 고객이 해결책의 자리에서 완전히 몰입하기 힘든 긴장 상태에 머무를 때 해결의 필요성이 더 커져서 실제 현실 세계에서 확실하게 실천하게 된다.

최종 해결 이미지가 고객에게 유용할 것 같으면 움직임, 문장 및 의식에 대해 알고 있는 모든 것을 사용하여 이를 달성하라.

이 책의 두 번째 파트를 코치이자 퍼실리테이터인 파트리치아 아마나티Patrizia Amanati의 실제 적용 사례를 공유하는 것으로 마무리하려고 한다.

이 사례연구에서 그녀는 자신의 역할 권한을 차지하기 위해 고군분투하는 고객과 함께 행동하는 학습 일부로 시스템 매핑을 어떻게 적절히 사용하는지 설명한다. 이 사례연구에서는 문장을 사용하여 무언의 역동과 진실을 표면화하고 표현하는 방법도 보여준다.

내 권한 찾기

코치: 파트리치아 아마나티Patrizia Amanati

고객: 국가 조직의 지역 부서의 선임 프로젝트 관리자

고객은 최근에 조직에 합류했으며 매우 비슷한 역할에서 좋은 실적을 올린 적이 있었지만, 그는 마치 장애물이 있는 것처럼, 상사와 의사소통하는 데 큰 어려움을 겪고 있었다. 그는 두 명의 상사에게 보고했는데 그들과의 소통과 직속 부하에게 한 지시는 그가 전문지식과 경험이 있는데도 감당하기 힘들 정도로 느꼈다.

 행동학습 그룹에서의 질문은 명확성을 얻는 데 도움이 되는 것이 아니라, 일이 얼마나 어려웠는지에 대한 스토리를 강화하는 것이 분명해졌다. 그래서 나는 그가 '다른 방식으로 보는 것'을 좋아할지도 모른다고 제안했다. 프로젝트 매니저인 그는 Prince2나 비슷한 모델을 통해 모든 문제를 고민하고, 모든 도전의 세부사항을 고려해야 했지만, 다른 방식으로 보는 데에 개방적이었다. 나는 그를 시스템 역동성의 핵심인 디테일한 점을 좀 줄여서 작업하도록 초대하는 것이 어려울 수 있음을 느낄 수 있었다.

 이 세션은 행동학습 중이었고 물리적으로 방이 너무 작으며 그룹 구성원을 대리인으로 사용하는 것이 불가능하거나 적절하지 않음을 의미했다. 그래서 나는 그에게 시스템을 표현하기 위해 테이블 위에 플립 차트 종이 한 장을 놓고 이 어려움을 표현하는 데 필요한 두세 가지 요소를 선택하도록 초대했다. 그는 자신의 대리인과 업무 관계가 나아지기를 원했던 두 명의 관리자와 직속 부하 대리인을 선택했다.

 그는 시스템이라고 정의한 플립 차트 용지의 가장자리에 자기 대리인으로 작은 설탕 봉지를 배치했다. 그는 자기 대리인이 조직 시스템의 안쪽을 바라보고 있다고 말했다.

그러고 나서 두 명의 상사 대리인으로 두 개의 술잔을 각 상단 모서리에 하나씩 추가했다. 그런 다음 직속 부하 대리인을 중앙에 배치했다. 두 매니저는 서로 마주 보고 있었고, 직접 보고서의 대리인인 큰 커피잔은 시스템인 종이 한 장 위의 세 사람이 정삼각형을 이루는 중앙에 있었다.

이 물리적 지도physical map를 완성하자마자 그는 이렇게 말했다. '오, 무슨 일이 일어나고 있는지 알겠어요.' 토론에서, 나와 행동학습 구성원들의 질문을 통해 상사들이 그 역할을 점유하도록 직속 부하가 작용하고 있다는 것이 분명해졌다.

나는 그 역할의 이력을 살펴보았고, 그 역할이 직속 부하에 의해 만들어지고 정의되었다는 것을, 상사들이 그 역할을 차지하고 있었다는 것을 알게 되었다. 조직은 그 역할에 사람을 구하는 광고를 했고 이 사람이 그 역할을 채우도록 선택된 것이다.

이 새로운 정보를 듣고 나는 그에게 직접 자신의 대리인이 되어달라고 요청했고, 직접 직속 부하에게 이렇게 말하도록 초대했다: '이 조직에는 내 자리가 없습니다.' 그는 이 제안을 듣고 다음과 같이 말했다. '아직 이 조직에서 실질적인 내 자리는 없지만 내 일을 하고 싶습니다.' 이것은 그가 이전에 부정적으로만 표현했었기 때문에 더욱 강력한 진술이었다.

그런 다음 직속 부하의 대리인 에너지와 연결하고 '당신이 내 일을 가져갔습니다'라고 진술하도록 했다. 그 순간 그는 직속 부하의 분노와 실망을 느낄 수 있었고, 이것을 통해 그는 새로운 시각으로 이해하게 되었다.

지도는 어려움의 원인을 분명하게 보여주었고, 우리는 적어도 이 세션에서 그의 상사들이 아닌 직속 부하와의 관계를 계속 탐색하기로 동의했다. 나는 그가 그의 대리인과 신체적으로 연결되어 직속 부하의 대리인을 향해 말할 수 있는 여러 문장을 제공했다.

그는 '이 역할을 만들어 줘서 고맙습니다'라고 말한 뒤 무엇인가 변화되었고, 그다음에 이렇게 말했다. '나는 이 역할에 임명되었고 그것은 당신에게 고통스러웠을 것입니다.'

잠시 뒤 그는 다음과 같이 덧붙였다. '나는 이 역할을 맡았고 조직이 필요로 하는 것을 제공할 자격이 있습니다. 내가 이끌도록 해주세요.'

내가 제공한 문장들이 항상 공명되는 것은 아니지만 내 말을 들으면 인정하거나 말해야 할 것을 표현하기 위해 자신의 말을 반영하고 찾을 수 있게 된다.

컨스텔레이션 마무리에 그는 관계와 소통을 가로막는 것이 무엇인지에 대해 더 명확하게 설명했고, 새로운 시각으로 이 역동을 바라보게 되었다. 그는 또한 자신의 권위에 대해 명확하면서도 새롭게 이해하게 되었으며, 기꺼이 경청하면서 직접 부하와 대화할 수 있고 자원이 풍부하며 준비가 되었다고 느꼈다.

그는 신체적으로 훨씬 더 안정되고 성찰적으로 되었다. 우리는 행동학습으로 돌아가 다음 사람으로 옮겼다.

~

이 예제는 3차원 맵을 만드는 것이 많은 단어를 사용하지 않고도 시스템에서 숨겨진 관계 아키텍처와 역동을 빠르게 표면화하는 데 얼마나 효과적일 수 있는지 보여준다.

또 고객이 쉽게 시스템 관점에서 진술 문장을 말하고 전에는 무시했던 가능성을 보는 방법을 보여준다. 가능성과 단어들은 이전에 무시되었을 것이다.

우리 프로그램의 퍼실리테이터가 되려고 코칭 컨스텔레이션 훈련의 첫 번째 학생이었던 파트리치아는, 그녀의 도구 상자로서 시스템 접근 방식의 통합을 설명한다. 다른 모든 코칭 도구, 기술 및 방법론을 배치할 수

있는 고정 프레임워크다. 그 결과 시스템 원칙이 그녀의 개인 코칭과 팀 퍼실리테이션을 뒷받침하고 그녀는 순간에 다양한 방법론을 엮어냈다.

이 사례연구는 특히 고객이 역할 권한을 찾는 데 어려움이 있을 때, 코칭 고객이 맡는 역할의 근원을 항상 확인하는 것이 중요하다는 점을 보여준다. 권한이 없으면 역할을 하기에 효과적일 수 없다. 때로는 시스템에서 실제로 필요하지 않은 역할이 만들어지고 이를 점유하는 사람들은 대개 자신의 권한을 찾으려다 지친다. 또는 이 권한이 자신의 역할이라고 생각하는 시스템의 다른 사람이 권한을 부여해주지 않는다.

이런 종류의 문제는 장소를 주고 각 개인의 진실이 인정되고 존중되어야만 정중하게 해결될 수 있다. 그러면 한 명은 뒤로 물러나고 다른 한 명은 한 걸음 더 나아가 리드할 수 있다.

세 명의 창업자는 비즈니스 확장 기회에서 그들의 역할과 책임을 탐색하면서 관련된 장소, 규모, 초점을 명확하게 하기 위해 코치와 작업한다.

퇴임하는 CEO는 자신의 족적을 반성하고 그들이 이 사업에서 수년 동안 무엇을 주었고 무엇을 받았는지 인정한다.

"감사합니다. 나는 많은 것을 배웠고 의미 있는 직업적 정체성을 발견했습니다. 최선을 다했습니다. 그 위에 쌓으십시오."

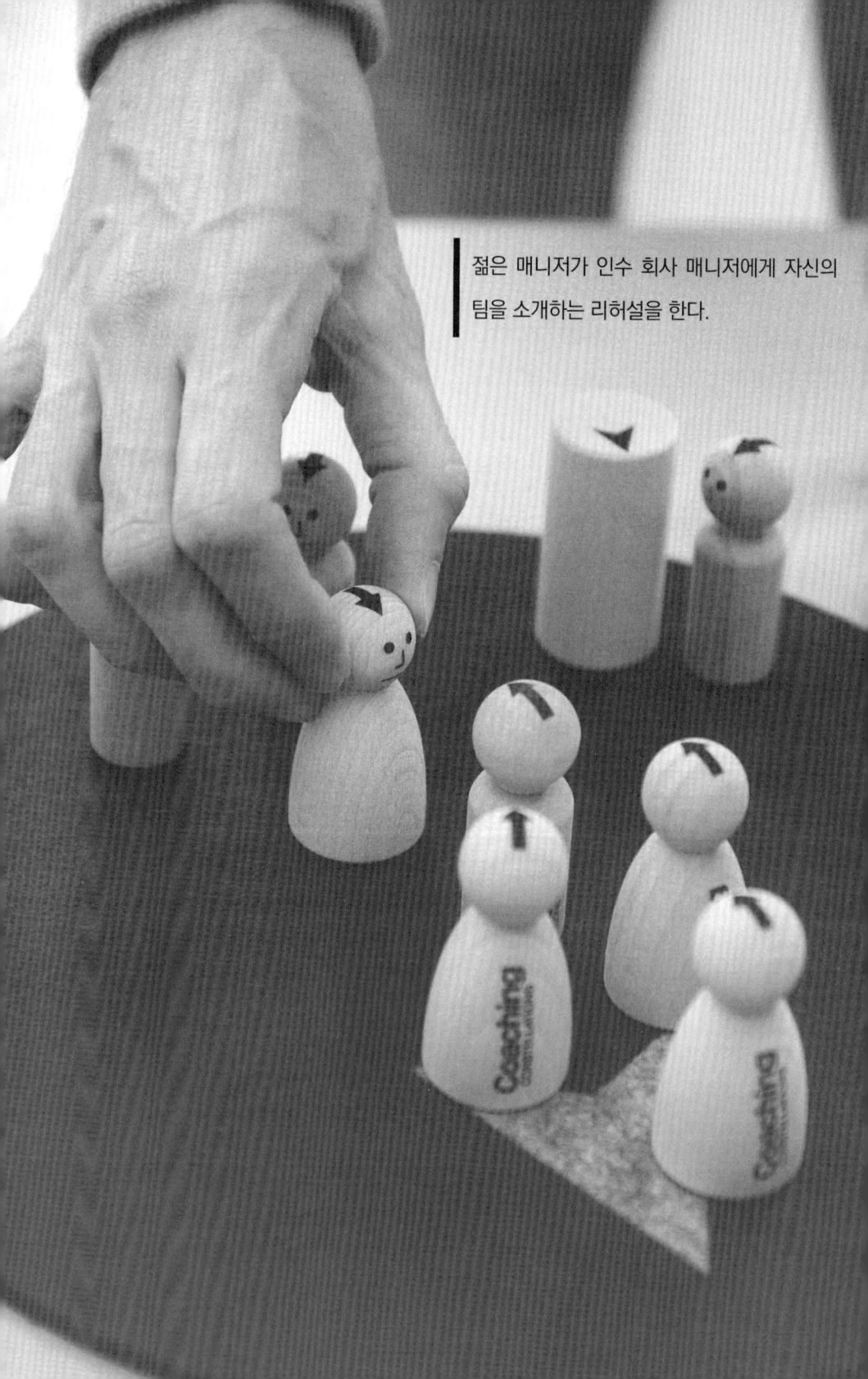
젊은 매니저가 인수 회사 매니저에게 자신의 팀을 소개하는 리허설을 한다.

고객은 의견이 다른 두 창업자 사이에 갇혀
반복적인 경력 패턴을 탐구한다.

각 시스템은 드러나서, 그것이 부모와 그들 사이의 논쟁에 갇혀 있다고
느꼈던 원가족에서 시작되었다는 것을 그녀는 알게 된다.

팀 리더는 공작의 꼬리에서 자원을 얻는다.

새로 들어온 직원은 기존 팀을 이끌 최고의 장소를 찾는다.

관리자는 자신의 코치 및 바닥 마커와 협력하여 소속하고 영향력을 행사할 관리팀에서 더 나은 '장소'를 찾는다.

4부

워크숍을 위한 테이블 구성

# 10

일대일
코칭의 원칙과 실행

> 고정된 모든 세트 패턴에는 적응성이나 유연성이 없다.
>
> – 브루스 리BRUCE LEE

이 책 전반에 걸쳐서 시스템 코칭의 자세stance, 원칙principle 및 실행practices 등이 적용되는 사례를 보여준다. 이 장에서는 시스템 코칭에서 나타나는 공통 주제와 적용 상황에 관한 몇 가지 사례연구를 살펴볼 것이다.

먼저, 선발이나 '공감대 확인chemistry check' 회의 등 일대일 코칭에서의 예를 살펴본 뒤 일회기 세션, 동료 코칭coaching pairs 및 3자 세션에서의 적용에 대해 살펴볼 것이다. 이 사례연구에는 자신과 고객을 위해 시도해볼 수 있는 더 많은 연습 내용이 있다.

개인 코칭

일반적인 상황, 주제 및 사례연구

공감대 형성

임원코칭 계약 전 단계에서의 선발 회의나 '공감대 확인'은 흔히 볼 수 있으며, 특히 대규모 코칭 비즈니스에서 파트너 코치로 참여할 때 꼭 필요한 부분이라고 할 수 있다. 그 실효성에 대해서는 기업 HR, L&D, OD 부서에서 의견이 분분하지만, '좋은' 코치를 선택하기 위한 중요한 단계로 보는 경우가 많다.

코칭은 프로세스도 중요하지만 코치와 고객 사이의 관계 또한 중요하기 때문에 '관계 공감대relationship chemistry'가 그 프로세스를 뒷받침할 가능성이 크다는 것이 논리적이다. 그러나 시스템적 관점에서 보았을 때 코치의 임무는 자신과 고객 사이의 관계에 초점을 맞추는 것이 아니라 고객과 시스템 사이에 좋은 관계 만들기를 염두에 두고 현재의 도전에 대한 통찰력을 주는 것이라고 할 수 있다.

많은 시스템 코치들이 선발 회의 단계에서 높은 수준의 성공을 거두는 이유는 첫 회의에서 잠재적인 고객에게 시스템 코칭을 경험할 기회를 제공하기 때문이다. 시스템 코치는 특정 방식으로 고객과 함께 시스템 지향적 질문을 물리적 3차원 매핑과 결합하여 수행할 수도 있다. 다음 사례연구에서 수석 코치인 제리 브래넌Gerry Brannan은 선발 회의에서 이 접근 방식에 대해 이해를 높일 수 있다고 이야기한다.

공감대 형성

코치: 제리 브래넌, 런던 수석 코치

고객: '제임스James', 수석 매니저

공감대 확인을 위해 수석 매니저(제임스라고 하자)를 만났다. 그는 원래 그의 기술력을 매우 존경받아 고용되었고 전무이사가 조언을 구하는 두 명의 핵심 인물 중 한 사람이라고 할 만큼 신뢰받고 있었다. 그런 제임스가 공격적인 행동을 보이자 처음에는 그저 성격이라고 치부해 왔지만 지속해서 동료들 그리고 팀과도 문제가 생기자 결국, 전무이사가 개입하여 코칭 프로그램을 제안했다.

내가 제임스를 만났을 때, 그는 보고된 행동들을 숨기거나 부인하지는 않았지만, 그 행동들의 원인을 설명하지 못했다. 그는 자신의 정서를 더 잘 관리하고 싶다며 후회했다. 그가 변화에 성공한다면 어떻게 느끼고, 동료들과 직원들은 어떻게 말할지 탐색하기로 했다. 이 가능성이 그를 안심시키는 것 같았고 나는 그의 상황을 더 전체적으로 탐색할 수 있음을 느꼈다. 그가 자신의 역할을 맡은 지 겨우 10개월이란 것을 확인한 뒤, 전임자에 관한 내용을 물어보았다. 그는 주목할 만한 말을 했다.

전임자는 그 자리에서 더는 성장할 수 없다고 여겨졌고, 오랫동안 열심히 기여한 것에 대해 어떤 존중도 받지 못하고 부당하게 쫓겨났다. 그 자리를 대신하게 된 제임스는 동료들과 직원들의 협조와 이해가 부족하다는 생각으로 끊임없이 좌절감을 느꼈다고 말했다.

나는 조직 내에 제임스의 전임자와 연결고리 또는 신의가 여전히 존재하는지 궁금해졌다.

나는 그에게 물었다. '이 조직 어디에 있습니까? 그 위치에서 어떤 느낌입니까?' 이 질문에 좀 혼란스러워하자 '지도를 만들어서 이 질문에 대해 알아보자'고 제안했다. 우리가 앉아 있던 테이블을 조직 시스템이라고 하고, 그는 자신의 관계 시스템relationship system 내에 여러 요소와 사람들을 커피잔과 안경을 대리물로 사용하여 지도를 만들었다.

나는 그에게 먼저 자신을 지도에 배치하고 계속해서 그의 팀과 전무이사, 마지막으로 다른 부서를 포함하여 더 많은 요소를 추가하도록 요청했다. 팀을 지도에 배치할 때 그는 팀을 대표하기 위해 커피잔을 사용했다. 나는 '팀이 어느 쪽을 보고 있나요?'라고 물었다.

그는 커피잔을 보면서 팀이 테이블 가장자리 너머, 즉 조직 시스템 밖을 바라보고 있다고 말했다. '그들은 무엇을 보고 있습니까?'라고 물었을 때 그는 잠시 머뭇거리다가 '옛 상사요'라고 대답했다.

이것은 그에게 뭔가 깨달음을 주었고, 이 역할을 맡고 나서 느꼈던 좌절과 권위를 찾는 데 어려움을 겪는 부분에 대해 풍부하고 유익한 토론이 시작될 수 있었다. 그는 이 좌절감이 공격적인 행동의 주된 원인이라는 것을 분명하게 알게 되었다.

이 간단한 '공감대 확인'이 끝날 무렵, 그는 내가 그에게 제안했던 과정과 코치로서 제시했던 통찰력에 완전히 빠져들었다. 이를 통해 높은 신뢰와 보람 있는 코칭 관계와 과정이 가능해졌고 결과적으로 큰 발전을 이루었다. 심지어 그 세션에서 내적 변화가 일어났으며 이것이 작업을 통해 깊은 행동 변화로 발전한 것을 확실하게 느꼈다.

이 예는 이러한 접근 방식이 선발 회의에 적용될 때 보여주는 순수한 우아함과 코치와 고객 모두에게 제공하는 이점을 보여준다. 제리는 이 세션이 잠재적인 고객과 코치뿐 아니라 경영진과 시스템 사이에 좋은 연결,

좋은 공감대를 만드는 데 더 큰 목적이 있다는 것을 알고 있었다. 하나가 되면 다른 하나가 자연스럽게 따라오는 것이다.

이 예는 또한 시스템 역동과 드러나는 행동: 배제, 기여에 대한 조직의 무례함, 식별, 부담이 되는 역할burden role이 얼마나 자주 일어나는지 상기시킨다. 이 책의 다른 사례연구에서도 이 사실을 밝히고 있으며, 모든 종류의 코칭 상황에서 이 문제를 접하게 될 가능성을 보여준다.

이 사례연구에서 조직화의 힘organizing forces이 중첩되는 예를 볼 수 있을 것이다. 이 책에서 확인한 세 가지 시스템의 힘에 익숙해지면 동시에 작업할 수 있게 되고 이 세 가지와 유사한 형태의 다른 힘이 있다는 것을 쉽게 알아차릴 수 있게 된다.

의제 설정

고객이 일회 세션을 위해 시스템 지향 코치와 함께하는 상황에서 적용 사례를 살펴보자. 경영진은 '발표 이슈presenting issue'를 가지고 코칭 세션에 참석하는데 곧 다른 문제로 바뀌게 된다. 이것은 시스템 지향적 질문과 간단한 컨스텔레이션을 결합하여 근본적인 진실과 실제 의제를 밝히는 것을 보여주는 좋은 예이다.

진실을 향한 도전

코치: 얀 보스Jan Vos, 수석 코치, 마드리드, 스페인

고객: 크리스티나Cristina, 대형 부동산 회사의 임원

부동산 서비스와 투자 관리를 제공하는 국제 자산 그룹의 선임 매니저인 크리스티나는 임대 가능성을 개선하기 위해 마드리드의 주요 커머스센터에 배정되었다. 그녀의 역할은 집주인과 본사 사이의 중개 역할이었다.

코칭 세션에서 그녀는 어려운 상황을 설명하고 어떻게 하면 가장 좋은 선택을 할 수 있는지 알고 싶다고 했다. 크리스티나는 커머스센터에서 흥미로운 프로젝트를 진행하고 있었지만 회사의 목표와는 부합하지 않는다고 느꼈다. 그녀는 특히 집주인-서비스 제공자 관계를 어떻게 보는지에 대한 상사와의 비전 차이 때문에 이 정보를 공유하는 것이 맞는지에 대해 의구심이 있었다. 나는 이 상황에서 어떤 역동이 작용하는지 알아보기 위해 칼 오어Carl Auer의 회색 블록 조각을 사용해서 (이들과 다른 대리물의 예는 사진과 부록 참조) 테이블 컨스텔레이션을 진행할 것을 제안했다. 얼마 동안 그녀는 자신, 상사, 회사 목표, 작업 중인 프로젝트 및 커머스센터를 위한 그림을 설정했다. 나는 크리스티나에게 각 조각에 손가락을 대고 다른 조각들과의 관계를 느끼도록 요청했다. 커머스센터나 회사 목표의 대리물은 그녀와 이 컨스텔레이션에 별로 관심이 없다는 것이 곧 분명해졌다. 거기에는 에너지가 전혀 없었다. 이례적인 상황이었지만 과정을 믿고 계속해 나갔다. 실험적으로 크리스티나에게 일부 요소의 위치를 변경해 달라고 요청했지만 아무것도 변하지 않았다. 이 부분의 컨스텔레이션에는 여전히 에너지가 소진되었다.

짧은 개입으로 '어떤 것-무엇인지 모르는 것'에 대한 대리인을 추가하고 테스트해 보았다.

얼마 지나지 않아 그녀와 상사 사이의 거리를 알아차리고 직감에 따라 '상사를 상사로서 존경합니까?'라고 물었다. 그녀의 대답은 빨랐다: '물론 상사를 존경합니다!' 그렇지만 내가 그녀의 대리물에 손을 얹게 하고 '당신은 내 상사이고 나는 당신을 완전히 존경합니다'라고 말하도록 요청했지만, 그녀는 말하지 못했다. 입으로 말하려 했지만 아무 말도 나오지 않았다.

이것이 그녀에게 어떤 의미인지 묻는 대신 이대로 남겨두기로 했다. 우리는 시스템을 '있는 그대로what is'를 인정하는 것에 대해 조금 이야기하고 세션을 마쳤다. 나는 그녀에게 앞으로 몇 주 동안 이것에 관해 많이 생각하지 말라고 했다. 왜냐하면 이 기간에 내적 작업이 진행될 것이기 때문이었다. 그녀는 어떤 것도 억지로 하려고 해서는 안 되며 그저 흐름에 따라 몸과 내면의 성찰에 주의를 기울여야 했다. 3주 뒤 다시 크리스티나를 만났다. 그녀가 회사를 그만두기로 했고, 부분적으로 컨스텔레이션과 '있는 그대로'를 존중한다는 말을 하는 데 어려움이 있었기 때문이라는 것이 곧 분명해졌다. 그녀는 매우 명료해졌고, 이제 막 제안받은 직업에 매우 흥분해 있었다. 그녀는 이제야 겨우 이전의 상황과 그 안에서의 자기 입장을 정말로 이해하고 인정할 수 있다고 설명했다. 컨스텔레이션을 함께 살펴보면서, 우리는 '어떤 것-무엇인지 모르는 것'의 대리물과 다른 대리물들의 에너지 부족을 기억해 내고는 이 모든 의미에 대해 그녀가 깨달은 명확성에 대해 논의했다.

이번 예에서 얀은 정보가 없는 것은 그 자체가 정보라는 믿음으로 과정에 함께했다. 그는 관찰과 통찰력으로 질문했고 더 깊은 진실을 드러냈다. 이것은 개인의 요구나 문제가 아니라 더 넓은 시스템을 위한 것이었다. 이 접근 방식은 시스템과 그 안에 있는 사람들에게 정직하게 행동할 수 있게 도와준다. 얀은 크리스티나가 '올바른 위치'에서 훨씬 더 많은 것을 느끼는 회사에 갔다고 말했고, 그때 그녀가 예의 있게 떠나 온 회사는 그녀의 공헌에 감사하고 언제든지 다시 환영할 것이라고 말했다.

가입과 떠남

개인이 조직 시스템에 잘 적응하지 못하면 자신의 자리를 찾지 못할 수 있다. 가입joining은 거의 항상 떠나기leaving와 관련된다. 그 역할을 가장 먼저 했거나 그들보다 앞서 했던 사람은, 그들이 떠나는 방식으로 가입join하는 사람에게 영향을 미친다.

대부분 정말 중요한 것은 떠나는 사람에게 그들이 기여한 부분을 진정으로 인정하는 것이다. 그들의 기여가 비록 제한적이거나 타협된 상황이었다 하더라도, 그들이 기여할 수 있었던 것에 대해 공개적으로 감사를 표하는 동시에 어떤 부분에서는 충분하지 않았다는 것을 인정하는 것이 중요하다. 주어진 것에 대한 이러한 존중은 공개적이며 역할에 대한 경로를 명확하게 한다. 어떤 상황에서는 그 사람이 전적으로 기여하지 않았거나 할 수 없었기 때문에 그들이 떠나는 것이 시스템에 더 나은 일일 수 있다는 사실을 전달하는 것이 중요하다. 나는 코치로 일하면서 이에 대한 몇 가지 예를 접할 수 있었다.

신임 CEO를 코칭하고 있었는데, 그는 자신이 2년 동안이나 부사장직을 해왔고. 기술과 경험으로 맡은 역할을 해내고 목표를 달성할 수 있다는 느낌이 있었는데도, 새로운 역할에 대해 '안개 속'에 있는 것 같다고 표현했다. 나는 전 CEO가 회사를 떠난 방법에 관해 물었다.

아주 최근에 갑작스럽게 이사회가 전 CEO에게 즉시 퇴사할 것을 요구했고 그 뒤 이 사항에 대해서 거의 어떤 소통도 이루어지지 않았다. 회사 소식지로 간단히 전 CEO가 떠났으며 부대표로 교체되었다고 알렸다.

이것은 새롭게 시작된 코칭 관계였고, 고객은 시스템 관점에 대해 알지 못했다. 나는 전임자가 기여했던 부분이 인정되어야 한다는 생각을 신임

CEO와 공유했고 그는 이렇게 말했다. 'CEO였던 짧은 시간 동안 그녀는 별로 기여하지 못했어요. 그걸 몹시 힘들어했어요.' 존경하고 겸손한 어투로 말하면서, 실제로는 친구라는 설명도 이어졌다. 이 혼란을 참는 것이 그에게는 큰 부담이 되었다. 그래서 전 CEO가 어떻게 해서 CEO가 되었고 시스템에 합류했는지 물어보았다. 그녀는 비즈니스의 다른 측면을 전문으로 하는 회사 내 다른 부서의 대표를 신청했지만, 정치적 압력에 의해 CEO 역할만 맡게 된 것이 분명해졌다. 즉 그녀는 다른 사람의 계획을 수행하고 있었고 처음부터 그 깊은 타협을 통해 자신의 역할을 유지할 수밖에 없었다. 시스템 상태가 나빠져 결국 그 역할을 하는 사람은 퇴출당하는 숨은 역동성으로 인해 성공 기회를 지켜낼 수 없었다.

고객이 완전히 '자신의 자리를 차지'하여 자유롭게 자신의 역할을 하기 위해서는 전임자에 대한 회사의 침묵을 깨야 했다. 그는 코칭보다 사람들에게 그녀에 대한 진실을 말할 필요가 있었다. CEO로 임명된 진실, 성공적으로 역할을 맡을 수 없었던 진실, 그리고 그녀가 시스템 비밀 공작 systemic secret-making에 공모하기를 거부하려 했다는 진실을 공유할 필요가 있었다. 이것은 잘 작동했고 시스템과 그 안에 있는 모든 사람의 답답함이 해소되었다.

잘 떠나기

시스템을 잘 떠나는 것은 조직 건강을 위해서 매우 중요하지만, 이것을 중요하게 여기는 고용주와 직원은 거의 없다. TIME의 구성 원리와 관련되어 시스템에서는 먼저 오는 것이 뒤에 오는 것보다 우선한다. 이것을 기억하기는 쉽지만 빠르게 움직이는 복잡한 시스템에서 항상 체화하는 것은 어렵다.

좋지 않은 떠남으로 발생할 수 있는 손상의 중요성과 잠재적 피해에 대해 코치가 이를 염두에 두고 고객과 조직을 코칭하는 것은 실질적인 가치가 있다.

이것은 누군가 떠날 때 조직에 대한 개인의 기여가 완전히 인정되지 않는 그때를 알아차리는 것을 의미한다. 누군가가 유용하고 가치 있는 것에 기여했다는 것을 모두 '잊어버리려는' 한다는 시도를 알아차리는 것이다. 이것은 행동이나 수행상의 문제나 대인관계의 긴장을 초래한 리더십 변화가 있었을 때 발생한다. 점차적으로나 때로는 아주 빠르게 강력한 공헌을 하던 사람이 '기피 인물'이 되어 퇴장한다. 서둘러 그들을 밖으로 끌어내고 나아가기 위해 여러 가지 방법을 동원한다. 이런 방법 가운데 시스템과 조직의 건강에 지속해서 긍정적 영향을 미치는 것은 거의 없다.

시스템은 '이동', '잊기' 또는 기타 배제를 용납하지 않으며 문제가 제대로 처리될 때까지 역동성을 발생시켜 사람들을 얽히게 한다. 그러나 전 세계의 조직은 여전히 사람들에게 가입할 때보다 떠날 때 더 많은 돈을 주고 있으며, 이것이 조직의 기억을 유지하는 데 도움이 된다고 믿는다. 그렇지만 시스템에는 정반대의 영향을 미치며, 그 자리에 누군가 '재-멤버re-member'가 될 것이다.

조직은 더는 원하지 않거나 필요로 하지 않는 사람들에게 침묵을 지키며 시스템에서 나가게 할 것이라는 믿음으로 돈을 지급한다. 사실 그것은 오히려 연결을 더 강하게 할 위험이 있다. 비즈니스 컨스텔레이션 웹 사이트의 맞춤형 워크숍 환경에서 이루어진 국제 컨설팅 회사의 사례연구 스크립트에서 이러한 생생한 예를 보여준다. 이 예에서 결정적인 영역에서 일했던 사람이 아니더라도 정말 존경하면서 시스템을 떠나게 하는 것이 간단하면서도 비용 면에서 더 효율적이라는 것을 알 수 있다.

아마도 가입과 탈퇴는 TIME, PLACE 및 EXCHANGE가 눈에 보이도록 명백하게 드러나는 순간일 것이다. 리더가 이러한 기본 원칙을 무시하거나 위반하는 상황에서 떠나면 후임자 역할의 어려움뿐만 아니라 새로 가입한 조직에 또 다른 문제를 만들 위험이 있다. 이 역동성을 알아차리고 해결하는 데 오랜 시간이 걸리기도 한다.

퇴직 담당 리더를 코칭할 때 이러한 역동성에 대해 떠올린다면 매우 유용할 수 있다. 리더들은 누군가 떠나야 할 이유와 그 사람이 기여한 많은 것을 함께 떠올릴 수 있게 되며, 새로운 존경과 이해를 하게 된다. 이러한 존경과 이해는 가입할 때 받았던 원래의 존경심과 다시 연결된다. 그런 다음 리더는 다른 관점에서 퇴직하는 사람과 대화를 나눌 수 있으며, 더 쉽고 편안하게 시스템과 이별할 수 있게 된다. 새로운 역할 수행자 또한 심리적으로 안정되고 성공에 필요한 권한을 실제로 갖게 된다.

떠나는 사람은 떠나는 것에 대해 다양한 감정을 가지는 것이 자연스러운 일이다. 오랫동안 일, 역할, 경력을 위해 노력해 왔으며 '자신의 것으로 만들었다': 그들은 최선을 다해 잘해내기 위해 모든 시간과 관심을 쏟았다. 그런데도 그들은 떠나라는 요청을 받는다. 떠나라는 요청을 받거나 떠나는 것이 가장 좋다는 것을 깨달을 때 좌절감이나 분노를 느끼는 것은 인간뿐이다. 조직 시스템은 강력하고 복잡하며 긴장, 역동성, 숨겨진 두려움과 신의로 가득 차 있다. 떠나는 것은 떠나는 사람과 남겨진 사람 모두에게 많은 감정을 불러일으킨다.

완전히 떠남은 상황에 따라 어려울 수 있지만, 떠남으로 인해 이어지는 것이 무엇이든 변화된 것에 대한 상호 존중을 통해 해결할 수 있다. 사람에 대한 존중, 더 넓은 시스템 요구 사항에 대한 존중, 떠나는 이유의 진실에 대한 존중이 있다.

~

몇 년 전에 국제적인 영향력을 가진 중요한 조직 내의 고위급 여성을 코칭했다. 그녀는 조직에서 가장 큰 부서의 책임자였으며 최근 전체 그룹의 CEO 직책에 지원했다.

얼마 뒤 그녀가 그 직책에 임명되지 않을 것이라는 사실이 분명해졌고 그 시스템을 떠나 다른 조직에서 직책을 맡고자 하는 그녀의 꿈을 다루기 시작했다.

첫 번째 세션에서는 그녀가 성공하지 못한 이유를 함께 살펴보았다. 상황이 어떻게 정치적이었는지에 대한 스토리를 지나서, 조직의 필요성으로 인해 그녀가 사실 최고의 후보가 아니라는 더 깊이 있는 진실에 도달했다. 시스템적 코칭의 두드러진 측면은 고객이 자신의 상황에 대한 진실, 전체 시스템의 진실에 서도록 지원하는 것이다. 있는 그대로 인정하는 것acknowledging what is. 이것은 스토리로 끌리는 것을 막고 자연스러운 공감대를 형성하게 한다. 고객이 진실을 받아들이도록 돕는 것은 중요하다. 리더십의 어려움과 인간의 조건에 대한 존중이 있다면, 일반적으로 시간이 지나면서 더욱 성장하고 겸손하게 되며 고객에게 잘 맞추는 정서지능이 높아지게 된다.

이 고객이 이 단순한 진실에 설 수 있게 되자, 그녀가 현재의 직책에서 이룬 진실을 보고, '좋은' 퇴사를 위한 신선한 에너지를 만들었다. 또 그녀의 스토리 뒤에 숨겨졌던, 사실 그녀가 조직의 많은 사람이 그리워할 정도로 매우 인기 있고 호감이 가는 리더였다는 진실이 완전히 드러날 수 있었다.

이 책에서 이 과정에 대해 공유해 달라고 부탁하자, 그녀가 쓴 내용이다. 시스템 코칭 접근 방식과 컨스텔레이션에 대한 그녀의 개인 경험이다.

잘 떠나기

코치: 존 휘팅턴 John Whittington

고객: 익명

(고객이 작성한 사례연구)

실제로 최고 자리를 맡을 준비가 되지 않았다는 진실을 깨달은 뒤 신중한 고민 끝에 즐거웠던 직장을 그만두기로 했다. 이 단순한 진실은 나를 안심시켰고 시간이 지나자 나는 직책을 맡지 못한 것이 오히려 기분 좋았다. 그렇지만 내가 만든 안전한 '가족적인' 환경을 떠나는 것과 다른 조직에서 맡게 되는 또 다른 직책에 대해서 염려하고 있었다.

그 세션에서 앞으로 생각하기 전에 이전 상황으로 다시 돌아가도록 초대받은 것이 유용했다. 사실 이것을 통해 내가 만든 모든 움직임에 영향을 미쳤고 차이를 만들어냈다. 실제 매핑을 통해 떠나는 것에 대해 느끼는 상실감을 이해했고, 그 감정이 실제로 어떤 것과 연관되어 있는지 탐색하고 나서, 더 사려 깊은 방식으로 떠나는 것을 고려하는 데 도움이 되었다. 사실 나중에 이 모든 처리 방식은 동료들에게도 도움이 되었으며, 많은 사람이 내가 떠나는 것을 보고 안타까워했다.

나는 작업에 온전히 머무르며 한쪽에는 파트너의 대리인을 두고 앞쪽 중앙에

'나being me'의 대리인을 두어 설정했다. 이것은 그 자체로도 유용한 알아차림이 일어났다. 내 바로 뒤에 확신validation, 업무 관계working relationship, 가족처럼 여김a sense of family, 안전security 및 소속감belonging과 같은 다양한 감정을 체화한 여러 가지 대리물들을 배치했다. 이것들은 정말 친했던 팀원 세 명과 함께했던 것들로 내가 가장 그리워할 것들이었다.

장에 접속해서 이 요소들이 나에게 얼마나 중요한지 인정하고 '잃어버릴 때'의 감정을 느끼고 이해하게 되었다. 내가 잃어버릴까 봐 두려웠던 것은 이 직장이 아니라 내가 중요하게 여기는 팀 문화와 내가 만든 '정신sprit'이었다. 또 그 직장이 내게 얼마나 많은 것을 주었는지 알 수 있었다. 내가 완전히 직업적 경쟁력과 전문성을 갖추도록 해주었다. 그 여정은 즐거웠고 그동안 이룬 것에 대해 자랑스럽게 여기는 것도 좋았다. 새 직책에서 권한을 얻지 못한 것에 대한 초반의 혼란은 훨씬 더 유용한 것으로 - 새로운 곳으로 옮기는 즐거움과 내가 사업에서 창출한 모든 가치를 떠날 수도 있다는 느낌이 점차 커지는 것으로 - 바뀌고 있었지만, 역할을 하는 동안 갖추게 된 모든 자질과 관계 가치들은 나에게 남아있었다.

이 과정은 조직에 대한 내 태도를 바꾸어 놓았을 뿐 아니라, 나에게 주어졌던 모든 좋은 것들과 기회들, 내가 만든 많은 친구, 특정 부문에서 훨씬 더 광범위해진 인맥 등이 있다는 것을 알게 해주었다. 물론 그들도 나에게 많은 것을 주었다. 이것이 '주고받기giving and receiving'의 좋은 균형이라고 느껴졌다.

그 결과 '양측'이 교환된 것을 진정으로 인정할 수 있고, 덜 좋은 관계는 정중히 남겨두고, 좋은 관계는 계속되고 성장할 수 있는, 정중한 떠나기가 가능했다. 멋진 떠나기 과정과 파티가 끝날 무렵에는 정말 '완벽한' 느낌이 들었다!

세션 자체로 돌아가서, 대리인들을 최종 구성으로 이동한 방법을 기억한다.

이를 통해 앞으로 나아갈 수 있었다. 내 뒤에 모든 경험, 지원 및 자원이 있다는 것을 알아차리고 나서 다소 불확실한 미래에 직면할 준비가 되었다. 대리물들의 단순한 움직임처럼 보이지만 실제로는 자신을 보는 방식, 팀과의 관계, 퇴사 연설 계획 및 다음 직장에 접근하는 방법 등에 큰 영향을 미쳤다.

그것은 반감과 상실감을 느끼며 지나야 할 기간을 큰 성공을 거둔 축제 기간으로 바꾸어 놓았다. 나는 모두가 잘 되길 기원하며 시스템에 대해 더 깊게 이해할 수 있게 되었고, 자신에 대한 새로운 느낌과 관점을 가지고 다음 직장으로 옮길 수 있었다.

중요한 과도기의 임원들과 함께 작업할 기회는 비교적 드물다. 그래서 이 고객을 탈퇴 프로세스를 통해 시스템적 통찰력으로 지원하게 되어 특히 기뻤다. 이 작업을 통해 그녀가 떠나는 시스템, 가입한 시스템, 그리고 미래에 가입할 수도 있는 시스템 모두를 건강하게 할 수 있다는 강한 느낌이 들었다. 다른 조직의 CEO로 성장 발전하게 될 이 고객은 '올바른' 위치에서 가질 수 있는 유익을 직접 경험하면서 '새로운 역할에 가입하기와 떠나기'에 어떻게 특별한 관심을 기울일지 계속 공유해 나갔다.

조직 시스템의 건강을 지원하는 방식으로 시스템 떠나기는 시스템 내의 모든 사람과 떠나는 사람에게 깊은 영향을 미치는 섬세하게 균형 잡힌 문제이다. 임원들이 자신의 권위를 가지는 것에 대한 어려움을 공유하는 코칭 세션 또는 컨스텔레이션 워크숍에서는, 전임자가 문제 환경에서 떠났거나 아직 시스템을 떠나지 못하는 경우가 많다는 사실을 발견하게 된다. 계약이나 법적으로는 떠난 것이 맞지만 그런데도 여전히 시스템에 많은 영향을 끼치는 것이다.

잘 떠날 수 있게 지원하는 코치로 일하는 것은 그들 주위 시스템이 안정되는 것을 느낄 수 있어서 항상 만족스럽다. 이렇게 되어야 후임자가 그 역할을 할 수 있도록 진정으로 그 역할에서 떠나 새로운 조직이나 역할로 자유롭게 옮겨 갈 수 있다.

~

이러한 상황을 다루는 코칭 세션에서는 고객에게 근본적인 균형의 힘을 다루는 문장을 큰 소리로 말하도록 제공하는 것이 좋다. 예를 들어, 조직을 떠날 계획이 있고, 적의를 품고 있거나 지쳐 있거나 존경심을 가지고 돌아보기를 꺼리는 사람들과 작업하게 될 때, 그들이 집중하도록 도우면서 회사에 말할 수 있도록 초대할 수 있다(화분, 벽면의 포스트잇, 노트 또는 바닥 마커와 같은 대리물을 사용하면 그들이 집중하는 데 도움이 된다). '내가 준 모든 것 - 시간, 경험, 노력을 가져도 됩니다.' 그리고 또는 '어떤 것은 고통스러웠고, 어떤 것은 즐거웠습니다. 그리고 일하면서 배운 모든 것을 앞으로도 잘 활용하겠습니다. 감사합니다.' EXCHANGE 원칙에 대한 이 의례 문장은 시스템을 안정화하며 대화를 풍부하게 하고 얽힘을 줄인다.

리더십 개발 코칭

임원코칭은 자기 인식, 정서지능과 리더십 존재감의 발달과 관련이 있다. 컨스텔레이션은 처음에는 '문제 해결', 즉 개인이나 팀이 직면하는 특정 이슈를 해결하는 것으로 명성을 쌓았지만, 리더십 발달과 관련된 개입으로 새로운 정보와 풍부한 자원을 제공하기도 한다. 다음 예는 이러한 맥락의 응용 프로그램 일부이며, 이 방법으로 개발 코칭이 완전한 효과를 거두기 위한 촉매 역할을 하는 방법을 보여준다. 11장의 '이중 블라인드 double-blind' 컨스텔레이션도 확인할 수 있다(리더십 찾기 사례연구).

위임 delegation

나는 최근에 다른 좋은 결과를 나타냈던 리더가 위임에 큰 어려움이 있고 결과적으로 소진될 위험에 처한 상황을 보았다. 그를 초대하여 자신을 대리할 물건을 선택하게 하고 나서, 부하직원의 대리물을 선택하라고 하였다. 그는 그들을 설정하고 난 다음 '자랑스럽지만 갇혀 있다'고 느낀다고 말했다. 그 순간 그는 통찰을 얻었다: 내가 더 개입하지 않고도 그는 '아, 방금 기억났어요'라고 말하면서 또 다른 더 큰 대리물을 가져와 부하직원 바로 뒤에 놓았다. '내 이전 상사도 전혀 위임하지 못했어요!' 그는 대리인 위치에서 사장님을 올려다보며 말했다. 이것은 이전 상사의 영향력과 그에 대한 신의 그리고 위임 기술 부족으로 인해 부하직원과 대화하기가 어려웠던 것이다.

위임 기술을 개발하기 위해 갖고 있었으면 하는 자원과 기술을 대리하는 것을 그의 옛 상사 뒤에 배치하도록 초대했다. 고객은 깊게 공명하며 홀로 깊이 접속하여 연결되었다. 위임에 대한 그의 딜레마를 둘러싼 시스템 이슈의 아주 간단한 매핑을 통해 내적 변화가 일어났다고 말하기에 충분하였다. 이것은 코칭 대화만으로는 얻을 수 없었을지도 모른다.

'당신이 할 수 없었고, 그래서 그것이 나에게는 어려웠습니다.' 그리고 나서 '나는 다른 방법을 시도할 것입니다'를 포함한 짧은 문장을 제공하는 것으로, 인정, 존중, 새로운 행동에 대한 통합을 내면화할 수 있었다. 이 접근법의 원칙과 실행에 의한 간단한 개입으로, 다시 코칭 대화로 돌아가 위임받은 주제를 새로운 관점으로 보고, 전통적인 프레임워크와 주제의 접근방식을 세부적으로 적용할 수 있게 되었다.

360도 피드백

이 접근 방식의 프로세스는 시스템에 관한 입장과 새롭게 떠오르는 통찰력과 결합하여 다른 프레임워크와 방법론을 지원하고 실현할 수 있다. 이것은 특히 많은 이야기를 하고 이성적인 사람들에게 적용된다. 360도 피드백을 실제 생활에 전달하기 위해 고안된 이 활동은 고객에게 피드백에 대한 구체화한 경험을 제공하기 때문에 고객은 이 활동을 더 효과적으로 활용할 수 있다.

> ### 360도 피드백 활동
>
> 도전적인 360도 피드백에 직면한 고객을 코칭할 때 이 활동을 사용하라. 충분한 바닥 공간을 찾은 다음, 공간 한가운데에 서도록 초대한다. 그런 다음 바닥에 있는 네 개의 '나침반 지점'에 큰 종이 네 장을 놓는다.
>
> 　고객의 왼쪽에 이름을 적은 종이를 놓는다(나침반의 서쪽, 시계 9시 방향): '긍정적 피드백affirming feedback'
>
> 　종이에 이름을 쓰고 오른쪽으로 놓는다(나침반의 동쪽, 시계의 3시 방향): '발전적 피드백developmental feedback'

그들이 중앙에 서 있을 때 그의 왼쪽을 보도록 초대하여, 종이를 보고 긍정적 피드백을 받은 느낌을 요약하게 한다. 그들이 받은 모든 긍정적인 피드백을 기억하고, 그것을 내재화하도록 지원한다. 익숙하고 간단한 문장의 시스템 언어를 사용함으로써 부분적으로 그들이 인식하는 진실을 인정할 수 있다. 고객에게 긍정 피드백 '위치place'를 보면서 '감사합니다'와 같은 말을 하도록 초대하여 이 첫 번째 부분을 마무리할 수 있다. 이 말은 누군가를 결별이나 긍정적 피드백에 대한 거부를 강력한 내부 경험과 수용으로 바꿀 수 있다.

오른쪽에 있는 마커를 사용하여 발전적 피드백 과정을 반복한다. (피드백 통합을 지원하기 위해) 가장 간단한 인정 문장에 대한 자신의 느낌에 따라 고객에게 개발 '위치place'를 보도록 초대하여, '감사합니다. 여기서 배운 것을 사용하겠습니다'와 같은 말을 하게 하여 마무리할 수 있다.

이제 그들 앞에(나침반의 북쪽, 시계의 12시 방향) 있는 종이에 '기회opportunity'라고 적는다. 한발씩 앞으로 나오도록 초대하고 균형 잡힌 피드백이 주는 기회에 대한 2~3가지 핵심 아이디어를 쓰게 한다.

마지막으로, 중앙으로 돌아가서 세 위치 모두를 다시 보도록 초대한다. 고객에게 '숨겨진 자원'이 무엇인지 살펴보고 공유하도록 요청하여 기회를 극대화할 수 있도록 지원한다. 이것은 대개 그들이 오랫동안 잊혔거나 숨겨져 있는 자원을 파헤치고 찾는 동안 조용한 성찰의 시간으로 이어진다. 그들은 중간에 모든 의식적인 자원을 더 기억하고 분명하게 표현할 수도 있다.

그들이 이용할 수 있다는 것을 깨달은 숨겨진 자원을 종이에 쓰도록 초대한다. 이제 그들이 숨겨진 자원이 적힌 종이를 집어서 가운데에 다시 서 있는 곳으로 가져가도록 초대할 수 있다.

적절한 방법으로 활동을 마무리한다. 예를 들어, 주변을 둘러보고 모든 것을 받아들인 다음 적절한 경우 기회를 향해 발걸음을 내딛도록 유도한다.

탁상 위의 물건을 사용하여 활동을 쉽게 할 수는 있지만, 직접 일어서서 더 체화embodied된 작업을 하면 더 많은 것을 깨닫게 되곤 한다. 여기에서 제공되는 모든 활동과 마찬가지로 고객과 자신의 스타일에 맞게 자신의 삶을 발전시키며 향상하는 방법을 사용하면 된다.

목표 설정

내가 자주 듣는 또 다른 문제는 어떻게 이 접근 방식을 선호하는 목표 설정과 통합하느냐 하는 것이다. 시스템 코칭과 컨스텔레이션은 솔루션 지향적이지만 목표 설정에서 코칭 스펙트럼과 반대편에 있는 것처럼 보인다. 그러나 많은 코치나 퍼실리테이터들은 목표 맵을 설정하는 것이 장애물과 숨겨진 신의를 드러내는 데 매우 유용한 방법이 될 수 있음을 알게 된다. 더 나아가 목표를 둘러싼 컨스텔레이션을 통해 시스템 내에서 새로운 자원을 찾기도 하므로 목표에 도달할 가능성이 매우 커진다.

목표를 설정하거나 더 큰 맥락에서의 목표 설정이 필요한 경우, 이전에 설정한 목표 또는 목표에 도달하지 못했을 때 사용할 수 있는 컨스텔레이션 프레임워크가 그림에 나와 있다. 여기에 시각화된 목표 설정 컨스텔레이션은 특정 목적 또는 목표에 대한 경로를 명확히 하는 고객과 작업할 때 포함할 수 있는 여러 옵션이 포함된다. 고객과 함께 시도하거나 직접 시도할 때 플로어 마커를 사용하고 작업 중인 방 전체를 사용하여 각각의 위치에 서 있는 것이 좋다.

먼저 목표, 즉 자신과 고객을 위한 위치를 정한 다음, 그 사이에 장애물을 표시하는 것으로 시작한다. 이것들은 그림에 직사각형 모양으로 표시되어 있다. 이제 '고전적인' 목표 지도가 생겼다.

이제 추가로 제공할 수 있는 다양한 추가 요소에 대해 간략히 살펴보겠다. 이것들은 네 개의 원 모양이 그래픽으로 표시된다. 목표 설정 활동에서 경우에 따라 모두 포함하기도 하지만 이는 드문 경우이다. 고객과 작업하면서 적당한 것과 순서는 자연스럽게 알게 된다.

이 설명의 목적상, 특정 의뢰인이나 이슈의 맥락에서 벗어나 '배제된 것'의 플로어 마커로 시작하자. 즉 '무엇이 제외되는가'를 의미한다. 모든 것에 위치를 주고 아무것도 배제되지 않으면, 시스템이 일관되고 역동적 균형을 이루고 앞으로 나아갈 수 있다. 배제한 것이 무엇인지 생각하도록 고객을 초대하고 나타나는 것을 보는 것은 항상 매력적이다. 자신과 목표 설정 과정에서 무시하거나 배제하려는 것이 장애물로 나타나는 경우가 많다. 이것은 목표와 더 깊게 연관된 경우가 많으므로 어떤 일이 일어났는지 확인할 필요가 있다.

그런 다음 동일한 원칙에 따라 블록의 '숨겨진 유익'으로 이동하여 목표에 도달한다. 목표에 도달하기 위해 확실히 장애물로 인식되는 것도 이면을 보면 또 다른 가치를 지니는 경우가 많다. 이 개념은 이미 잘 알고 있겠지만 이러한 방식으로 작업하면 고객이 실제로 장애물 측면에 서서 숨겨진 유익을 알아차릴 수 있다.

다음은 세 번째인 '숨겨진 신의$^{hidden\ loyalty}$'다. 이를 '목표에 도달하지 못하는 것의 숨겨진 것 또는 비밀 혜택'으로 고객에게 소개할 수 있다. 이것은 고객이 목표를 향한 여정을 시작하기 위해 고군분투하는 '비밀 이유'를 인식하고 드러내기 시작하면서 고객의 얼굴에 미소를 가져오는 경우가 많다. 숨겨진 신의는 관계 시스템 내에서 아마도 무의식적일 것이므로 시스템 역동성이나 얽힘으로 본다.

마지막으로 효과적인 목표 설정의 경우와 마찬가지로 현재 의식하고 있는 목표의 진실에 서서 더 큰 목표에 초점을 맞추는 것이다. 이 활동에서는 '가능한 것'에 대해 플로어 마커로 위치를 정할 수 있다. 즉 이 목표에 도달한 결과로 가능한 또 다른 어떤 것 - 더 큰 목적이나 상위 목표가 나타나는지를 의미한다.

이 간단한 목표 컨스텔레이션은 코치와 고객을 조명하는 과정이었다. 이 접근 방식은 기본 원칙 가운데 하나인, 모든 것은 그 위치가 있다는 것을 수용한다는 원칙을 기본으로 한다. '이 목표에서 제외되는 것'을 나타내는 대리인까지 포함함으로써 모든 것에 위치를 줄 수 있게 된다. 이를 통해 목표에서 멀어지게 하는 우발적인 배제 없이 더 크고 명확한 그림이 나타날 수 있다. 장애물의 숨겨진 유익을 나타내는 대리인까지 포함함으로써 대부분 시스템 문제나 장애물에 대한 해결책이 장애물이라고 생각한 것의 이면에 또는 숨겨진 채로 동일 시스템 안에 있음을 알 수 있게 된다.

그리고 목표에 도달하지 않아 생긴 숨겨진 유익인 '숨겨진 신의'를 나타내는 대리인을 배치함으로써, 무의식적인 연결, 보이지 않는 대가를 표면화한다. 고객이 다른 시스템에 부분적으로 얽혀있는 경우가 많으며, 이전에 제대로 인정하지 않았던 것에 대해 깊이 신뢰하게 되는 경우가 많다.

행동 변화의 주요 장애물 가운데 하나인 숨겨진 신의 요소를 조명해야 한다는 것을 이미 알아차렸을 것이다. 예를 들어, 코칭의 목적이 의미 있는 행동 변화인 경우 일부 코칭 접근 방식은 고객을 격려하고 모델링을 사용함으로써 이를 추진하고자 한다. 여기에 설명된 접근 방식은 그 코칭 방식이 효과가 없거나 지속하지 않는 경우 대안적이고 보완적인 개입을 제

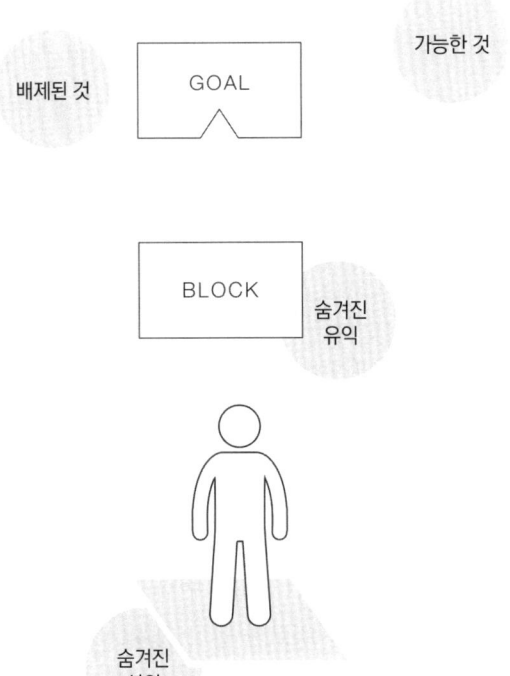

공한다. 이 접근 방식은 변화를 일으키는 진정한 근원인 무언의 저항이 정중하게 드러난다. 일단 드러나고 조명되면 적절한 경우 해결할 수 있다.

시스템 얽힘을 비추고 해결하기 위해 고안된 문장을 사용해 볼 수 있을 만큼 이 방법론에 익숙해지고 편안하다면 이 방식을 제공할 좋은 기회가 될 수 있다. 예를 들어, 숨겨진 신의의 옵션은 일반적인 코칭으로 접근하기 힘들었던 고객과 밀접한 사람과 깊은 관계를 드러낸다. 자신의 양심 집단에 '결백한' 상태와 신의를 유지하고 소속을 보호해야 하므로 목표를 향해 나아갈 수 없다고 느끼기 때문이다. 목표를 향해 나아가려면 죄책감을 견뎌야 한다. 이것이 숨겨진 신의의 힘이다.

이 경우 고객이 숨겨진 신의의 플로어 마커를 바라보며 '당신에게는 불가능했거나 다다를 수 없었던 목표를 위해 저는 다른 경로나 탐색 옵션을 선택하고 있어요. 저에게 미소를 보여주세요'와 같은 말을 하게 할 수 있다. 만일 가족 관계에서 벗어나기 위해 존중해야 하는 깊은 신의라면, 이런 종류의 문장도 제공할 수 있다. '여기서 내게 가능한 것에 기꺼이 나아갈 것이며 당신을 기리기 위해서라도 그렇게 할 것입니다.' 이것은 옳고 그름을 넘어 완전히 다른 맥락의 행동 변화를 만들어낸다.

마지막으로, 이 활동의 한 가지 추가 옵션으로, 고객에게 사실이라고 느끼는 위치에 '정말 집중할 수 없게 만드는 것'인 플로어 마커를 추가할 수 있다. 이것은 고객이 부끄럽게 느끼거나 수치스러워하는 장애물 또는 말하지 않는 방해물을 좀 더 의식적으로 표면화하는 경향이 있으며 오히려 그것이 이 문제를 해결하는 경로가 될 수 있다.

고객이 탐색할 수 있는 충분한 공간을 확보한다면 이러한 옵션을 안전하게 테스트해볼 수 있다. 그리고 코치가 자신의 목표, 목적, 행동 변화를 이용하여 직접 해본다면 훨씬 좋을 것이다. 즐겁게 테스트하고 놀라운 일이 나타날 것을 기대하라!

말하기 어려운 대화

고객이 말하기 어려운 대화에 대비해야 하는 고객 세션을 여러 번 접하게 될 가능성이 크다. 그들은 아마도 긴장하고 때로는 화를 내거나 분개하기도 한다. 이러한 상황을 지원하기 위해 고안된 잘 알려진 유용한 방법이 많이 있으며, 시스템 접근 방식 역시 이 상황에서 다양한 역할을 할 수 있다.

역할극도 유용한 도구이긴 하지만, 위험으로는 의도치 않게 논쟁에 휘말리거나 태도나 목소리 톤으로 인해 '한쪽 편을 드는 것'이 있다. 역할극은 효과가 있을 수 있지만 개인적이고 사실적이며 상상의 스토리 관점을 가지고 진행되기도 하므로 오히려 얽힘을 가져올 수도 있다.

고객에게 도전적인 대화를 해야 하는 사람의 대리인 바로 반대편에 앉거나 서도록 요청하는 것부터 활동해 볼 수 있다. 앉거나 - 이 경우 다른 의자를 사용할 수 있다 - 서 있는 경우 플로어 마커와 13장에 설명된 '손 대리인cataleptic hand' 기술을 사용하는 것이 효과적이다. 그런 다음 스토리나 의견이 아닌 시스템 진실에서 교환을 촉진한다. 즉 긴 대화나 의견을 교환하지 말고 시스템의 진실을 밝히는 대안을 제시한다. 있는 그대로 인정하는 문장을 사용하고, 시스템 역동을 드러내고(명백히 보이는 것과 매우 다를 경우가 많음), 존중하는 현실 대화를 할 수 있도록 문장을 제공한다.

여기에서 일차 감정과 이차 감정의 차이를 이해하는 것이 유용하다. 일차 감정은 가장 먼저 느껴지는 감정을 말한다. 예를 들어, 위협을 받으면 두려움을 느끼는 본능적 반응과 같은 것이다. 그러나 일차 감정은 잠깐만 유지되며 분노 같은 또 다른 감정으로 빠르게 전환되어 나타나는 경우가 많다.

이것은 이해하기는 쉬우나 항상 코칭에 적용되는 것은 아니다. 이 접근법으로 작업하면 고객의 일차 감정에 안전하게 다가가서 지원하며 작업할 수 있게 된다.

이차 감정은 일차 감정을 가장하여 실제로 서로 다른 감정을 하나처럼 보이게 만드는 문제가 있다. 일차 감정을 알아차리기 어렵게 만든다. 이차 감정은 수많은 생각과 혼란을 통해 생겨난 경우가 많다. 시간이 지남에 따라 깊어지고 점점 더 얽힐 수 있다. 사람들은 매우 오랫동안, 때로는 평생 이차 감정에 머물 수도 있다. 이차 감정은 개인의 정신 역동을 흐리게 만들어 일차 감정을 알아차릴 때 오히려 놀라게 된다. 이차 감정을 맹목적으로 받아들이는 것은 실제로 일어나고 있는 감정을 놓칠 수 있다. 컨스텔레이션의 방법론인 짧은 구절 또는 '문장들'로 표현되는 시스템 코칭의 언어들은 이러한 일차 감정을 알아차리고 표현하는 가장 효과적인 방법 가운데 하나이다. 본질적인 내용 essential content과 여러 가지 감정이 섞여 있을 가능성이 커 보이는 상황에서 문장들을 제공할 때 필수적인 것은 이차 감정에서 일차 감정으로의 전환이다. 어려운 대화를 해야 하는 고객을 위해 코칭을 준비할 때 이러한 이해와 시스템 지향적 문장들을 적용한다면 강력한 조합이 될 수 있다.

일대이 코칭

컨스텔레이션 방법론은 팀과 전체 조직 시스템뿐 아니라 두 사람 사이를 명확하게 하는 데 사용할 수 있다. 팀 응용 프로그램을 살펴보기 전에 두 수석 리더 사이의 명확한 역할을 조명할 때 사용된 이 접근 방식의 예를 살펴보자.

내 위치 찾기

코치/진행자: 카티아 델 리베로 바르가스 Katia del Rivero Vargas, 멕시코 시티 코치 겸 컨설턴트

고객: 친한 친구이기도 한 두 명의 이사

상황 context

남미에 기반을 둔 국제기구에서 두 명의 지역 이사와 회의를 하게 되었다. 둘 다 최근에 지금의 직책에 임명되었고, 조직에서 약 8년 동안 일해 왔다. 새로운 직책을 시작하기 전에 둘 다 현재 근무해온 분야의 관리직에 있었다. 그들은 서로를 위해 상호 지원하고 높은 실적을 올리며 좋은 직업적 관계를 맺었고 수년간의 직업적 성공 후에 좋은 친구가 되었다.

나를 부른 이유는 이사직을 맡은 뒤 새로운 직책과 성과 및 개인적 관계에서 신뢰가 손상될 정도로 심각한 직업적 마찰을 빚기 시작했기 때문이다.

컨스텔레이션

두 사람과의 비공개 세션에서 나는 그들에게 각각 두 장씩 네 장의 카드 – 한 장에는 자신의 이름을 다른 장에는 그들의 역할을 쓴 – 를 만들도록 요청했다. 그런 다음 이들의 관계에 따라 카드를 배치하도록 요청했다. 역할들은 어디에 위치하는가? 자신은 어디에 위치하는가? 이것은 현재 이슈와 관련해서 어떻게 반영되는지를 살펴보았다.

먼저 그들은 자신의 역할 카드를 꽤 멀리 떨어져서 서로 반대 방향으로 배치했다. 그런 다음 자신을 쓴 카드를 배치했는데 놀랍게도 역할 카드와 정확히 반대 방향으로 배치했다.

서로 반대 방향에 있는 이유를 어떻게 설명할 수 있는지 물었을 때, 두 사람은 실제로 자기 역할에 부여된 업무보다 서로의 역할을 더 많이 수행한다고 답했다. 사실, 이 시점에서 그들은 어떻게 이 이상한 위치에 그들이 있게 된 것인지 알 수 없었지만, 이것이 그들이 가진 문제의 원인이라는 것을 깨달았다. 그래서 각자에게 한 질문은: '어떻게 현재의 역할을 맡게 되었습니까?'였다.

A 이사는 8년 전 자신을 고용한 전임 이사의 추천으로 이 직책을 맡게 되었다고 말했다. 전임 이사는 퇴직해서 회사를 떠나면서 작별 인사로 그녀를 그 자리에 추천했다. 그래서 전임 이사의 이름으로 새 카드를 만들어 탁자 위에 올려달라고 부탁하자 그녀는 B 이사의 카드를 제거하고 그 자리에 전임 이사를 두고 그 옆에 B 이사의 카드를 놓았다.

B 이사에게 어떻게 그 직책에 올라왔는지 물었을 때 그녀는 함께 일하기가 매우 어려웠고 직원들에게 여러 불의를 저질렀던 전임 이사가 있었다고 말했다. 그 팀의 일원이었던 B 이사는 경영진에게 공식적인 불만을 제기하는 직원 그룹이었고, 여러 가지 문제와 불만의 결과로 전임 이사는 해임되었다. 그 직책은 B 이사에게 제안되었고 그녀는 수락했다. 그래서 B 이사에게 전임 이사를 대표하는 카드를 만들어 테이블 위에 올려달라고 부탁했다. 그녀는 A 이사와 비슷한 움직임을 보였다. 그녀는 A 이사의 카드를 제거하고 그 자리에 전임 이사를 두고 그 옆에 A 이사의 카드를 놓았다.

나는 이것이 그들에게 어떤 의미인지 물었다. A 이사는 이사직에 큰 무게감을 느낀다고 답했다. 그녀는 전임 이사가 훌륭한 리더였기 때문에 이 자리는 자신의 자리가 아닌 것처럼 느꼈고 '그 역할의 권한을 차지할 수 없다'고 느꼈다.

B 이사는 좀 다르게 자신이 매우 죄책감을 느낀다고 답했다. 그녀는 상사를 해고할 의도가 아니었고 문제를 해결하기 위해 밝혀내려 했던 것이다.

솔루션으로의 이동

두 사람의 스토리를 듣고 나는 A 이사에게 그녀의 전임 이사 카드를 향해 감사한 일을 적어도 세 가지 이상 말해달라고 했다. 약간의 생각 끝에 그녀는 다음과 같이 말했다. '많은 후보자 중에서 저를 선택해 주셔서 감사합니다. 그 기회 덕분에 저는 성장하고 배우고 좋아하는 업무를 맡게 되었습니다. 가르쳐 주신 모든 것에 감사드립니다. 당신은 나의 첫 번째 상사였고 내가 배운 것은 당신의 정성과 헌신 덕분이라는 걸 잘 알기에 감사드립니다. 이 분야에서 해주신 모든 일에 감사드립니다. 덕분에 지금 업무를 진행하기가 훨씬 쉬워졌기 때문입니다.' 나는 그녀에게 전임 이사 위치에 잠시 머무르며 느껴지는 것을 나누어 달라고 부탁했다. '그녀는 나를 매우 자랑스럽게 여기며, 이제 더는 그녀의 자리가 아니라고 하네요'라고 답했다. 나는 그녀에게 자신의 자리로 돌아가서 전임 이사의 자리를 보면서 말해 달라고 하였다. '내가 이 자리를 맡은 것을 너그럽게 봐주세요. 당신을 기억하고 당신이 나에게 얼마나 잘해줬는지를 기억하며 잘 해낼 거예요.' 그 뒤 그녀는 부탁하지 않았는데도 전임 이사 카드를 뒤로 보내고 새로운 위엄과 평온함으로 자신의 위치를 지금의 역할로 옮겼다.

그런 다음 나는 B 이사에게 전임 이사에게 '미안해요. 나는 그들이 당신을 해고하는 것을 원하지 않았어요.' '그리고 당신의 자리에 앉게 된 것에 매우 죄책감을 느껴요'라고 말하게 했다. 그 뒤 그녀에게 전임 이사의 자리로 가서 전임 이사가 어떻게 대답할 것으로 느끼는지 물어보았다. 그녀는 '그것은 개인적인 문제가 아니었어요'라고 답했다.

이 순간 그녀는 그 위치를 떠나며 개인적인 일이 아니었고, 실제로는 꽤 좋은 관계였다고 말하며 울기 시작했다.

그래서 전임 이사의 자리를 보면서 그녀가 가르쳐 준 세 가지 귀중한 것에 감사를 요청했다. 그녀는 말했다: '내가 하고 싶어 하지 않는 게 무엇인지 배울 수 있도록 한 상사였던 걸 감사합니다. 이 사업에 대해 많은 것을 배웠고 덕분에 내가 무엇을 알고 있는지를 알게 되어서 감사합니다. 떠나셨을 때 작별 인사를 하시고 모든 것이 괜찮다고 말씀해 주셔서 감사합니다.'

그녀가 끝냈을 때, 나는 괜찮다면 다음과 같은 말을 해보라고 제안했다: '가능하다면, 내가 그 자리에 앉아 당신을 기리기 위해 좋은 일을 한다면 저를 너그러이 보아 주세요'. 이 말에 그녀는 다시 움직였고, 전임 이사가 떠날 때 부탁했던 것이 바로 그녀가 그 자리에서 좋은 일을 해달라는 것이었다. 그녀는 전임 이사의 카드를 들고 조심스럽게 자신의 카드 뒤에 놓은 다음 천천히 자신의 카드를 그 위치로 이동했다.

나는 그들에게 잠시 시간을 내어 전임 이사의 위치로 돌아가 잠시 시간을 내어 달라고 요청했다. 이 과정을 완료하려면 그들을 다시 보고 감사하는 것이 필요했기 때문이다. 몇 분 동안 침묵하고 시선을 공유한 다음 각자 자신의 자리로 돌아왔다. 돌아왔을 때 그들은 다 같이 말했다. '이제 당신을 볼 수 있습니다!'

프로세스를 마무리하면서 서로의 지원과, 자신의 위치에 자리 잡지 못한 원인이었던 다른 사람의 의무를 흔쾌히 맡으려고 노력한 것에 감사를 표하도록 요청했다.

부담되는 지위

이 사례는 조직에서 '부담되는 지위 burdened position'가 어떤 모습인지 보여주는 좋은 예이다. 사람들이 임명을 받거나 직책을 맡을 때 그 직책의 역사를 모를 수 있다. 이상하게도 그 직책을 충분히 수행하지 못하다고 느끼거나 자신의 권위를 찾기 위해 고군분투하는 느낌이 들 때 자신의 경험이나 능력 부족이라고 생각한다. 그럴 수도 있지만, 예에서 볼 수 있듯이 일반적으로는 다른 역동이 작용하기 때문이다.

시스템 역동성과 이런 종류의 얽힘, 무언unspoken 또는 표현되지 않은 감탄과 감사, 또는 이 다양한 스펙트럼의 반대편에서 전임자에 대한 죄책감과 수치심은 흔히 볼 수 있다. 위의 경우에는 두 사람 모두 이를 해결하려는 강한 열망으로 무언의 방법을 통해 위치를 변경함으로써 앞으로 지속해서 운영하고 기여할 수 있게 되었다는 점이 감동적이다. 그러나 너무 오랫동안 그대로 둔다면 마찰이 생기거나, 직책을 잃거나 소진될 위험으로 이어질 수도 있다.

사람들이 조직에서 이렇게 할 때는 마치 '당신을 위해 할게요'라고 말하는 것 같다. 시스템 코칭과 컨스텔레이션 방법론을 적용해서 해결할 수 있는 일종의 숨겨진 역동성인 것이다. 전체 그림을 보고 역할의 역사와 그 역할을 맡은 사람들을 존중해야만 리더가 진정으로 조직 시스템에 완전히 참여할 수 있다. 시스템 코치로서 이러한 깊고 숨겨진 얽힘을 알아채도록 돕는 것이 우리의 역할이다.

3자 세션 신청

컨스텔레이션을 시작하는 매핑 기법과 경청, 사고 및 작업 방식을 사용한다면 3자 회의에서 초점을 맞추는 데 유용할 수 있다. 아직 코칭 여정의 초기 단계이기 때문에 이런 상황에서는 조직 내 고객의 개인적인 위치를 나타내는 내부 맵과의 차이와 주요 개발 문제를 살펴볼 수 있게 한다.

포스트잇 또는 기타 물건들을 사용하여, 맥락과 상황에 따라 한 사람씩 초대하여 그들이 경험하는 시스템의 위치 맵을 만들 수 있다. 이 기능은 역할에서 자리나 권위를 잃는다는 느낌을 요약할 때 유용하지만, 시스템과 관련된 더 깊은 문제를 정중하게 비추는 데 매우 유용하고 빛나는 방법이기도 하다. 포스트잇이나 사물의 맵을 검토하고 토론한 다음 라인 관리자에게 자신의 관점에서 동일한 활동을 반복하도록 요청하여 고객 내면의 그림을 구현하는 방식으로 시스템에 배치한다.

이러한 방식으로 시스템 역동을 비추고, 개인과 대인관계에서 고객을 분리할 때 개발 요구에 압도된 고객을 코칭하는 부담을 크게 줄일 수 있다. 이것은 조직 시스템에 속하는 것과 개인 또는 전문적 개발 수준에 속하는 것 사이가 명확하게 되고 차별화되어 나타난다.

모든 지도와 컨스텔레이션과 마찬가지로, 고객을 초대하여 휴대폰으로 단계별 사진 찍기를 권한다. 3자 회의에서 이 작업을 수행하는 것은 특히 유용하다. 이 작업은 '어떤가'에 대한 두 가지 내적 이미지를 모두에게 남기고 풍부한 코칭 어젠다를 설정하기 때문이다. 그런 다음 라인 관리자와의 마무리 세션에서 이 이미지를 검토하고 적절한 경우 변경된 내용을 매핑하기 위해 활동을 반복할 수 있다.

일대일 코칭에서 고객 자원화

많은 코칭 세션에서 고객을 위한 새로운 내적 자원의 필요성을 느끼게 된다. 시스템 관점과 방법론의 사용은 코치와 고객이 머리에서 나와 더 넓은 범위에서 자원을 찾을 수 있게 한다.

다음 활동에서는 고객을 둘러싼 다면적 요소의 컨스텔레이션을 만들어 시스템 내에서 사용할 수 있는 자원을 물리적으로 구현할 수 있게 한다. 이것은 개발 여정이나 목표를 지원하기 위해 자신이나 고객을 자원화할 때 특히 유용하다.

일대일 코칭으로 이 응용프로그램 소개를 마치면서 한 가지 사례연구를 더 살펴보려고 한다. 이것은 개인을 훨씬 뛰어넘는 복잡한 상황을 비추고 풀기 위해 문장과 움직임을 결합한 테이블 컨스텔레이션을 적용한 사례이다.

자신과 고객을 위한 자원화 활동

이것은 자신이나 고객을 중심으로 각 자원을 배치하기 위해 주변의 물리적 공간을 사용하는 자원화 활동이다. 따라서 자신이나 고객이 자원이 부족하다고 느끼는 상황에서 시도해 보도록 한다.

일어서서 자원이 부족하다는 느낌을 들게 하는 상황이나 사람을 나타내는 대리인(예: 벽의 포스트잇 메모 또는 플로어 마커)에게 향한다. 잠깐 어떤 감정이 자신 안에서 일어나는지 느껴본다.

잠시 뒤 가장 필요한 자원이 무엇인지 생각해보자. 가능할 것 같지 않게 느껴지더라도 어떤 자질, 정신적, 정서적 또는 신체적 자원 등 어떤 것이 가장 가치가 있는지. 그것이 '지혜'와 같은 추상적인 것이라고 해도 좋다. 이 예에서는 포스트잇에 '지혜'라는 단어를 적는다.

이제 주변 공간에서 포스트잇을 붙일 수 있는 장소를 찾아보자. 주변에는 많은 공간이 있으며 각 장소에는 의미를 두게 된다. 자신이 느끼는 대로 본인만 알 수 있는 내용을 기록한 포스트잇을 붙이는 데 적합한 장소가 있을 것이다.

대기업의 임원 고객에게 처음으로 이것을 시도했을 때를 기억한다. 그녀는 이마에 첫 번째 포스트잇을 붙였다. 놀랍기도 했고 솔직히 재미있어 보였기 때문에 웃고 싶었다. 그러나 바로 그 위치는 고객에게 매우 중요한 곳이었으며 그녀에게 의미 있는 것과 연결되면서 눈물을 흘렸다. 순식간에 그녀는 지금까지 외면해 온 어떤 것에 연결되었고 그것은 손을 뻗으면 닿을 거리에 있었다는 것을 발견했다.

이 프로세스를 천천히 반복하면서 각각의 자원을 알아차려 본다. 또 고객과 고객의 개발 여정에 대해 알고 있는 것과 일치하는 몇 가지 아이디어를 정중하게 제안할 수 있다. 방 주변, 발 아래, 등 뒤 또는 주머니에 포스트잇이 있는 경우도 많다.

이러한 모든 활동은 먼저 자신에게 시도해 보는 것이 좋으며, 코치로서 고객과 제대로 작업하기 위해서라도 먼저 자신의 자원화가 필요하므로 꼭 해보기를 권한다. 예를 들어 특히 어려운 고객을 만나기 전에 해볼 수 있다. 맞은편 벽에 있는 문이나 그림을 알아차려 표현한 다음 서서 정면으로 향해보자. 자신을 강화하는 데 필요한 자원과 코치로서 역량과 경험을 유지하는 데 필요한 자원을 지속해서 파악하고 각자의 위치를 찾는다.

전체적인 자원 '둘러보기tour'를 통하여 이 활동을 끝내는 것이 좋다. 간단히 각 포스트잇을 보면서 감각을 느끼고 필요할 경우 위치를 조정하고 자원 감각으로 체화된 것들에게 말하게 해본다. 나는 고객이 '거기 있어 주셔서 감사합니다. 당신을 잊고 있었습니다' 또는 단순히 '감사합니다'라고 말하는 것을 목격할 수 있는 특권을 누렸다. 그들이 한다면 문장이나 짧은 단어는 자연스럽게 나오고 통합 과정의 매우 중요한 부분이 될 수 있다.

공간이 있고 포스트잇이 방 곳곳에 붙어있다면, 각 자원의 위치에 서서 자신을 돌아보며 '나는 항상 당신을 위해 여기 있습니다'와 같은 문장을 말하며 그 영향을 확인해보자. 또 다음과 같은 문장으로 실험해볼 수도 있다. '자원으로써의 내가 되려면 나를 보고 기억해야 합니다.'

이 공간 관계 모델의 회상을 지원하기 위해 만들어 낸 지도를 빠르게 그릴 수도 있다. 많은 고객이 포스트잇을 계속 붙여두는 만큼이나 자발적으로 휴대전화로 이러한 자원 배치 지도 사진을 찍는다.

NO HEART

코치/강사: 주디 윌킨스-스미스Judy Wilkins-Smith, 코치 겸 트레이너, 미국 텍사스 타일러

고객: 미국 제조 회사의 CEO '해리Harry'

한 제조 회사의 CEO를 만나도록 초대받았다. 겉으로는 번성하는 회사인 듯 보였지만 속은 병들었고, 특히 생산 부서는 '놀라운 속도'로 인원이 줄어들고 있었다. 그의 요청에 따라 우리는 회사 건물의 중심에 있는 회의실에서 만났다.

큰 회의 테이블에 서류와 마커를 배치하려 할 때 해리는 테이블의 맨 앞 네 번째 의자에 앉기 전에 세 개의 다른 의자를 옮겼다. 나는 얼굴을 찡그려가며 왜 그렇게 움직여야 할 만큼 불편함을 느꼈는지와 의자를 최고 위치의 한쪽으로 옮긴 방식이 매우 궁금했다. '아직도 익숙해지려고 노력하고 있어요.' 그가 중얼거렸다.

이것은 시스템의 그의 '위치place'에서 온 메시지처럼 들렸기 때문에 나는 그에게 다음과 같은 문장을 말하게 했다. '나는 이 위치에 익숙해질 수 없어요. 난 내 자리를 찾을 수 없어요.' 그는 고개를 끄덕이며 말을 하곤 자신이 현재 어려움을 겪는 그 생산 부서의 부사장이었다고 말했다. 그는 돌아가서 부서를 구할 것인지 아니면 이 CEO 직책을 계속할 것인지에 대해 갈등 중이었다.

허가 없이 시스템을 탐색할 수 없으므로 설립자가 이 부분을 코칭하는 것에 동의했는지 물었다. 그는 고개를 끄덕였지만 답답한 반응이었고, 나는 그에게 설립자를 대리할 의자를 그의 오른쪽에 배치해 달라고 요청했다. 그는 의자를 자신의 뒤, 벽 맞은편 바로 뒤로 옮겼다. 약간 망설이더니 다시 자리를 잡기 전에 낭패한 얼굴로 머리를 손으로 훑으며 벽을 향하도록 의자를 돌렸다. '그는

부서를 유지하려는 의지조차 잃어버렸어요. 이건 부끄러운 일이예요. 여긴 … 대단한 회사였어요.'

그는 이전 부서 또는 회사가 살아남을지 확신이 서지 않는 것 같다고 말했고 이 말에서 양면성을 알아차렸다. '모든 사람이 계속 그런 비율로 떠나는 건 아니에요.' 그는 어깨를 으쓱하고 깊은숨을 내쉬었다. '난 여기서 20년 동안 있었는데, 이제는 날짜를 세고 있어요….'

'날짜를 세요…?'

'저축할 수 없을 때를 대비해 은퇴까지 남은 날짜를 세는 거예요.'

그가 계속 주변을 두리번거리는 것이 무언가 또는 누군가를 빠뜨린 것이 분명해 보였다. 그는 회사와 부서에 대한 신의 사이에서 갈등을 반복하며 두 부분을 마치 사람처럼 언급했다.

내 제안에 따라 그는 생산부 부사장, 팀 리더와 팀에 대한 마커를 설정했다. 그들은 모두 같은 방향을 향하고 있었고 서로 접촉하지 않았다. 나는 그들이 누구를 찾고 있느냐고 물었다.

해리는 즉시 앞으로 몸을 기울여 그들 앞에 본인으로 정해진 마커를 놓았다.

그의 호흡은 느려지고 깊어졌다.

'거기가 좋아요.' 그는 인정했다. '이게 맞아요.'

비록 긴장을 덜어 줄 수는 없지만 그가 한 말의 무게를 느낄 수 있도록 잠시 앉아 있었다. 그런 다음 그에게 경영진의 각 구성원에 대한 마커를 설정하도록 요청했다. 내가 사용하는 마커에는 방향을 표시하는 방법이 있으므로 각 마커가 향하는 방향을 명확하게 볼 수 있다. 나는 자주 고객이 인격보다는 위치나 역할이 표현될 때 진실이 더 쉽게 드러날 수 있는 특성을 마커에 쉽게 전이한다는 사실에 매우 놀라기도 하고 안도감이 들기도 한다.

해리는 설립자, CEO, HR, 영업, 마케팅 및 생산 부문 부사장, 마지막으로 CFO 역할을 위한 마커를 선택했다. 그는 생산팀 리더인 자신의 위치에 대한 마커를 제거하지 않은 채 CEO로서의 자신을 가리키는 두 번째 마커를 사용했다. 나는 두 위치 사이에 선을 표시하고 그가 그려진 위치를 가리키도록 제안했다. 그는 도중에 멈춰서 팀을 바라보았지만, 여전히 어떤 마커도 제거할 수 없었다.

경영진의 위치는 생산팀의 위치와 거의 동일했다. 나는 그에게 앉아서 한 번 살펴보라고 했고 그는 즉시 그것을 볼 수 있었다. 흔히 그렇듯이, 하위 부서에 나타나는 것은 실제로 더 높은 곳에서 일어나는 일을 표현한 것일 수 있다.

'생산팀처럼 경영진도 누군가를 찾고 있는데…. 어디에 속해 있는지 모르는 것 같네요.' 내가 제안했다.

해리가 마커를 모두 보며 천천히 말했다. '우리 모두 제자리를 벗어났어요. 혼돈이지요. 나는 이 직책을 원하지 않았지만 내 차례였어요. 우리 모두 해봤어요.' 그는 경영진에게 고개를 끄덕였다.

'무엇을요?' 그가 말하는 바를 잘 알 수 없었다.

'CEO가 된다는 거요. 회사를 구해보려 하는 거요. 그러나 우리 가운데 누구도 그것으로 마음을 되돌릴 수 없었어요. 우리는 모든 걸 시도했지만 9개월 정도 지나면 더는 지속할 수 없었어요. 나는 8개월째인데 스트레스를 견딜 수 없어요.'

'"그것"은 누구죠? 그리고 무슨 일이 있었나요?' 경영진 앞에 공간을 다시 가리켰다.

해리는 한동안 그 공간을 응시했다. 방의 무거운 공기가 흐르고 여기서 멈추는 것이 아닌가 싶을 만큼 침묵이 흘렀다. 그렇지만 이 침묵이 문제를 명확히 하고 목소리를 찾을 기회를 주었다.

'짐Jim이 떠났어요.' 해리가 손에 든 마커를 경영진 앞의 공간에 놓았다. 즉시 변화가 생겼다. 그는 의자에 앉아 깊게 숨을 내쉬었다. 그의 모든 초점은 갑자기 그의 앞에 있는 3D 지도로 옮겨졌다. 빠진 사람이 누구인지 확인되었다.

그는 짐의 마커를 살펴본 다음 설립자의 마커를 몰래 들여다보다 다시 짐에게 돌아왔다. 그가 설립자를 실제로 볼 수 있기까지는 시간이 좀 걸렸고, 어느 정도의 존중을 위해 조금 더 오래 걸렸다. 마치 그가 마침내 무슨 일이 일어났는지 보고 그것을 무시하고 고장 난 것을 고치려고 하는 대신 그 효과를 느끼는 것처럼 보였다. 잠시 뒤 그는 앞으로 몸을 기울여 창립자가 등을 맞대고 있는 임원진에게 짐을 더 가깝게 배치했다.

'이렇게 된 거예요.' 그가 말했다. '우리는 4년 전까지만 해도 훌륭한 문화를 가진 번성하는 회사였어요. 라이벌 회사가 우리 신제품에 대해 어떻게 알고는 경쟁 제품을 설계하려 한다는 소식을 설립자가 듣게 되었어요.'

나는 기다렸다.

'그는 짐이 그들에게 영업 기밀을 누설했다고 고발했어요. 짐은 그 제품에 정성을 들였고 이 회사는 번창하고 있었어요. 절대 방해하지 않았을 거예요!'

이제야 회사의 '심장'이 누구였는지 알 수 있었다.

'우리는 시장 경쟁에서 이겼어요. 그 제품은 우리 최고의 제품이죠. 하지만 어떤 이유에서인지…. 그만큼 잘되지 않는 거예요.' 그는 무슨 생각이 난 것처럼 멈춰 서서 나를 올려다보았다. '짐은 CEO로 승진하기 전에는 생산 부사장이었어요. 사실…. 그 제품의 개념과 시제품을 그가 만들었어요.'

그의 관심은 그의 앞에 있는 공간 지도로 되돌아갔다. '우리 모두 설립자를 설득하려 했지만 그는 짐이 제품을 가지고 도망가고 싶어 한다고 확신했고 9개월 뒤 그를 해고했어요. 그를 마치 범죄자처럼 문밖으로 내쫓았고 그는 곧 도시

를 떠났어요.'

해리의 얼굴은 상실감으로 무거웠다. 그에게 짐의 마커를 만지고 다음 말들을 해보라고 요청했다. '당신이 자리를 잃었을 때 회사는 "심장"을 잃었고 우리는 숨이 멎었습니다.'

그가 담아 둔 것을 표현할 때 나타난 것은 안도감이 분명했다.

'당신은 회사를 구하려고 모든 노력을 했다고 나에게 계속해서 말하고 있어요', '그리고 9개월 뒤에는 떠나야만 한다고….' '… 지금 우리가 계속 구하려고 애쓰는 것이 짐이 맞나요?'라고 물었다. 해리는 앞으로 몸을 기울였다. '우리는 그의 자리를 메꾸려 하지만 진실은 그것이 결코 옳게 느껴지지 않는다는 거예요. 우리 자리가 아니에요. 이것처럼요….' 그는 CEO의 위치를 건드렸다. '… 이것도 제 자리가 아니에요. 내가 직책을 맡았을 때 우리 부서는 방향과 심장 모든 것을 잃었다고 했어요.'

나는 짐의 대리 마커에게 '우리는 모두 위치를 잃었고 계속할 용기가 없어요'라고 말하라고 제안했다.

해리는 이에 따랐고 그의 어깨는 조여졌다. 그 말에 많은 감정이 들어있었고 일어난 일에 대해 처음으로 의식적인 인정을 분명하게 했다. 진실 그대로 말하고 있었다. 이제 갈 곳이 필요했다. 나는 짐이 제품을 인정받은 적이 있는지 물었다. 해리는 눈이 커지며 고개를 저었다. '아니요. 우리 가운데 누구도 그 제품을 더는 볼 수 없었어요. 항상 그것에 대해 죄책감을 느낍니다. 우리 제품은 시장에서 승리자였는데 그가 받은 대가는 불공정한 해고뿐이었어요.'

다른 사람을 희생하여 성공을 거둘 때 시스템이 균형을 회복하는 방법을 간략하게 설명했다. 그렇게 하지 않으면 불공정한 대가를 지급한 사람과 관련된 역할, 부서 또는 제품의 설명할 수 없는 실패가 발생할 수 있다.

해리는 설립자를 가리켰다. '그 이후로 회사에서 마주친 적이 없어요. 착한 사람이지만 자신의 실수를 어떻게 해야 할지 몰랐어요. 짐은 정말로 회사의 핵심이었어요.'

'심장heart'이라는 단어와 해리가 제안한 다른 단어의 반복, 그리고 우리 앞에 있는 그림은 모두 생명력의 상실을 가리켰다. 회사는 살아날 의지가 없는 것 같았다. 또 해리가 갇혀 있기도 했지만 열려 있는 것을 볼 수 있었다. 나는 그가 짐의 마커와 다시 연결하도록 했고 나는 다음과 같은 말을 했다. '우리는 당신이 준 제품에서 당신을 매일 봅니다. 그것이 당신의 자리입니다. 우리가 모두 자신의 자리를 잡고 당신 덕분에 좋은 일을 할 때 우리를 축복해 주십시오. 당신의 축복으로 우리는 그 제품이 활성화되도록 도울 것입니다. 이 제품에서 당신의 심장이 뛰면…. 우리 모두 숨을 쉴 수 있게 됩니다.'

해리는 말이 입 밖으로 빠르게 나오지 않았다. 처음으로 그의 미소가 그의 입과 눈에서 밝게 빛났다. 그는 밝은색 마커를 가져다가 '제품'이라고 말하고 생산팀 앞에 놓았다. 무엇을 바꾸거나 움직이고 싶은지 묻자 CEO로서의 본인 마커를 제거하고 안도의 숨을 내쉬면서 마커를 재배치하기 시작했다. 그는 짐을 제품의 대리인과 마주 보게 하고 활짝 웃었다.

'짐과 함께 여기 있으면 정말 제 자리에서 이 제품을 빛나게 만들 수 있어요.' 그는 열정적으로 말하면서 처음으로 제품을 실제로 볼 수 있는 권한을 부여했다. '또 누구나 자신의 위치로 돌아가는 것을 기쁘게 생각할 거예요. 새 생산 부사장은 우리가 그를 승진시켰을 때 몹시 화가 났어요. 짐이 승진 후 해고당했기 때문이죠.'

나는 해리가 자신의 CEO로서의 마커를 제거한 이유가 무엇인지 궁금했다.

'여기서 뭔가 할 수 있어요.' 그는 생산 부서를 가리키며 열정적으로 말했다.

'저기서 떠날 준비가 된 것 같아요.'

해리는 자신의 진정한 역할과 떠나고 싶어 하는 짐이나 짐의 위치에 대해 숨겨진 신의를 모두 확인했다.

나는 그에게 시스템의 원래 트라우마를 확인하도록 요청했고 그는 주저 없이 설립자와 짐을 서로 마주 보게 했다. 그는 깊은숨을 들이마셨고 나는 그에게 자신의 마커를 더 가까이, 그러고 나서 더 멀리 옮기라고 요청했다. 잠시 뒤, 그는 자신의 마커를 다시 팀으로 옮기고 나를 올려다보았다.

'이건 내 문제가 아니죠, 그렇죠?' 그가 갑자기 말했다. '우리 가운데 누구도 이것을 해결할 수 없어요.'

'그렇다면 무엇을 할 수 있습니까?' 나는 물었다. 해리는 자신의 마커를 제품을 향해 돌려놓은 뒤 긴장감을 해소하였다. 그는 경영진에게 손을 얹고 짐과 설립자에게 말했다. '이건 우리가 처리할 수 없어요. 이것은 두 분의 문제이고, 우리는 빠질 겁니다.'

잠시 뒤 나는 그에게 '이제 우리는 모두 자신의 위치를 찾게 될 거예요'라고 말했다.

그는 안도의 숨을 내쉬었다. '누구도 이것에 관해 이야기하지 않아요. 이 정당하지 못한 행동이 우리를 죽였어요. 설립자도 회피했어요. 둘 다를 잃어버렸어요, 맞아요…. 우린 숨을 멈췄어요.'

그는 마커를 보았다. '새 세트를 사드리고 싶네요.' 그가 제안했다. '모든 것이 제자리에 있어야 한다고 생각합니다. 경영진에게 이것을 보여주고 이해하게 해야 해요.' 그는 나를 보며 말했다. '우리 모두 시스템 밖에서 짐을 따르려고 노력해온 거죠?'

해리는 필요로 하는 것을 가지고 있었다. 내 마음의 눈에는 회사 내에서 다시 꾸준히 심장이 뛰는 모습을 상상할 수 있었다. 한 달 뒤 그는 더 행복해하는 생산 부서와 매출 증가를 보고하게 되어 기뻤다. 그들의 요청에 따라 제품에 짐의 이름을 붙였다. 회사는 새로운 CEO를 구하는 광고를 냈다.

설립자는 경영진을 만나서 스토리를 들었고, 요청대로 두 사람의 분쟁으로 남겨두기로 했다. 짐의 부당한 해고는 부담스러운 입장을 만들었다. 그와 같은 부서에 있던 이들은 뛰어난 능력을 발휘하게 되면 같은 운명이 될까 두려워하며 떠났다. 이런 식으로 그들은 무의식적으로 트라우마를 재현하고 부당하게 해고된 사람에게 맹목적인 신의를 보였다. 이것은 시스템의 공통된 주제이며 때때로 '나는 당신을 따를 것입니다'라는 역동성으로 묘사된다.

맹목적인 신의가 이 회사를 거의 마비시켰지만, 짐에 대한, 공헌과 정당한 위치에 대한 인정이 다시 회사를 활성화하는 촉매제가 되었다.

이 사례는 시스템의 자연 질서가 방해받았던 예를 제공한다. 모든 사람이 문제를 해결하기 위해 자신의 위치가 아닌 곳으로 올라가서 '더 커지도록' 노력했다. 그러면 아무도 자신의 자리를 찾을 수 없으므로 상황이 악화한다. 이 경우 고객은 자신의 위치에서만 효과적인 변화를 만들 수 있다는 것을 실제로 알 수 있었다. 그러므로 그는 돌아왔고 그렇게 함으로써 전체 시스템을 해방했다.

기존 접근 방식 및 방법과 통합

이 접근 방식으로 진행할 때 발생하는 질문에 관해 설명하고 싶다. 즉 어떻게 시스템 코칭과 컨스텔레이션을 다른 개입 및 방법론과 함께 사용하고 촉매제로 사용할 수 있는지와 기존 접근 방식에 어떻게 통합할 수 있을까 하는 것이다. 예를 들어, 심리 측정 프레임워크, 정서지능 모델, 목표 설정 또는 다른 발달 모델 사용을 선호하는 경우 어떻게 시스템 접근 방식으로 지원하거나 강화하는가? 등이다.

코치로 훈련할 때 MBTI® 모델을 통해 성격 유형의 이해와 적용에 대해서도 훈련했다. 나는 그것이 빛을 발하고 성장하는 고객 포트폴리오를 위해 그 혜택을 실현하는 데 능숙해졌다. 나는 인간의 상태를 바라보고 이해하는 특정한 방식과 성격이 삶, 일, 리더십에 영향을 미치는 방식에 충실했다.

처음 코칭을 시작할 무렵부터 고객에 대해 생각하기 위해 MBTI를 사용해왔고 컨스텔레이션을 사용한 일대일 코칭과 팀 워크숍에서 통찰력을 높이는 것을 좋아한다. 무엇보다도 이전에 가진 것을 버리지 않고 오히려 추가했으며 시스템적 시각을 포함해서 여전히 MBTI를 사용한다. 마치 새로운 엔진오일과 같다. 이미 잘 돌아가고 있었지만 새 오일은 차량 전체에 신선한 유동성과 용이성을 부여하여 더 많은 일과 더 먼 거리를 가능하게 한다. 누구나 시스템 코칭과 컨스텔레이션 방법론을 통해 다른 접근 방식의 잠재력 또한 최대한 발휘될 것이라고 확신한다.

MBTI를 시스템 관점과 하나로 통합해 보고 싶다는 생각을 했다. 그것은 굳이 필요하지도 않고 자연스럽게 일어나는 일도 아니었다. 그렇지만 이것이 코치로서 나와 고객 둘 다에 이익이 되리라는 것을 알아차렸다. MBTI 자체가 상호의존적이며 숨겨진 관계 역동의 시스템임을 알아차리게 되면서 두 가지 관점을 혼합하는 방법을 알게 되었다.

지난 몇 년 동안 MBTI와 컨스텔레이션을 혼합하여 실험할 많은 기회가 있었다. 첫 번째는 영국 심리 유형 협회가 주최한 영국 콘퍼런스였다. 공동 진행자 사이먼Simon과 나는 컨스텔레이션에 대한 경험이 거의 없거나 전혀 없는 약 50명의 코치 그룹으로 타입 및 유형 역동type and type dynamics 작업을 탐색했다. 탐색을 위해 '타입 나침반type compass'이라고 하는 컨스텔레이션 형태를 개발했다. 우리는 성격 유형 역동에 대해 질문한 사람을 초대하여 네 가지 정신 기능(S, N, T, F)에 대한 네 명의 중립적 대리인을 설정하도록 요청했다. 이것은 구조적 접근structural approach으로 좀 더 유동적이고 현상학적으로 이동할 수 있는 유용한 틀을 형성한다. 이 프레임워크는 그 이후로 여러 번 사용되었으며 컨스텔레이션을 통해 타입 및 유형 역동을 사용하고 탐색하는 강력한 방법을 만들었다.

MBTI와 컨스텔레이션을 혼합하여 작업하는 것은 고객에게 풍부한 발견 여정임이 입증되었다. 그렇지만 이런 방식으로 일하면서 흥미로운 질문이 생겼다. 우리의 '선천적' 성격 유형은 정말 타고난 것일까, 아니면 원가족이나 다른 시스템에서 제공된 것에서 부여받은 것일까? 좀 큰 주제이기는 하지만, 시스템 관점이 기존 가정에 대한 몇 가지 근본적인 질문을 제기하는 경우가 많다는 점을 보여준다!

MBTI와 같은 다른 프레임워크와 함께 컨스텔레이션의 실제 적용으로 돌아가서, 기존 프레임워크와 매핑을 결합하여 고객과 함께 사용할 수 있는 간단한 실행이 그래픽에 표현되어 있다. 이것은 단순히 고객을 초대하는 이중 매핑 활동이다. 조직 체계를 시각화하는 이 예에서 각 개인의 성격 유형을 추가할 수 있다. 그런 다음 다시 매핑하도록 초대한다. 이번에는 '느낀 감각felt sense' 관점에서 시스템 역동이 나타나 전체 그림을 만든다.

조직 체계와 자연적 위계질서 사이는 일반적으로 상당히 대조되어 나타난다. 이것은 훨씬 더 풍부한 의제와 상황에 대해 조직의 스토리가 아닌 시스템 수준에서 코칭할 수 있는 기회로 이어진다.

이 책의 많은 독자는 MBTI가 아니더라도 다른 신의, 선호하는 프레임워크와 개입을 갖추게 될 것이다. 이제 통합에 대한 더 광범위한 문제를 살펴보겠다.

컨스텔레이션 접근 방식의 가장 큰 장점은 관련 있는 모든 요소를 가져와 설정할 수 있다는 것이다. 예를 들어, 정서지능 프레임워크의 핵심 요소를 가져와 설정하고 상호 종속성과 관계를 탐색할 수 있다. 컨스텔레이션을 '모든 사람에게 적합한' 방법론으로 취급하는 것이 아니라, 컨스텔레이션을 통해 근본적인 질문이나 문제를 제공하는 것으로 보는 것이다.

요점은 '무엇이든 컨스텔레이션으로 표시할 수 있는 것이 아니라, 서로 관계 있는 요소들이 관계 시스템을 형성하기 때문에 그 조합의 맵을 설정할 수 있다'는 것이다. 예를 들어, 고객을 초대하여 팀 리더나 현재의 자기 인식 수준 그리고 주요 개발 목표를 대리인으로 설정할 수 있다. 이처럼 두세 가지 요소를 설정하면 이전에는 볼 수 없었던 알 수 없는 관계 패턴이 드러난다. 적절한 경우에는 정서지능 프레임워크의 요소 또는 다른 자원을 이 맵으로 소개할 수도 있고 또는 모델을 찾아 각각의 위치를 찾고 각 요소 사이의 역동을 탐구하고 조명할 수도 있다. 천천히 작업하고 더 넓은 질문으로 돕고 경계를 가지고 작업하는 한 퍼실리테이터로서의 경험을 바탕으로 모든 것이 잘될 것이며, 고객의 여정을 돕는 접근 방식이 될 것이다. 시스템 관점과 컨스텔레이션 방법론이 다른 작업 방식과 잘 섞이고 특별히 주의할 것 없이 같이 진행하면서 긴장과 장애물과 해결책을 명확하게 할 수 있다.

온라인 시스템 코칭

시스템 코칭의 자세는 너무나 쉽게 얽힐 수 있는 '옳고 그름'에 대한 스토리와 판단에서 벗어날 수 있는 내적 거리이다. 유용하게 쓰일 수 있도록, 안으로가 아니라 밖으로 기울여라. 온라인으로 작업하는 것도 실제로 코치가 그 거리를 찾고 표시할 수 있도록 지원할 수 있으며, 고객은 이 거리를 존중하고 유용한 것으로 경험하게 될 것이다. 겉으로는 명백히 분리된 것도 흔히 어떤 친밀감이 나타난다. 의뢰인과 그들의 자료들 사이에.

핵심적으로 컨스텔레이션을 사용한 시스템 코칭은 대표적인 맵을 통해 관계 문제, 리더십 도전 또는 위기에 대한 고객의 내부 이미지를 외부화하는 매우 실용적인 방법이다. 온라인으로 작업할 때 촉진 프로세스의 모든 부분에 쉽게 적용할 수 있다. 이것은 결국 멀리서 패턴을 보고 작업하는 방법이다.

초대

2부

이것은 오프닝 활동의 '북엔드bookend'로서, 자신의 컨스텔레이션 두 번째 부분을 스스로 촉진하기 위한 초대이다.

이 자기 촉진 활동의 첫 번째 부분에서 만든 맵으로 돌아가거나 다시 만들어라. 잠시 머물며 영향력을 느끼고 패턴을 다시 설정하라.

준비되었다고 느끼면 이 책을 읽고 다른 사람들과 함께 탐색하고 활동하면서 배운 모든 것을 반추하고 근본적인 역동에 관한 움직임과 문장을 촉진한다. 대리인에게 직접 접속하여 위치가 달라짐에 따라 어떤 느낌이 있는지 확인한 다음 컨스텔레이션에 있는 다른 요소에 대해 알아보라. 나타나는 것에 대해 작업하라.

이제 해결책을 향해 이 상황을 더 나은 위치로 옮기기 위해 어떤 자원이 필요할지 고려하라. 그들을 위한 위치를 찾아라. 운동, 공명 시스템 문장, 플로어 마커로 작업하는 경우 의식ritual까지 배운 모든 것으로 자신의 컨스텔레이션을 촉진하라. 각 요소 사이에 가능한 최상의 관계를 찾아 각 위치를 제공하라.

이제 적절하게 자원을 조달하는 경우 원가족 시스템 내에서 사람이나 패턴을 식별하라. 자신의 대리인과 관련하여 자원을 조달할 수 있는 장소에 대리인을 선택하고 배치하라. 이것이 코치로서의 작업과 관계에 어떤 영향을 미치는지 주목하라.

최종 모습의 본질을 포착하여 문장을 큰소리로 말하며 마무리한다. 더 나은 방법을 제시하거나 해결 문장, 즉 자신과 시스템에 안정과 재정렬 그리고 에너지와 명확성을 제공하는 문장이다.

11

일대다 one to many
시스템 팀 코칭

> 지식은 두 가지 유형이 있다: 명시적인 것과 암묵적인 것.
> 이것을 아는 것은 암묵적이다.
> — 러스 애코프 RUSS ACKOFF

시스템 코칭 및 컨스텔레이션 자세 stance, 원칙 principles 및 실행 practices 을 팀과 함께 작업하면 풍부한 자원과 많은 것이 제공되므로, 팀은 자신을 부분의 합 이상으로 인식하고 운영할 수 있다.

나는 서로 다른 문화의 다양한 팀과 작업해 보았고 이 접근 방식을 매우 존경스럽고 유용하며 명확하다고 생각하지 않는 팀을 만나본 적이 없다. 그것은 그들이 함께 걸을 수 있도록 바탕을 준비시켜주고 가능하다고 생각했던 것보다 훨씬 더 깊은 연결을 남긴다. 그들은 서로를 돌아보며 자신들을 서로의 자원이자 동맹자라고 생각한다.

개인, 그룹 또는 팀과 관계없이 시스템 코칭은 도구 상자의 고정된 도구 세트가 아니다. 오히려 그 순간에 딱 맞는 조리법을 만들기 위해 함께 모으는 시스템 요소의 활기찬 혼합이다. 그 레시피는 자신이 작업하는 시스템에 대한 반응으로 만들어지며 시스템 코칭의 자세, 원칙 및 실행에서 비롯된다.

이 작업 방식은 다음과 같은 실제적인 시스템적 활동으로 존중하는 거리를 유지하고 팀이 새롭고 매우 수완이 풍부한 방식으로 관계를 맺을 수 있는 조건을 촉진할 수 있다.

일대일 작업에서와 마찬가지로, 자세, 시스템의 구성 원칙, 매핑 및 컨스텔레이션 실행을 독특하게 조합함으로써 팀에 많은 것을 제공할 수 있다.

자세 stance

코치와 팀 사이의 가장 좋은 내적 거리 inner distance를 찾는 것은 개인적 거리 찾기보다 조금 더 어려울 수 있지만 똑같이 중요하다. 팀은 외부인을 끌어들이거나 쫓아내려는 경향이 있으므로 너무 가까이 다가가면 영입해서 팀을 리드하게 하거나 자주는 아니더라도, 반대로 거부하기도 한다.

두 가지 방법 모두 효과가 있다. 왜냐하면 팀과 함께 일할 때, 자신이 리더나 멤버라면 더 잘할 수 있을 것으로 은근히 생각하기 쉽기 때문이다.

여기서 시스템의 균형을 맞추기 위해 컨스텔레이션에서 사용되는 공명 언어가 매우 유용할 수 있다. 팀과 팀 코치의 비밀 문장을 참조하라.

개인 코칭에서와 마찬가지로 거부하거나 아직 내면을 들여다볼 준비가 되지 않은 사람을 끌어들이게 될 것이다. 팀을 사용하면 내적 팀, 내적 컨스텔레이션 그리고 자기 부분 사이의 관계를 반영하고 체화하는 팀과 함께 일하도록 초대받을 수 있다. 여기에는 권위, 권력 또는 협력과의 내적 관계와 같은 것이 있다. 그래서 시스템 팀 코치의 핵심 자질은 거리와 겸손 그리고 있는 그대로를 향한 존중이다.

> 팀과 함께 일하기 위해서는 자신의 내부를 점검해보고 나가야 한다. 팀 코치들 가운데는 과거에 팀과 해결되지 않았거나 상반된 관계를 맺고 있어서 작업에까지 영향을 주는 경우가 있다. 이것을 의식하지 못하고 행할 때, 그들을 지치게 하고 피해를 줄 수도 있다.

팀에 대해 적절한 크기를 유지하는 방법을 배워야 한다. 코치와 퍼실리테이터로서 자신의 권위를 충분히 발휘하면서 그들의 권위에 얽매여선 안 된다. 스토리와 판단에서 벗어나서 자신에 대해 말하고 '기능 장애dysfunction'와 타성을 제거할 것이 아니라 정보로 간주하는 것이 좋다. 모든 것이 정보이다. 있는 그대로 인정하라.

팀의 '있는 그대로'의 진실에 서서 모든 꼬리 깃털을 포함할 수 있는 능력은 깊은 존중으로 경험되며, 그렇게 함으로써 이미 체화된 시스템 개입이 된다.

> 코치가 팀에 영입되어 끌려 들어가는 것은 매우 쉽게 이루어지며, 특히 팀 리더나 그 위의 리더를 신뢰하지 못할 경우, 팀원들은 코치를 끌어들이기 위해 꽤 열심히 노력할 것이다. 함께 작업하는 팀에 관해 이야기할 때 '우리'라고 말하는 자신을 발견했다면 그 선을 넘은 것이니, 거리를 유지하라.

원칙 principles

시스템의 조직 원칙을 무시할 때 나타나는 질서력 ordering forces 은 팀에서 매우 명확하게 볼 수 있으며 이를 조명하는 것은 항상 해당 팀 구성원에게 유용하며 자원이 된다. 그들은 많은 것을 알려주고 깊은 반향을 불러일으켜 결과적으로 오래도록 기억된다. 이런 방식으로 통찰력과 학습이 팀에서 유지된다.

나는 그들이 시스템에 합류하는 순서대로 서 있는 팀들이 그들 자신의 지혜와 경험, 그들의 살아 있는 역사에 대해 훨씬 더 깊이 인식하게 되는 수많은 경우를 보았다(293쪽에 설명된 활동).

고성과 팀이 무엇인지에 대한 목록이 없고 코치나 퍼실리테이터가 가져오는 선입견이 없는 곳에서 머리 중심이 아닌 자신의 경험을 팀에 제공하는 것은 팀에게 큰 안도감을 준다.

그 대신 팀 내 흐름과 정렬을 지원하는 것이 무엇인지 깊이 있게 이해하고, 있는 그대로의 진실에 서서 시스템을 더 잘 정렬시키려는 의지만 있으면 된다. 존중하고 구현하며 자원을 제공한다.

> 누군가 말해준 진실은 받아들일 수 없다. 진실은 스스로 발견해야만 받아들일 수 있다. 왜냐하면 발견했다는 자부심이 진실을 만족스럽게 만들기 때문이다.
> – 프리츠 펄스 Fritz Perls

실행 practices

이 작업의 간단한 실행 - 대리인, 움직임 및 공명 언어 - 은 팀과 그룹이 함께 작업하는 핵심이다.

   팀이나 그룹과 함께 이 접근 방식을 사용하면 학습이 체화되기 때문에 절대 잊지 않는다. 개인적으로도 집단적으로도 할 수 있으며 그 자체로 팀워크와 정렬에 대한 자연스러운 탐색을 촉진한다.

팀 매핑

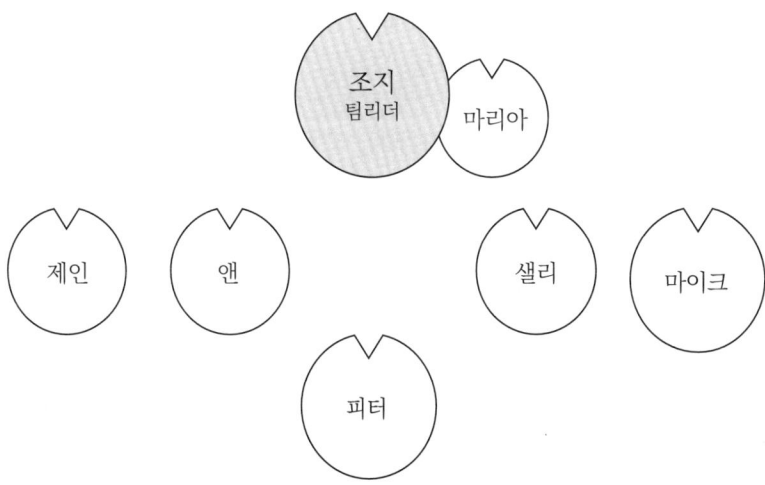

> 팀 리더를 초대하여 매핑한다. 그들은 조직도에 따라 그렇게 한다. 그다음 변화에 대한 중요한 관성과 저항을 설명하고 새로운 관점을 요구한다.

팀 컨스텔레이션 매핑

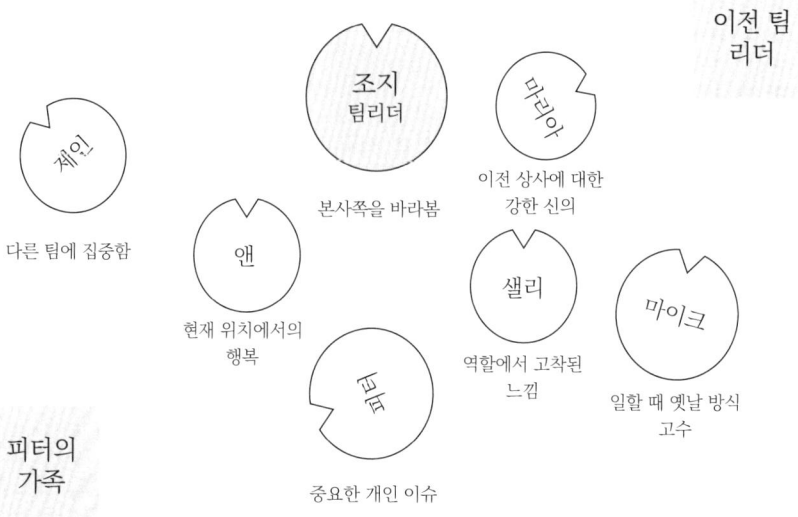

리더는 이 책에 설명된 접근 방식에 따라 팀을 다시 매핑하도록 초대된다. 이것은 근본적인 관계 역동과 관성의 근원을 드러내어 새로운 의제를 설정한다.

이 책에는 팀 코칭 관계 및 프로세스를 준비하는 데 도움이 되는 시각적 참조가 많이 있다. 일반적으로 팀 리더와 함께하는 작업을 포함하여 시각적 매핑 아이디어를 현실화하고 시스템 관점으로 방향을 잡을 때 지원하는 것이 중요하고 유용하다. 반대쪽 그림은 그렇게 함으로써 얻을 수 있는 이점의 한 예이다.

> 당신의 철학을 설명하지 마라. 그것을 체화하라.
> – 에픽테투스 Epictetus

필드에서 걷기

팀워크는 지능의 개념이 아니라 일련의 대인관계이다. 관계는 필드를 생성하는데, 그 필드로 걸어 들어가서 눈여겨보아야 할 것이 무엇인지 확인할 필요가 있다. 그다음 팀에게 직접 실행하는 방법을 가르친다.

사실은 모든 이론과 모델, 팀 개발, 팀 코칭 및 팀워크 도구와 기술이 유용할 수 있으며 각 기법은 진정한 가치가 있다. 정답을 선택하는 것이 아니라 유용하고 의미 있는 상황을 만드는 것이다.

> 개인 또는 팀에 존재하거나 생성될 수밖에 없는 시스템 역동은 생각보다 훨씬 더 강력하다. 신뢰, 문화, 가치관은 팀 내부에서 생겨나며, 의도를 가지고 강요해도 소용이 없다.
>
> 시스템 코치/퍼실리테이터의 역할은 이러한 특성이 자연스럽게 나타나는 상황을 만드는 것이다. 신뢰, 문화, 가치는 상황에 따라 다르다. 이 접근 방식은 어떻게 되어야 한다는 생각에 관한 것이 아니라 있는 그대로에 대한 진실을 경험하게 된다. 사람들은 이것을 믿을 수밖에 없다.

이러한 상황이 자연스럽게 발생하는 조건을 만들지 않는 한, 신뢰를 쌓을 수도, 가치를 부여하거나, 높은 성과나 생산성을 창출할 수도 없다.

이러한 모든 것이 함께 작업하는 팀에서 자연스럽게 발생할 수 있는 환경을 만들 수 있을 때 대부분 작업이 완료된다.

따라서 시스템 팀 코칭은 이 접근 방식을 뒷받침하는 자세, 원칙 및 실행의 조합, 즉 팀이 번창할 수 있는 조건을 만드는 조합이 핵심이다. 이 책에 설명되어 있고, 훈련 과정에서 가르치는 많은 팀 프로세스는 팀이 함께 일을 잘하고, 관계를 맺고, 협력할 수 있는 환경을 조성하도록 설계되었다.

따라서 이 접근법에 특별히 사용할 수 있는 여러 가지 연습과 유용한 시스템 질문과 제안하고 촉진할 수 있는 정말 효과적인 활동이 있다. 이 활동은 단지 팀 코칭을 위해 기반을 마련하는 접근법일 뿐이다. 즉 무엇인가를 심기 전에 흙을 준비하는 것과 같다고 생각하면 된다.

조건 만들기

사실 사내 팀 코치가 제대로 잘 기능하지 못하게 하는 근본적인 문제가 있지 않은 한, 팀 코치나 컨설턴트 역할로 초대받을 가능성은 작다. 팀의 기본 관계 구조가 조정될 수 있는 경우라면, 특별한 결과를 염두에 둔다 하더라도 외부에서 팀 코치를 초대하여 함께 작업하도록 하지 않는다. 그들이 직접 작업할 것이다.

그래서 팀 작업을 하는 초대장은 거의 예외 없이 그들이 함께 있는 방식, 즉 근본적인 관계 구조, 그 바탕과 이면에 있는 어떤 것에 대한 설명을 암묵적으로 요청하는 것이다. 고객이 이를 명확히 파악하고 해결할 수 있도록 정중하게 지원할 수 있다면, 개입과 후속 작업이 지속적인 영향을 미칠 수 있는 조건을 효과적으로 조성한 것이다.

조건을 만든 뒤에는 팀과 함께 작업할 때 이미 알고 사용하는 모든 것이 유용하고 가치가 있을 것이다. 그러나 도구 상자에 있는 도구를 통해 먼저 뿌리를 내릴 수 있는 기반을 준비하지 않고 사용하면 귀중한 시간과 돈과 에너지를 낭비하게 될 수 있다.

맥락인가 시스템인가?

어떤 사람들은 '시스템 팀 코칭'이라는 표현을 팀의 광범위한 맥락의 의미로 사용하고, 더 넓은 조직에서 다른 시스템과의 연결, 더 나아가 사회, 정치 및 시장 환경의 의미로 사용한다. 다른 시스템과 이러한 명확한 관계는 매우 중요한 고려 사항이며 대부분 팀은 이를 인식하고 있으며 일상적이다. 합리적인 수준에서 탐색하고 논의할 수 있으며 이는 특히 맥락에서 벗어난 팀에게 매우 유용할 수 있다.

맥락 수준에서 작업하더라도 요소 내부와 부분 사이의 역동 관계를 3차원 매핑으로 조명하여 관심의 거리와 방향에 주의를 기울일 수 있다. 컨스텔레이션이 시작될 때와 마찬가지로, 이와 같은 '있는 그대로'를 간단히 매핑하는 것은 팀에게 유용할 수 있으며, 특히 겹치는 복잡한 시스템 웹에서 자신의 위치를 찾으려고 할 때 유용하다.

여기서 대리인 매핑이 유용할 수 있다. 팀과 관련된 다른 시스템 사이의 상대적 거리와 주의 방향을 볼 수 있을 때 새로운 정보가 나타난다. 따라서 팀을 더 넓은 맥락에서 생각하는 것을 시작하기에 유용한 장소이지만, 스토리의 절반에 불과하다.

인간의 상태에 관심을 가진 코치라면 무의식에 내재한 암묵적인 것이 의식적이고 명시적인 것보다 훨씬 더 강력하다는 것을 알고 있을 것이다. 그것은 둘 중 하나가 아니다. 둘 다이다. 팀이든 개인이든 관계없이 시스

팀 코칭은 표면에서 일어나는 일, 눈에 보이는 '지형'과 보이지 않는 지하 '지층', 숨겨진 아키텍처와 시스템의 결과 필드를 모두 포함해야 한다.

개별 코칭에서는 잘 이해되지만 팀과 함께 작업할 때는 따로 떼어놓는 경우가 많다. 사실, 만약 지속적인 변화와 성과를 원한다면, 집단 무의식, 즉 팀의 필드를 포함하는 것이 정말 중요하다. 그 필드는 개별적이며 집단적인 꼬리 깃털로 유지된다.

팀에도 공작의 꼬리가 있다

팀은 여러 이전 시스템과 다른 현재 시스템에 각각 고유한 공명 연결을 가진 개인, 공작새의 꼬리로 구성된다. 그들이 함께 모였을 때, 그들은 불가피하게 복잡한 팀 꼬리 깃털 세트를 만든다. 이러한 복잡성은 여러 가지 다른 역학 관계와 중복되는 신의와 많은 자원으로 이루어져 있다.

팀과 함께 시스템적으로 작업하려면 꼬리 깃털을 모두 포함해야 하며, 한 팀이 만들 수 있는 움직이는 바다에 가만히 서서 모든 패턴과 신의와 얽힘과 자원을 가지고 결과 그림을 만들고, 관찰해야 한다. 자신의 권위에 서서 팀 또한 그들의 권한에 살 수 있도록 한다.

팀과 함께할 수 있는 일을 고려하기 전에 함께 일하는 팀을 생각하고 꼬리 깃털의 패턴, 신의의 정도 및 역동을 식별할 수 있는지 확인하라.

꼬리 깃털을 염두에 두고 팀과 함께 작업할 준비를 할 때 관심을 두고 주의해서 봐야 할 영역에는 팀의 기원과 원래 목적이 포함될 수 있다. 여기에는 팀원들이 이 팀에 들어가기 전에 거쳐온 여러 시스템 또는 기여는

했지만 지금은 떠나 잊힌 사람들이 포함될 수 있다. 여기에는 이 팀이 경험한 성공과 실패가 있을 수 있으며 팀 내에서 쉽게 언급되지 않는 깊은 패턴이 포함될 수 있다. 팀을 알아가면서 팀의 현장에 귀를 기울이며 그들 자신도 똑같이 하도록 초대하라.

모두 유용한 정보이며 팀의 분야와 그들이 만든 관계 시스템에 보관된다.

함께 작업 중이거나 함께 작업을 시작할 팀을 생각하고 그 뒤에 무엇이 있는지 포함하면서 무엇이 나타나는지 확인하라. 그들이 거쳐온 모든 시스템과 그들에 대한 숨겨진 신의, 많은 자원, 기여하고 떠난 사람들, 그리고 '팀'이라고 하는 이 하위 시스템에 발생한 모든 이벤트와 변경 사항에 위치를 제공해 준다.

> 팀은 실용성과 관계성을 가지고 목적을 달성한다. 실용성과 관계성의 연결은 컨스텔레이션과 함께 시스템 팀 코칭의 본질이다. 실질적인 연습들이 팀과 그 팀의 목적, 과업, 경쟁자, 과거, 현재 및 미래 사이에 숨어 있는 관계 패턴을 비춘다. 팀이 정렬되고 흐름이 진행되면 결과를 얻을 수 있는 조건이 만들어진다.

팀 리더의 내부 팀

팀 작업 시 모든 팀에 존재하는 두 가지 위계질서를 인식하는 것이 중요하다. 리더가 누구인지, '직속 부하'와 기타 보고 라인이 누구인지 설명하는 조직적 위계질서와 시스템 위계질서 등.

일대일 매핑은 팀, 특히 팀 리더와 작업을 시작할 때 이 두 계층이 겹치거나 얽히는 방식을 탐색하는 데 유용하고 정중한 방법이다. 팀 리더가 자신의 권위가 이 두 위계질서에서 나온다는 것을 이해하고 두 가지 다 제 위치에 자리할 때 사람들이 기꺼이 따르는 리더십의 기반이 된다.

팀 리더가 권한, 리더십, 협업 및 팀에 대한 자신의 관계뿐만 아니라 이를 탐색하도록 미리 개인 세션에서 지원할 수 있다.

어떤 개입도 팀과 팀 리더에게 차이를 만들어낸다. 그냥 드러나게 하는 것만으로도 뭔가 바꿀 수 있고, 모든 시스템 개입과 마찬가지로 작업하기 전보다 시스템을 더 강하게 유지하려는 의도가 항상 존재한다. 자립하여 온전히 자신의 권위에 선다. 이것은 팀 리더에서 시작해야 하며, 팀 리더와 함께하는 자세는 그들이 스스로 권위와 품위를 유지하면서 자원과 권한을 부여받는 것을 느끼게 하는 성공적인 개입에 있어서 매우 중요하다.

여럿의 '나'가 팀을 이룬다

팀과의 시스템 자세, 원칙 및 실행을 적용할 때 팀과 함께 '있는 그대로 인정'하는 것부터 시작해야 한다. 무엇이 진실이고 무엇이 말하지 않은 것인가에 특히 초점을 맞추며 팀과 팀워크의 근본적인 진실이 무엇인지 탐색한다.

이미 언급한 바와 같이, 이 진실들 가운데 첫 번째는 팀이 개인들로 이루어져 있다는 것이다. 그 결과 '팀'이라는 컨스텔레이션에 도착한 개인들은 고객, 기능, 상업적 성공 등을 책임질 수 있는 많은 강점, 리더십, 그리고 특별한 능력이 있다.

간단히 말해서, 그들이 항상 팀에 있었거나 팀을 이끄는 데 능숙해서 그 자리에 있는 것이 아니다. 그들은 개인적으로 성공한 결과로 팀에 들어왔다. 그렇지만 이것은 인정받지 못하고 잘 지켜지지 않는다. 리더들과 코치들은 이 본질적인 진실이 포함되지 않으면 그것이 사라지기를 바라며 빨리 지나쳐버리기를 간절히 바란다. '사라지는 것'은 없고 자연스럽게 부딪히거나 싸우게 되는 면이 더 강해진다.

이렇게 사실과 다른 진실의 영향을 줄이기 위해 모든 아이디어와 실천이 개발되었으며, 이러한 종류의 역동 관계를 해결하거나 극복하려는 팀 촉진자들에 의해 많은 양의 에너지가 소모된다. 나는 반대로 이렇게 하는 대신 그들이 진실을 마주하고 밝히도록 돕기를 권한다.

이 책 전반에 걸쳐 진행되는 실습과 더불어 모든 팀 코칭 과제에서 공동으로 작성하게 될 활동은 개인, 팀 및 더 큰 분야를 동시에 존중하고 포함할 수 있게 해준다.

사람들을 하나로 모으고 함께 흐르는 팀을 만들고 싶다면 먼저 그들을 분리해야 한다. 각자의 출신지, 다른 팀, 자신의 팀, 경력과 직업적 역량과의 분리성, 깊은 인연 그리고 신의의 측면에서 볼 수 있게 해야 한다.

팀에 이런 방식으로 접근하는 이점은 과거를 보지 않고 경쟁 신의를 표면화하고 해결하는 데 필요한 에너지를 사용하여 미래를 더 명확하고 쉽게 바라볼 수 있다는 것이다.

> 과거를 돌아보는 목적은 과거에서 떠나는 것이다. 과거는 과거에 둔다.

그러면 실용적으로 팀 고객에게 제공할 수 있는 몇 가지 시스템 활동을 살펴보자.

시스템 팀 코칭 활동

컨스텔레이션 공개 워크숍에서는 중립적 대리인으로 다른 워크숍 참가자를 활용하는 것이 중요하다. 이 사람들은 고객에게 알려지지 않았으며 자신이나 조직에 대해 거의 또는 전혀 알지 못한다. 이미 관계를 맺고 있는 사람들과 팀을 구성할 때는 작업 방식을 조정하는 것이 매우 중요하다. 예를 들어, 한 사람에게 회의실이나 팀에 있는 다른 사람을 대리하도록 요청하지 않는다; 이로 인해 대인관계의 긴장이 드러나거나 악화하고 시스템에 대한 접근 권한이 닫힐 수 있다.

팀에서 컨스텔레이션 코칭을 시작하는 특히 효과적인 방법은 먼저 팀 전반에 관련된 활동을 통해 팀워크 작업의 측면을 점진적으로 도입하는 것이다. 그런 다음 나중에 팀이 탐색하거나 해결하려는 실제 문제를 직접 다루는 더 실질적인 활동을 통해 주제와 맥락에 맞게 구체적인 접근 방식을 사용한다. 이 절에서는 이 관점과 방법론에 대한 소개를 지원하는 활동을 살펴보고, 적절한 맥락에서 가벼운 터치로 이 접근 방식을 소개한다.

> **위와 같이 아래에서** AS ABOVE, SO BELOW
>
> 어떤 팀이 어려움을 겪고 있거나 에너지 또는 집중력이 부족하거나 반복적인 패턴이나 갈등에 갇혀 있거나 개발 코칭과 팀 퍼실리테이션에도 지속적인 변화가 없다면, 이것은 그들이 시스템을 대신해서 무엇인가를 표현하고 있다는 것이 거의 확실하다. 이는 리더십 팀, 이사회 또는 더 넓은 시스템의 '위에서' 해결되지 않은 사항일 것이다.

이 내용을 읽고 고객과 함께 탐색할 때 팀은 조직 시스템의 수준에 맞는 역동성을 구현하고 체화하는 경우가 많다는 점을 항상 기억하라. 따라서 일대일 코칭에서와 마찬가지로 훨씬 이상하거나 '어려운' 행동이나 갈등은 해당 시스템 맥락에서 볼 때 더 이해될 수 있다. 이 접근법으로 팀과 함께 작업할 때 이러한 측면에 주의하고 새로운 시스템적 통찰력과 경험을 활용하여 이러한 가능성을 확보하라.

단순히 개인이 아닌 수준, 기능이나 역할 수준 및 시스템 수준에서 작업함으로써 시스템 이슈와 팀과의 작업에 대해 생각하기 시작한다. 이를 통해 많은 유용한 시스템 인식과 에너지가 대인관계에서 긴장 없이 흐를 수 있다.

머리에서 벗어나라

다음은 팀원이 '머리에서 벗어나' 몸에 들어가도록 초대할 수 있는 몇 가지 경험적 활동이다. 또 원칙과 활동의 적용으로 팀원들이 시스템에 보관된 보이지 않는 정보를 활용하면서 안전하고 존중하는 방식으로 협력할 수 있도록 지원한다.

처음 몇 가지 활동은 '워밍업'으로 좋으며 이러한 방식으로 작업하는 데 익숙하지 않은 사람들이 정보 필드에서 자신의 몸을 '마커'로 사용하여 머리에서 좀 더 편하게 벗어날 수 있게 해 준다.

팀 활동: 정보 필드에 서기

방 주위에 설정된 3개의 개별 플립차트에 3개의 '언어 필드word fields'를 만들어 정삼각형 모양을 만든다. 예를 들어, 팀 가치, 팀 목표 및 팀 행동일 수 있다. 또는 팀 전략의 세 가지 측면 또는 다른 커뮤니케이션 스타일, 세 가지 고객 부문 등과 같은 다른 문제를 살펴볼 수도 있다. 처음으로 팀과 함께 이 작업을 수행할 때 워밍업으로 팀 워크숍 의제 가운데 세 가지 측면이 포함될 수 있다.

팀이 서로 다른 장소에서 서로 간의 관계에 대해 느껴보고, 사이의 공간을 천천히 걸어 다니도록 초대한다. 그다음 3개의 플립차트에서 현재 느껴지는 관계에 대해 몸의 감각으로 느껴지는 위치를 찾도록 요청한다. 그들은 다른 팀원들을 무시하고 단지 그들 자신과 각 단어의 개별 수준에서 그 관계를 볼 수도 있다. 모두가 다시 가만히 서 있게 될 때, 단지 어디에 서 있는지, 무엇을 마주하고 있는지, 무엇은 보고 무엇을 보지 못하는지 알아차리도록 초대하라. 그 위치에서 의견을 말하고 싶은 사람들에게 관찰한 것과 통찰한 것, 느낀 것을 공유해 달라고 요청하라. 충분히 유용한 개인적인 견해와 통찰이 뒤따를 것이다. 몇 분 동안 나누고 곰곰이 생각해 본 뒤, 동료들에게서 그 말을 들은 결과 '더 나은 위치'를 찾도록 끌어당기는 내면의 움직임을 따르도록 모두를 초대한다. 그러나 이번에는 방에 있는 다른 사람들에 대해 인식하며 전체 팀, 전체 시스템을 염두에 두고 그렇게 하도록 초대한다.

새로운 위치에서 의견을 나누도록 구성원을 초대하고 삼각형 안에 동그랗게 앉아 토론한다. 느낀 감각으로 팀원들이 자신의 자리를 찾을 수 있도록 함으로써 많은 새로운 정보와 관계 시스템에 내재한 무언의 위치감을 갖게 될 것이다. 일부 팀 구성원은 이러한 측면에 대해 말할 수도 있다. 즉 정보 필드 내의 다른 요소와 관련하여 단순히 자신의 신체 내에서 얼마나 많은 정보를 사용할 수 있는지 알아차린 방법에 대해서다.

이러한 작업 방식을 팀에 소개하고 꼬리 깃털에 정중하게 연결하려면 시스템의 핵심 질서력 가운데 하나인 TIME을 경험하도록 초대할 수 있다. 이 실습은 위의 입문 활동에 이어 매우 효과적으로 작동한다.

팀 활동: 살아 있는 역사

모든 팀 구성원을 일어서게 한 다음, 조용히 원을 그리도록 하라(원의 시작인 12시 위치를 정한다). 이 팀에 먼저 가입한 사람은 가입 순서에 따라 다른 사람과 함께 첫 번째에 위치해야 한다. 말은 할 필요가 없다. 이것은 올바른 정보가 전달되기 위해 신체, 몸의 느낌, 그리고 '아는 분야knowing field'를 신뢰하면서 신체적으로 작업하라는 초대이다. 대규모 팀(15명 이상)에서는 정확한 가입 날짜를 잊어버렸거나 불분명한 경우가 많다. 이 활동은 부과된 것이 아닌 시스템의 진짜 '순서order'를 드러낸다. 보통 이 순서에서 상사가 '일등'이 아니라는 것을 알게 될 것이다.

모든 사람이 '올바른 위치'에 있다고 느끼고 나면, 옆 사람과 실제 가입한 날짜를 확인하고 조정하도록 초대한다. 많은 이들이 머리로는 '알지 못했던' 시간 순서대로 자신이 어디에 속했는지 정확히 '알았다'는 사실에 놀라겠지만, 어떤 사람들은 정확한 장소를 찾지 못했을 수도 있다. 사실에 따라 조정한 경우, 이 시스템에 가입힌 날짜(및 종시 기간)로 정의된 '잘못된' 위치와 '올바른' 위치에 서는 것 사이의 차이를 인식하도록 요청한다. 그다음 시스템 내의 올바른 위치에서 일하고 이끄는 것의 중요성에 대해 좀 더 이야기를 나눌 수 있다.

그러고 나서 나중에 가입한 사람들이 원의 시작을 둘러보고 '당신이 먼저 여기 있었군요'라고 말하게 하고, 심지어 맥락과 팀 역학에 따라 '당신이 내 앞에 여기 있지 않았다면, 나는 지금 여기 없었을 것입니다.' 또는 '내가 합류하기 전에 당신이 이 시스템에 기여한 모든 일과 시간은 제가 나중에 함께할 수 있는 장소와 기회를 만들어냈습니다. 감사합니다.' 그다음 가장 최근에 가입한 사람들에게 무엇인가 제공하기 위해 먼저 참석했던 사람들을 초대할 수 있다. 먼저 이와 같은 것을 제안하라. '먼저 이곳에 와서 배운 것을, 우리는 기꺼이 여러분에게 전할 것입니다.'

'상황에서' 이상하게 보일 수 있는데도, 사람들이 이런 문장을 얼마나 쉽게 말하거나, 더 정확하고 진실 되게 조정하는지 놀랄지도 모른다. 매우 감동적이고 연결하는 단어들은 보통 사람들이 그들의 팀에서의 일과 삶을 위해 훨씬 더 큰 맥락과 연결되면서 이러한 활동에서 나타난다.

이 작업의 원칙과 실행을 팀 목적과 일치시킬 필요가 있을 때 가벼운 터치로 적용될 수 있다. 명확하게 표현되고 일반적으로 이해되는 목적은 조직 시스템에서 명확한 위치가 필요하다. 각 역할은 명확해야 하고 비전으로 목적을 달성할 수 있도록 목적과 일치해야 한다. 기업의 각 개인은 사업의 목적과 그들의 역할이 그 목적에 어떻게 기여할 수 있는지에 대해 내면적인 감각을 가져야 한다. 리더들이 목적을 세우고, 분명하게 표현하고, 새롭게 하지 않으면, 시스템 내 사람들은 그들의 경험과 기술에만 의지하여 사업이 기대에 부응하지 못하고 역량의 합에 그칠 것이다. 고성과 팀을 만드는 것 자체가 끝이 아니라 팀 목적에 집중하고 이를 위해 협력하는 시작에 불과하다. 이미 잘 아는 방법 가운데 하나를 사용하여 팀 목적을 생성하는 방법, 즉 위에서 제시한 '언어 필드word fields' 활동이 부분적으로 가능하게 되면, 팀이 합의한 목적을 플립차트, 카드 또는 기타 큰 용지에 작성하도록 초대한다.

> **팀 활동: 팀 목적에 맞추기**
>
> 목적이 합의되고 큰 종이에 기록되면, '과거'와 '현재'에 대한 방향감이나 이 팀에 의미를 부여하는 다른 방법으로 바닥 한가운데에 놓는다. 그런 다음 각 개인(팀 또는 회사에서 가장 긴 시간부터 가장 짧은 시간까지를 함께한)을 초대하여 현재 이 순간에 자신이 팀이나 회사에서 어떤 관계에 있다고 느끼는지를 나타내는 목적과 관계된 장소에 서도록 한다. 체크인과 몇 가지 논의를 한 뒤 - 흔히 그들이 할 수 있다고 느끼거나 하고 싶은 - 많은 사람이, 그들이 미래에 합의한 목적에 가장 잘 봉사할 수 있다고 느끼는 곳으로 팀을 옮기도록 초대한다. 점차 그들은 모든 팀원의 관계 맵을 만들고, 공유된 목적을 중심으로 상호 연결하는 새로운 그림 속에 서 있는 자신을 발견하게 될 것이다. 다시 한번 말하지만, 공유와 대화는 여기서 항상 빛을 발한다.

6개월 뒤 다시 이 팀과 함께 일하면 다시 그 관계 패턴을 유지하도록 초대할 수 있다. 그들은 그것이 체화되어 정확하게 기억할 수 있을 것이다.

팀 활동 : 새로운 것과의 관계에서 위치 찾기

제품이나 서비스와 같은 새로운 것을 만들려는 팀과 함께 작업 중인 경우, 해당 팀을 초대하여 주제를 나타낼 물건을 선택할 수 있다. 예를 들어, 여러 개의 의자를 의미 있게 배열할 수 있다. 그런 다음 그룹에 동의하는 대로 이 새 제품 또는 서비스의 성공을 지원하는 데 필요한 다양한 기능이나 역할을 나타낼 수 있도록 사용자를 초대한다. 새로운 제안, 제품 또는 브랜드와 관련하여 각 역할이 어디에 있어야 하는지 확인하고 각 담당자가 각 역할이나 장소에서 어떤 경험이 있는지도 확인한다. 어떤 역할이 필요한지, 어떤 우선순위에 있는지 알아보라. '성공하기 위해 무엇이 누락되었습니까?'라고 묻는다. 팀원 가운데 한 명 이상은 누락된 것이 있는지 알 것이고, 자신이나 플로어 마커나 의자를 사용하여 이를 표현하도록 그들을 초대할 수 있다.

새로운 멤버나 리더를 앞둔 팀과 함께 일한다면, 그 사람과 역할을 잘 해낼 수 있는 의미 있는 공간을 만들기 위한 준비를 지원할 수 있다.

팀 활동: 새로운 팀 구성원을 위한 공간과 위치 만들기

기존 팀을 팀 목표와 관련하여(이전 실행 참조) 서도록 초대한 다음 현재 담당하지 않는 역할을 나타내기 위해 플로어 마커나 의자를 놓는다. 팀 전체와 함께 일하고 자신을 '이 역할에 가장 적합한 장소'를 위한 걷기 리트머스 시험으로 활용하면서, 그곳이 어디에 있는지 찾은 다음 플로어 마커나 의자를 그 장소에 배치하라. 팀이 이 역할의 '최적 장소'에 합의할 수 없는 경우, 역할이 장소를 찾기 전에 해결해야 할 다른 사항을 설명하는 유용한 토론을 할 수 있다. 이 실행은 이전 역할 소유자와 시스템에서 역할의 기능과 위치를 둘러싼 문제를 표면화하고, 이 역할의 성공을 지원하는 데 필요한 요소를 밝힐 수 있다. 이러한 상황에서 촉진 기술과 이 접근 방식에 대한 이해가 도움이 될 것이다.

또 새로운 팀 리더가 합류할 때 이 활동을 통해 저마다 리더와 동료 및 책임에 대해 명확한 시야를 제공할 수 있는 팀 구성을 찾도록 시도할 수 있다. 이 활동의 어느 버전도 새 팀 구성원과 함께해서는 안 된다. 이 실행은 새 구성원이 도착하기 전에 수행해야 하는 탐색이다. 환영받을 때 그 새 구성원이 느낄 팀 내면의 변화를 만들어낸다.

퇴출과 배제의 이력이 있는 팀과 함께 일하고 있거나 적절한 인정을 못 받은 채 기여한 사람이 떠난 팀이라면 위치를 주고 팀 시스템을 정착시킬 수 있다.

팀 활동: 위치와 소속감

전체 그룹이 일어서도록 초대하고 그 가운데 절반에게 현재의 기존 팀을 대리하도록 요청하라. 그들은 공간 한가운데 서서 서로에게 의미 있는 관계를 찾을 수 있다.

그런 다음 바닥의 다른 영역에다 떠난 사람들을 대리하도록 한다. 예를 들어, '2년 전에 해고된 사람들'과 같이 상황과 사실에 따라 떠나는 개인 또는 그룹을 대표하도록 다른 팀 구성원을 초대한다.

그다음 각 사람과 그룹을 초대하여 해당 위치에서 말하게 한다. 그들은 각 장소에서 접근할 수 있는 새로운 정보에 놀랄 것이다. 이것은 간단한 의식이나/또는 남은 시스템이 균형을 되찾을 수 있도록 떠난 사람들에 대한 존중을 보여주는 문장으로 이어질 수 있다. 이 책에 묘사된 '문장'의 특정한 형태는 여기에서 유용하다. 예를 들어: '우리는 당신을 잊으려고 노력했습니다'라는 근본적인 진실을 말한다. '여러분께서 애써주신 모든 것에 감사드립니다.' 또는 '여러분의 기여에 감사드립니다. 여기서 변화를 주셨습니다'라고 기여를 인정한다. 또 다른 진실이 문장에 의해 언급된다: '우리는 전체 시스템의 생존을 위해 당신에게 떠나라고 요청해야 했습니다.' 공동창조를 통해 무엇이 진실인지 명확히 하고, 배제된 사람들을 인정하고 풀어준다.

이것은 제시한 문장에 집착하지 않고 활동할 좋은 기회이며, 시스템을 떠난 사람들을 위해 그 문장을 다듬기 위해 대리인을 이용할 좋은 기회이다. 그들은 정확히 인정하고 풀어주는 단어를 알게 될 것이다. 예를 들어, 최근 워크숍에서 제외된 사람들을 대표하는 사람들은 다음과 같이 말했다. '우리가 먼저 한 일이 나중에 당신의 공헌을 가능하게 했습니다. 우리는 모두 기여했습니다.' 이것은 TIME과 PLACE의 깊은 시스템 진실의 표현이다.

어떤 점에서든 적절한 결말이라고 생각되면, 모든 사람을 다시 자리에 앉게 하고, 모든 사람을 위한 공유와 의미를 확실히 하는 데 도움이 되도록 토론을 촉진하라.

팀과 갈등

팀이 만성적인 갈등, 즉 아무런 원인도 없어 보이고 문제를 해결하려는 사람들을 계속 배제하는 그런 갈등을 겪을 때 유용한 컨스텔레이션 활동을 설명하고 싶다. 이러한 종류의 갈등이 발생할 때, 컨스텔레이션 촉진자나 숙련된 코치들은 이 방법론을 시스템 관점에서 안전하게 사용할 수 있다. 이 활동이 포함되는 이유는 훈련과 경험 뒤에 어떤 것이 더 가능한지 알 수 있도록 하기 위함이다.

> 팀이 어려운 갈등을 겪고 있을 때 전체 시스템을 대신해서 갈등을 일으킬 가능성이 있다. 전체 내용을 포함하도록 문제의 맥락을 확대해야 팀을 위한 해결책을 찾을 수 있다.
> – 마커스 버켄그라헤Marcus Birkenkrahe, 베를린 경제대학원

팀은 흔히 자신의 문제가 아니라 시스템 전체에 걸쳐 인식되지 않고 해결되지 않은 문제로 인해 나타나는 어려움과 갈등을 겪기도 한다. 이것은 팀에게 시스템 사고를 적용하는 유용한 소개이며, 이전에는 말하지 않았던 것을 드러내는 경우가 많다. 컨스텔레이션 퍼실리테이션을 경험한 뒤 이 아이디어를 탐색하고 팀 갈등을 조명하고 완화하기 위해 다음 활동을 시도해볼 수 있다. 다시 말해, 이 특별한 활동은 상당한 시스템 역동을 일으킬 가능성이 크며, 갈등하는 팀에게 이것을 시도하려면 전에 그룹 컨스텔레이션을 촉진한 경험이 필요하다.

팀 활동: 팀 갈등 조명

팀 전체를 온전한 상태로 작업하면서, 그들이 겪는 어려움이나 갈등의 질이나 요소, 개인적 수준이 아닌 추상적인 이름으로 그들을 초대한다. '의욕 저하', '분노', '무례', '충돌', '부끄러움', '공포', '에너지 부족'과 같은 단어나 구를 제시함으로써 자신이 의미하는 바를 그들에게 알려줄 수 있다. 각각 다른 종이에 단어 또는 문구를 모두 표현하고 기록하도록 초대한다. 사물에 관한 이야기와 지명한 개인에게서 멀리하도록 사람들을 격려할 필요가 있다. 그들은 분쟁의 근원에 대한 그들의 생각이 아니라, 분쟁의 경험을 명명하는 단어나 짧은 문구로 머물러야 한다. 그룹이 그것들을 모두 표현했다면, 각각의 요소들이 다른 요소들과 관계 맺는 장소를 찾으면서 일어서고, 각각의 요소들을 '대리하고' 싶은 사람들을 초대하라. 명확

성을 지원하고 초점을 맞추려면 회사나 팀의 목적을 지도에 명시해서 표현하게 하는 것이 중요하므로 이에 대해 합의하고 공유한다. 물론, 그것 자체가 때때로 명백한 출처 없이 갈등의 이유 일부가 되기도 한다. 요소 사이의 관계 맵이 있을 때까지 그림을 계속 만든다.

각 대리인에게 시스템의 특정 '위치'에서 얻은 정보를 차례로 묻는다. 모든 사람에게 말하기 전에 그들이 무엇을 나타내는지, 단어, 품질 또는 개념에 이름을 붙이도록 요청하라. 이는 되도록, 그들이 개인적인 주제가 아닌 시스템의 위치에서 말하고 있다는 것이 매우 분명하다는 것을 의미한다. 이를 뒷받침하기 위해 각자가 매우 짧게 말하도록 권장해야 한다. 부서, 기능 및 역사와 같은 팀 주변의 더 넓은 시스템에서 다른 요소를 추가하는 것이 중요할 수 있다. 이러한 요소들이 자연스럽게 나타나기 때문이다. 프로세스의 후반부에서는 이 접근 방식을 사용하는 시스템에서 나오는 정보로 작업하고 조명하는 것이 익숙해지면서 다음과 같은 다른 요소를 제공할 수 있다.

- '이 갈등의 진짜 이유'
- '이 갈등이 어떤 역할을 하는지'
- '이 갈등의 숨겨진 유익'
- '이 갈등이 해결되면 누가 이익을 얻을 것인가?'
- '이 갈등이 해결되면 누가 실망하겠는가?'
- '이 모든 문제를 해결할 수 있는 길'

배운 원칙과 활동을 사용하여 나타난 것을 촉진한 뒤, 팀 전체를 위해 해결책을 제시할 수 있다고 생각하는 내부 움직임을 천천히 따라갈 수 있도록 모든 사람을 초대한다. 조용히 움직여 달라고 하라. 이 단계에서 몇몇 사람들은 해결을 지원할 추가적인 자원, 품질 또는 요소를 요청할 수 있다. 대리인으로 의자 또는 플로어 마커를 쓸 수 있다. 마지막으로, 저마다 자신의 위치에서 '지혜의 원' 방식으

> 로 몇 마디 말로 말하도록 초대한다. 각자는 갈등의 명확성과 해결을 위해 시스템이 필요로 하거나 각 위치에서 '말해야 하는' 것에 대해 간략하게 말한다. 모든 사람이 진실로 느껴지고 이 시스템에서 일관성과 흐름을 지원하는 내부 움직임을 천천히 따라갈 수 있도록 초대할 수 있다. 그런 다음 모든 사람을 동그랗게 둘러앉게 한 다음, 토론을 풍부하게 촉진한다.

이런 간단한 실행이 얼마나 강력하고 명확할 수 있는지 과소평가하지 마라. 얼마나 걸릴 수 있는지도. 공간과 시간을 두고 천천히 가라. 결과적으로, 그 팀은 함께 훨씬 더 빨리 여행할 수 있을 것이다.

그들에게 그러한 선물을 주었을 때, 모두는 어떤 기존의 팀 개발 및 코칭 도구가 다음에 가장 유용할지 정확히 알게 될 것이다. 앞서 언급한 바와 같이 코칭, 퍼실리테이션 및 팀과의 협력에 대해 이미 아는 모든 것을 테이블로 가져올 수 있고 또 반드시 가져와야 한다. 기존 지식, 시스템적 실행, 그리고 자신이 방에서 일어나는 일에 어떻게 반응하는가에 따라 무엇인가를 제공할 수 있게 하고 지속적인 영향을 미치도록 촉진할 것이다.

시스템 관점과 방법론을 가진 코치에 의해 촉진되는 이러한 종류의 구체화한 활동은 또한 15장에 기술된 인간의 깊은 욕구들을 무언의 방식으로 섬세하게 다룬다. 이러한 인간의 욕구는 팀에 있을 때 특히 높아지므로 안전한 소속감을 조성할 수 있을 뿐만 아니라 사람들이 독특한 개인으로 보이고 인정받는 것을 느낄 수 있다면, 코치는 많은 것을 준 것이다.

각각의 활동은 시스템이 구성원들에게 그 자신을 드러낼 수 있게 하고 또한 팀과 그룹과 함께 일하는 데 필요한 일종의 깊은 심리적 계약을 가능하게 하며, 그들에게 남겨진 핵심 부분이 된다. 퍼실리테이터와 팀 코치가 외부에서 가져오는 것 - 때론 통제하거나 제한하려는 베일에 가려진 시도 - 이 아니라, 구성원들이 함께 자기 시스템 필드를 걸어갈 때 구성원 자신을 위해 생성한 계약이다.

그룹 컨스텔레이션

활동 및 사례연구

일부 코치는 일대일 코칭을 통해 이 여정을 시작하고, 다른 코치는 팀 워크숍 환경을 촉진하는 것으로 시작한다. 이 접근법을 통한 여정에 '올바른 길'이란 없으며, 컨스텔레이션을 하는 것이 올바른 하나의 길이라는 것은 아니다. 그것을 '교과서대로' 컨스텔레이션에 대해 배운 것에 엄격하게 집착하면 예상치 못한 일이 일어났을 때 융통성을 발휘할 수 없다. 마찬가지로, 이 접근 방식을 기존 접근 방식에 통합하는 방법에 대해 지나치게 '느긋한' 태도를 보이면 그 영향이 희석되고 개인과 팀에 어려움이 발생할 위험이 있다.

 시스템 코칭과 컨스텔레이션을 통해 발전하는 자신을 발견한다면 관찰하고 참여할 수 있는 워크숍에서 충분한 경험을 할 수 있도록 한다. 이 절에서 워크숍 환경의 응용프로그램에 관해 살펴보겠다. 이것은 결국 이 코칭이 원래 개발된 환경이다.

 워크숍 환경에서 이러한 접근 방식과 방법론을 개발하고 표현하더라도, 기존 교육과 경험 수준 내에서 이를 수행하는 것은 항상 중요하다. 그룹을 안전하게 유지하고 핵심 이슈와 지식 범위 내에서 작업하는 것은 당연히 중요하다. 만약 자신이 주로 일대일로 일하는 코치라면, 이 부분이 시야를 넓혀서 새로운 방법으로 고객들과 함께 일하게 될지도 모르기 때문에 특별히 관심을 가질 수 있다. 이미 경험이 풍부한 그룹 퍼실리테이터라면 그룹이 작동하는 방식에 대해 몇 가지 유용한 정보를 알 수 있는 이점이 있다. 그렇지만 자신이 불리하다는 것을 발견할 수도 있다. 왜냐하면 이 방법을 촉진하는 것은 다른 어떤 것과도 다르며, 그룹들과 일하고 상호작용하는 친숙한 방법들을 배울 필요가 있기 때문이다.

이 접근 방식을 워크숍 프레임워크 내에서 조직과 비즈니스 환경에 적용할 수 있는 방법에는 몇 가지가 있다.

공개 워크숍

이러한 워크숍은 일반적으로 1일 또는 2일 워크숍으로, 외부에서 아무런 연고도 없는 다양한 사람들이 모여서 문제를 탐색하고 방법론을 배우고 다른 사람들을 대표하여 참여할 수 있다. 코칭 스태프, 컨설턴트, 기업 소유주, 기업 리더 및 고위 팀 리더가 한데 모여 실행과 기회를 제공하여 접근 방식을 경험하고, 원활한 업무 진행을 통해 특정 문제에 대한 유익성과 명확성을 확보한다. 흔히 하루 대부분을 참가자들이 컨스텔레이션을 통해 가져온 특정 이슈에 대해 작업하며 워크숍의 다른 구성원을 활용하여 작업하는 데 보낸다.

이러한 워크숍은 이런 접근 방식을 처음 접하는 사람들에게 '물속에 발 담그기' 위한 좋은 기회를 제공하며, 다양한 혜택을 경험한다. 또 교육을 고려하는 사람들에게 유용한 접근 방식을 제공한다(저자와 그의 동료들이 촉진하는 접근 방식은 businessconstellations.com(https://perma.cc/47AV-HWNC 아카이브)에서 탐색해보라).이러한 워크숍에서는 그룹 구성원이 고객이 되어 촉진자에게 문제를 설명하는 여러 가지 구성이 진행된다. 작업은 맥락, 원하는 해결 방법, 문제 보유자의 역할과 기능에 관한 완전한 지식을 바탕으로 수행된다. 그러나 어떤 경우에는 고객이 '블라인드blind' 작업을 선호할 수 있다. 여기서 워크숍 참석자(일부는 컨스텔레이션에서 대표로 선정될 예정임)는 어떤 사실이나 상황에 대해서도 말하지 않는다. 이를 블라인드 컨스텔레이션이라고 하며, 워크숍 전에 개인적으로 논의되기 때문에 고객과 퍼실리테이터만이 문제와 관련된 맥락과 사실을 안다. 또 다른 작업 방법은 이중 블라인드double-blind로 코칭하는 것인데, 여기서 퍼실리테이터는 문제나 시스템에 대한 깊은 이해 없이 진행한다. 기밀성이 중요할 때 유용한 작업 방식이지만, 고객이나 이슈 보유자가 방법론에 회의적이거나 상황이 어떻게 되는지에 대해 이야기하고자 할 때도 적용할 수 있다. 이 간단한 사례연구는 15분짜리 이중 블라인드 컨스텔레이션을 하고 나서 두 달 뒤 리더가 작성한 것이다.

리더십 찾기

코치: 존 휘팅턴John Whittington, 영국 런던

고객: 변화 관리 컨설턴트(고객이 작성한 사례연구)

컨스텔레이션에 대한 경험은 여전히 놀랍도록 신선하게 느껴진다. 그것은 나와 직장 관계에 엄청난 영향을 미쳤다. 나는 내 스토리를 준비했었기에 코치가

완전히 블라인드 컨스텔레이션을 하자고 제안했을 때 깜짝 놀랐다. 내가 원하는 결과가 무엇이냐고 물어왔을 뿐이어서 다른 두 사람과 대화가 필요하다고 했다. 그것이 코치가 함께한 모든 작업 데이터였다. 나는 '이건 안 될 거야'라고 생각했다. 그렇지만 내가 틀렸다는 것이 증명되었다.

워크숍 그룹에서 동료들을 대리해 줄 멤버 두 명을 선택하라고 요청받았다. 그 결과는 놀라웠다. 나는 '리더십'에 대해 언급한 적이 없는데도, 컨스텔레이션에서 두 대리인은 내 대리인에게 그것을 요구하고 요청했다.

대리인들은 나의 진짜 동료들의 정확한 요구를 크고 분명하게 명료화하였고 대답해달라고 요구했다. 현실 세계에서 동료들은 똑같은 질문을 하긴 하지만 대답을 요구하지 않은 채 나에 대해 좌절감을 느꼈다.

컨스텔레이션이 앞으로 나아감에 따라 나의 동료들을 좌절시켰던 내 행동들을 깨달았다. 나는 무엇을 해야 할지 지시받는 것을 좋아하지 않았고 다른 사람도 그렇게 하지 않는다고 생각했다. 그래서 리더 입장에서 사람들, 특히 경험이 많은 사람들에게서 내가 필요로 하는 것을 어떻게 얻어야 할지 잘 몰랐다. 내 동료들은 모두 나보다 경험이 많은 컨설턴트이므로, 나는 그들에게 이래라저래라 할 생각이 전혀 없었고 그것은 모욕이라고 생각했다.

컨스텔레이션이 끝난 뒤 나는 두 동료와 함께했던 것을 나누었다. 나는 그들의 대리인이 분명히 표현한 니즈가 그들의 니즈와 동일한지 확인했고, 확실한 '예!'였다. 내 추측을 확인했더니 내가 틀렸다는 것을 알았다. 그들은 리더십과 명확성을 원했다. 그다음 주는 모든 것이 바뀌었다.

우리는 내가 했던 대규모 변화를 위한 문화 프로그램을 이제 막 시작했다. 나보다 훨씬 경험이 많은 두 사람을 채용했고 그들은 그동안 부족하다고 느꼈던 것들을 프로젝트에 가져다주었다. 그렇지만 그들은 내가 프로젝트를 이끌어야 하고, 무엇을 기대했는지 말해줘야 한다고 말했고, 이것이 바로 내가 시작해야 하는 일이었다. 그것은 나와 그들, 프로그램에, 그리고 그 결과 고객에게도 깊은 영향을 끼쳤다.

컨스텔레이션에 대한 내 경험을 나와 함께 일하는 많은 다른 사람과 공유했고, 현재 동료들은 내게 그들의 '리더'라고 농담을 한다. 이 농담은 리더십의 필요성과 문제 등 리더십과 관련한 진지한 논의를 정당화하는 데 도움이 된다.

나는 지금까지 놓치고 있다고 느끼는 것을 가져와 프로젝트화하는 사람들을 이끄는 경향이 있었는데, 이런 '창조적 에너지'를 보이면서 어떻게 해서든 다른 사람들이 무조건 따라오기를 바랐다. 이것은 어느 정도 효과가 있지만, 분명히 충분하지는 않다. 이제 나는 리더십에 대해 훨씬 더 명확히 알고 있고, 리더십 역할에 대해 더 자신감이 있으며, 팀에 명확한 방향을 제시하는 것을 즐긴다.

이것은 엄청난 발전적 도약이었다. 만약 컨스텔레이션이 없었더라면 결코 그것을 만들 수 없었을 것으로 생각한다.

워크숍 경험 소개

공개 워크숍을 열 때는 그룹의 범위와 범위가 넓어짐에 따라 공유할 수 있는 프레임워크를 갖는 것이 유용하다. 공유하면 유용한 몇 가지 항목은 다음과 같다.

- 이러한 방식으로 개인이나 팀 수준에서 시스템 수준으로 이동할 것이다.

- 이미 머릿속에 무엇이 있는지 안다 - 의견, 편견, 그리고 믿음, 이 접근 방식은 머리 너머에 무엇이 놓여 있는지, 즉 몸 안에서, 온전한 존재, 직감, 즉 '알고 있는 다른 방법'이 무엇을 제공하는지 알 수 있게 해 준다. 그러므로 몸이 마음을 말하도록 하라.
- 우리가 하는 것은 단순히 시스템의 공간적 대리인이며, 일종의 지도 map다. 일단 지도가 설정되면 지도가 정보와 함께 살아 움직이는 것을 볼 것이다. 이것이 바로 컨스텔레이션이 제공하는 신선한 정보다.
- 컨스텔레이션은 시스템 역동에 대한 살아 있는 지도이며 경계 내에 있다. 시스템 경계(의자의 원)에 앉은 경험은 대리인으로 선정된 것만큼 강력하게 경험을 비출 수 있다. 경계를 포함한 전체 시스템이 살아나고 모든 부분에서 정보를 얻을 수 있다.
- 다음과 같이 워크숍에서 유익을 얻을 수 있는 몇 가지 방법이 있다.
    - 탐색, 진단 또는 조명할 이슈 가져오기
    - 다른 사람의 컨스텔레이션에서 대리인이 되는 것
    - 우리가 탐색하는 각 시스템의 경계를 갖는 서클의 일부 되기
    - 컨스텔레이션 사이의 적절한 지점에서 질문하기
- 역할극과 대리인 사이에는 차이가 있다. 역할극을 통해 이 작업을 한다고 유익이 생기거나 기운이 북돋아지지는 않는다. 그것은 '빈 그릇' 접근법에 효과가 있고, 항상 모든 사람에게 효과가 있는 것처럼 보이는 '대리인 인식'의 힘에 의존한다. 단순히 공간 관계 모델의 한 위치에 서 있는 것만으로도, 자신이 누구든, 이슈 보유자에게 소중한 정보를 얻을 수 있다.
- 아무것도 느끼지 못하는 것이 많은 감정을 가진 것만큼 중요하고 가

치 있는 정보라는 것을 기억하라.
- 팀 또는 더 광범위한 조직 문제를 살펴볼 때, 부과된 자연적 위계질서보다 시스템 역동에 더 큰 영향을 미치는 자연적 시스템 위계질서(누가 먼저 왔는지, 누가 가장 '무게감^{weight}'을 가졌는지 등)를 기억하는 것이 유용하다.

비공개 워크숍

'비공개 워크숍'에서 고객 회사는 숙련된 시스템 퍼실리테이터를 초빙하여 회사가 직면한 특정 문제나 일련의 문제에 대한 워크숍을 개최한다. 비공개 또는 사내 '워크숍'에는 두 가지 종류가 있다. 첫째는 퍼실리테이터가 고객 회사 또는 그 문제에 대해 전혀 모르는 대리인을 제공하도록 요청할 때이다. 진행자는 워크숍에 참석한 수석 팀의 고객 서너 명과 함께 작업하며, 그들이 가져오는 여러 가지 시급한 조직, 구조 또는 기타 문제를 탐구한다. 그 결과 고객이 있고 명확성과 해결이 절실한 실제 상황인 경우 이 접근법은 학생들이 중립적인 대리인으로 참여할 좋은 기회를 제공한다.

두 번째 종류의 비공개 또는 사내 워크숍 위원회는 고객 조직이 시스템 개입을 요청하지만 조직 내 사람들과만 작업하기를 원하거나 필요로 하는 경우다. 이것은 특정 상황에서 더 자주 일어난다. 이러한 상황 가운데 첫 번째는 이미 팀에 대한 신뢰도가 매우 높으며 더 광범위한 조직 또는 고객 문제를 종합적으로 검토하려는 경우다. 두 번째 상황은 좀 더 긴밀하게 협력하겠다는 뜻을 같이 하고 새로운 방법을 적극적으로 모색하고 싶은 팀이 둘 이상 있는 경우다. 이런 맥락에서 사례연구는 매기 로즈Maggie Rose를 참조하라. 세 번째 상황은 외부 사람들이 이 문제를 목격하거나 작업하는 것을 허용할 수 없을 정도로 조직이 비밀을 보장해야 하는 경우다.

지금까지 살펴본 바와 같이, 대인관계의 긴장을 표면화할 위험이 있으므로 팀과 함께 일할 때 이슈 '안에' 있는 사람들과 함께 일하는 것은 어렵고 잠재적으로 위험하다. 사람들이 그들이 보고 싶어 하는 문제들을 '행동acting out'할 수도 있고, 또는 그 반대의 경우도 이해할 수 있는 위험이 있다. 즉 조직이 볼 준비가 되어 있지 않은 것을 보여줄까 봐 그들의 진정한 내적 움직임을 따르지 않을 수도 있다. 참가자의 노출 위험을 방지하기 위해 이러한 모든 가능성을 워크숍 설계(제공되는 개입이나 활동)에서 고려해야 한다.

물론, 이러한 접근 방식이 워크숍 형식으로 조직에 도입되어 사내 리더, HR 및 조직개발OD 전문가 그룹이 조직 건강의 일반적인 문제들을 함께 살펴보는 경우가 많다. 숙련된 외부 컨스텔레이터가 지원하는 이 워크숍은 풍부한 내용과 자원으로 흔히 문제를 탐색하는 것으로 진행되기도 한다. 그러나 참석자들이 조직의 기능과 부서 전반에 걸쳐서 선발되고 업무가 조직 차원에서 유지되는 곳에서는 어려움과 대인관계의 긴장이 발생할 가능성이 훨씬 작다. 13장에서 보듯이, 많은 비즈니스 기본을 조명하고 명확하게 할 수 있는 초록과 비즈니스 요소의 대리인과 함께 코칭하는 방법은 여러 가지이다.

그러나 행동이 흔히 시스템 문제의 표현일 가능성을 탐색할 수 있고/또는 대인관계가 아니라 조직 시스템 자체에 뿌리를 두고 있는 시스템 문제를 다룬다고 느낄 때, 그리고 강력한 해결 의도를 감지하는 경우, 시스템 관점과 개입을 고려할 수 있다. 이슈별 컨스텔레이션의 시작이다.

유럽 멘토링 및 코치 협의회EMCC와 국제코칭연맹ICF의 이사들에게 양 기관의 이사들과 함께 공동 워크숍을 진행하도록 요청받았을 때 정확히 이런 느낌을 받았다. 목적은 진행 중인 회담에서 표면화된 혼란스러운 동태를 밝히는 것이었다. 두 이사회의 구성원들은 오랫동안 좋은 수준의 커뮤니케이션과 협업과 전문성에 대한 열정을 공유하면서 실무 관계를 맺어 왔다. 관계 개선과 이슈를 해결하고 앞으로 나아가기 위하여 서로 헌신한 결과, 외부 대리인 없이, 그들과 그들의 시스템 이슈 사이의 여과 없이, 원천적으로 일하기로 합의되었다. 그 결과, 두 이사회의 구성원들이 이번 워크숍을 위해 마드리드에 모였다.

과거 현재 미래

코치/퍼실리테이터: 존 휘팅턴, 영국 런던

고객: EMCC 및 ICF 이사회

배경

2006년, 유럽에서 가장 영향력 있는 전문 코칭 조직 가운데 하나인 EMCC 이사회의 한 위원이 국제 코칭 조직인 ICF와 관계를 맺기 위해 손을 내밀었다. 두 이사회의 구성원들은 그 이후로 정기적으로 회의를 열어 더 긴밀한 협력 방안을 논의하고 탐구해왔다. 폭넓은 주제에 대해 좋은 연결과 건강한 토론이 있었다.

시작한 지 5년 뒤인 2011년이 되자, 논의의 특정 측면을 중심으로 관성적인 면이 나타나고 있었고, 두 시스템 모두 근본적인 역동 관계를 명확하게 하여 다시 함께 나아갈 수 있기를 열망했다. 대화 수준에 머무르는 것, 즉 여러 가지 이슈에 관해 이야기하는 것만으로 충분하지 않다는 것은 분명했다; 뭔가 다른 것이 요구되었다. 새로운 접근 방식, 정체성 해소 및 조직 건전성에 대한 공동의 헌신에 대한 에너지가 있다.

이러한 개입에 대한 요청은 특히 세계 유수의 코칭 기관에서 나온 것으로 보인다. 믿을 수 있으려면, 어떤 전문 회원 조직이라도 진정으로 가치를 실현하고 그 가치를 살리고 발휘해야 하며, 효과적이고 성실하게 직업의 첨단에서 일하겠다는 의지를 보여야 한다.

두 조직의 시스템 상태 탐색, 그리고 그들의 과제가 개인의 수준이 아니라 더 넓은 시스템 역학에 놓여 있다는 것을 쉽게 이해할 수 있었던 것은 신선했다. 그들은 이미 그것이 속한 시스템 맥락에서 볼 때 모든 행동이 이치에 맞는다는 것을 알고 있었다. 그렇다 하더라도, 솔직히 두 시스템이 그들의 관계 역동을 보기 위해서는 용기가 필요하다. 이는 특히 그들이 같은 사업 영역에 있을 때, 그리고 많은 공유된 가치와 의도를 가진 공개적인 협업에서도, 구성원들을 위해 서로 일종의 경쟁을 벌이는 경우이다. 현재 진행 중인 조직 대화가 약간 막혔을 때 컨스텔레이션 방법론을 통해 이들의 협력을 살펴보는 것은 어떤 일이 발생하든 개방하려는 의지와 모든 참석자에 대하여 높은 수준의 개인 및 직업적 완전함을 신뢰하는 의지가 필요하다. 이 반나절 워크숍에는 그 모든 자질과 그 이상의 것들이 나타났다.

브리핑

나는 이 접근 방식과 배치 방법론을 뒷받침하는 원칙을 사용하여 세션을 촉진하도록 요청받았다. 두 시스템 중 어느 것이든 명확성과 연결성을 높일 수 있는 문제를 조명하기 위한 목적으로 말이다. 또 더 심층적인 협업을 지원할 수 있는 새로운 리소스가 있는지 알아보려고 했다. 다음과 같이 요약하기로 합의하였다. '두 조직과 심층적인 협업 지원 사이의 관계 역동을 명확히 하라.'

접근법

다른 곳에서 설명한 동료 코칭의 버전을 촉진한 뒤, 참석자 모두가 이 접근 방식을 통해 이용할 수 있는 정보의 종류를 경험할 수 있도록 하고, 바닥에 두 개의 컬러 스티커 테이프로 두 개의 선을 그려 참가자들이 보게 하였다. 그 테이프가 각 조직의 기원에서부터 오늘날까지 타임라인을 나타내기 위해 그곳에 있었다고 설명했고, 우리는 이것들을 과거와 현재 그리고 미래의 가능성을 탐색하고 조명하는 프레임워크로 사용할 것이라고 말했다.

우리는 ICF의 기초를 살펴보는 것으로 시작했다. 왜냐하면 ICF가 EMCC보다 앞서 있었다고 믿었기 때문이다. 창업자와 창업 에너지를 대리해줄 사람을 초대했는데 개인이 나서서 테이프의 시작 부분에 서서 1995년 등장한 창립 에너지를 대리했다. 그는 그 창립 에너지를 차지하기 시작했고 곧 다양한 느낌, 정보들, 그리고 신선한 통찰력을 보고할 수 있었다.

조금 후에 EMCC의 창립 에너지를 대표할 사람을 초대했다. EMCC는 몇 년 후에 시작했다고 한다. 그러나 두 기관이 1990년대 초에 거의 동시에 그들의 더 깊은 기원이 있었다는 것은 점차 명백해졌다. 이 간단한 진리는 각 조직이 자신의 정체성과 토대 위에서 완전히 설 수 있도록 하는 나머지 워크숍의 형평성을 확립했다. 두 시스템이 동시에 발생했다는 TIME 원칙의 이러한 인식은 향후 몇 시간 동안 균형감과 동등성을 뒷받침했다.

방 한쪽 끝에서 다른 쪽 끝까지 이어지는 타임라인은 1990년대 초 창립과

2006년 협력 회담 시작 당시 양 기관의 역사에서 중요한 개인(창업자와 주요 기여자)과 사건(재정 및 전략적 변화)의 대리인들에 의해 점차 채워지게 되었다. 각 담당자가 자리를 잡으면서 해당 장소에서 사용할 수 있는 정보에 접근하여 명확하고 정확하게 보고할 수 있었다.

과정이 전개되면서 두 가지가 분명해졌다. 첫째, 두 기관의 사람들은 다른 시스템의 사람들과 요소들을 대리하는 것에 끌렸다. 그 자리에 서 있는 그들의 느낀 감각으로부터 말하면서, 그들은 모든 참가자에게 강력한 연결 효과를 주는 언어적, 감정적 정확성을 가지고 시스템 내에서 진실을 말할 수 있었다. 이 혼합은 촉진자로서 그리고 참여자로서, 각 조직에 대한 의식적인 연결이 이 탐색적 진단 시스템 컨스텔레이션에서 잊힌 것처럼 불분명해졌다는 것을 의미했다. 모든 참가자는 동등한 '중량'과 동등한 존재감을 가지고 있는 듯 보였고, 한 조직의 구성원들은 다른 조직의 주요 인물과 사건을 중립성과 청렴성으로 대리할 수 있었다. 이를 통해 참석한 모든 사람이 자신이 맡은 역할에 서 있다는 신뢰의 결과로 빠르게 드러난, 더 깊은 시스템 진실에 접촉할 수 있었다. 서로의 시스템에 대한 이러한 적극적인 표현은 그 자체로 시스템을 더욱 가깝게 만드는 협업적이고 공동으로 창조한 것이며 해결 과정이었다.

두 번째로 분명해진 것은 각 타임라인을 매핑할 때 두 조직 시스템에 현저한 대칭이 있다는 것이다. 두 조직 모두 이 책 전체에 표현된 시스템의 구성 원칙과 관련하여 역사상 매우 유사한 역동이 있었다. 시스템 내부와 시스템 사이에 EXCHANGE의 불균형, 배제로 인한 PLACE 손실 및 스트레스, 혼란 및 관성을 유발한 기타 불균형이 있었다. 그들 각각을 인정하는 것은 해방과 생성의 과정이었고 촉진하고 목격할 수 있는 특권이었다.

회담의 시작을 확인하는 타임라인에 과거의 놀라운 대칭이 펼쳐지고 순간을 향해 굴러갈 때, 말을 통한 인식, 움직임, 강력한 감정, 웃음 등 비슷한 패턴에 대한 인식이 많았다. 각 단계를 수행할 때마다 각 통찰력이 빛을 내고, 시스템은 서로에 대한 더 깊은 이해를 쌓아가고 있었고, 서로 더 가까워졌다. 이제 서로를 정말로 볼 수 있게 되었다. 마지막에는 모든 참가자가 20년 동안의 역사를 통해 기존의 회원 코치와 '최종 사용자' 코칭 고객에게까지 요소들을 표현하며 컨스텔레이션에 서 있었다. 컨스텔레이션을 닫기 위해 모든 사람을 초대했다. 그리고 두 단체가 어디에서 왔는지 살펴보기 위해 모든 것을 있는 그대로 보기 위해 공헌한 모든 사람과 모든 행사를 매우 존중했다. 그들이 과거를 돌아보면서, 시간을 거슬러 올라가서, 모든 사람을 이 간단한 진실을 되새겨보도록 초대했다. '여기가 우리가 온 곳입니다.' 모두가 서서 두 조직의 근간을 돌아보는 동안 침묵과 성찰의 자연스러운 시간으로 이어졌다.

컨스텔레이션 뒤에 '지혜의 원wisdom circle'이 있었는데, 나는 현재의 회장과 당선자 모두를 초대해서 참석한 다른 이사진들의 반원 앞에 앉게 했다. 그러고 나서 그들은 다음 단계에 대한 학습, 통찰력, 생각을 나누면서 차례로 각각의 이야기를 들었다.

요약

워크숍이 끝날 무렵, 두 시스템은 유사한 이유로 병렬 역동 관계를 경험했으며, 이제 두 시스템 모두 구성원, 고객과 전문 코칭 분야에 더욱 중점을 두고 작업하기를 원한다는 것을 깊이 인식하게 되었다. 이러한 기본 시스템 역동을 조명한 결과는 두 조직 사이의 관계에 대한 훨씬 더 명확한 이해와 더 깊은 협업을 가능하게 했다.

그 뒤 몇 달 동안 EMCC의 지도자들이 ICF의 지도자들과 만나 새로운 이해와 연결의 정신으로 협력을 위한 추가 기회를 논의하는 가운데 이해와 협동에 대한 여러 가지 표현이 나오게 되었다. 워크숍은 진행 중인 대화의 변화를 위한 촉매제 역할을 했고 그 뒤 몇 년 동안 계속되었다. 곧 그들은 글로벌 코칭 및 멘토링 연합을 결성했다. 또 다른 파트너가 이 제휴에 가입했는데, 이 제휴는 조직이 2020년 이후를 전망함에 따라 계속 발전하고 있다.

다중 팀, 대규모 그룹 워크샵

본 장의 마지막 사례연구에서는 실무자 수준의 체계적인 코칭과 상담 교육을 받은 숙련된 코치이자 팀 촉진자인 매기 로즈Maggie Rose가 대규모 워크숍 개입에 관한 흥미로운 연구를 위해 영국으로 돌아왔다.

TALK TALK

워크샵 진행자: 매기 로즈Maggie Rose, 코치 겸 컨설턴트, Southampton, 영국

고객: TalkTalk Telecom Group pic, 영국 최고의 광대역 통신망, 유선 전화, TV 및 모바일서비스 제공 업체 가운데 하나

배경

TalkTalk 사업부의 기술 부서는 영국 북부에 본부를 둔 요새처럼 여겨져 왔다. 소비자 사업의 상업적 운영과 리더십은 런던에 있다. 서로 다른 사무실의 직원들은 서로를 설명할 때 두 가지 다른 문화에 대해 말한다.

우리는 가을에 첫 합동팀을 내놓기로 합의했다. 이는 하나의 팀을 구성하는 것이 아니라 결과에 초점을 맞춘 고도로 생산적인 파트너십을 구축하는 것이었다.

시스템에 대한 전체적인 개념은 기술 리더십 팀을 참여시키는 데 매력적인 선물이었다. 시스템은 그들의 세계이다. 고객 서비스에서 우리 자신을 하나의 '시스템'으로 총체적으로 생각할 수 있다는 처음 입장은 그들에게 매우 논리적으로 보였다. 또 그 팀에게는 서로 다른 부분을 더 가깝게 하기 전에 존중한다는 생각이 매우 자연스러워 보였다.

먼저 두 리더가 소개를 한 다음 참석자들을 두 팀으로 나누었다. 조직과 각 팀 내에서 '누가 먼저 왔는가'를 기준으로 스스로 조직하기 위해 원에 서도록 초대했다. 행사에 앞서 두 리더와 함께 이 활동을 통해 이야기를 나눴다. 그래서 두 리더는 그들이 조직 위계질서와 시스템 위계질서에서 서로 다른 위치에 있다는 것을 알게 되었다.

제안한 질문은 다음과 같다. '나이가 많다거나 적다고 해서 느껴지는 기분이 어때요?', '시스템 내 자기 위치에 대해 무엇을 알고 있습니까?', '느낌이 어때요?', '누락된 사람은 없나요?', '여기에 또 무엇을 대표해야 하나요?', 기술팀은 그들이 작게 느껴진다고 표현했고, 이에 대해 이렇게 대답했다. '좋아요. 그러니 필요한 만큼 조정하세요.' 이에 대응하여 그들은 그들의 원이 차지하는 물리적 공간을 넓혔다. 아직 합류하지 않은 두 명의 신입 사원을 위한 공간도 만들어졌다.

팀을 떠난 누군가의 부재 느낌도 있었다. '그래서 그들을 기리기 위해 무슨 말이 필요한가요?' 그들은 단지 작은 지침으로 기꺼이 이것을 표현했다: '이 미래를 창조하는 데 당신이 한 역할에 감사합니다. 당신과 당신의 공헌은 항상 기억될 것입니다.' 서로 다른 두 시스템에 서 있는 경험은 사람들이 그들의 자리를 어떻게 생각하는지에 대해 많은 대화를 불러일으켰다. 팀 내의 지혜와 경험이 눈에 띄었고 영광스러웠다. 기술팀은 또한 그룹 책임을 고려하여 B2B 사업을 위한 공간적 표현을 설정했다. 나는 그 공간을 명시적으로 표시하지 않기로 선택했는데, 그것이 손에 잡히는 일에 방해가 될 것 같았기 때문이다. 그 공간을 인정하는 것으로 충분해 보였다.

다음으로 두 팀 사이의 방 한가운데 고객을 대리하는 플립차트 종이를 가져와서 모든 사람에게 고객과 관련된 자신을 정리하라고 요청했다. 모든 사람은 고객이 위치와 바라보는 방향, 그리고 고객 보정 거리와 관련하여 천천히 개별적으로 자신을 정리했다. 그 팀들은 매우 서로 뒤섞여 있었고 몇몇 개인은 현재의 작업 방식을 인정하면서 서로 가깝게 자리를 잡았다. 일부는 동료들과 거리를 두기도 했다.

그런 다음, 고객과 관련된 자신의 위치를 파악했을 때 어떤 느낌이 들었는지에 대해 강의실에 있는 모든 사람에게 간단히 말해 달라고 요청했다. 모든 범위의 감정들이 표현되었고, 그룹의 모든 구성원을 매료시켰다. 고객이 원하는 것을 공유한 뒤, 고객에게 더 나은 서비스를 제공하는 방법을 물었고, 서로 간의 관계와 고객을 대표하는 플립차트 용지 플로어 마커에서 '더 나은 장소'를 찾음으로써 이러한 조정을 할 수 있도록 요청했다. 그렇게 함으로써 다른 사람들을 인정하고, 불편함을 점차 해소하며, 새로운 패턴, 즉 새로운 컨스텔레이션을 만드는 요청을 주고받는 자연스러운 과정을 촉진했다. 이는 고객과 협력하여 서비스를 제공하는 데 매우 유용하고 풍부한 자료로 느껴졌다.

한 시간 뒤, 컨스텔레이션에는 '사업 성과' 대리인을 배치할 때 팀은 매우 다른 형태를 보였다. '경쟁' 대리인처럼 '고객'에게서 완전히 떨어져서 배치되었다. 해결 시점에 비즈니스 성과와 고객이 통합되고 시스템 내 모든 사람의 개별 위치가 고객과 서로에 대한 거리와 방향을 조정하는 것으로 전환되었다. 그 뒤 두 팀은 행동을 취하기 위해 실제 해야 할 일에 협력하기 시작했다. 고객 환경을 혁신하고 근본적이고 숨어 있는 문제를 해결하는 특정한 주도권이 확인되었다. 이 단일 계획은 종결을 고하는 시점에 등장하여 비즈니스 분야의 핵심 프로그램에 대한 정보를 제공하게 되었다.

또 팀과의 대화에서 오해를 피하고 진행 중인 일을 공유하기 위해 더 많은 작업이 필요하다는 분명한 징후와 함께 더 구체적인 작업 방식과 책임을 묻기 위한 노력도 필요했다. 이 두 가지 중점 분야는 그 뒤 몇 달 동안 그들과 함께 일하면서 의제가 되었다.

~

만일 컨스텔레이션을 실행하고 나서 토론을 관찰한다면, 그것을 조직에서 일하는 관계에서 볼 수 있는 전형적인 인지적 논의라고 말할지도 모른다. 그러나 극적으로 다른 점은 이러한 대화가 쉽게 이루어질 수 있다는 것이었다. 그 방에는 상호 존중하는 마음이 훨씬 더 깊었다. 사전에 방어적이고 신중한 관계 역동과 소통 스타일과는 매우 달랐다. 두 리더의 개방성과 공동의 의도도 중요한 부분이었다.

유익

행사가 끝난 지 석 달 뒤에 팀 코칭 결과를 어떻게 느끼는지 알아보기 위해 팀에 체크인했다. 그들은 다음과 같이 말했다.

- 다른 사업장을 넘어서는 교차 기능 작업
- 큰 이슈가 있는 곳에는 좋은 협업이 있었다.
- 높은 수준의 협업 및 목표 정렬

그 어느 때보다 한 팀 같은 느낌이다.

비난도, 보복도 두 팀 사이에는 없다.

지금은 팀이라는 의식 속에 있다.

매일 매일의 일을 정렬

수많은 장벽을 부수었고 금덩어리가 나왔다.

의사소통이 훨씬 더 좋아졌다.

그들의 의제가 우리의 의제이다.

협업은 정말 강화되었다.

훨씬 더 고객 중심적

전략적 목표에 대한 정렬

자발적인 행동들이 많아짐

고객 환경을 혁신하기 위한 공통된 약속은 여전히 비즈니스 핵심으로 남아 있다.

배운 점:
- 고객을 무언의 패턴으로 신체를 이용하여 서게 하는 것만으로도 팀 내에서 무의식을 표면화하고 초대 이외의 거의 개입 없이 즉시 인식, 교환 및 조정을 시작할 수 있는 엄청난 능력을 발휘한다.
- 가장 가벼운 접촉이 시스템에 가장 유용할 수 있다.
- 시스템 내에서 역동 관계를 다루는 작업은 기술자에게 매우 쉽게 받아들여졌다. 이들은 이미 시스템 작동 방식을 잘 알고 있다.
- 차이와 달리 분리성을 인정한다는 것은 정말 존경스럽고 궁극적으로는 그러한 차이를 수용하는 것이 블록이나 해결이 필요한 지점이 아니라 존중하는 것으로 느껴진다.

- 고객을 대리인으로 배치함으로써 함께 서비스를 제공하는 가장 높은 수준에 초점을 맞춘다. 이것은 그들이 그 공통의 목적과 관련하여 협상하고 그들 자신을 재패턴화하는 것을 자연스럽게 시스템의 긴장을 풀어주는 방법으로 분류했다.
- 시스템 코칭을 통해 결과를 신속하게 처리하고 가속하는 것이 창의적이고 흥미롭다는 것을 알게 되었다.

이 사례연구는 고위 전문가와 기술 관리자가 많은 설명이나 입증 없이 이러한 구체화된 접근 방식을 얼마나 쉽게 이해하는지를 쉽게 알 수 있다. 자신의 진실에 서 있다는 생각은 매우 간단하며 모두 그것을 이해할 수 있다. 왜냐하면 모든 시스템 활동과 컨스텔레이션은 간단한 아이디어에서 시작되기 때문이다. 즉 '있는 그대로'에 서는 것은 매우 존경받는 것으로 경험된다. 이것은 자신의 촉진과 함께 무의식적이거나 무언의 패턴이나 관성을 표면화하고 표현할 수 있는 매우 안전한 장소를 만든다.

이것은 차례로 시스템과 그 안에 있는 사람들을 자유롭게 하여, 각각이 그들의 역할 권한을 차지하고 존중받으며 생성되는 커뮤니케이션이 흐를 수 있게 한다.

~

워크숍 환경에서 이러한 접근 방식과 방법론을 개발하고 표현하더라도, 교육과 경험의 강력한 토대 위에서 그렇게 하는 것이 항상 중요하다. 그룹을 안전하게 유지하고 핵심 문제와 시스템에 대한 지식 범위 내에서 작업하는 것은 당연히 중요하며 또한 놀라움에 대비해야 한다.

12
고착된 순간

아직 울릴 수 있는 종을 울려라
자신의 완벽한 헌신은 잊어라
모든 것에는 금crack이 있다
그것이 빛이 들어오는 방법이다.
– 레너드 코언Leonard Cohen

고착을 풀기 위한 전략

컨스텔레이션은 흔히 고착stuckness과 타성inertia을 해결하기 위해 사용되곤 한다. 고객은 컨스텔레이션에서 어려운 문제에 대한 이미지를 설정하고 그 어려움, 즉 고착된 것을 구현해본다. 무엇이 고착되어 있는지 인정한다. 그것은 흔히 좋은 출발점이 된다. 진실에 서는 것은 큰 가치가 있지만, 그것은 컨스텔레이션에 고착되었다고 쉽게 오해될 수 있다.

두 번째 고정관념은 코치/진행자로서 자신이 고정관념에 빠졌다고 느끼는 부분이다. 다음에 무엇을 해야 할지 모른다는 느낌이 든다. 이는 시스템 자체가 보내는 메시지이기 때문에 대부분 코치가 가진 것이 아니라 시스템이 가진 유용한 정보를 제공한다.

이 장에서 고착을 해결하고 앞으로 나아가기 위해 두 경우 모두 수행할 수 있는 제안과 개입에 관해 설명한다. 이러한 내용은 일대일 세션과 팀 워크숍에서 동일하게 잘 적용할 수 있다.

다른 인정 문장을 사용한다

고착을 인정하는 문장을 사용하라. 흔히 가장 유용한 문장은 상황에 대한 지배적인 감각을 직접 인정하는 것이다: '이것은 꽉 막힌 느낌이다.' 또 다음과 같이 질문할 수 있다. "이 시스템에서 '아주 고착된 느낌'은 누구에게 진실인가요?" 흔히 고객은 고착된 부분을 찾아 앞으로 나아갈 수 있다.

대리물 가운데 하나 또는 그 이상을 이동한다

어떤 일이 일어나는지 자기 감각에 기초하여 바뀐 위치를 정중히 시험하라. 이것은 다음과 같이 제공될 수 있다: '여기서 어떤 것을 옮겨 봐도 될까요?' 또 다음과 같이 물어볼 수 있다. '자신이 덜 막히게 하려면 무엇을 여기로 이동해야 합니까?'

고객에게 '진짜 문제'의 대리물을 선택하도록 요청한다

고객을 초대하여 실제 문제 또는 '리얼 이슈'를 나타낼 항목을 선택한 다음 지도에서 해당 위치를 찾도록 요청한다. 이것은 흔히 시스템에 숨겨진 무엇인가를 밝히고 '아하!'의 순간을 가져온다.

고객에게 '해결책' 대리물을 선택하도록 요청한다

고객을 초대하여 솔루션을 대리하거나 '솔루션의 방향'을 나타낼 대리물을 선택한다. 이는 흔히 똑같이 풀리며, 새로운 방향과 가능성을 열어주면서 시스템의 움직임이나 변화를 위한 신선한 에너지를 생성한다.

다른 실험

앞서 대화에서 떠올린 가설, 직관 또는 정보를 공유해본다. 그다지 옳지 않은 것을 정중하게 공유하는 것은 흔히 고객에게 맞는 것에 더욱 집중하기 위한 촉매제 역할을 할 것이다.

진행 상황 확인

예를 들어, '당신의 이슈나 원하는 결과와 관련하여 어떻게 진행하고 있습니까?'라고 묻는다. 아니면 간단히: '당신은 이미 이것으로 무엇을 얻었습니까?'

다음 질문을 한다.

'이 문제에 대한 해결책을 찾지 못한다면 누가 기뻐하겠습니까?' 이러한 질문은 흔히 고객이 해결로 전환하지 못하도록 막고 계속 고착시키는 누군가 또는 무엇인가에 대한 더 깊은 신의를 드러낼 것이다.

'자원 대리물'을 가져온다.

고객을 초대하여 자원을 나타낼 항목을 선택하고 자원을 저장할 위치를 찾는다. 그들이 무엇을 선택하고 어디에 배치하는지는 많은 새로운 정보를 제공할 것이다. 자원의 정확한 특성은 그들이 자원을 배치한 뒤에 흔히 초점을 맞출 것이다.

무엇이 또는 누군가가 배제되었는지 확인한다.

이것은 다음과 같이 묻는다: '만약 여러분이 보이지 않거나 배제된 요소나 사람을 대리할 무엇을 선택했다면, 여러분은 그것을 어디에 두겠습니까?' 배제된 요소의 대리물을 지도에 배치하도록 초대한다.

'그래서, 이 그림이 정답이라면, 무엇이 문제일까요?'라고 묻는다.

이는 흔히 문제와 더 깊은 연관성을 갖게 하고, 문제에 숨겨진 정보, 신의와 역동 관계를 드러낸다.

아무것도 안 하기

이런 방식의 코칭을 하면서 자신감이 커지면 말과 움직임 사이의 침묵 속에서 고착에 대한 해결이 찾아오는 경우가 많다. 단순히 고객이 조용히 성찰할 공간을 갖도록 자신감을 개발하는 것만으로도 통찰력과 해결의 원천이 되는 경우가 많다. 일반적으로 코칭에서 이러한 작업 방식보다 더 나은 경우는 없다. 고객을 고치려 하지 않고 맵이나 컨스텔레이션에서 조용히 묵상하는 것은 흔히 선물이 되곤 한다. 그들에게 변화의 주도권과 에너지를 맡기고, 무엇이 나타나는지 지켜본다.

> '아무것도 하지 않는 것'의 가치를 과소평가하지 말고, 그저 따라가는 것,
> 들을 수 없는 모든 것을 듣는 것
> – A A 밀른Milne에게서 영감을 얻은 푸우의 작은 지침서

13

실행 확장
심화 실행 및 응용

> 우리의 의심은 배신자이며 시도를 두려워 하여
> 우리가 흔히 이길 수 있는 선을 잃게 만든다.
> – 윌리엄 셰익스피어, 측정을 위한 측정, 제1막, 제4장면

여기에서 읽은 내용과 워크숍 또는 교육 환경의 경험을 결합하고 나면 다양한 프로세스를 개발하려 할 수 있다. 이 장에서는 이러한 몇 가지 사항을 살펴보고 수퍼비전할 때 이 전체 접근법 적용을 간략히 살펴본다.

플로어 마커 floor markers

일대일 코칭에서는 테이블 밖의 컨스텔레이션 체험을 제공할 수 있다. 여

기에는 플로어 마커(맞춤 펠트 매트 또는 방향성이 있는 카드 조각)를 사용하고 고객에게 컨스텔레이션에서 각각의 핵심 위치에 발을 들여놓을 기회를 제공하는 것이 포함된다. 이것은 자신이 기대하는 새로운 관점뿐만 아니라 많은 유용한 정보를 만들어낸다. 시스템 지향적 퍼실리테이션은 고객이 이 방법을 통해 대리인 인식을 경험할 수 있으므로 단순히 다른 사람 입장에 서는 것 이상의 것이 된다. 그런 다음 동작도 할 수 있고 각 위치에서 문장을 제공하고 말할 수 있다.

고객을 위한 플로어 마커를 사용할 뿐만 아니라, 코치로서 여러 위치에 직접 드나드는 것도 가능하다. 너무 오래 머물지 않도록 조심하면 각 위치에서 에너지를 가지게 된다. 실제로 이러한 에너지를 활용하여 고객에게 보고하거나 프로세스의 일부로 얻게 된 정보를 간단히 되새겨보는 '읽기'를 얻을 수 있다. 범위가 넓어짐에 따라 고객과 문장 및 동작을 동시에 주고받을 수 있으면서 동시에 촉진할 수 있다.

대형 다국적 기업의 인사 담당 이사와 처음 이것을 시도했던 기억이 난다. 그는 퇴임하는 기업 회장에게 자문하고 승계 계획을 지지하고 있었다. 회장, 고문 및 조직으로서는 복잡하고 감정적으로 혼란스러운 전환이었다.

플로어 마커로 회장을 설정하도록 그를 초대하였다. 그는 조심스럽게 내가 가진 펠트 조각들 가운데 하나를 골랐고, 그것을 바닥에 천천히 놓았다. 무엇인가가 나를 일으켜 세워 그 자리에 서도록 이끌었다. 그에게 먼저 허락을 얻고 다음 플로어 마커 위에 섰다.

시작하자마자 예상치 못한 반응이 나왔다. 나는 곧 몹시 외로움을 느꼈고, 앞으로 일어날 일에 겁이 나서 두려워졌다. 우리는 매우 높은 빌딩의 꼭대기 층에서 일하고 있었고, 나는 이 추운 10월의 날에 도시를 가로질러 수평선까지 펼쳐진 전경을 알아차렸다. 위안이나 안전에 대한 약속도 없이 암울한 느낌이 들었다. 그 자리에 얼어붙어 거의 움직일 수 없다고 느꼈다.

나는 그의 말에 영향을 끼치고 싶지 않아 내 반응을 말하지 않았지만, 나중에 그가 퇴임하는 회장과 관계를 맺을 수 있는 '최고의 장소'를 모색하는 일을 한 뒤에, 나는 그를 같은 자리에 앉도록 초대했다. 그는 그렇게 하면서 놀라서 숨을 헐떡이며 내가 느꼈던 것과 같은 황량함과 고립된 감정을 느낀다고 말했다.

이것은 그에게 이 터무니없고 때로는 갑작스럽고 외로운 회장에게 더 감정적인 차원에서 무슨 일이 일어나는지에 대한 독특한 통찰력을 주었다. 그는 자신의 미래에 닥칠 잠재적인 암울함을 두려워했다. 이러한 통찰은 다른 사람들과 함께 그가 지금 볼 수 있듯이, 회장의 두려움과 허세적인 외형 아래 불안감을 경험한 뒤, 그때부터 회장과 함께 일하는 방식에 큰 차이를 만들었고 회장에 대한 저항과 함께 건강한 퇴장을 지원하기 위해 다가가기를 꺼리던 모습도 함께 녹아내렸다.

손 대리인 cataleptic hand

가능하면 특히 이 접근 방식에 익숙하지 않을 때 자신을 독특한 방식의 대리인으로 사용하여 시작하는 것이 좋다. 적절하고 중요한 상황에서 대인관계의 역동성을 탐구하는 일대일 코칭을 상상해보자. 고객을 초대하여 바닥 마커를 놓고, 이제 고객이 스스로 서서 '다른 사람'을 대리한 마커를 향해 서 있다. 다른 사람의 자리에 서 있기보다는, 손가락을 펴고 마커를 짧게 터치한 다음, 천천히 위로 올리면 된다. 자신의 손이 눈높이가 될 때까지 손을 위로 올린다. 이렇게 하면 고객은 자연스럽게 초점을 맞추고 '다른' 사람이 마치 마커 위에 서 있는 것처럼 방으로 데려온다.

　이 손은 다른 손과 분리하여 시각적인 집중과 데이터 수집의 또 다른 방법으로 사용할 수 있으므로 손 대리인이라고 불린다. 여기 기술된 많은 것처럼, 자신이 그것을 시도할 때까지는 이것이 어떻게 작동하는지 상상하기 어렵지만, 일단 해보면 놀라울 정도로 간단하다.

　카탈렙텍cataleptic이라는 단어는 '무아지경을 닮은 상태'를 의미한다. 다시 말하지만, 이 기술을 어떤 식으로든 이상하게 보거나 주위를 산만하게 하는 코칭 고객은 본 적이 없다. 오히려 그들은 손바닥을 쳐다보고, 문장을 교환하고, 그것과의 관계에 있어서 놀랄 만큼 명확하고 쉽게 움직이고 있다는 것을 발견한다. 호주 시드니에 거주하며 일하는 리더십 자문 위원이자 수석 코치인 사라 코널리Sarah Cornally는 한 대형 전문 서비스 회사에서 임원을 코칭하고 있었다. 이 임원은 자신의 권위를 거부하는 직속 동료가 있었기 때문에 코칭을 요청했다. 시간이 흐르면서 이 일이 쌓였고, 여러 가지 복잡한 일이 있고 나서 상황이 너무 악화하여 그녀는 현실적인 유일한 선택이 회사를 떠나는 것으로 생각했다. 그녀는 확실히 동료와 더블 코칭 세션을 가질 생각이나 준비가 되어 있지 않았다.

　사라는 코칭 계획을 세우기 위해 첫 번째 세션을 시작했지만, 이 문제에 대해 조금 더 들은 다음, 새로운 고객을 초대하여 그들을 함께 코칭할 수 있는 더 큰 방을 구했다. 그래서 그녀는 플로어 마커와 손 대리인 기술을 사용하면서 서 있는 것과 함께 코칭할 수 있도록 하였다. 사라는 스토리를 시작하고 세션에서 일어난 일을 설명한다.

권한 찾기

코치: 사라 코널리, 수석 코치, 시드니, 호주

고객: 익명

처음 논의할 때는 지도부가 혼란스러워하고 타협적이게 하는 패턴이 팀 내에 있었던 것으로 드러났다. 고객이 리더로 임명될 즈음에 고객의 동료는 임원에서 회장으로 승진했다. 지도자로서 그녀는 아직 회장이 아니었다. 특별한 전문 지식으로 매우 존경받았던 그녀의 동료는 저성과자 관리 이력이 있었고 이에 대한 심각한 문제로 상담받을 예정이었다.

고객이 답하고자 했던 질문은 다음과 같다.

- 이 팀에서 내가 할 역할이나 장소가 있는가?
- 그렇다면 효과적인 운영을 위해 팀을 어떻게 구성해야 하는가?
- 리더십을 인정하지 않는 동료를 어떻게 대해야 하는가?

우리는 첫 번째 질문에 집중하기로 했고 현재 상황을 앞에서 매핑하는 동안 그녀를 돕겠다고 제안했다. 그녀의 관점에서 볼 때 좋은 결과는 명확성과 분명한 전진이었다. 몇 가지를 논의한 뒤에 선택한 초기 대리 요소는 다음과 같다.

- 리더(리더 역할의 내 고객)
- 동료(동료와 파트너 역할인 동료)

- '전문가' 그룹
- '회사' 그룹
- 운영 관리자
- 팀의 목적

각 요소의 이름은 방향/지향을 나타내는 화살표와 함께 A4 용지에 쓰여 있었다. 나는 고객에게 종이를 가져가서 눈을 감고 이 이슈에 대해 자신이 가진 내면의 사진에 대한 '느낀 감각'을 갖고 나서, 종이를 '옳은' 위치라고 느껴지는 곳에 놓으라고 요청했다. 이 사실을 확인하자, 종이에 서서 그것이 '감각적으로 알게 된 진실$^{felt\ true}$'인지 확인해달라고 부탁했다. 그녀는 다음 대리인을 선택하고 같은 과정을 사용하여 플로어 마커를 찾는다. 이 작업은 점진적으로 진행되었다.

그녀가 진행하면서 나는 각각의 대리인을 대표하기 위해 '손 대리인'을 사용했다. 필드에 대리인이 있을 수 있는 곳에 손을 잡음으로써 만들어졌는데, 팔에서 손이 분리되는 곳에서 이런 방식으로 손을 잡을 수 있는 능력을 키웠기 때문에 사실상 대리인으로서 효과적인 역할을 한다. 마치 필드에서 정보를 캐내는 대리인처럼 손에 놀라운 감각이 느껴진다. 이렇게 하면 고객은 맵에서 대리인을 배치할 수도 있고 상호 작용할 수도 있다.

지도

처음 이미지에서는 모든 대리인이 '팀의 목적' 대리인에게 등을 돌리는 모습을 보여줬다. 두 동료는 서로에게 다른 방향으로 초점을 두었다. 내 고객인 리더는 그 회사 그룹의 대리인을 찾고 있었다. 그 동료는 무리에서 멀리 떨어져서 밖을 내다보고 있었다. 두 집단은 서로 어떤 초점도 맞추지 않았고, 그녀가 그들 자리에 끼어들고 내가 다른 자리에서 손을 썼을 때, 내 의뢰인은 그들 역시 눈을 마주치는 것을 피한다고 보고했다. 운영 책임자는 눈을 맞추려 애쓰고 가끔은 팀 리더와 눈을 맞추었다.

고객에게 각 장소에 서서 각 장소 마커에서 느낀 감각을 말해 달라고 요청했다. 그녀의 경험에는 두려움, 분노, 갈등, 회피, 분리, 무력감, 혼란 등이 들어있었다.

이 첫 단계는 그녀에게 강력한 새로운 통찰력과 신선한 차이를 보여주었다. 그녀가 각각의 대리인 입장에서 말한 바와 같이, 우리는 지시한 대로의 시스템 진실과 자유로운 문장을 인정하면서 발언을 통해 무엇이 바뀌었거나 그렇지 않았는지를 검토했다. 항상 다른 대리인으로서는 내 손을 사용했다. 이 과정 내 내 손 대리인을 사용함으로써 충격을 추적하고 각 문장을 조정할 수 있었다. 이는 고객에게 편중되는 영향을 최소화하는 데 크게 도움이 되었다.

동료를 제외한 모든 역할이 목적과 반대 방향으로 함께 뭉치려는 움직임이 있었다. '이것이 우리가 살아남기 위해 하는 것이다.' 이 시점에서 지원 담당자였던 '이전 파트너'의 대리인을 소개했다.

이 살아 있는 지도living map의 각 부분을 살펴보고 함께 작업하면서 리더의 대리인은 동료를 정면으로 바라보며 말했다: '나는 당신이 우리 일에 함께 가져오는 소중한 전문지식을 보고 있으며 존중합니다. 중요한 위치에 있습니다.' 이는 동료가 리더와 눈을 마주치는 결과를 낳았고, 그다음에는 목적을 향해 돌아섰고, 목적과 좋은 관계를 맺게 되었다. 이 모든 것은 손을 사용해서 촉진되었다. 이후 각 대리인이 그 목적을 마주한 다음 일련의 단계를 거쳐 각 대리인을 지도자와 동료가 아닌 더 나은 자리를 가지는 것이 가능했다. 그러나 다른 대리인들과 동료 사이에 '안전을 위한' 거리는 여전히 유지되었다. '담당 파트너'의 대리인을 영입한 것은 리더와 동료 사이의 역동 관계를 변화시켰다. 이 과정에서 이 부분은 누가 무엇에 책임이 있는지 인정하는 것을 포함했다. 그것은 리더가 담당 파트너에게 준 문장으로 다시금 이 중요한 교환을 체화하는 데 도움을 주기 위해 손 대리인을 사용했다:

즉 '당신이 책임자예요. 당신은 이 팀에 가장 큰 책임이 있습니다.'

나는 리더, 담당 파트너, 동료의 3자 사이에서 교환이 이루어진 해결 문장들을 제시했다. 이들 문장에는 누가 속했는지, 책임과 능력, 전문성을 중시하는 모두의 자리, 서로를 필요로 하고 존중하는 방식이 포함됐다. 담당 파트너를 소개함으로써 올바른 수준의 책임을 보장할 수 있는 향후 경로를 찾는 데 핵심적인 역할을 하게 되었다. 그들이 그들의 책임과 목적에 접촉하게 되었을 때, 컨스텔레이션 전체가 천천히 정렬되었다. 우리가 다 끝냈을 때, 나는 고객에게 어떤 결과를 얻었는지 물었다. 그녀는 분명히 다음과 같이 말했다.

- 팀에서 그녀의 위치와 역할
- 상황을 건설적으로 진전시키는 데 필요한 단계
- 누가 무엇에 어떤 책임을 져야 하는가?
- 누구와 어떤 대화를 나누어야 했으며, 진정하고 공손한 방식으로 대화하는 방법
- 실제 문제가 처리되고 보장되도록 동료에 대해 정확하고 품위 있는 방식으로 말하는 방법

담당 파트너를 자원으로 참여시키고, 회장으로 승진시키고, 동료와 더 효과적인 업무 관계와 권위가 존중되는 방향으로 필요한 대화를 나누는 등 원하는 결과를 구현하고 달성하는 데 3개월이 걸렸다. 그녀는 또한 팀 내에서 올바른

관계를 형성하여 더 높고 더 보람 있는 성과를 낼 수 있었다.

이 접근 방식의 장점인 손 대리인의 사용은 코치/조력자로서 자신이 대리인 에너지에 '들어가는' 동시에 '나가는' 존재라는 것이다. 사실, 그것은 이 연구의 전반적인 입장을 구체화한다. 두 가지 모두 시스템 에너지에 깊이 연결되어 있고 그것과는 별개로, 동시에 관찰하고 경험하는 것이다.

대리인에 대한 메모

이제 고객이 직접 대리인을 선택하도록 초대할 때, 그것이 그들 전체가 될 필요는 없다는 것을 알게 될 것이다. 예를 들어, 사용자가 차지하는 역할 또는 '그 역할을 차지하는 부분'을 나타내는 무엇인가를 설정하도록 초대할 수 있다. 이렇게 하면 개인의 반응성이 어느 정도 제거되고 더 추상적인 시스템 수준을 볼 수 있다. 이것은 특히 시스템에 많은 어려운 대인관계 문제나 갈등이 있는 특정 맥락의 고객에게 유용할 수 있다.또 시스템 내의 모든 요소에 위치를 주고 대리인으로 표현할 수 있다는 것을 기억하면 유용하다. 다음은 나타낼 수 있는 많은 요소의 몇 가지 예이다.

사용자(인적) 그룹:

- 설립자 또는 소유자
- 공급 업체 및 파트너
- 팀

- 주주
- 이해관계자
- 고객/고객 그룹
- 자문 및 컨설턴트
- 퇴사한 직원
- 잠재적인 직원

기타 시스템:

- 상위 조직
- 경쟁업체
- 정부
- 정치 시스템
- 금융 시장
- 경제
- 국가 신원 시스템

추상화:

- 원래의 목적
- 현재의 목적
- 목적에 의해 배제된 사항
- 현재의 목표/목적 goals/objectives

- 이러한 목표/목적에 의해 배제되는 것
- 문화
- 공유된 가치/배제된 가치
- 자원(명칭 또는 식별되지 않음)
- 한계
- 가능성
- 고착된 것
- 솔루션의 경로가 될 수 있는 것
- 조직 활력
- 조직 자산
- 권한
- 리더십
- 시스템 질서력 ordering forces of systems

개인 추상화:

- 내 가치관
- 내 자원
- 내 행동
- 내 신념
- 내 능력
- 내 두려움
- 내 희망

기타 추상 및 요소:

- 화폐 또는 화폐의 흐름
- 변화의 바람
- 우리가 알고 있는 과거
- 실제로 존재했던 과거
- 새로운 미래
- 미지의 미래
- 전염병
- 무엇이 될 수 있는가
- 다음 세대

다음은 흔히 컨스텔레이션에서 유용한 '리트머스 종이'와 같은 요소가 될 수 있다.

- 기존 고객 또는 미래 고객
- 변화의 영향을 받는 사람
- 미래의 직원
- 해결 경로가 될 수 있는 것

14

시스템 수퍼비전

> 진정한 발견의 여정은 새로운 풍경을 찾는 것이 아니라 새로운 눈을 가지는 것이다.
>
> – 마르셀 푸르스트 Marcel Proust

코칭 수퍼비전

대부분 전문 코치에게 수퍼비전이나 '코치 멘토링'은 그들의 전문 업무와 여정에 필수적이고, 풍부하고 즐거운 부분이다. 수퍼비전은 코치가 제공하는 서비스 질을 향상하는 객관적인 관점을 제공하고, 고객/코치 관계와 프로세스에 관한 문제를 밝히거나 해결하고 명확화하고 자원을 제공할 수 있는 잠재력이 있다.

시스템 코칭과 컨스텔레이션 접근법을 학습하는 가장 효과적인 방법 가운데 하나는 원칙과 실행에 따라 안내하는 학습과 수퍼비전 그룹에 참여하는 것이다. 사실, 어떤 컨스텔레이션 훈련 환경에서의 그룹은 배우고 실행해야 할 긴급한 문제와 질문을 지속해서 공급해야 하므로 많은 양의 수퍼비전이 포함될 수밖에 없다.

수퍼비전은 학습 여정의 중심 부분이며, 학습자들이 문제를 가져오고 코칭 딜레마를 공유하면서 이러한 접근 방식을 통해 유용한 작업을 많이 수행한다. 컨스텔레이션을 이용해 수퍼비전 문제를 탐구하는 하루를 보낸 뒤, 나와 함께 작업하던 그룹은 수퍼비전이라는 맥락에서 이 접근법과 방법론의 장점을 토론하는 시간을 보냈다.

그들이 한 말은 다음과 같다.

- '이러한 접근 방식은 코치와 수퍼바이저가 스토리에 휘말려 코치가 무엇을 해야 했는지에 대한 의견을 나눌 가능성을 줄여줍니다.'
- '컨스텔레이션은 토론보다 훨씬 더 큰 가능성과 솔루션 분야를 개방할 수 있을 것 같습니다. 그렇지만 잘 촉진되어야 할 것입니다.'
- '이렇게 하면 새로운 솔루션을 공동 생성할 수 있는 안전한 공간이 생깁니다….'
- '작업 자체와 해결 경로의 그림이 구현되어 있으므로 다른 수준에서 작업하거나 유지하십시오. 머리뿐만이 아니라 어딘가 더 깊은 곳을 느끼고 간직하고 있었습니다. 도전적인 고객과 대면할 때 매우 유용합니다.'

그룹 수퍼비전의 컨스텔레이션

컨스텔레이션은 내부의 무의식적 관계 패턴을 3차원으로 신체 지도를 만든다. 따라서 이 맵은 관계 시스템에 대한 '수퍼비전'을 가능하게 하고 토론, 심리적 통찰력 또는 경험만으로 접근할 수 없는 역동과 진실을 빠르게 드러내는 관점을 제공한다. 컨스텔레이션은 또한 우리를 코치의 역할을 충분하게 할 수 있도록 투사나 병렬 프로세스와 스토리를 위한 장place을 제공한다.

컨스텔레이션이 이루어지는 과정은 모든 관계 시스템에 존재해서 정보 필드에 표면화되고 모든 사람에게 이미 결합하고 구체화한 지식과 인식에 접근한다. 그룹 수퍼비전에서 컨스텔레이션인 '리빙 맵living map'은 다른 그룹 구성원으로 구성되며 개체를 일대일로 사용할 때처럼 숨겨진 관계 구조를 드러낸다. 그러나 대리인 인식의 현상으로 인해 이전에는 접근할 수 없었던 정보가 대리인이 말하는 단어를 통해 표면화된다. 음성을 제공하는 시스템에서 새로운 차원의 명확성이 나타난다.

이 접근 방식은 소매틱이어서 코치가 시스템 내에서 가장 유용한 위치를 찾을 수 있는 구체화한 공간적 인식을 창출한다. 이 측면을 미세하게 조정할 수 있는 능력은 컨스텔레이션에서 독특하게 강력하며 흔히 수퍼비전에 대한 깊은 통찰력의 원천이 된다. 원활한 개입에 따라 관계 패턴의 수정된 맵이 내재화하고 구현되므로 코치의 권한과 스킬에 있어 자원이 풍부하고 명확해진다.

시스템 수퍼비전은 수퍼바이지supervisee의 무엇인가를 변화시킨다. 그것은 시스템 역동에 대한 신선한 이해와 지식으로 그들에게 자원을 제공하는 재정렬된 내적 자세, 즉 '올바른 위치right place' 감각이다.

제인Jane은 숙련된 임원, 멘토, 코칭 수퍼바이저다. 그녀는 컨스텔레이션 코칭 교육을 받았고 바쁜 수퍼바이저 업무에 컨스텔레이션을 통합하기 시작했다. 이 지원 사례에서, 그녀가 함께 일하는 코치들은 같은 시스템에서 함께 일하고 그들 자신의 권리를 가진 관리자들이다. 이런 상황에서 코칭의 내면을 찾는 것은 특히 어려울 수 있다.

그들은 새로운 코치일 뿐만 아니라, 컨스텔레이션 또한 낯선 것으로 제인의 수퍼비전 세션에서 그 방법론을 아주 잠깐 경험했을 뿐이었다.

도움이 아닌 유용 BE USEFUL, NOT HELPFUL

코칭 수퍼바이저: 제인 콕스Jane Cox, Ipswich, UK
수퍼바이지: 커스티Kirsty, 지방 정부 기관 내 내부 코치 및 수석 관리자
고객: 한 지방 정부 기관 내에서 5명의 내부 코치로 구성된 그룹
제시 질문: '내 고객은 왜 실행하지 않을까요?'라는 질문을 제시한다.

제인: 커스티에게 코치로서 어떤 이슈가 있느냐고 물었더니, 커스티는 이렇게 질문을 다시 구성했다. '어떻게 하면 고객의 실행이 좀 더 진전되도록 도울 수 있을까요?'

제인: '이 문제가 좀 더 해결된다면 무엇이 달라질까요?'

커스티: '그녀는 그녀가 말한 대로 했을 거예요!' 그녀는 격앙된 어조로 이 말을 했고, '아마 난 실제로 코칭이 되었다는 걸 느끼겠지요'라고 덧붙였다.

그 질문에 답을 했는데도 나는 이것이 어떻게 되었는지 확인하기로 했다. 저는 그녀의 분노를 알아차리고 이것이 어쩌면 시스템 내의 어떤 곳에서 온 감정일지 궁금했다. 커스티가 스토리를 시작하려 했기 때문에 나는 그녀에게 정중히 끼어들어 '있는 그대로' 상태의 요소들을 맵으로 만들어 구상하고 나서 필요한 것을 살펴보자고 제안했다. 우리는 그녀의 고객들이 일하는 직책을 대리인

으로 하는 의자들로 시스템 경계를 만들기로 합의했다. 그런 다음 커스티에게 그녀의 고객 그룹 가운데 한 사람을 대리인으로 선택하여 초대하게 했다.

커스티를 의뢰인(C)의 대리인으로 선택한 여성 뒤에 서게 하고, 두 손을 어깨 위에 가볍게 올려놓고, 그녀를 의자로 둘러싸인 원 안에 있는 공간, 바로 그것이 사실이라고 느껴지는 곳에 앉히도록 초대했다. 잠시 후 나는 C에게 그녀가 이곳에서 무엇을 경험했는지를 물었고 그녀는 어깨를 으쓱하고 주위를 둘러보며 말했다. '나는 내가 무엇을 느끼는지 잘 모르겠어요. 약간 길을 잃은 것 같아요.'

나는 커스티에게로 돌아갔고 그녀가 C와 그녀의 상황에 대한 사실들에 대해 더는 말하고 싶은 것이 없는지 물었다. 커스티는 C가 아직 젊은 가정을 가진 50대 여성이라고 설명했다. 그녀는 직장에서나 자신의 삶 전체에 있어서나 분명히 압도되고, 과부하가 걸리며 대처할 수 없다고 믿는다. 그녀는 C에게 '끔찍한 오빠'가 있고 엄마와 문제가 있다고 말했다.

나는 커스티를 초대하여 있어야 할 곳에 필요한 요소들을 대리할 사람이나 종이 플로어 마커를 고르게 했다. 그녀는 C와 남동생의 옆에 엄마를 위한 마커를 배치했다. 둘 다 그녀를 가리키고 있었다. 그러고나서 커스티는 그녀의 고객도 두 가지 일을 하고 있다고 자진해서 말했다. 그녀는 새로운 역할로 전환하고 있었고 은퇴한 사람에게서 또 다른 역할을 물려받았다(이것이 중요할 수 있겠다고 느껴져서 나중에 보관해 두었다).

제인: '이 다른 역할들도 대리인이 필요할까요?'

커스티는 두 개의 마커를 C의 손에 쥐어주었고, 아래를 가리키며 어깨 위에 올려달라고 부탁했다. 나머지 사람들은 한결같이 숨이 막히는 듯했다. 그들 가운데 한 명이 '그럴 줄은 몰랐어요'라고 한다. 이 반응을 지켜보며 C를 초대해 실제로 어떤 느낌이었는지 공유했다. 그녀는 '나는 너무 버겁고 압도되는 거 같아요'라고 말했다.

커스티는 다른 마커를 가져다가 C 옆에 놓고 나서 그녀의 왼발 밑으로 위치를 바꾸었다. '이게 그녀의 일이에요.' 그녀가 말했다.

제인: '그녀의 직업이요?'

커스티: '네, 한동안 하던 일 …. 그 일에서 승진했지만, 그 일을 떠맡을 사람이 아무도 없어서 그녀가 정말 힘들어해요.'

잠시나마 안정되길 기다린 다음 이 장면에 다른 사람이 있는지 물었다.

커스티: '글쎄, 저일 것 같아요.'

그녀는 자신을 대표할 대리인 K-대리인을 선택했고 C의 바로 앞 마주 볼 수 있는 위치로 그녀를 이동하게 했다. K-대리인은 곧바로 한 걸음 물러섰고 C를 가까이서 볼 수 없다는 표현도 하지 않은 채 자원했다. 그녀는 자신을 압도하는 모든 것에 가려져 있었다. 커스티는 인식과 통찰력으로 미소를 지었다. 그녀는 너무 가까워지고 있었다.

나는 그녀에게 다른 대리인이 필요하냐고 물었다.

커스티: '그녀의 라인 매니저요. 하지만 정말 효과적이지 않은 것 같아요.'

나는 커스티가 어떻게 사장의 스토리를 공유했는지 눈치챘지만 그에게 상사의 대리인(M)을 선택하도록 초대했다. 그녀는 등을 대고 그를 시스템 가장자리에 바로 세웠다. M은 C가 보이지 않아서 돌아설 수 있는지 물었다. 그렇지만 그는 여전히 그녀를 볼 수 없었기 때문에 별로 관심이 없다고 말했고, 그녀 주변의 모든 것들만 볼 수 있었다. 이때 그는 반쯤 몸을 돌려 의자 등받이에 몸을 기댔다. 나는 커스티를 불러서 그녀가 알아차린 것을 돌아다니면서 함께 나누도록 했다.

커스티: '음, 나는 라인 매니저에게 끼어들 수 없다는 것을 알지만, 나는 그를 흔들어주고 싶어요! 만약 내가 그녀의 코치가 아니라면 나는 개입했을 거예요. 나는 그들 모두에게 정말 좌절감을 느껴요. 아무도 그녀를 돕고 있지 않아요.'

제인: '이건 중요한 느낌이네요. 당신의 불만을 대리해 볼까요?'

커스티는 마커를 선택했다.

제인: '그것을 어디에 두어야 할까요?'

커스티가 그것을 놓기도 전에 C는 '저기 있어요!'라고 말하며 앞에 있는 M과 그들 사이의 공간을 가리켰다. 이것은 커스티가 정말로 받아들인 컨스텔레이션에서의 또 다른 점들 가운데 하나였다. 그녀는 좌절감이 그녀 혼자만이 아니라 시스템에도 속한다는 것을 알고 있었다.

제인: '다른 건 없나요?'

커스티: '음, 내 코칭은 어떤 식으로든 대리인이 필요해요.'

제인: '그것에 대해 조금 더 말씀해 주세요.'

커스티: '코치로서, 전문가로서의 나 자신을 위한 훈련이에요.'

그녀는 K가 C의 방향을 가리키는 가운데 플로어 마커를 나란히 놓으면서 말했다. 커스티에게 걸어 다니면서 C의 관점에서 바라볼 것을 제안했고, 그러고 나서 C에게 그녀가 정말로 원하는 것이 무엇인지 물어보는 것을 초대하는 문장을 제안했다. 이에 대해 C는 이렇게 대답하였다. '나는 내 코치가 내 옆에 이리로 오기 바라요.' 그녀가 갑자기 '도와주세요!'라고 말하기 전에 울음이 터졌다. 이것은 두 대리인 사이의 자발적인 교류를 촉발했다.

K 대리인: '나는 당신의 무능함에 좌절하고 화가 납니다. 당신은 일하기로 동의했지만 하지 않았어요.'

C: '제발 저를 이 혼란에서 벗어나게 도와주세요. 시작 시각도 찾을 수 없어요.'

M이 C에게서 일 하나를 빼앗고 싶은 충동이 생겼다는 말을 듣고 그녀가 가지고 있던 마커 가운데 하나를 제거했다. 나는 C에게 그 결과 기분이 어떠냐고 물었고 그녀는 '안심이 돼요'라고 했다.

나는 커스티와 함께 돌아다니며 무엇이 나타나는지 그녀가 알아차릴 수 있도록 돕고 있었다.

커스티: '아. 내 생각엔 그녀의 상사가 이 일에 참여해야 할 것 같아요. C는 그녀의 매니저가 아니니까 그가 도와줄 수 있는지 물어보기 위해 그를 만나러 갔어요. 그리고 그는 그녀에게 그녀가 하는 일을 볼 수 있도록 작업 목록을 만들어 달라고 부탁했죠. 그는 그녀의 분야에서 전문가가 아니므로 왜 그녀가 스트레스를 받는지 감을 잡을 필요가 있을 것 같아요.'

그녀는 남은 한 사람에게 상사(D) 대리인을 해달라고 부탁했고, 그 그룹의 모든 사람이 관련되었다는 생각이 들었다. 구경꾼은 없었다. 아마도 이것 자체가 시스템에 대한 정보가 아니었을까?

C는 이에 대해 다음과 같은 반응을 보였다: '나는 내 매니저 주위를 맴돌면서 상사에게 말을 걸면 그가 일을 성사시킬 수 있을 것으로 생각했어요. 하지만 그는 방금 나에게 또 다른 할 일 목록을 더 주었어요. 언제 이 일을 끝낼 수 있을까요? 그는 나를 쓸모없다고 생각할 거예요.'

나는 또한 C가 달성하고 싶은 일의 목록을 만드는 데 도움을 준 커스티와 작업 목록을 요청한 상사가 유사하다는 점을 알아차렸다. 커스티는 자신이 일을 진전시킬 수 없다는 것과 조직 전체에 대한 좌절감을 다시금 토로했다. 나는 K 대리인에게 C와 공유할 수 있는 문장을 제안했다.

K 대리인이 말했다: '어떻게 도와드릴까요? 어떤 것을 원하세요?'

C가 살짝 웃으며 대답했다. '그것 좀 해 주시겠어요?'

커스티는 이것을 보고 이렇게 말했다. '나는 상사가 무엇을 할 수 있을지 안다면 상사가 그 목록을 정리해주셨으면 좋겠어요. 하지만 저는 그러면 안 되겠죠?' (앞서 수퍼비전 토론에서 커스티는 매니저 역할에서 어떻게 자주 그녀의 직원들과 함께 앉아 그들이 무엇인가를 시작하는 것을 돕고, 필요하다면 그녀 곁에 있도록 내버려 두었는지를 말했다. 그녀는 이것을 그들의 발전을 돕는 효과적인 방법으로 보았다.)

커스티: '나는 이곳의 코치이고 그것은 내가 관리자일 때와 다르게 행동해야 한다는 것을 의미해요. 직접 하고 싶게 만들어야 해요. 그녀가 우리의 세션을 위해 시간을 낼 수 있다면, 저는 왜 그녀가 우리의 합의를 이행할 시간을 낼 수 없는 것처럼 보이는지 모르겠어요.'

나는 이 말을 하기 전에 잠시 뜸을 들였다: '그녀가 원하는 것을 물어볼 수 있도록 허락한다면 어떨까요? 아마도 "당신은 우리 세션을 위해 시간을 내는데, 우리가 어떻게 함께 시간을 사용하여 당신의 행동을 발전시킬 수 있을까요?"라고 말할 수도 있어요.'

그 말을 들은 K 대리인은 C를 향해 이렇게 말했다. '목록을 만드는 것을 도와주면 어떨까요? 저희가 말씀드린 대로 입력하시면 됩니다. 세션을 통하여 상황을 전환할 수 있습니다. 상사와의 대화 리허설도 도와드릴 수 있어요.'

제인: '그럼 여기서 더 나은 방향으로 나아가는 한 발짝은 또 뭐가 있을까요?' 나는 누구에게도 특별히 부탁하지 않았다.

C: '일을 좀 놓아요.'

그리고 나서 나는 코치와 고객과의 관계를 재조정하기 위해 K 대리인을 C와 함께 나란히 하도록 움직임을 제안했다.

제인: '이것은 무엇이 다른가요?'

C: '당신과 함께 있으면 기분이 좋아요. 대립이 덜 합니다.'

그러고나서 그녀는 K 대리인에게 말했다: '제발 계속 그렇게 동정하지는 마세요. 실용적으로 하게 되면 그렇게 감정적으로 되진 않을 거예요.'

K 대리인: '제가 살짝 돌아서면요?'

C: '그래요, 난 여전히 거기에 당신이 있는 걸 느낄 수 있어요. 하지만 기분이 나아졌어요.'

커스티는 얼굴을 약간 찡그렸으나 그녀의 얼굴은 편안해졌고 이해와 안도의 미소를 지었다. 잠깐 아무 말도 없었다. 나는 새로운 관계 패턴이 커스티에 정착하도록 내버려 두었고, 그 순간이 적절하다고 느끼면서 커스티에게 물려받은 일과 이전 역할 소유자에게 어떤 일이 있었는지 물어보았다.

커스티: '그녀는 은퇴했어요. 자기 일을 정말 잘했어요. 무에서 유를 창조했죠. 그녀가 떠날 때 실제로 인계된 것은 없었고 그것을 할 수 있는 다른 사람이 없었기 때문에 C가 맡아야 했어요.'

아마도 이것은 중요했을 것이다. C를 초대하여 이전 역할 소유자의 공헌을 인정하고, C가 주어진 상황에서 최선을 다해 그 역할에 전념할 수 있도록 문장을 제공했다. 대리인이 다음과 같이 말하도록 했다.

C: '그 일을 잘해줘서 고마워요. 내가 할 수 있는 한 최선을 다하겠지만 또 다른 일이 있어서 당신만큼 잘하지는 못할 것 같아요. 내가 할 수 있는 일을 할 것입니다.'

커스티가 이 모든 것을 흡수하고 있다는 것을 알 수 있었다. 시스템의 더 큰 그림이다. 그런 다음 커스티를 초대해서 그녀의 직업적인 모습을 나타내는 마커를 옮기게 했다. 그녀는 그것을 K 대리인의 발밑에 두었다.

K 대리인에게 C에게 들려줄 문장을 알려주었다. K 대리인은 이 말을 듣고

나서 그녀 자신의 말로 '코치로서 당신을 돕겠습니다. 다음 세션에 제 모든 것을 할 것입니다. 그리고 우리는 당신의 행동을 함께할 수 있습니다. 나는 최선을 다해 앞으로 나아가는 데 도움을 줄 것입니다.'

뒤이어 C로부터 그녀가 덜 비관적으로 보였다고 인정했다. '이제 좀 나아졌어요. 쓸모없지 않게 말이에요. 우리가 실행하는 것에만 집중할 수 있다면 할 수 있을 것 같아요'라고 말했다. 커스티가 말을 시작하자 나는 그녀에게 고개를 돌렸다. '이걸 보니 C를 위해 필요한 건 뭐든지 할 수 있을 것 같아요. 저는 이제 (당신이 코치 훈련에서 계속 말한 것처럼) 그녀를 위해 참석한다는 것은 제가 코치가 해야 할 일을 생각하지 않고 저 자신이 되는 것을 의미한다는 것을 깨달았어요.' 그녀는 C의 문제를 해결해야 한다는 책임감과 구속을 내려놓고, 고객을 도와 코칭 목표를 달성해야겠다는 결과를 얻기 위한 과도한 노력을 내려놓았다.

제인: '좌절 표지를 제거하면 어떨까요?'

제인이 K 대리인에게: '당신에게 무슨 일이 일어난 거죠?'

K 대리인: '아니, 그냥 두세요. 하지만 그 조직의 공간 저쪽에 그것을 놓아두세요. 그게 원래 있던 곳이에요. 그들은 이 모든 것에 대해 어느 정도 책임이 있어요. 그들은 너무 많은 것을 요구하고 있어요.'

이 시스템에서 EXCHANGE 균형과 컨스텔레이션 책임을 상사의 대리인에게 돌려주는 방법에 대해 곰곰이 생각해보면서 다음과 같이 말했다.

D: '당신 말이 맞아요. 그리고 나는 노력하고 있어요. 하지만 나는 문제의 규모를 먼저 이해해야 해요.' 시스템이 책임을 받아들이기 시작하고 재조정하겠다고 제안하는 것 같았다.

커스티: '저는 그녀가 해야 할 일의 개요를 개발하고 감독과 만남을 준비하기

위해 코칭 시간을 사용하자고 제안함으로써 그녀가 나아갈 수 있도록 정말로 도울 수 있을 것 같아요. 이제 그가 그녀의 업무량을 정리하는 데 도움을 줄 수 있는 열쇠라는 것을 알았어요. 내가 아니고요. 이제 코칭을 통해 어떻게 나아갈지 알게 되었어요.'

 제인: '그럼, 지금 여기서 끝을 낼까요? 우리가 더 주의해야 할 것이 있나요?'

 커스티: '네. 다 된 것 같아요. 정말 많이 드러냈죠. 감사합니다. 이것을 어떻게 진행할지에 대해 훨씬 더 자신감을 느끼게 되었어요.'

 그녀가 한 것처럼 감사하며, 마커를 모으고 각 대리인에게 역할에서 나오라고 제안했다.

 이 코칭 수퍼비전 컨스텔레이션에서 고객인 커스티는 무엇을 배웠을까?

- 컨스텔레이션은 말 그대로 그리고 은유적으로 고객과 함께 자신의 '제자리'를 찾을 수 있도록 해주었고, 그래서 두 사람 사이의 저항을 나란히 재배치하면서도 서로에게 덜 집중하게 했다. 이를 통해 그들의 관계를 재정립할 수 있게 했다.
- 컨스텔레이션은 그녀가 느꼈던 좌절감의 근원을 보여주었다. 그것은 대부분 시스템 자체 안에 있었다.
- 그녀는 매니저가 고객 어깨의 부담을 보았을 때 개입하여 역할 하나를 제거했다고 회상했다. 이것은 중요한 정보로 느껴졌다. 커스티는 자신의 관심 부족에 대해 일반적인 판단과 엮였지만, 그 움직임은 그녀에게 이것을 재평가할 명분을 주었다.
- 그녀는 조직에 직접 개입할 필요는 없지만, 고객이 자신을 위해 이 작업을 하도록 지원한다면 더 유용할 수 있다는 것을 깨달았다.

- 가장 중요한 것은 고객 대리인이 도움이 되는 것에 대해 이렇게 말하는 것을 들은 것이다: '제발 계속 그렇게 동정하지 마세요.' 그녀는 실제로 전혀 도움이 되지 못하고 단지 압력을 강화하고 있다는 것을 깨달았다.
- 커스티는 이 몸에 익힌 내적 감각, 새로운 컨스텔레이션 관계를 자신의 코칭 속에 다시 담을 수 있었다.

얼마 후 커스티에게 이메일을 받았는데, 커스티는 실행계획을 끝까지 해냈다고 말했고, 그녀의 고객은 또 다른 역동에 대해 좋은 반응을 보였다고 한다. 그녀는 이제 대화에 고착된 두 가지 감정이 유사하다는 것을 깨달았다. 그들이 더 많은 말을 할수록 더 고착되었고 커스티가 뭔가 다른 작업을 하고 다음 단계를 함께하자고 제안했다.

커스티는 또한 컨스텔레이션에 대해 말하면서 긴장을 풀고 숨겨진 역동성을 보여주며 코치로서 자신을 재보정할 수 있도록 돕는 것이 얼마나 강력한지 이야기했다.

이 컨스텔레이션의 수퍼바이저이자 퍼실리테이터인 나는 무엇을 배웠을까?

- 이것이 다섯 번째의 수퍼비전 자리였는데, 이런 식으로 일한 경험이 거의 없거나 전혀 없는 코치들이 이 자리에 들어와서 새로운 정보와 통찰력을 만들어내는 것이 아주 훌륭하다는 것을 알게 되었다.
- 커스티가 말하면서 얼마나 몰입했는지 알게 되었고, 어쩌면 그녀를 자리에 앉게 하는 것만으로 그녀를 더 자주 멈추게 했는지 궁금했다. 그리고 그 대리인이 실제로 경험하는 것을 확인해서 우리는 그 스토리나 과거를 조금 더 이해할 수 있었다.

- 고객의 이전 역할이나 가족 문제에 대해서는 다시 논의하지 않았다. 이러한 요소들에 관심을 가질 필요가 없는 것처럼 여겼기 때문이다. 고객이 들고 다니는 무게만 더 큰 것 같았고, 내 감각은 그것들이 이 특별한 시스템 일부가 아니라는 생각이었다. 그러나 그들은 앞으로의 세션에서 등장할 수 있으며, 이 경우 우리는 거기에도 관심을 기울일 수 있다.
- 커스티의 대리인을 컨스텔레이션 끝부분에서 커스티와 바꿀 수 있었는지 궁금했는데 커스티는 자신의 '옳은 자리right place', 즉 고객에게 공감이나 도움을 다 주지 않아도 되는 존재라는 내재적 감각을 갖게 되었다.
- 이러한 TIME 순서는 리더가 자신의 역할에 대한 권한을 찾을 수 있도록 지원할 때 매우 중요할 수 있다는 것을 알고 있으므로 이전의 역할 소유자를 인정할 수 있는 유용한 방법을 찾을 수 있어 기뻤다. 특히 이 경우처럼 어려운 상황에서 떠나거나 매우 성공적이고 인기가 있을 때 더욱 그렇다.

자신의 조직 시스템 내에서 코치로 일하는 사람들의 어려움과 얽힘을 잘 안다. 실제로, 이러한 측면은 커스티가 언급한 훈련의 중요한 부분이다. 컨스텔레이션은 시스템을 분리하는 데 매우 유용하여 내부 코치가 이러한 측면을 더 명확하게 볼 수 있고 분리될 수 있다. 그 결과 그것들은 내 수퍼비전 실습의 중요한 부분임이 입증되고 있다.

이 수퍼비전 컨스텔레이션을 통해 퍼실리테이터와 참여자 모두 구현된 지식에 접근하는 것을 실험할 기회와 다른 해결 가능성과 경로를 열기 위해 단순히 '있는 그대로'를 매핑하는 이점을 실험할 수 있었다. 이 예에서 볼 수 있는 많은 관리 컨스텔레이션에서 보듯이, 우리는 흔히 너무 가까이

다가가거나, 너무 얽혀서 유용하지 않을 수 있다. 그런 다음 우리는 도우려고 하거나 행동을 강요하거나 시스템과는 상관없는 책임을 지려 한다.

도우려는 시도는 흔히 좌절과 비슷한 문제에 대한 우리 자신의 어려움과 자연스럽게 공감을 혼합함으로써 동기가 부여된다. 이 컨스텔레이션에서 도움받는 사람은 '제발 그렇게 계속 동정하지 마세요'라는 대리인의 분명한 표현에 충격받아 자주 무력감이 깊어진다.

버트 헬린저Bert Hellinger는 이것에 대해 말했다. 도움이 되는 것과 전체 시스템을 서비스하는 데 유용한 것 사이의 차이점이다. 그는 '어떤 의도도 없어요. 특히 돕는 것은요.'

이러한 학습 포인트와 내부 재보정은 흔히 시스템 코칭의 학습(및 비학습) 과정에서 가장 기억에 남고 유용한 것으로 인용된다. 코치가 도움이 되는 것을 강조하지 않고 뒤로 물러서서 전체를 보는 것에 안도감을 느끼는 것은, 그들이 훨씬 더 유용할 수 있는 곳에서 자유로워지고 자신의 권위와 책임에 더 서 있을 수 있다고 고객도 느낄 수 있다.

컨스텔레이션의 경험적 특성 때문에, 그룹 수퍼비전 과정에서 그룹 내 모든 사람을 위한 풍부한 자원과 학습 방법론을 제공한다. 위 제인의 예에서 보듯이, 컨스텔레이션은 수퍼비전 그룹의 모든 사람을 필요로 하므로 각 정보 필드에 서 있는 것이나 시스템의 쇠퇴와 흐름에 서 있는 것이 어떤 느낌인지 직접 경험하게 된다.

그룹의 모든 구성원이 직접 참여하지 않는 컨스텔레이션의 경우, 관찰을 통해 얻을 수 있는 강력한 학습 경험도 있다. 또는 흔히 컨스텔레이션에서 의식적으로 표현되지 않은 시스템 일부를 구현한다. 이러한 현상은 매우 흔하며, 비록 자신이 '관찰'했을 뿐이라고 생각할지라도, 방 안에 있는 모든 사람이 그들의 경험을 피드백할 기회를 주는 것이 특히 중요하다.

이러한 상황에서 시스템에 고착되거나, 숨겨지거나, 잊힌 무엇을 찾아내는 정보가 흔히 나타난다.

훈련에 사용되는 방법 가운데 하나는 매우 간단한 페어 활동 pair exercise 이다. 이 훈련은 코치로서 도전적인 고객을 준비할 때 수퍼비전에 유용하다. 만약 자신이 다른 사람들과 이 접근법에 대해 배우고 있다면, 이것을 학습 파트너와 함께 시도할 수 있다. 그렇지만 이 책의 목적상, 나는 그것을 셀프 수퍼비전에 응용하는 것에 관해 설명할 것이다. 셀프 수퍼비전은 이 방법론을 통해 쉽고 유용하게 수행할 수 있으며, 또한 이러한 접근 방식을 처음 접하고 실행하고 싶어 하는 코치들을 위해 긴급한 문제를 중심으로 구성하여 실행할 좋은 기회를 제공한다.

셀프 수퍼비전은 대리인인 물체나 플로어 마커로 할 수 있다. 이러한 맥락에서 플로어 마커는 단순히 이름이 적힌 종잇조각이며(자신이 생각하는 고객의 이름) 방향을 나타내는 화살표이다. 플로어 마커 위에 서 있을 수 있어야 한다.

> **코치 셀프 수퍼비전 훈련**
>
> 방의 공간을 정리하고 해당 공간의 경계를 식별한다. 자신과 고객의 대리인으로 사용할 수 있는 두 장의 큰 종이를 준비한다. 생산적인 관계를 맺거나 유지하기 위해 애쓰는 고객 또는 현재 고착된 문제나 다른 도전적인 관계 또는 프로세스 문제를 겪는 고객을 생각해본다. 그들과의 역동적인 관계와 코칭 과정이 자신을 사로잡게 한다. 시간을 내어 고객 관계에 대한 '느낀 감각'을 느낄 때 고객을 대리할 종이를 선택한다.

허리 높이에 종이 한 장을 들고 서서 두 손을 잡고 공간을 천천히 걸어가면서 진실한 곳을 찾는다. 이 물리적 공간에서 그들은 어디에 속하며 그들 관심의 방향은 무엇인가? 고객의 담당자가 사실이라고 느끼는 장소a place that feels true('옳다right' 또는 '틀리다wrong'가 아니라 사실true)에 있다고 느끼면 그 장소의 바닥에 종이를 내려놓는다.

다음으로, 그들과 관계 속에서 천천히 자신만의 장소를 찾는다. 이름이 적힌 두 번째 종이와 방향을 나타내는 화살표로 이 작업을 수행한다. 이것을 하기 위해 알아야 할 모든 것을 잊고 다른 위치로 실험한다. 매우 천천히, 그리고 자신의 센터와 접촉하는 동안, '있는 그대로'에 진실이라고 느껴지는 장소를 찾는다. 만약 관계 역동성에 대한 내면의 감각과 접촉하면서 이 일을 해냈다면, 현재 이 특정한 고객과 경험하는 이 관계의 어려움의 진실에 서 있는 자신을 발견할 것이다. 이 진실을 포착하는 짧은 문장을 큰 소리로 말한다. 심지어 '이것이 바로 이거야'라고 말하더라도 말이다. 이 장소에 서서 익숙한 컨스텔레이션 과정을 통해 이 장소와 이 관계 패턴에 대한 경험을 표현해본다.

다음으로, 시스템 완화에 한 걸음 더 가까워진 듯한 작은 움직임으로 실험한다. 그런 다음, 특정한 장소에 서 있던 자신의 경험에 반향을 불러일으키는 한두 문장을 EXCHANGE해 본다. 스스로 자리에서 물러나 고객이 자리 잡은 장소에 서 있으면 각각의 '땅'을 어떻게 볼 수 있는지 알 수 있다. 그렇게 하면 관계나 코칭 프로세스에 대해 다른 관점을 제공하는 새로운 정보를 쉽게 찾을 수 있다. 이것은 지각적 위치 훈련이 아니라 자신의 소매틱 경험을 통해 시스템 내에 있는 정보를 두드리는 실행이다. 어떤 신선한 정보라도 문장, 움직임 또는 둘 다로 바꾸고 그렇게 하는 것의 영향을 알아차린다.

이미 이 방법을 충분히 알고 있으므로 적절한 다음 단계 또는 결론을 내릴 수 있다. 이 첫 번째 단계를 통해 자신이 새로운 정보를 충분히 가지고 있다는 것을 발견하게 될지도 모른다. 다른 요소 또는 자원을 추가하여 추가 작업을 선택할 수 있다.

이 실행이 끝난 뒤, 경험한 것과 각 장소에서 수집한 정보를 메모하는 시간을 갖는다. 또 다른 문제나 질문들과 함께 이 작은 자화자찬 컨스텔레이션을 시도해보는 것을 좋아할지도 모른다. 예를 들어, 코칭, 돈, 관계와 관련된 모든 항목에 대한 관계를 설정할 수 있다.

셀프 수퍼비전은 자신의 관계 패턴을 조명할 뿐만 아니라, 이 방법론을 배우고 실천하는 효과적인 방법이다.

수퍼비전: 요약

일대일 또는 그룹 상황 중 어느 것이든, 시스템 지향적 수퍼비전을 통해 시스템/고객/수퍼바이지/수퍼바이저 관계 시스템을 실제로 볼 수 있다. 이 수퍼비전을 통해 탐색 중인 시스템 부분과 전체에 포함된 숨겨진 패턴, 병렬 프로세스, 심층 자원에 대한 명확한 정보를 얻을 수 있다.

컨스텔레이션은 작동 방식 때문에 수퍼바이저가 꼭 전문가가 될 필요 없이 새로운 수준의 정보를 표면화한다. 이것은 수퍼바이지와 수퍼바이저를 해방하고, 둘 다 함께 찾고 탐구한다.

코치는 시스템 중심 수퍼비전을 통해 까다로운 관계 시스템에서 새로운 수준의 명확성을 확보할 수 있다. 코치와 고객은 있는 그대로를 인정한 뒤 숨겨진 신의와 얽힘을 정중히 드러냄으로써 시스템의 에너지와 흐름을 차단하고 복구한다.

이러한 성격의 수퍼비전은 구체화한 정보에 접근하므로 우리를 꼼짝 못 하게 하는 정신적 구조를 넘어 새로운 통찰력과 관점과 행동을 낳는다. 또 수퍼바이지는 고객과 함께 사용할 수 있는 시스템과 방법론에 대해 학습하기 위해 시스템 접근 방식의 적용을 경험한다.

이런 종류의 수퍼비전을 통해 우리는 고객들과 '적절한 거리와 장소'를 찾을 수 있다. 다음과 같은 이유로 도움이 되기보다는 유용하게 사용할 수 있는 장소이다.

- 너무 가깝거나 큰 얽힘으로부터 자유로워 전체 시스템을 상당한 거리에서 보고 사용할 수 있다.
- 너무 가까이 있어서 야기되는 스토리와 판단에서 벗어나므로 우리는 전방향으로 작업할 수 있다.

시스템적 수퍼비전을 통해 누가, 무엇이 자원이고 어디에 지원이 필요한지 파악할 수 있으며, 다음을 수행할 수 있다.

- 각 시스템에 존재하는 시스템 압력, 역동 및 패턴을 확인한다.
- 우리가 아직 볼 수 없는 것, 최소화하거나 외면할 수 있는 것을 조명한다.
- 시스템 질서력 가운데 어느 것이 무시되거나 우발적으로 위반되었는지 확인한다.
- 누가 어디에 소속되어 있는지 확인한다.
- 시스템 내의 해당 위치에 책임을 돌려야 한다.
- 자체적인 강점, 존엄성 및 권한을 찾아 자원과 연결한다.

시스템 수퍼비전은 우리가 모든 사람과 있는 그대로 모든 것의 맵을 만들어냄으로써 고객의 전체 생태계와 우리의 관계를 볼 수 있도록 지원한다. 그런 다음, 우리는 그 복잡성을 새로운 관점에서 볼 수 있다. 소속의 경계, 패턴, 역동, 그리고 영향들을 인식한다. 시스템 수퍼비전은 모든 컨스텔레이션에서와 마찬가지로 수퍼바이지와 수퍼바이저보다 큰 풍부한 프로세스이므로 모든 사람이 고객과 관련 시스템에 대해 '적당한 크기right size'를 유지하도록 한다.

그래서, 시스템 수퍼비전은 수퍼바이지가 적절한 거리에서 가장 좋은 장소를 찾고 그들이 자유롭고 유용하게 사용할 수 있도록 지원한다. 그러나 그것은 또한 이 접근법에서 강력하게 구별되는 표시들 가운데 하나인 '공명하는 문장resonant sentences'을 사용하도록 제공한다.

> 시스템 수퍼비전에서 관계 역동의 맵을 만드는 것은 수퍼바이지가 어려움을 겪는 문제나 문제를 새롭게 조명하는 데 충분할 수 있다. 그러나 공명적인 시스템 문장들의 추가는 시스템과 그 안에 있는 사람들이 그들의 목소리를 찾을 수 있게 한다. 짧은 문구, 진술 또는 요청은 흔히 작업의 가장 강력한 측면이며, 수퍼바이지와 그들이 관계하는 시스템에 지속적인 영향을 미친다.
> – 마렌 도나타 어쉬Maren Donata Ursche

실제로 수퍼비전 컨스텔레이션 내에서 '내가 너무 가까이 움직였다'라고 말하는 것과 달리 고객과의 업무에서 혼란스럽거나 얽힌 느낌을 말하는 것은 아마도 '이 새로운 위치에서 모든 것을 볼 수 있고 유용하게 될 것이다'라고 말하는 것과 매우 다른, 구체화한 경험일 것이다. 이 단어들은 본문 안에 그대로 있으므로 다음에 고객 시스템과 접촉할 때 코치를 자원화한다. 시스템 코칭 그 자체와 마찬가지로 시스템 수퍼비전은 새로운 관점, 신선한 정보, 말하지 않았거나 말할 필요가 없는 것을 표현하는 방법, 숨겨진 역동과 자원의 원천에 대한 명확성을 제공하므로 이를 용이하게 하고 받을 수 있다.

HRD는 시스템의 젊은 구성원의 최근 예상치 못한 죽음에 관해 이야기하고 통합하는 가장 좋은 방법을 코치와 탐색한다.

고위 경영진은 복잡한 상황에서 서로 다른 방식으로 상호작용하는 이해관계자의 필드를 탐색한다.

> 관리자는 갈등 관계에 있는 두 명의 직속 보고자를 중재하는 세션을 준비하기 위해 코치와 협력한다.

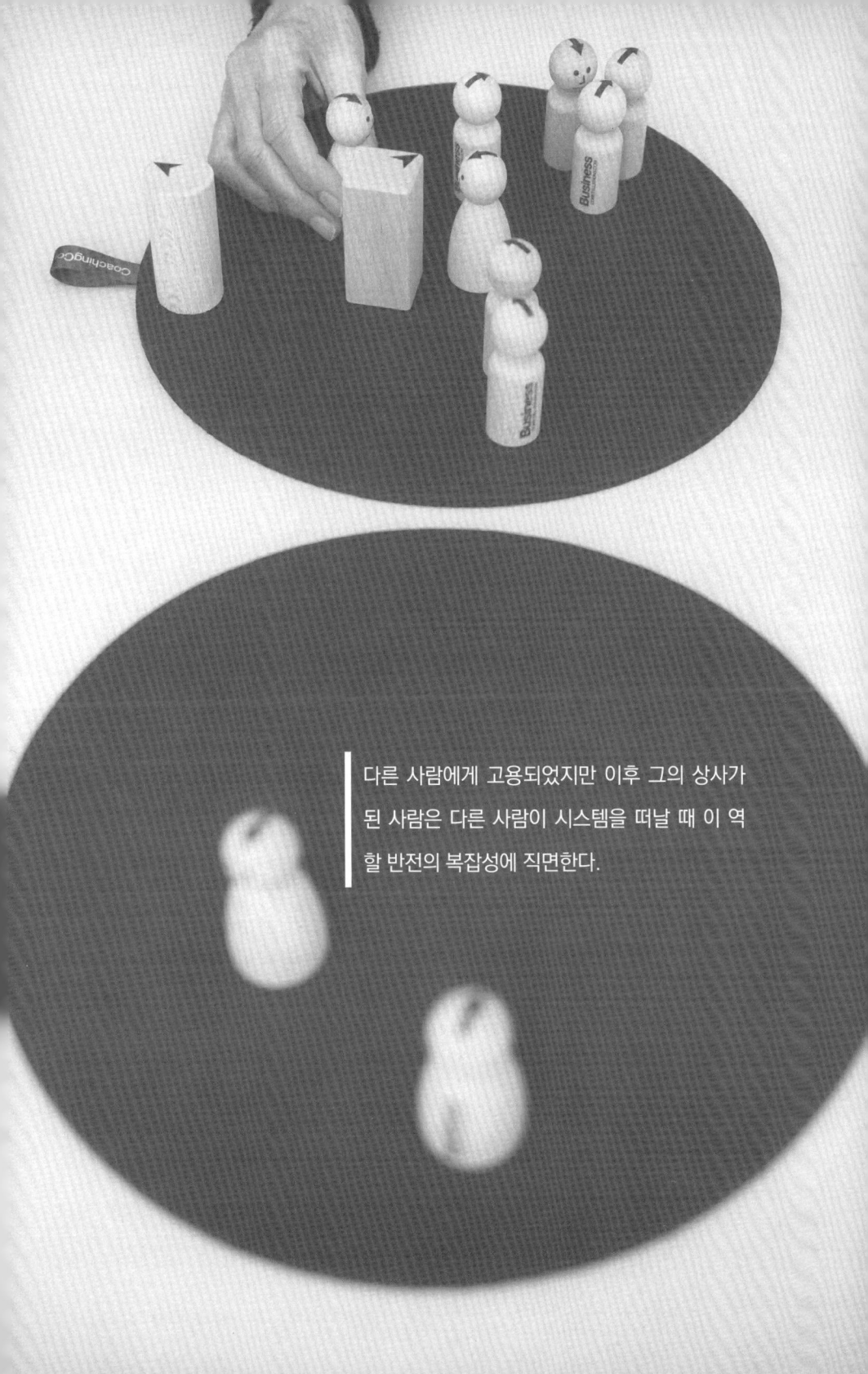

다른 사람에게 고용되었지만 이후 그의 상사가 된 사람은 다른 사람이 시스템을 떠날 때 이 역할 반전의 복잡성에 직면한다.

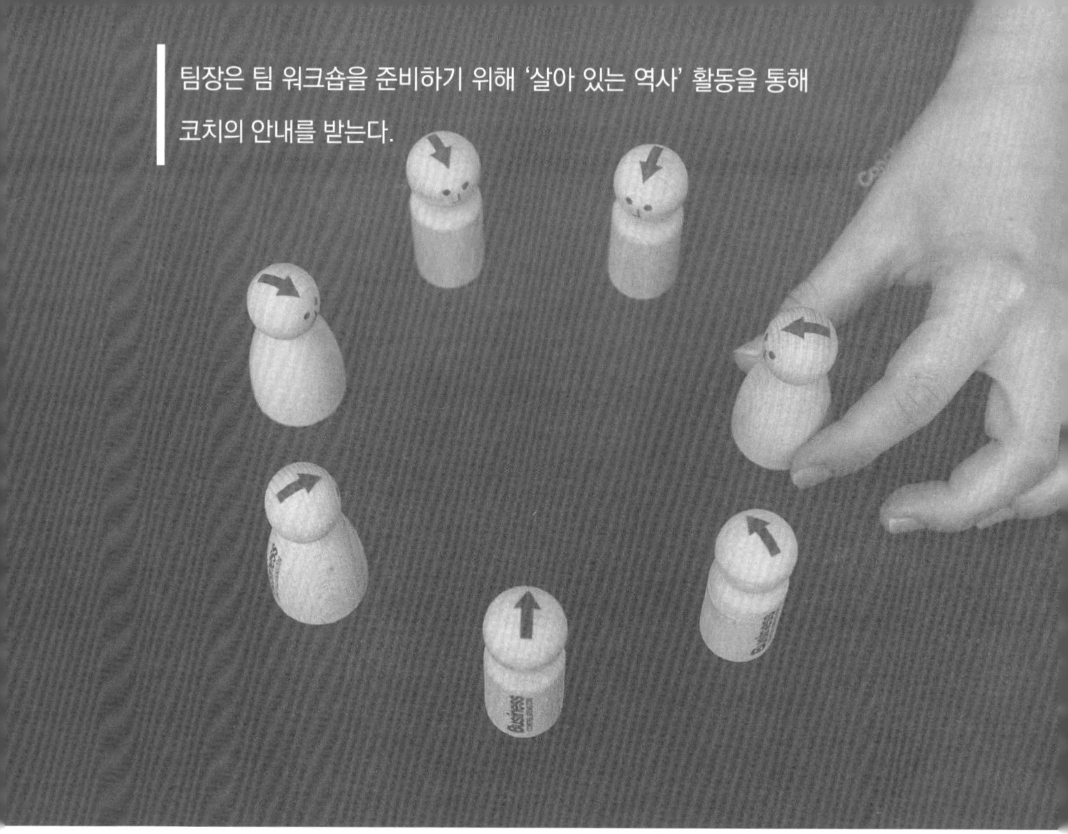

팀장은 팀 워크숍을 준비하기 위해 '살아 있는 역사' 활동을 통해 코치의 안내를 받는다.

훈련 그룹이 '살아 있는 역사' 활동을 한다.

컨스텔레이션을 사용한 시스템 팀 코칭은 팀 및 그룹과 협력하고 흐름을 만들고 문제를 해결하며 변화를 주도하는 가장 효과적인 방법을 정중하게 조명할 수 있는 안전한 공간을 만든다.

5부

유사 주제

15

인간 human being

> 인생의 역할 때문에 인간이라는 사실을 잊지 마라.
> – 로이 베네트 ROY T BENNETT

존재 human beings, 인간의 욕구 human needs

개인, 팀 또는 그룹과 관계없이 고객과 함께 작업하고 삶과 일의 깊은 패턴을 탐구하도록 지원하면서 인간의 핵심 욕구를 반영할 때가 많다. 우리는 존재하는 것보다 해야 한다고 생각하는 일을 하는 데 너무 많은 시간을 보낸다. 그러나 인간의 존재를 인정하고 포함하는 것은 지속적인 조직 건강을 구축하는 데 매우 중요한 부분이다.

내 생각으로는 인간으로서 공유하는 세 가지 핵심 욕구가 있는 것 같다. 나는 이것을 인간의 조건에 대한 새로운 모델로 제안하는 것은 아니다. 단순히 삶과 일에서의 생활에 대한 통찰이다. 나는 이것들을 인간으로서 잘 기능하고 흐르도록 하는 우리 자신의 '질서력ordering forces'이라고 생각한다.

우리가 진정으로 다른 사람에게 유용하기를 원한다면 가장 먼저 주목해야 할 것은 시스템이다. 자신의 욕구를 살펴보면 다른 사람들, 특히 코칭 상황에서 욕구가 어떻게 나타날 수 있는지 알 수 있다.

나는 이 세 가지 욕구가 질서를 정하는 일종의 방정식으로 생각한다. 순서의 원칙으로 다음과 같은 세 가지 요구 사항에 대해 생각한다.

> 소속(감)
> \+ 안전
> \+ 인정
> ─────
> = 인간 Human Being

세 가지 요구 사항은 상호 연결되고 상호의존적인 관계 시스템이다.

그것들을 코칭 자체의 관련성과 이점을 살펴보는 틀frame로도 사용할 수 있다. 코치, 퍼실리테이터 또는 조직개발 컨설턴트로서 작업에 어떻게 주의를 기울이고 포함할 수 있는지에도 적용된다.

소속 욕구

이 책에는 인간 조건의 핵심인 소속에 대한 깊은 욕구가 이미 상당 부분 나와 있으므로 여기서는 반복하지 않겠다.

인간 경험human experience에 대한 이해는 소속에 대한 깊은 욕구를 중심으로 인식된다는 것이 분명하다. 또 어렸을 때 부모에 대한 애착에 매우 강한 선천적 욕구가 있다는 것도 분명하다. 그러나 한 사람만으로는 충분하지 않다. 한 사람을 통해 해당 시스템에 접근하고 이해하기 시작할 수 있지만 관계 시스템 내에 자신을 고정해야 한다.

초기 인간 경험에서 그룹에 속한다는 것은 식량, 물, 생명을 얻기 위한 인간의 육체적 생존 문제였다. 오늘날은 오히려 가족 시스템에서 벗어나면 훨씬 더 오랫동안 육체적으로 생존할 수 있다. 그러나 중요한 것은 심리적 소속감이며, 소규모 그룹이라도 평생 일관성 있게 유지된다면 내적인 그림과 정체성에 매우 중요한 차이를 만들 수 있다.

소속감이 상충하거나 갈등이 있는 많은 사람이 직장과 조직 생활에 매력을 느끼는 이유는 인생에서 누락된 중요한 것들을 제공하는 것처럼 보이기 때문이다. 그러나 조직은 이 강력한 소속에 대한 욕구를 인정, 관리 또는 처리하도록 설계되어 있지 않다. 적어도 겉으로 그렇게 보이는 이유는 실제로 매우 매력적인 문화, 업무 관행 및 웰빙 프로그램을 제공하고 있기 때문이다. 그러나 아무리 매력적이고 유용하더라도 소속에 대한 깊은 욕구를 충족시킬 수는 없다. 간단히 말하면, 어떤 조직도 가족 시스템을 대체할 수 없으며 가족 시스템에 속해야 할 필요성을 충족시킬 수 없다.

따라서 코칭이 지속적인 효과가 있고 제공되는 사람들의 인간미를 실제로 다루는 것이라면 소속 필요성에 대한 약간의 이해가 필요하다.

소속감이 들지 않거나 갈등이 있는 사람들은 코칭에 매력을 느낀다. 코치로서 이것을 인식하고 소속감에 대한 자신의 욕구와 패턴을 알고 있어야 한다. 이것이 자신과 타인을 이해하는 데 핵심적인 부분이고 시스템 코칭 그 자체이기 때문이다.

  코칭 비지니스는 내적으로 소속감이 흐릿한 수천 명의 사람을 끌어들이고 있으며, 이를 제공하는 협회, 연맹 및 기타 코칭 조직은 매우 매력적으로 보인다. 그러나 이러한 요구가 얼마나 강하고 조직 시스템 내부에 대해 이러한 요구 사항이 있다는 것이 얼마나 복잡한지 이해가 부족하다.

> 소속감, 안전감 또는 인정의 결여가 몸에 고스란히 남아있다. 이것이 체화된 경험으로 외부에 매핑하는 소매틱somatic 코칭이 많이 활용되는 이유이다. 내부에 갇혀 있는 것을 외부화하여 보이게 되고, 영향받고, 다시 통합된다.

조직은 안전과 인정이라는 다른 두 가지 핵심 욕구를 제공한다.

안전 욕구

심리적으로나 육체적으로 안전하다고 느끼지 못하면 배울 수도 없고 사랑할 수도 없고 이끌 수도 없으며 따를 수도 없다. 안전하지 않다고 느끼는 경험은 어린 시절에 부모나 다른 보호자가 어떤 식으로든 자신을 보호할 수 없는 경우 - 때로는 스스로 - 기본 시스템인 가족이 인간으로서 성장하고 발전하는 데 필요한 어떤 것도 줄 수 없다는 것을 느꼈을 때 처음으로 알게 된다.

  첫 번째 시스템인 가족 시스템에서 심리적으로 안전하지 않다고 느끼는 것은 자연적으로 나중에 많은 불안, 혼란 및 우울증의 근본 원인이 된다. 만약 자신의 가정 환경을 신뢰할 수 없고 부모나 다른 보호자로부터 안전한 경계를 유지할 수 없다면 삶은 매우 어려울 것이다.

신체적 위험에 처하면 심리적으로 안전하다고 느끼는 것이 불가능하며 다른 것들도 함께 따라온다. 두려움, 수치심 또는 분노는 항상 몸 어딘가에 존재하며 신체적으로 안전하지 않다는 느낌을 지울 수 없고 정서적으로도 안전하지 않다고 느낄 수 있다.

코칭 고객 가운데 얼마나 많은 사람이 신체적 또는 정서적으로 안전 부족을 경험했는가? 비록 그 가능성을 염두에 두고 코칭하려 해도, 알기가 쉽지 않다. 그래서 자신을 안전하게 느끼는 방법을 아는 사람이 실제로 그리고 상징적으로 함께한다는 사실만으로도 거의 모든 종류의 코칭에서 엄청난 유익을 가져온다.

우리는 판단을 보류하고 경청하고 열린 질문을 통해 고객을 위한 '안전 공간 만들기'에 관해 이야기한다. 코칭하는 동안 안전한 공간을 만들 뿐 아니라, 그들 자신 안에서도 안전 공간을 만들 기회를 제공함으로써, 자신에 대한 신뢰를 구축하고, 스스로 안전함을 느낄 수 있도록 지원한다.

심리적 안전이 부족하다고 느끼는 것은 비즈니스와 기타 조직 시스템에서 가장 흔한 현상의 하나일 것이다. 1장에서 다루었듯이 인간의 존엄성을 존중하지 않는 권위를 밖에서 경험하면 안전하지 않은 '위험한' 환경에 불안해하며 살게 된다.

더 나아가 비즈니스와 조직 시스템에서 코칭이 확장되고 수요가 상당히 늘어나는 이유가 많은 사람이 심리적 안전이 부족함을 경험한다는 것과 직접적인 관련이 있다고 생각한다. 이것은 안전하지 않은 리더가 될 가능성이 크며 조직 생활을 경계하게 되고 안전을 침해당한다는 인식으로 정신 건강을 해치고 있음을 의미한다.

일반적으로 리더십과 조직 생활에서 심리적, 정서적 안전의 중요성을 이해하기 위해 더 많은 지원이 필요하다. 그것은 함께 머무르며 체화하고 표현하는 코치로부터 시작될 수 있다.

한편, 코치가 되는 사람들 가운데 얼마나 많은 사람이 가정이나 학교에서 심리적으로나 육체적으로 또는 둘 다에 대해 안전하지 않다고 느끼는 경험을 했다고 생각하는가?

솔직히 말해서, 우리는 가정이든 학교에서든 직장에서든, 어떤 형태로든 우리를 불안하게 만드는 권위를 경험한다. 그리고 뒤로 물러서거나, 관계를 끊거나, 부끄러움, 두려움 또는 분노와 같은 것을 체화하게 되며, 이후의 삶에서도 오랫동안 함께하게 될 것이다.

팀이나 그룹으로 작업할 때는 자신의 안전 장벽을 알고 자연스럽게 안전함이 유지되는 환경조건을 만드는 방법을 아는 것이 더 중요하다. 이는 사용하는 방법에 상관없이 항상 코치와 퍼실리테이터 자신의 안전의식과 내적 자세에 달려있다.

컨스텔레이션을 이용한 시스템 코칭을 하는 사람들과 고객들은 코칭을 존중하며, 진실하고, 진짜라고 말한다. 이를 통해 배우고, 변화하고, 발전하고, 성장할 수 있는 안전한 공간을 만들 수 있다.

심리적 안전은 고객뿐 아니라 코치 자신에게도 그 자체로 중요한 선물이다.

가장자리에서 걷기

스테파니Stephanie는 4살에서 14살까지 친조부모 밑에서 자랐는데, 여러 가지 복잡한 사연으로 부모를 만날 수 없었기 때문이다. 그녀는 자신이 어린 소녀였을 때 자신을 있는 그대로 인정받고, 매우 안전했다고 느꼈다.

그렇지만 그녀는 여러 학교를 돌아다녔고, 결코 전문적인 시스템professional systems에 소속되어 있지 않다고 느꼈다. 그녀가 고위 경영진으로 승진했을 때, 그녀는 코치에게 자신이 항상 '시스템의 가장자리에' 살면서 일하는 느낌을 받았다고 말했다.

이것은 그녀에게 깊은 패턴이었고, 일정한 거리를 두고 시스템을 보고 이끄는 리더가 되어 실질적인 이점을 주었지만, 어느 정도 도전과 거리감separateness 과 외로운 감정도 느끼게 했다.

결국 그녀는 필요한 거리를 찾아내어 시스템적으로 작업하는 특별한 능력이 있었다. 이것이 그녀에게는 자연스러웠다. 이렇게 가장자리를 걷는 코치가 되었고, 말로 표현할 수 없는 시스템 역동성에 깊이 조율하여 다른 사람들이 자신의 위치를 찾도록 지원하는 능력을 갖추었다.

인정 욕구

캐나다 정신과 의사이자 교류 분석Transactional Analysis(TA)의 창시자인 에릭 번Eric Berne은 우리 인간이 특정한 식욕, 즉 '정신생물학적 갈망psychobiological hungers'을 가지고 태어난다는 개념을 제시했다.

그 가운데 하나가 인정에 대한 갈망이다. 우리가 어렸을 때나 청소년 때 인정받고 싶은 갈망을 충족했는가가 성인이 되어 나타나 인생에 잠재적으로 영향을 미친다.

많은 사람이 자신이 진짜 누구인지 명확하게 파악하고 연결하려고 애쓴다. 세상 반대편으로의 여정을 통해서든 내적 여정을 통해서든 각자 '자신을 찾는finding ourselves' 다양한 방법들을 찾아낸다.

그렇지만 아이러니하게도, 진정한 명료함은 자신이 직접 보기 전에, 외부에서 우리가 어떤 사람인지 볼 수 있는 다른 사람에게서 비롯되는 경우가 많다. 이 사람들은 다정하고 현존하는 부모일 수도 있고, 선생님, 친구 또는 리더일 수도 있다. 그렇지만 모든 사람이 명확한 자아와 정체성의 창조를 지지할 만한 경험이 있지는 않다.

만약 자신만의 독특함으로 보이는 필요가 충족되지 않는다면, 직업 세계에서 그것을 찾아 나설 것이다. 아마도 정치인, 연예인, '유명하기 때문에 유명한famous for being famous' 사람들은 어린 시절 자신이 아이로 보이지 않았고 자신이 누구인지 분명하지 않았다는 것을 무의식적으로 우리에게 보여주는 경우가 많다. 그들은 다른 사람들, 소셜 미디어 및 자기 일을 거울로 삼아 거기에 비친 모습이 합리적인 자신의 모습으로 통합될 수 있는지 확인한다. 그것은 정체성에 대한 갈망이며 이러한 방식으로는 진정한 자신을 만날 수 없다.

많은 '리얼리티 TV' 프로그램과 탤런트 쇼는 특히 이러한 욕구를 충족시키며, 인정을 받는 데 도움이 될 것으로 믿는 방식으로 자신을 나타내거나 행동함에 따라 강하게 오르락내리락한다. 그러나 보고자 하는 욕구가 클수록 이런 엔터테인먼트 환경에서 볼 가능성은 희박하다.

주제와 상관없이 깊은 경청과 열린 마음으로 주의를 기울이면, 상대방이 안전한 공간 속에서 검증하며 볼 수 있음을 알게 된다. 결과적으로 자신이 누구인지 인정하는 것은 결코 과소평가할 수 없는 코칭의 재능 가운데 하나이다.

기업에서는 사람들이 자신이 누구인지 보여주고 싶어 한다는 단순한 진실이 간과되는 경우가 많다. 그런 이유로 시스템의 다른 구성원들이 자신이 누구인지 알아주고 독특한 기여를 인정한다고 느낀다면 코칭을 받지 않을 것이다.

시스템 코칭과 무의식의 내적 지도를 외적으로 표현하는 것은 '있는 그대로what is'에 대한 깊은 인식을 제공하며 또한 다른 것도 추가로 제공한다. 그것은 자신이 속한 시스템에서 진정한 위치에 대한 깊은 인식이다. 복잡한 인간 욕구 속에서 춤을 추면서 선물을 가져올 수 있는 가장 좋은 장소를 찾으려고 애쓰면서 자신의 자리를 찾는다. 이 작업 방식은 그 해당하는 장소를 보고 조정하는 방법을 가능하게 한다.

크고 작은 많은 기업에서의 개인, 팀 및 그룹 차원의 리더십과 일반적인 무의식적 역동성에서 인정에 대한 갈망은 매우 중요하다.

자기 중심적이거나 자만한다고 평가되고(흥미롭게도 그리스어에서 자만심hubristic이라는 단어는 자연 질서를 위반하는 행동을 의미함) 거만하거나 자신을 과신하는 것처럼 보이는 리더들은 인정받고 싶어 하는 경우가 많다.

이런 식으로 볼 때 그들을 열린 마음으로 대할 수 있다; 정체성과 의미에서 내면의 상처를 입은 그들은 필사적으로 보이고 인정받기를 원한다.

전문 코치 교육에서 배운 원칙과 실습에 기반을 둔 모든 코칭은 대부분 조직 리더십과 경영대학원, 서적과 실습 등을 통해 인정을 제공한다. 누군가와 함께 있는 것만으로도 그들에게 인정의 선물을 주는 것이다.

따라서 코치나 고객이 의식적으로 하지 않는다 해도 인정은 코칭의 핵심이다. 인정은 기본적으로 일어나는 것이지만, 코치로서의 의식적 자각 속에 정중하게 인정하는 것이 진정한 가치가 있다고 생각한다.

~

이러한 여러 가지 욕구들은 코칭 고객에게 명시적으로 제시하지 않을 수 있지만, 이러한 욕구들을 인정함으로써 자기 입장, 내적 태도 및 인식에 상당한 변화를 가져올 수 있다.

욕구가 충족되지 않을 때

사람들이 자신의 핵심적인 정신생물학적 욕구 core psychobiological needs 를 충족하지 못할 때 감정과 역동성의 강력한 조합이 나타난다. 코칭할 때 이 점을 염두에 둘 필요가 있다.

예를 들어, 투사와 전이가 많이 일어난다는 것을 알아차릴 때, 핵심 욕구가 충족되지 않았다는 신호일 수 있다. 결핍으로 인해 자기 감각이 떨어져서 집중하기 어려워질 수 있다. 부분적인 자기로 탐색할 때 다른 사람들에게 투사하게 된다. 투사와 전이를 통해 이전 관계 시스템에서 완료되지 않았거나 연결되어 있지 않은 관계적 욕구를 충족하려고 노력하는 것이다.

투사는 우리의 한 부분(일반적으로 우리가 무의식적으로 결정한 것은 우리 자신의 긍정적이거나 부정적인 측면)에 속하는 무의식적 속성이며, 다른 사람들에 대한 강한 의견과 판단으로 '매우 좋다. 나는 당신을 좋아한다.' 또는 '매우 나쁘다. 나는 당신이 싫다'로 나타난다.

전이는 과거의 부모나 다른 강한 권위 있는 인물들과의 관계 경험을 현재의 관계로 가져오는 것인데, 핵심 욕구가 충족되지 않았을 때 발생할 가능성이 있다.

세 가지 욕구가 충족되지 않을 때는 실존적 위기를 경험할 수도 있다. 그 시기는 의미와 정체성을 잃어버렸을 때일 가능성이 크며, 그 이유는 욕구가 나를 받치는 초석의 핵심 부분이기 때문이다. 그래도 이것은 운이 좋은 경우다.

이 모든 것이 코칭과 관련되는 이유는 의미와 정체성의 투사, 전이, 위기가 현대 비즈니스와 여러 조직 시스템에서 매우 일반적인 것이며 안전감과 인정의 결여, 소속 불문율의 혼재 등이 개인, 팀과 전체 조직 시스템에 상당한 스트레스를 주기 때문이다.

이것은 특히 어렸을 때 세 가지 욕구를 충족하지 못한 사람들에게 일어날 가능성이 더 크다. 그래서 애초에 조직 시스템에 끌렸던 이유이기도 하다.

이로 인해 조직 시스템의 생활이 복잡해진다. 이러한 욕구를 고려하여 코칭해야 구성원, 관리자와 리더의 역할에서 한 인간으로의 변화를 지속해서 만들 수 있다.

지금까지 경험으로 볼 때, 리더십 코칭에서 이 세 가지 욕구를 명확히 할 필요가 없는 때도 많다. 이런 경우에는 통찰력, 동정적인 입장 및 고객이 설명하는 내용을 걸러내는 데 유용한 코칭 프레임워크 framework로 사용하면 된다.

그러나 때로는 단순히 리더십 책임을 짚어보는 프레임으로 사용할 때도 유용하다.

세 가지 욕구 A TRIAD OF NEEDS

나는 최근에 국제적으로 영향력을 가진 매우 위계질서가 강하고 남성 중심적인 시스템의 리더와 함께 일했다. 그가 말한 것들과 그가 테이블 매핑에서 매우 명확하게 표현했던 수석 팀의 공간적 표현을 보면, 이 시스템이 세 가지 인간 욕구를 대부분 고려하지 않으면서 사람들을 고용했다는 것을 확실하게 느낄 수 있었다.

나는 집에서든 직장에서든 세 가지 핵심적이고 공유된 인간 욕구가 있다는 사실을 그와 공유했다. 자연스럽게 우리 앞에 있는 컨스텔레이션 주위에 삼각형으로 커피잔 세 개를 놓았다. 힘든 시간이었지만, 결국 그가 이끌던 팀의 3차원 지도는 욕구의 세 가지 요소 안에 포함되었다. 긴 침묵이 흘렀고 잠시 뒤 그는 거의 혼잣말로 '이것을 염두에 두고 이끌어야겠다'라고 조용히 말했다.

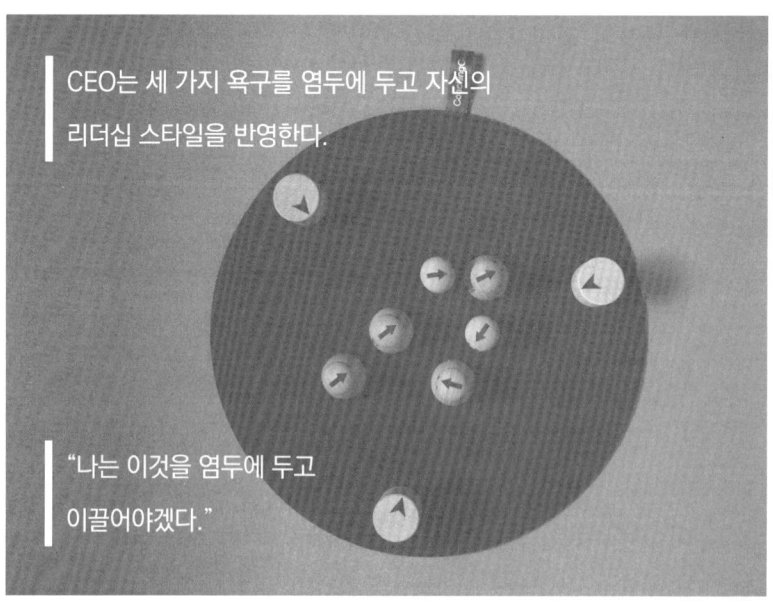

CEO는 세 가지 욕구를 염두에 두고 자신의 리더십 스타일을 반영한다.

"나는 이것을 염두에 두고 이끌어야겠다."

조직의 문제

사업을 수행하든, 다른 일을 하든 조직에는 문제가 있다. 조직에는 소속되고 싶고, 안전함을 느끼고, 조직 시스템의 일원으로 인정받고 싶으나 그들의 욕구를 충족하지 못한 사람들이 있다. 그렇지만 조직은 그 모든 욕구를 담아주거나 처리하도록 설계되지는 않는다.

조직은 욕구를 충족시키거나 이에 저항하는 경우가 많다. 그들은 마음 챙김과 '건강 관리wellness' 시간을 제공함으로써 욕구들을 다루려고 하거나 HR 부서를 일종의 경찰력으로 삼아 점점 더 강하게 단속함으로써 저항할 수도 있다. 이렇게 규칙을 시행하고 직원 주변의 경계를 강화하는 등 통제를 통해 욕구를 제한하려고 한다. 이 두 가지 접근 방식 모두 사람 상태, 경계 및 조직의 역할과 기능에 대한 이해가 부족한 것이다.

이러한 욕구를 가져오는 사람들은 - 우리는 모두 아이들을 회복시킨다 - 조직 내에서 충족시키려고 할 것이고, 점점 더 까다롭게 반응할 것이다. 만성 스트레스와 소진burn-out 위험은 완전히 다른 것을 하도록 설정된 시스템 내에서 개인이 자신의 욕구를 충족시키려 할 때 오히려 증가한다.

따라서 조직은 비록 인간의 본질적인 진실과 핵심 욕구를 포함하도록 설정되어 있지 않지만, 그것을 가능하게 하는 것은 우리 자신이다. 소속감을 느끼고, 안전함을 느끼며 인정받아야 하는 우리의 깊은 욕구는 조직 시스템을 통해 이동하면서 제한적으로만 충족될 수밖에 없다.

조직에 있는 모든 개인의 배후에 있는 시스템에서 이러한 핵심 욕구가 충족되거나 충족되지 않는 방식이 조직 내에서의 생활을 복잡하게 만든다. 가족 시스템보다 훨씬 더 복잡하다. 가족 시스템은 사실 어떤 조직보다 훨씬 단순하고 자연스러운 구조이다. 또 모든 인간이 번성하는 데 필요한 자원을 찾는 장소이기도 하다.

> 행동 아래는 감정이 있다.
> 감정 아래는 욕구가 있다.
> 욕구 너머에는 갈망이 있다.
> 소속감을 느끼고, 안전함을 느끼고, 자신으로 인정받고자 하는 갈망이다.

16
F 단어

> 그것은 가족과 함께 시작되었지만,
> 곧 너의 정신에 다가올 것이다.
> – 레너드 코헨Leonard Cohen

원가족family-of-origin 시스템

이 마지막 장에서 우리의 출신이 미치는 영향과 애초에 왜 코칭에 끌리게 되었는지에 대한 연관성에 대해 조금 더 자세히 설명하고자 한다. 그리고 자신과 고객들을 '자원화'하는 측면에서 가능한 것들에 대해 조금 더 풍부하게 다루려고 한다.

우리는 모두 삶과 일에 가장 큰 영향을 미치는 첫 번째 시스템인 가족 시스템에서 왔다. 코치를 포함한 많은 사람은 자유로워지기 위해 그들의 출신과 거리를 두고 이 단순한 진실에서 벗어나려고 노력한다. 자신의 근원에서 멀어지는 그 움직임은 정반대의 결과를 가져오며, 우리는 고착되거나 얽히거나 비판적으로 된다.

이러한 이유로, 동료들과 내가 진행하는 학습 여정의 하나로, 기본 사항을 살펴본 뒤 개인과 가족 문제에 대한 모듈을 포함한다. 이는 참가자들의 '꼬리 깃털tail feathers'에서 정렬과 명확성을 지원하고, 기본적인 접근 방식을 심화시키며, 코칭에서 나타나는 개인 문제에 대해 안전한 경계를 설정하는 방법을 이해하는 데 도움이 된다.

이 책에서 설명한 시스템 코칭의 접근 방식은 가족 시스템 맥락에서 개발되고 처음 적용되었다. 코칭에 적용하기 위해 치료사 또는 가족 시스템 컨스텔레이션의 적용에 대한 훈련은 필요하지 않다. 그러나 고객으로서 자신의 문제를 탐색하는 것뿐만 아니라 다른 사람의 컨스텔레이션에서 대리인으로서의 경험이 꼭 필요하다.

먼저 자신의 컵을 채워라

대부분 코치는 개인적, 전문적 자기 계발에 관심이 있다. 누구나 가족이 자원이나 힘이 될 만큼 운이 좋은 것은 아니다. 어떤 사람들은 복잡하고 때때로 고통스러운 가족의 역동성에 깊이 얽혀있다. 결국, 누구도 어린 시절의 어려움과 혼란에서 벗어나지 못하고, 다른 사람들을 지원하고 지도하는 많은 사람이 무의식적으로 자신과 비슷한 것을 찾는다.

> 자신의 근원인 부모와 조상들을 내면화하려고 애쓸수록 자신에게 집중하기 위해 고군분투해야 하며 삶과 일에서 자원이 부족하다고 느끼게 된다.

상처 입지 않은 인간은 없으므로 만약 '도움을 주는 직업helping professions'을 갖게 된다면 상처가 사라질 것이라는 희망으로 상처를 남겨두거나 상처를 바라본다. 함께 이 부분을 작업한 다음 통합하여 영향을 약화할 수 있다.

실제로 자신에 대한 작업을 해나가면서 평생 학습과 성장에 전념하는 치료사들처럼, 지속적인 내적 작업을 통해 정보를 얻는 코칭은 정중하고 효과적이며 자유로울 수 있다. '코칭을 통한 도움'이 순전히 '도구와 기술' 관점에서만 이루어지고 더 깊은 패턴이 무의식에 남게 된다면, 코치가 되어 자신이 그렇게 되길 원했던 방식으로 열심히 고객을 지원하려고 노력하면서 얽히게 된다.

> 상처를 의식적으로 다룰 수 있다면 깊은 통찰력의 원천이 될 수 있고 자신만의 특별한 힘의 근원이 될 수 있다.

어린 시절 가족 시스템과 부모와의 관계에서 얻은 살아 있는 역동성, 그리고 성인이 되어 그것을 마음과 생각에 어떻게 품었는지가 코치 일에서 나타난다. 코치도 다른 모든 인간과 마찬가지로 삶과 직장에서 자신의 출신 때문에 눈이 멀었던 바로 그 역동성을 자주 반복한다. 이것은 다른 사람들의 여정을 지원할 때 좌절과 고착으로 이어질 수 있다. 그리고 개인적인 발전 없이는 어떤 전문적인 발전도 지속해서 일어나지 않으므로 이 영역은 중요하다.

우리가 누구이며 어디에 어떻게 소속되어 있는지에 대해 명확할수록, 코치로서 더 많은 자원을 가지게 될 것이다. 이 영역에 들어가게 되면 힘들이지 않고 고객을 지원할 수 있다. 원가족 시스템의 자원에 접속할 수 있을 때 살고 일하고 이끌 수 있는 지속 가능한 능력을 개발하고 구현할 수 있다.

자신의 자리를 찾아 조직 시스템에 속하게 된 방식은 가족 시스템에서 자신의 자리를 어떻게 찾았고 속해 있었는지를 반영한다.

버트 헬린저Bert Hellinger는 원래 '사랑의 질서orders of love'라고 부르는 것을 가족 코칭이나 가족 컨스텔레이션에서 질서력을 묘사하는 하나의 방법으로 정의했다. 원가족 시스템이 이러한 유기체적 힘natural forces 가운데 하나 이상과 조화를 이루지 못할 때, 그 영향은 자신뿐 아니라 고객과 함께하는 작업에 미묘한 방식으로 영향을 준다.

코칭 상황에서 목적을 간략하게 요약하기 위해 이 큰 주제를 단순화하는 것은 자원의 부족을 느끼게 하거나 혼란스럽게 하고 힘들게 하거나 약화하는 방식으로 고객과 고객의 문제에 얽힐 수 있다.

가족 내에서 자신의 위치를 찾는 데 어려움을 겪었거나, 가족에서 배제된 무엇인가 존재하거나, 교환의 불균형을 경험한 코치가 이러한 역동성을 알고 있다면 고객의 시스템에서 동일한 패턴을 볼 수 있는 능숙하고 수완 있는 코치가 될 수 있다.

전문적 여정을 시작한다면, 가족 내에서 필연적으로 경험할 수밖에 없는 도전과 어려움, - 누구도 상처를 피할 수 없다 - 이어서 가입하게 된 조직 시스템에 끌린 이유와 그 안에서의 얽힘 사이의 연결성을 볼 수 있다. 결국 우리는 패턴을 보고 그 아래에서 명확성과 완성도를 추구할 때까지 계속해서 익숙한 고통의 편안함을 향해 끌린다.

첫 장에서 코치가 되는 것과 관련된 몇 가지 동기, 패턴 및 역동성을 살펴보았다. 조직 시스템에 소속된 경험이 코치로 일하기 시작한 이유의 하나가 될 수 있다. 한 걸음 뒤로 물러서면 좀 더 쉽게 앞으로 나아갈 수 있다.

이 영역에서 직면한 도전과 역동성을 살펴보기 원한다면 가족 컨스텔레이션 워크숍이나 일대일로 진행할 수 있다. 이를 통해 방법론에 대해 더 많이 배우고 원칙과 프로세스를 뒷받침하는 동시에 자신의 상처를 해결하는 이중의 혜택이 생긴다.

시작으로 돌아가기

가족 시스템은 숨겨진 관계의 역동성, 리더십 권위, 심리적 안전, 인정과 자신의 자리를 찾는 것에 대해 처음 배우는 곳이다. 그 당시에는 이것들을 얼마나 깊이 받아들이고 어떻게 도입해야 하는지를 거의 인식하지 못하지만, 이것들은 정체성 일부가 되고 삶과 일에서 깊은 패턴을 가지고 나타난다.

우리가 첫 번째 시스템 안에서 어떻게 소속감을 찾는지에 대해 많이 알면 알수록, 가족 시스템의 보이지 않는 깊은 흐름을 더 많이 이해할수록, 더 많이 현존함을 느낄 수 있다. 만약 자신 있고 명료하게 앞으로 나아가고 싶다면 먼저 뒤를 돌아봐야 한다. 이를 통해 명확성과 통찰력이 자유로워지며 자원이 제공될 것이다.

> 어렸을 때 가족 시스템에서 찾은 위치, 소속 방식, 가족과의 거리를 조정하는 방식은 직원으로서, 관리자로서, 리더로서, 또는 코치로서 어떻게 지내는지에 지대한 영향을 미친다.

이것들은 아마도 직장생활과 삶의 불편한 진실들 가운데 일부일 것이다. 그리고 또한 시스템적 프레임과 시스템 코칭이 철학적이지만 매우 실용적인 관점에서 많은 것을 제공하는 좋은 예이다.

첫 번째 장에서 언급했듯이, 숙련된 운전자less-conscious drivers에게는 엄청난 재능이 숨겨져 있다. 그렇지만 먼저 그들을 의식적으로 인식시켜, 그들이 자신을 넘어뜨리지 않게 해야 한다. 많은 사람이 전문적인 경로보다 훨씬 일찍 시작된 패턴과 연결되어 있다. 코칭과 코치가 되는 맥락에서 몇 가지를 살펴본다.

원가족 시스템 경험에서 나타나는 패턴

자신의 것으로 생각하는 경험은 태어난 가족 시스템에서 생겨났고 내면화되고 구체화하였다.

- 당신은 부모나 다른 가족 구성원의 갈등 해결 담당이었다. 어렸을 때나 청년일 때 '평화를 만드는 사람peacemaker'이었다. 아마도 이런 익숙한 패턴을 자기 일에 그리고 나중에는 코치로서의 일에 가져올 것이다.
- 당신은 부모 중 한 분이나 두 분에 관해 판단을 내리고, 고객을 코칭하면서 부모를 '교정correct'한다. 때로는 고객을 비슷한 방식으로 판단하는 때가 있다.
- 당신은 부모 중 한 명이나 둘 모두의 권위를 거부하여, 자신의 권위를 찾거나 다른 사람들이 당신을 이끌도록 허용하는 데 어려움을 겪는다. 아마도 당신은 리더십 코치가 될 것이다.
- 당신은 한쪽 부모의 고통, 우울함, 또는 불안을 짊어지려고 노력했고,

일의 세계로 들어갈 때, 결국 코칭할 때, 이 짐을 짊어지고 코칭한다.
- 당신은 가족의 누군가(또는 모든 사람)를 구원하거나save, 구출하거나 rescue, 치유할 수 있다는 반의식적이고 개인적인 소원이 있다. 당신은 코치가 되어 이 갈망을 가지고 온다.
- 당신의 부모는 직접적이든 아니든 자신들을 돌보았다. 이런 식으로 어렸을 때부터 도움이 되는 법을 배웠지만, 자신의 것이 아닌 시스템 수준에서 배웠다.
- 당신은 어떤 식으로든 사람들을 치유하고, 구해주거나, 도왔던 한 명 이상의 조상과 무의식적으로 동일시한다. 그리고 코치가 되어 이러한 가족 패턴을 충실히 따른다.
- 당신에게는 원가족의 상처, 손상 또는 어려운 행동에 대해 속죄하고 싶은 개인적 소망이 있다. 코치가 되어 사람들이 성장하고 배울 수 있는 안전한 공간을 만들기로 한다.
- 당신은 가족 시스템을 혼란스럽고 예측할 수 없는 것으로 경험했다. 아마도 조직의 일관성에 초점을 맞춘 코치가 될 것이다.
- 당신은 어렸을 때 필요한 것을 받지 못했다고 느꼈기 때문에, 그때 받지 못한 것을 받을 수 있을지 모른다는 무의식적 희망으로 코치로서 주고 또 준다.
- 위의 몇 가지
- 기타

위에서 설명한 코칭을 시작하게 된 모든 이유를 보면 다시 한번 시스템에 속한 경험이라는 사실과 관련된다. 우리가 속한 첫 번째 시스템은 삶과 일에 가장 강력한 영향을 미치며, 여러 시스템을 통한 여정에서 지속적이고 깊은 패턴과 반응을 만든다. 소속을 보호하려는 욕구에서 나온 패턴과 동기는 모두 사랑의 표현이며, 모든 아이가 서로 다른 방식으로 구현하고 표현하는 맹목적인 사랑이다.

훈련하는 동안 사람들은 놀라운 지적 능력을 보여주었으며 오히려 이런 종류의 시스템적 상처가 있는 사람들이 민감하고 섬세한 시스템 퍼실리테이터가 될 수 있었다. 왜냐하면 그들은 어린 나이에 시스템의 숨겨진 역동성을 감지하고 조정하는 방법을 배웠기 때문이다. 그들은 자신의 위치를 찾고 깊은 패턴과 불문율의 필드를 거쳐 오는 법을 배웠다.

모르는 사이에, 우리 가운데 많은 사람이 이미 보이지 않는 역동적 컨스텔레이션에 있었고, 어렸을 때 이미 깊게 조율하는 방법을 배웠다. 따라서 고객에게 이러한 얽힘에서 발현된 중요한 통찰력과 선물을 제공할 수 있다.

> 부모를 돌보는 아이는 초과 확장된overextension 일생의 패턴을 꾸며내고 습관적으로 부담스러운overwhelme 청사진을 만드는 경우가 많다.
> – 마크 월린Mark Wolynn

또 가족 내에서 불가피하게 겪었던 도전과 어려움, 그리고 가입하고 나중에 탈퇴한 조직 시스템에 대한 매력과 얽힘 사이의 연관성을 볼 수도 있다. 결국 그 안에 있는 역동성을 보고, 이해하고, 완화하기 전까지는 익숙한 고통의 시간에 대한 편안함에 이끌린다.

시스템 접근 방식의 가치는 가족과 전문 시스템의 어려움을 조명하고 그 아래에 있는 선물과 자원을 볼 수 있다는 것이다.

공작의 꼬리에 있는 모든 것은 돌아서서 인정하고 함께 작업하지 않는 한 우리를 통해 안에서 밖으로 나간다.

치료의 세계에는 유명한 '상처받은 조력자 wounded helpers'가 많다. 처음에 자신에 대한 치료가 필요하지 않은 사람이 치료사가 되는 경우는 거의 없다. 무의식적으로 자신의 문제 material를 직면하지 않기 위해 다른 사람을 치료하는 소수의 사람은 상당한 피해를 줄 수 있다. 반면에 진정으로 자신의 개인적인 여정을 다루고 있는 치료사는 매우 안전한 공간을 확보하고 사람들에게 큰 변화를 줄 수 있다. 그들이 작업할 때, 자신의 고통을 통해 깨달은 깊은 겸손과 존중으로 도움을 주며 이것은 타인을 변화시킨다.

코칭에서도 다르지 않다. 평생 학습과 성장에 전념하는 사람들에 의해 촉진되는 코칭은 효과적이며, 강화되고 자유로울 수 있다.

그러나 코치 본인이 코칭을 통해 도움받지 않고 자신의 문제를 실제로 보고 해결하지 못한 코치가 그 작업을 수행한다면 얽히게 된다.

거울아, 거울아

모든 관계 시스템이 생성하고 우리가 모두 선택하는 필드의 결과(컨스텔레이션 같은 '필드 작업 field work'이 매우 신뢰하는 이유다)로서, 필연적으로 자신에게 공감하는 사람, 상황 및 패턴을 끌어들인다. 그것은 모두 유용한 정보이며, 겸손함과 배우려는 열정으로 정말 효과적이고 유용한 코칭을 한다면, 자신의 배경에 일부 고객이 가진 것과 동일하거나 매우 유사한 것이 있다는 것을 알게 될 것이다. 다시 말해, 배제했거나 종결하지 못한 요소를 끌어들이게 된다.

따라서 개인이나 직업 생활에서 해결되지 않은 것이 무엇인지 알고 싶다면 고객 포트폴리오에서 누가 무엇을 끌어들이는지 살펴본다. 관계 시스템, 리더십, 종결, 돈 등 소속감에 대한 자신의 특성과 미해결 패턴의 반영을 발견하게 될 것이다.

우리는 모두 우리가 배제했거나 아직 통합하지 않은 것을 끌어당긴다.

리더십 권위

우리가 가장 먼저 만나는 권위가 가족, 즉 부모이므로 이것은 깊은 영향을 미치고 리더십 권위에 대한 내적 관계의 기초가 된다. 이것은 큰 주제이지만 지금은 자신과 고객들에게 미치는 영향을 살펴보아야 한다.

가족 내에서 자신의 안전한 위치에 대한 인식이 깨진 사람들은 조직이 소속감을 느낄 수 있는 안전한 공간을 제공하는 것처럼 보여서 끌리는 경우가 많다. 그런 다음 그들은 자신의 소속이 안전한지 확인하기 위해 열심히 일하며, 흔히 가장 고위 직책으로 승진하게 된다. 그러나 실제로 자신들이 찾던 것이 조직에서가 아니라 가족이라는 것을 감지하게 되면, 그들은 덜 안전하다고 느끼게 되며, 다른 사람들이 보기에 위험하다고 생각되는 방식으로 행동할 수도 있다.

이런 패턴이 가장 잘 보이는 결과물이 권력의 남용이다. 이러한 리더들이 코칭받을 때가 많다. 소속에 대한 이해에 기반을 두고 이 접근 방법의 자세, 원칙, 실행들에 의해 코칭한다면 좋은 결과가 있다.

> 팀 또는 조직의 리더가 되는 사람들 가운데 출신 가족 내에서 자신의 위치에 대한 불분명하거나 안전하지 않다는 인식을 가진 사람이 있을 수 있다. 이런 식으로 고통받은 사람들, 특히 권력과 권위가 가족 내에서 안전하게 다루어지지 않았던 사람들이라면, 다른 사람들을 안심시키거나 존중하는 권위를 가지고 리더십을 발휘하는 데 어려움을 겪을 수 있다.

리더들과 함께 작업하는 코치나 다른 전문가로서 자신의 권위와 리더십과 관계가 어린 시절의 경험에 따라 어떤 영향을 받았는지 자신이 따르고 싶은 방식으로 이끌렸는지 자문해 보는 것이 유용할 수 있다. 여느 때와 마찬가지로 다른 사람을 코치, 지원 또는 지도하기 위한 여정은 언제나 안에서 시작된다.

이런 식으로 자신을 위해 작업하면서 그 여정 동안 자신을 효과적으로 자원화하는 방법도 찾아야 한다.

스스로 자원화

가족에는 많은 역동성과 조합이 존재하기 때문에 이 책에서는 한 영역으로 바로 집중시킬 것이다. 특히 가용할 만한 자원이 많지 않은 경우는 원가족 시스템의 자원에 접속한다.

첫 번째 단계로 다음의 간단한 명상 연습meditative exercise을 할 텐데 따라 하고 싶을 것이다. 이것은 원가족에서 자신의 위치를 찾고, 어떤 상황이든 이용할 수 있는 자원에 접근하기 위한 단계로 설계되었다. 이것은 가족 컨스텔레이션은 아니지만 가족 컨스텔레이션 워크숍에 참가하는 사람들에게는 이 언어들이 친숙할 것이다. 자신의 자원화 방식으로 원가족을 상상하도록 초대받는 성찰 과정이다.

이 연습은 도움을 주기 위해 설계되었으며, 뒤에서 사용할 수 있는 것을 받는 데 초점을 맞추고 현재 익숙해지는 시스템 중심의 문장을 사용한다. 따라서 원가족을 뒤돌아보는 것은 고통, 비난 또는 상처를 표현하거나 용서하라는 초대가 아니라 판단, 스토리 및 생각을 넘어서 다른 무엇인가로 더 깊이 갈 기회이다. 사용 가능한 자원에 대해 자세히 알아본다.

자신에게 시간을 두고 자신이 편안하다고 느끼는 것에 머무른다. 더 나아가려고 애쓰지 않는다.

연습
가능한 것 받기

파트 1

따뜻한 빛이 비추는 커다란 원 안에 서 있는 자신의 모습을 상상해보라. 자신은 안전하고 편안함을 느낀다.

자, 천천히 돌아서 다른 쪽을 보라. 준비되었다고 느낄 때, 부모의 모습을 있는 그대로 앞에 나타나게 하라. 그들은 안전하고 편안하게 느껴지는 적당한 거리에 서 있다. 그들이 누구였고 무엇이었는지에 대한 이야기를 부드럽게 나누고 함께 자신을 창조한 두 사람으로 바라보도록 하라.

자신이 서서 바라보면 그들은 뒤를 돌아보기 시작한다. PLACE 원칙을 인정하고 있는 그대로 자신의 삶에 단순한 진실을 말하라.

아마도 이런 것이 될 것이다.

- '당신은 내 부모님들입니다.'
- '내 삶은 당신들을 통해 왔습니다.'

원한다면 어머니의 부모가 뒤에 서 있고, 그다음에 아버지의 부모가 그 뒤에 서 있다고 상상해보라. 자신의 조부모님도 있는 그대로이다. 그들은 가능한 모든 방법으로 삶을 전수한다. 그 뒤에 있는 그들의 부모, 조상들도 마찬가지다. 각자 이 가족 시스템에서 자신의 PLACE를 가지고 있다.

부모에게 이렇게 말하는 것을 상상해보라.

- '당신 뒤에는 부모님, 조부모님. 그들 뒤에 그들의 부모님이 있습니다.'
- '당신은 당신의 부모에게서 왔고 그들은 그들의 부모에게서 왔으며 우리를 생명의 근원에 대한 신비로 연결해 줍니다.'
- '모든 사람은 자기 자리에 대한 권한이 있습니다.'

이 단어들이 자신과 그들에게 미치는 영향을 알아차려라.
잠깐 시간을 들여 원칙을 다시 성찰하고 TIME의 단순한 진리를 이렇게 인정하라.

- '부모님인 당신이 먼저 왔고, 아이인 나는 나중에 왔습니다.'
- '나는 첫 번째(두 번째, 세 번째 등) 아이입니다. 이곳은 시간 순서로 내 자리입니다.'
- '당신들은 함께 나를 창조하고 생명을 주셨습니다.'

이 단어들이 자신과 그들에게 미치는 영향을 알아차려라.
다음으로, 부모에게 감사하며 받을 수 있는 것과 존중하며 남겨둘 것에 대해 성찰하고 싶을 것이다. 이런 제안을 할 수 있는 구체적인 문장을 만들어서 체화할 수 있도록 하라.

가지고 있는 것 인정하기:

- '내가 당신에게서 받고 감사하는 것은… (예: 삶 그 자체, 강점, 자질, 외모, 지성, 가치, 태도 등)입니다.'

이 단어가 자신과 그들에게 미치는 영향을 알아차려라.

존중하며 남겨둘 것에 대해 있는 그대로 인정:

- '정중히 부모에게 남기고 싶은 것은… (자신이 가지고 있거나 해결하려고 하는 문제, 완화하거나 변화하고자 하는 행동).'

이러한 맥락에서 '존중'은 문제나 행동이 어디서 왔는지, 뒤에서 왔는지 또는 주변 시스템에서 발생한 트라우마나 얽힘에서 비롯된 것인지에 대한 존중을 의미한다. 이때 다음을 추가할 수도 있다.

- '도우려고 했지만, 저는 단지 아이일 뿐이에요. 나는 당신이 자신의 어려움에 직면하도록 남겨둘 것입니다. 자신의 존엄과 강인함으로 서 있게 하기 위해서입니다.'

이 단어가 자신과 그들에게 미치는 영향을 알아차려라.

그들이 자신에게 준 삶의 선물과 자신이 지금 누리고 있는 기회가 무엇인지 인정하라.

- '당신이 준 선물을 잘 활용하겠습니다.'

- '당신이 내게 준 것, 내 삶으로 충분합니다. 감사합니다. 나머지는 내가 스스로 할게요.'
- '나에게는 당신에겐 없었던 자원, 선택, 기회가 있습니다. 내가 그것들을 가지고 당신에게는 불가능했던 것이지만 내 인생을 온전히 사는 것을 찬성한다면 나에게 미소를 지어주세요.'

이 단어가 자신과 그들에게 미치는 영향을 알아차려라.

부모, 조부모 외에도 모든 조상이 뒤에 존재한다면, 어떤 분이 자신을 향해 미소 지을지, 자원으로 이용할 수 있는지, 생명보다 더 많은 것을 주었는지 알아차려 보라. 있는 그대로 전부 흡수하라(받아들여라).

이제 다 받아들였다고 느껴질 때, 원가족으로 돌아가 서서 다시 앞을 바라보는 자신을 상상하라. 뒤에 있는 자원을 느껴보라.

파트 2

조금 더 나아가고 싶다면 모든 선생님, 개인과 전문 가이드들이 자신의 양쪽으로 힘이 된다고 느껴지는 순서대로 서 있다고 상상해보라. 코칭을 시작하고 여기까지 오는 동안 중요한 역할을 한 모든 사람이 모두 선물이 있다고 상상하면서 - 그들과 알게 되면서 함께하게 된 선물 - 잠시 시간을 내어 왼쪽과 오른쪽을 바라보며 그들이 자원과 힘을 선물할 때 고개를 끄덕이며 감사를 표하라. 누가 미소를 짓고, 어떤 자원을 제공하고 어떤 것을 주는지 모든 것을 알아차리며 흡수하라.

어깨너머로 바라보고 양쪽을 향해 '감사합니다'라고 말하며, 이 문장이 자신과 그들 모두에게 미치는 영향을 알아차려라. 고객은 이제 나머지 절반의 공간에서 천천히 등장한다. 고객들은 모두 볼 수 있는 거리에 있다. 뒤에 있는 자원을 파악하고 싶다면 어깨너머로 다시 한번 살펴보고 양쪽을 살펴본 다음 고객에게 다시 주의를 기울여라.

그들의 눈을 바라보고 어렵거나 도전적인 관계에 있는 사람들과 잠시 머물러라. 주변에서 사용할 수 있는 자원을 느끼고 다시 살펴보라.

가능하다고 느껴지면, 이렇게 말하라.

- '내 뒤에 있는 것들과 내 주변에 있는 것들 덕분에 당신과 함께 일할 수 있습니다.'

이 단어들이 (자신과 그들에게) 미치는 영향을 알아차려라.

'마음의 눈mind's eye' 또는 테이블 컨스텔레이션 또는 바닥 매트를 사용하여 이 연습을 직접 해볼 수 있다. 가족과 전문가 자원에 대한 지도를 충분히 시간을 가지고 보라. 원래 있었던 것과 현재 있는 것을 있는 그대로 허용하라.

가족 시스템의 영향, 숨겨진 역동성, 신의 및 얽힘을 이해하는 것은 코치로서 무엇을 가져오고 제공할 수 있는지를 이해하는 가장 효과적인 방법 가운데 하나이다.

이 짧은 명상은 가족 시스템에서 TIME, PLACE 및 EXCHANGE의 시스템 원리의 관련성을 밝히기 위해 설계되었다.

그러나 가족 시스템에서는 EXCHANGE의 조직 원리가 직장 및 기타 시스템과는 다르게 작동한다는 점을 유념해야 한다. 가족에서 삶과 사랑이 흘러가려면 한 방향으로 진행되어야 한다. 부모는 주고 아이는 받는다. 그러나 이것이 항상 가능한 것은 아니다. 다음은 이 중요한 역동성에 대한 몇 가지 추가로 참고할 사항이다.

EXCHANGE 균형의 어려움

- 어떤 아이들은 부모에게 충분히 받지 못했다고 느낀다. 살면서 무엇인가 빚지고 있다는 느낌이 지속하고 일에 스며들다가 코치로서 일하게 된다.
- 전문 코치로 성장한 아이는 이 역동성을 알아차리거나 너무 많은 것을 베풀고 원망하는 자신의 감정에 직면해야 한다. 그들은 고객들이 돈과 피드백으로 지급할 수 있는 어떤 것도 충분하지 않다고 느낄지도 모르기 때문이다.
- 그들은 너무 열심히 돕다가 지치게 될 수도 있다. 균형에 대한 욕구가 충족될 것이라는 희망으로 고객과 관계에서 너무 많이 준다.
- 일부 코치는 고객을 양육하는 자신을 발견할 수 있다. 아마도 그들 부모의 더 큰 욕구로 인해 어렸을 때 받아야 했던 양육이 모자랐거나 없었을 것이다. 그래서 부모님에게 받는 대신에, 그들은 잃어버린 것을 받을 수 있다는 희망으로 주고 또 준다.

고객에게 너무 많은 것을 주는 것을 알아차린다면 고객이 자신에게 준 것에 대해 균형을 맞출 수 없다는 것 또한 알아차리게 될 것이다. 이럴 때 서로 거리를 두게 되거나 접근할 수 없게 되거나 코칭 프로세스를 벗어날 수도 있다. 코치는 (부모처럼) 너무 커지고 고객은 (아이처럼) 너무 작아지고 약해진다고 느낀다.

이런 코치들은 외로워질 위험도 있다. 그들은 '커지고' 모든 사람이 문제를 해결하기 위해 그들에게 의존하지만, 그들 또한 도달할 수 없는 상태가 되고, 모든 사람을 돕거나, 치료하거나, 친구가 되려고 애쓰다가 지쳐버릴 수도 있다.

부모에게서 필요한 것을 가져오고 나머지는 존중으로 남겨둘 수 있게 된다면, 눈앞의 욕구를 충족하려고 하기 전에 이미 충분히 충족된 상태가 될 수 있을 것이다.

이 장에서 가족 시스템 컨스텔레이션에 관한 많은 다른 책과 전 세계적으로 제공되는 워크숍 및 교육에서 이러한 중요한 문제들을 더 깊이 탐구하고 조명하여 사람들에게 자원을 제공한다. 그들은 자원뿐만 아니라 그 이상의 훨씬 더 많은 것을 받을 수 있는 다른 여정을 시작할 기회도 준다.

> 우리 각자에게 근원은 무엇보다도 부모다. 부모와 연결되어 있다면 근원과 연결되어 있는 것이다. 부모와 분리된 사람은 자신의 근원과 분리된다. 부모가 누구이든, 그들이 어떻게 행동하든 그들은 우리에게 생명의 원천이다. 그래서 중요한 것은 그들에게서 온 것이 우리에게 자유롭게 흐르고 우리를 통해 다음에 오는 사람들에게도 자유롭게 흐를 수 있는 방식으로 그들과 연결된다는 것이다.
> – 버트 헬린저 Bert Hellinger

고객의 가족 시스템

시스템적 리더십에서 중요한 점은 원가족, 즉 태어난 가족이 리더십 스타일에 미치는 영향을 인식하는 것이다. 이것은 큰 주제이며 조직개발과 리더십에서는 잘 드러나지 않는 주제이다. 우리는 모두 원가족 시스템에서 시스템을 처음 경험하며, 이는 비즈니스 시스템에서의 운영 방식에 큰 영향을 미친다. 결국 가족 시스템은 우리의 남은 삶과 일에서 핵심적인 패턴을 만들며 pattern maker, 모든 패턴은 근원이 비칠 때까지 반복된다.

리더들이 원가족 안에서 자신의 위치를 살펴보기 위해 작업했다면, 이것은 상당히 높은 수준의 자기 인식과 정서적이며 지적인 리더십으로 유용하게 이어진다고 확신한다. 이 작업에서는 가족 내에서 자신의 위치를 어떻게 경험했는지, 현재 역할과 성과, 특히 그들의 리더십 스타일에 어떤 영향을 미치는지 매핑으로 탐색해 볼 수 있다.

예를 들어, 리더는 시스템의 다른 사람들과 약간 다른 수준의 '소속 belonging'을 견딜 수 있어야 한다. 이것은 아주 중요하다. 리더는 시스템 리더십의 외로움을 견딜 수 있어야 한다. 안전하고 뿌리 깊은 가정에서 온 사람들은, 소속의 방법으로 조직에서의 위치나 직위를 자신의 안전이나 정체성의 일부로 받아들이는 사람들보다 이것이 더 쉽다는 것을 알게 된다.

> 부모 또는 다른 가족 구성원을 거부, 배제 또는 평가 절하하는 한,
> 어떤 사회생활에서도 반복해서 투쟁을 재연할 수밖에 없다.
> – 알브레히트 마흐 Albrecht Mahr

대부분 사람이 가족 시스템과 비즈니스 시스템의 차이에 대해 혼란스러워하면서 고용주와 직원 모두 어려움을 겪는다. 비즈니스 시스템에 거는 부적절한 기대는 충족될 수 없다. 가족과 달리 비즈니스 시스템의 구성원은 한시적일 수밖에 없다는 점을 이해하는 것이 중요하다.

그렇다면, 코치로서 어떻게 고객을 지원하고 '치료'하지 않으며 고객이 원가족을 자원으로 여길 수 있도록 지원할 수 있을까? 고객과 공유하는 데 유용하다고 생각되는 것은 다음과 같은 두 가지 간단한 진실이다.

- 부모님에게 받아야 할 것은 생명뿐이다. 이미 그것을 받았다.
- 만약 주어진 생명을 받을 수 있다면, 자신의 주된 근원과 연결될 것이고 다른 사람들은 그것을 감지하고 자신의 리더십을 따르기를 원하게 될 것이다.

원가족을 통한 고객 자원화

많은 코치가 가족이나 개인적 영역에서 어떤 일이든 어느 정도 범위를 벗어나면 치료 훈련therapeutic training이 필요하다고 느낀다. 나는 이 견해를 혁신적인 코칭의 촉매제가 될 수 있는 방대한 자원을 배제한다고 생각했기 때문에 지속해서 거부해 왔다. 이 책에 설명된 '응용 철학applied philosophy'을 통해 제공되는 정보와 연습을 적용하기 위해 치료사로서 따로 훈련할 필요는 없다. 그렇지만 가족 시스템 패턴과 역동성 관계에 대한 인식을 쌓을 수는 있다. 또 자신과 고객의 시스템적 민감성과 인식을 높일 수 있다. 원가족 시스템을 자원으로 사용하는 것은 치료가 아니라 자원이다.

그것은 단순히 자신의 존재에 기여한 사람들을 모두 존중하지 않는 한, 자신의 삶, 코칭 또는 리더십에서 필요로 하는 지속적인 자원을 찾기 위해 늘 고군분투하게 될 것이라는 점을 이해해야 한다.

알아차리기 힘들지만, 유용한 출발점 하나가 동성 부모와의 연관성에 관심을 두는 것이 필요하다. 간단히 말하면 아버지에게 도움받지 못하고 깊은 갈등을 겪거나, 아버지와 닮은 부분을 거부하는 남성은 삶과 일에서 어떤 식으로든 고군분투할 것이다. 마찬가지로, 어머니와 사이가 좋지 않은 여성들은 자신의 삶에서 고착, 분노, 고통을 경험하게 된다. 무엇보다도 두 가지 모두 힘이나 신선한 자원을 찾기 위해 무엇에 의지해야 할지 알기 어려울 것이다.

아이가 잘 성장하려면 자신의 힘과 정체성을 느끼기 위해 부모를 신뢰하고 자원화한다는 것이 사실이지만, 어른으로 성장하면서 다른 수용, 해결, 자원 리더십을 필요로 한다. 동성 부모에게 '등을 기대고leaning back into' 이 힘을 얻는다는 느낌이 있다. 일대일 코칭에서 물건이나 바닥 마커를 사용하면 이러한 가능성을 열어 볼 수 있다. 다음은 이에 대한 두 가지 예이다. 첫 번째는 남성을 위한 것이고 두 번째는 여성 고객을 위한 것이다.

데이비드 프레스웰David Presswell은 수많은 FTSE 100 및 Fortune 500대 기업과 협력하는 인재 평가 및 개발 컨설팅 회사인 YSC의 코칭 책임자로 있을 때 다음 사례연구를 작성했다. 그는 작업 전반에 걸쳐 시스템 지향적 자세를 유지하며 일대일 코칭에서 컨스텔레이션 기술을 지속해서 사용한다.

이 예에서 데이비드는 바닥 마커를 사용하여 자기 역할에 더 근거 있는 권한을 찾는 수다스러운 고객과 작업하는 상황을 설명한다. 상황이 어떤지에 대한 스토리가 있지만, 고객의 원가족은 놀랍고 지속적인 힘과 자원의 원천이라는 것을 증명한다.

직계 남자들A LINE OF MEN

코치: 데이비드 프레스웰, 임원코치 및 팀 퍼실리테이터

고객: 마이클Michael

마이클은 자신의 팀 마커 반대편에 바닥 마커를 배치했다. 그는 시간을 들여 두

위치 모두에서 자신의 감각에 맞춰 조정했다.

'이것은 그들을 위해 작동하지 않습니다'라고 그는 말했다. '그들은 내가 요구하는 것을 볼 수 있지만, 내가 그들 가운데 누구보다 더 잘할 수 있는 것처럼 관찰되고 판단된다고 느낍니다.'

'그들 뒤로 마커를 옮기는 게 어떻습니까? – 지지하면서 뒤에서 이끄십시오.'

그는 이 입장을 취해 보았지만, 곧 신체적 균형감과 내면의 권위를 잃고 불안하게 흔들리기 시작했다. '너무 불편해요.' 그가 말했다. '그들에게는 맞지만, 어쩐지 나에게는 너무 벅차요.'

우리는 마이클이 매우 중요한 승진을 한 뒤 그의 기반을 찾을 수 있게 지원하는 임원코칭 개입으로 세션을 세 번 진행했다. 아직 30대 중반인 그의 기술력은 의심의 여지가 없었지만, 자신의 리더십 권한을 찾고 유지하는 능력에 대해 끊임없이 내적 불안에 시달리는 '야심가high-flier'였다.

코칭 대화는 다른 사람의 요구를 자기보다 우선시하는 그의 주장에 대부분 초점을 맞추었다. 이전 세션에서 나는 그에게 아버지와 비슷하거나 관련 있는 방식을 물어보았다. 그 질문은 그를 조용히 성찰하게 했고 그는 전혀 몰랐다고 말했다.

그는 아버지가 주로 술 때문에 우울증에 빠졌던 것과, 어린 시절 대부분을 술집에서 아버지를 설득하여 데리고 오고, 구하고, 고치기 위해 노력하며 보냈다고 말했다.

그는 '냉정한 사람hard man'이라고 불렀던 아프리카 선교사인 할아버지에 관해 이야기했다. 그의 할아버지는 마이클의 아버지인 그의 아들을 아홉 살에 편도 승차권만 주어 기숙학교에 보냈다. 또 전혀 다른 문화를 가진 마이클의 아내와 그가 그녀의 가족 문화에 맞추려고 여러 가지 방법으로 노력한 것에 대해 들었다.

내가 그에게 무엇이 필요한지 물었을 때, 다시 침묵이 흘렀다. 그는 쉽게 말할 수 없었다. 그가 자신을 아는 다른 사람들과 이야기를 나누고 그들이 그에게서 '자급자족self-sufficiency'이라는 주제를 인식하는지 알아보도록 제안했다. 그는 아내와 어머니가 그를 항상 다른 사람들의 필요를 우선시하는 사람으로 보는 것에 정말 놀랐다.

패턴이 나타나고 있었다. 시스템적 관점에서 볼 때 '주고받는 것giving and receiving'의 불균형, 즉 교환에 어려움이 있었다. 아버지는 할아버지에게 정서적으로 필요한 것을 받지 못했고, 연결하려는 갈망을 마비시키기 위해 알코올을 사용했을 수 있다. 한편 마이클은 수신 거부를 통해 이 교환을 차단하고 있었고, 팀을 이끄는 데 온전히 자기 역할을 할 수 있는 내적 자원을 찾기 위해 고군분투하고 있었다.

나는 마이클에게 이 문제를 해결하는 데 도움이 되는 '행동'을 하도록 격려했다. 그 결과, 얼마 뒤 그는 동생에게 아버지의 지원에 동참해 달라고 요청했고, 동생이 그렇게 해주었을 때 얼마나 감동하였는지에 놀랐다. 그런 다음 그는 아버지에게 편지를 써서, 첫 아이가 태어나면서 자신의 가족을 최우선으로 삼게 된 것과 아버지가 자신의 생명을 시작하게 해준 것에 진정으로 감사함을 전했다. 그의 아버지는 그들이 지금까지 나눈 대화 가운데서 가장 감정적으로 열린 대화를 나누며 반응했다. 그는 안도하며 기뻐했다. 그는 그들의 관계가 극적으로 변화했다고 느꼈다.

그렇지만 방으로 돌아온 마이클은 고군분투하고 있었다. '너무 과해요It's too much.' 그는 여전히 불확실성에 흔들리며 반복했다.

그가 자원이 필요하다는 것을 알 수 있었지만, 그 작업을 통해 '약한' 아버지에게 의지하게 하는 것은 위험하다고 느꼈다. 지금까지 코칭 작업을 하면서, 개인과 조직의 컨스텔레이션를 이렇게 명백하게 접목한 적이 없었다.

'알았으면 좋겠어요.' 내가 말했다. '직계 남자들을 나타내는 마커를 당신 뒤에 놓으면 어떨까요? 먼저 아버지, 그다음에 할아버지. 그들은 먼저 왔고 당신은 뒤에 왔습니다. 이들은 당신 뒤에 있는 사람들입니다. 이것이 당신이 어디서 왔는지입니다.'

흔들리는 소리가 계속되다가 멈췄다. 그는 잠깐 이 새로운 감각, 즉 판단 없이 단지 진실에 서 있는 경험을 들이켰다('예, 나를 위한 그들을 느낄 수 있습니다. 나를 응원합니다.') 그는 그들에게 돌아서서 아무런 개입도 없이 존경과 감사의 마음으로 절을 했다. 잠시 더 생각에 잠긴 뒤 천천히 뒤로 돌아섰다. 그는 눈에 띄게 더 커져서 강해진 모습으로 서 있었다.

잠시 뒤 그의 팀을 대표하는 바닥 마커를 보도록 그를 초대했다.

'당신 팀은 어떻습니까?'

그는 마음의 눈으로 그들의 경험과 다양성을 볼 수 있었고 그것을 신뢰하면서 즐기는 것이 느껴진다고 말했다. 그들이 가능한 최고가 되도록 격려하는 자신을 볼 수 있었다; 때로는 지도하고, 때로는 코칭하고, 때로는 감독하고 있었다. 그는 자신의 뒤에 연결된 것을 느낄 수 있었고 더 안정적인 권위로 이끄는 리더로서의 자신을 상상할 수 있었다.

흐름이 다시 그의 시스템, 시스템 전체로 다시 돌아오고 있었다. 몇 달 뒤, 세션을 마무리하면서, 그의 리더십과 팀과의 관계는 변화되고 있었다.

그와의 세션은 이 책이 처음 출판되기 2년 전에 열렸으므로 고객에게 허가를 요청하고 정확성을 확인하고 이 사례연구의 기고를 부탁하기 위해 데이비드에게 연락했다. 데이비드는 마이클이 단단하고 원만한 선임

팀 리더로서 그의 권위를 가지고 있을 뿐만 아니라, 그의 아버지가 아들과 다시 연결되고 결정적 대화를 나눈 이후로 술을 완전히 끊었다는 것을 알게 되었다.

아들로서 아버지와 새로운 방식으로 연결되고 아버지가 자신의 권위를 찾고 회복하여 유지할 수 있게 되었다. 그는 또한 형제와 아버지, 그의 가족 시스템에 큰 선물을 주었다. 그와 그의 아버지, 그리고 그의 팀 리더십은 성장하고 있었다.

이 예를 통해 실현된 이 접근 방식은 '치료적therapeutic'으로 보일 수 있지만, 데이비드는 치료사가 아니며 '치료do therapy'를 시도하지 않았다. 그는 다양한 관점과 접근 방식을 자유롭게 사용할 수 있는 임원코치이다. 그의 개입은 가장 쉽고 간단하며 가장 필수적인 방법으로 고객에게 자원을 제공하는 것이었다. 우리가 자연스럽게 오는 곳에서 생명을 받아들일 수 있을 때까지, 있는 그대로 삶과 일과 리더십에서 자원을 얻기 위해 고군분투할 것이라는 이해만 있으면 된다.

~

타성을 경험한 작가를 포함한 다음 사례연구에서 이 특별한 동성 자원화same-sex resourcing가 더 완전한 해결의 근원이 될 수 있다는 것이 여러 세션 동안 점차 분명해졌다. 이 사례연구는 전문 작가인 고객이 직접 작성했다.

문제의 핵심

코치: 존 휘팅턴John Whittington, 런던, 영국

고객: 여성 작가(이 사례연구도 작성)

나는 항상 내가 어디서 왔는지 알고 있었다. 부모의 삶이 주로 아이들 중심으로 돌아가는 따뜻하고 사랑스러운 가족과 서로 사랑하며 자라왔고 지금도 그러한 형제자매들이다. 내 아버지는 크고 따뜻한 분이고, 표현력이 풍부하고, 명료하고, 지적이며 호기심이 많았다. 그는 내 어린 시절의 중심 인물이었다. 어머니는 우리 집을 지탱해 주는 부드럽고 지속적인 존재였지만 아이의 눈에는 항상 잘 안 보였다.

어렸을 때 우리는 상냥함, 노력, 생각, 행동, 특히 최선을 다해야 한다는 윤리의 지배를 받았다. 스크랩북, 추억거리, 일기장, 편지, 가족의 정체성을 구성하는 작은 역사를 끊임없이 담아내는 아버지와 함께 과거를 반영하고 자신에 대해 생각하는 가정이었다. 우리 집에 혼란이 있었다면 그것은 결국 사랑을 관리하는 능력에 관한 것이었다.

성인이 되어서 가족에 대한 지식이 있었는데도, 40대 후반에 혼자 고립되었다. 내가 선택한 직업에서 성공했고, 비록 내 자녀는 없었지만 그 안에 있는 아이들과 좋은 관계를 유지했다. 부모님은 모두 30대에 돌아가셨는데 아버지가 몇 년 차이로 먼저 돌아가셨다. 부모님을 잃어버린 슬픔은 매일 조용히 나를 찾아왔다. 나는 고통을 받아들일 수 있는 현대의 연금술을 발견하지 못했고 시간 흐름에 내포된 치유 요소도 찾을 수 없었다. 슬픔은 대상을 빼앗긴 사랑이고, 안식처가 없는 사랑이기 때문이다.

컨스텔레이션과의 첫 만남은 핵가족을 다시 살펴보는 데 도움이 되었다. 컨스텔레이션 과정을 통해 그들을 볼 수 있는 이상한 느낌을 극복한 뒤, 나는 가족에서 막내라는 내 위치와 안전과 보호 및 이것이 내게 준 힘을 인정함으로써 놀라울 정도로 빠르게 내 어린 시절을 내가 된 여성과 통합할 수 있었다.

이것은 코칭 프로세스 외부에서의 중요한 발견을 촉발했다. 내가 젊은 여성이었을 때 아버지가 나에게 쓴 편지를 발견했고, 내 인생을 글쓰기로 바꾸라고 권유했다. 그것에 스스로 헌신하는 것. 아버지는 "네가 잘하는 것을 해."라고 말했다. 거의 30년 전의 편지는 공부였다. 친절한 아버지의 가이드 속에서 나도 모르는 사이에 그것은 일종의 시였다.

편지를 다시 읽으면서 나는 내가 왜 그 조언을 받아들이지 않았는지 궁금했다. 그의 허락은 항상 나에게 매우 중요했다. 그래서 나는 발을 담갔다. 글을 조금 써보았다. 마치 석유가 나오는 것처럼, 난데없이, 예상치 못하게, 만족스럽게, 사랑의 행위처럼 글이 써졌다.

다른 사람들은 내 글을 좋아한다며 계속하라고 말했다. 그들에게는 이것이 분명히 내가 해야 할 일이었다.

그렇지만 나는 계속할 수 없었다. 그것을 옆으로 밀어두었다. 나는 다른 지루한 직업 문제들을 그 앞에 두었다. 아버지가 명시적으로 허락했는데도 글쓰기를 나 자신을 점유하는 적절한 방법으로 정당화할 수 없었다. 글쓰기는 확실히 예술가들과 바보들의 삶으로 보였다. 무력감, 우유부단함, 불완전함이 나에게 남아있었다.

컨스텔레이션 코칭을 진행하면서 나를 가족으로 데려왔다. 그리고 이번에는 어머니를 보았다. 어머니는 앞으로 나아갔거나, 오히려 다른 사람들 뒤에서 모습을 드러냈다. 나와 어머니 사이에는 아무것도 없었다. 나는 어머니가 드러나는 것을 보았다. 어머니의 개성이다. 나는 어머니를 기억했다.

나는 노년기 어머니의 아름다움을 떠올렸다. 어머니 몸의 곡선과 라인, 어머니의 여성스럽고 섬세한 라인, 그 안에 나를 품고 낳아 준 바로 그 몸, 내 기원, 내 근원. 나는 어머니를 충분히 사랑하지 않았고, 표현할 수 없는 고통을 느꼈다. 어머니의 눈을 통해 나를 보았고, 어머니는 내가 해왔거나 성취한 것 때문이 아니라 한때 어머니의 아기였고 영원한 막내딸로서 만족했다.

나는 어머니에게서 나에게로 오직 한 방향으로만 흐를 수 있는 사랑이 있음을 보았다. 나는 어머니의 사랑 앞에서 아무런 힘이 없었고 이 사랑은 여전히 흐르고 있다. 지금도 깨지지 않는 탯줄은 생명보다 강하고 죽음보다 강하다. 나는 어머니의 아이로서 나와 함께하는 그녀의 평화를 보았다. 어머니 삶의 다른 것은 자신의 사랑, 슬픔, 성공, 실망에 속해 있었다. 그렇지만 나는 그녀의 딸이었다. 내 일은 끝났고, 내가 태어난 날이었다.

컨스텔레이션이 커졌다. 어머니 뒤에 어머니가 나타났고, 어머니 뒤에 있는 여성 라인이 확장되었다. 그들의 세대, 그들 각각은 내 신체의 일부이며, 뼈에 새겨진 조각들이다. 나는 천천히 정중하게 그들에게 내 글과 책을 보여주면서 줄을 따라 올라갔다. 나는 그들이 '우리는 너를 기다리고 있었어'라고 말하는 것을 들었다. '네가 올 줄 알았어.' 그리고 나는 그들에게 '당신의 이야기를 알아요'라고 말했다. 그리고 그들은 '이 줄에 서라'라고 말했다. '너는 이 라인에 속하며 그 일부다. 이제 살면서, 우리가 너희 앞에서 했던 것처럼, 그것을 전달하라.'

오늘 나는 내가 사랑하고 소중히 여기는 어머니의 물건들을 의식적으로 가지고 다닌다. 밝은 외모 뒤에는 그녀의 진지함이 있다. 나를 이리저리 끌고 다니는 변덕스러운 내 감정 너머에 그녀의 냉정한 시선이 있다. 순응하려는 내 마비된 욕망 아래, 어머니의 불경한 마음은 여전히 내 심장을 뛰게 한다. 소속해야 한다는 것이 내 절실한 욕구였지만 한편으로는 어머니가 선호하는 분리에 대한 것 역시 내 안에서 지속해서 작동하고 있다.

나는 여전히 내 훌륭한 아버지, 사랑하는 어머니, 그리고 배려심 있는 형제자매들과 함께 사랑하는 가족에서 왔다. 그들은 같은 사람들이고, 우리 가족의 진실은 변하지 않았다. 그럴지만 내가 어디에 속해 있는지에 대한 이해가 바뀌었다. 거기에서 내 위치를 이해한다. 그리고 나는 어머니가 자신의 빛 속에 서 있는 것을 본다. 가장 강력한 것은 어머니와 영원하고, 깨지지 않고, 손상되지 않은 연결고리를 보는 것이었고, 이는 결국 나를 나 자신과 진정한 능력으로 깊이 연결해 준다. 글쓰기가 흐른다.

> 가장 간단하고 깊은 행동 방식은 가족, 즉 자녀와 관련해서 아버지에서 어머니로, 부모와 관련하여 자녀로부터이다. 이것은 가장 크고 깊은 행동이며 다른 모든 행동의 기초가 된다.
> 자신의 아버지, 모성애, 또는 파트너십, 어린 시절, 형제애 또는 자매애와 조화를 이루고 그로부터 나타나는 일을 단순히 수행하는 사람은 자신을 완성하는 사람이다. 이런 단순한 수행에서 개인이 성취될 수 있다. 그런 행동에는 위대한 무엇인가와 조용하게 조화를 이루는 느낌이 있다. 선전도, 독단도, 도덕적 요구도 없다. 이런 맥락에서 그것들은 모두 무의미하다.
> – 버트 헬린저Bert Hellinger, 『있는 그대로 인정Acknowledging What Is』

이 장에서는 처음에 설계된 가족 시스템 맥락에서 이 작업의 범위와 깊이만 설명한다. 자세한 내용은 다음 부록의 온라인 링크를 참조하라.

부록

출처 및 추가 자료

온라인

- 시스템 코칭을 통해 이 책에 설명된 자세, 원칙 및 실천 요강을 자원으로 만드는 교육 www.coachingconstellations.com (archived at https://perma.cc/L6CZ-L3FX)
- 리더십과 조직 건강의 흐름을 지원하는 조건을 만드는 데 관심이 있는 리더를 위한 워크숍 www.businessconstellations.com (archived at https://perma.cc/8AJU-DLNR)
- 잠재 고객과의 친밀한 만남을 촉진하고 시스템적 관점과 방법으로 진행하고자 하는 코치 www.thechemistrycheck.com (archived at https://perma.cc/ F7RS-AC5R)
- 삶과 일, 친밀한 관계의 도전에 영향을 미치는 제한적 역동성 www.lifeloveleadership.com (https://perma.cc/TT2R-A8DV)

오프라인

이 작업은 경험을 통해 가장 잘 배울 수 있기에 그것에 대해 배우는 가장 효과적인 방법은 그것을 경험하고 연습하는 것이다. 실제적 경험으로 시스템을 뒷받침하는 유기체적 힘$^{natural\ forces}$에 대한 이해를 구축하는 것이 통찰력과 이해로 이어진다. 다음과 같은 학습 스타일과 환경을 출발점으로 삼기를 제안한다.

워크숍 참석

다양한 퍼실리테이터가 지원하는 여러 워크숍에 참석하여 컨스텔레이션에 대한 이해와 경험을 최대한 많이 쌓는 방법이 있다. 대리인이 되어 자신의 문제를 다루는 경험은 가장 효과적인 학습 방법 가운데 하나이다.

훈련

컨스텔레이션과 시스템 코칭에 관한 교육 프로그램에 참석하는 것도 좋다. 교육 프로그램을 통해 이 책과 고객의 실습을 결합하는 방법은 일대일 코칭 및 팀 코칭과 조직개발에 적용하는 방법을 배울 수 있는 가장 효과적인 방법이다.

www.coachingconstellations.com (archived at https://perma.cc/L6CZ-L3FX)

시스템 수퍼비전

시스템 코칭 수퍼비전 그룹에 참여하거나 경험이 풍부한 시스템 코치나 컨스텔레이션 퍼실리테이터에게 일대일 수퍼비전을 받도록 하라. 이는 책을 읽고 교육받는 것과 함께 시스템에 대한 이해를 몸으로 익힘으로써 배우고 성장하는 효과적인 방법이다.

추천 도서

이 작업을 뒷받침하는 원칙과 실행을 설명하고 연구하는 책들이 점점 늘어나고 있다. 시스템과 시스템 컨스텔레이션에 대한 이해를 넓히고 심화하는 유용한 책들을 읽어보라고 제안한다. 꼭 코칭과 관련된 책이 아닌 것도 강력하게 추천한다. 이 작업은 가족 시스템에서 시작되었으며 이 맥락을 이해하는 것은 현재 조직에서 컨스텔레이션 접근법으로 코칭하는 많은 사람에게 큰 도움이 된다.

조직과 비즈니스 시스템에 관한 책

『**조직 컨스텔레이션 훈련**Praxis der Organisationsaufstellungen』
군타드 베버Gunthard Weber의 조직 컨스텔레이션 및 시스템 코칭에 대한 전면 개정본으로 독일어로만 제공된다. 이 책에는 클로드 로슬렛Claude Rosselet, 주디스 헤밍Judith Hemming, 알브레히트 마흐Albrecht Mahr 및 다른 많은 국제적인 퍼실리테이터 및 교사들의 기고가 포함되어 있으며 다양한 실제 사례를 제공한다.

『보이지 않는 역동성 Invisible Dynamics』

(클라우스 혼 Klaus P Horn과 레진 브릭 Regine Brick, Carl-Auer Publishing)
이 책은 컨스텔레이션을 처음 배울 때 유용한 책 가운데 하나이며, 많은 지혜와 사례연구를 포함한다. 산업, 정부, 보건 및 교육 분야의 리더들을 염두에 두고 작성된 이 책은 훌륭한 참고 자료가 될 것이며, 시스템적 관점에서 볼 때 모든 행동이 합리적이라는 것을 담고 있다.

『접속 필드 Fields of Connection』

(얀 제이콥 스탐 Jan Jacob Stam, The Northern Light Publishing)
1세대 국제기구 실무자이자 교사가 쓴 이 책은 얀 제이콥이 전 세계 조직에서 경험 한 많은 사례를 기술하고 있다. 그는 기본 원리를 설명하고 자신만의 창의적이고 통찰력 있는 방법으로 원칙을 적용한다. 얀 제이콥과 그의 아내 비비 Bibi는 네덜란드 버트 헬린저 연구소 Bert Hellinger Institute를 설립하고 이끌었다.

『기적적 해결법과 시스템 Miracle, Solution and System』

(인사 스파러 Insa Sparrer, Solution Books)
이 책은 '구조적 컨스텔레이션'과 '해결 중심 치료'에 대한 포괄적인 설명을 제공한다. 인사 스파러와 그녀의 파트너 마티아스 바르가 폰 Matthias Varga von는 이 분야에서 많은 작업을 개척하여 여러 시스템 컨스텔레이션 전문가가 되었다.

가족 시스템과 개인 문제에 관한 책

『있는 그대로 인정 Acknowledging What Is』
(버트 헬린저 Bert Hellinger와 가브리엘 텐호벨 Gabriele ten Hovel, 자이그 Zeig, Tucker & Co. Inc)
컨스텔레이션 작업을 하는 모든 사람에게 이 책을 추천한다. 왜냐하면 방법론 자체뿐만 아니라 헬린저의 핵심적인 통찰력을 사실적으로 명확하게 기술하고 있기 때문이다. 가브리엘은 이 접근법의 근본에 대해 저널리즘적 회의론으로 도전하는 버트 헬린저와의 생생한 인터뷰이다. 그의 대답은 신선하게 비추는 것처럼 도전적이고 통찰력이 있다.

『내 마음에 당신의 마음을 담아 I Carry Your Heart in My Heart』
(댄 부스 코헨 Dan Booth Cohen, Carl-Auer Publishing)
이 책은 보스턴 교도소에서 이 작업을 적용하는 내용이다. 댄의 '고객'들은 종신형을 받은 사람들이다. 삶과 가족 시스템에 대한 설득력 있는 설명과 그들이 제공하는 개입은 강력하고 감동적이다. 이 책의 두 번째 부분은 컨스텔레이션 프로세스를 설명하고 이 접근법의 발전을 돕는 풍부한 리소스를 제공한다.

『많은 사람 앞에서 In the Presence of Many』
(비비안 브로튼 Vivian Broughton, Green Balloon Publishing)
이 책에는 기본 원칙과 실행에 대한 설명이 포함되어 있으며, 대부분 개인과 임원코칭에 직접 적용되는 내용이다. 개인적 상황에서 이 접근법의 적용과 개발에 대해 잘 이해하고 싶다면 이 책이 도움이 될 것이다.

『가족 컨스텔레이션Family Constellations』
(조이 만Joy Manne, North Atlantic Books)
짧지만 능숙하게 표현된 이 작은 책은 치료사로서 조이 자신의 수련과 함께 헬린저에 대한 교육적 경험을 통해 가족 시스템 치료에 대한 접근법을 설명한다. 스위스에서 일하는 조이는 가족 컨스텔레이션과 관계 정보에 관해서 국제적으로 교육하고 있다.

『트라우마 및 유대감과 가족 컨스텔레이션Trauma, Bonding and Family Constellations』
(프란츠 루퍼트Franz Rupert, Green Balloon Publishing)
이 방대한 주제를 능숙하게 다루는 포괄적이고 읽기 쉬운 책이다. 이 책은 이 접근 방식을 뒷받침하는 많은 기본 원칙과 실행을 설명하고 있으므로 코치들에게 읽기를 권장하는 또 다른 가족 시스템 책이다.

팀을 만나다

2012년 이 책의 초판이 출간된 이후, 경험적 학습 여정을 함께한 모든 코치, 조력자 및 조직 컨설턴트의 만남에 감사한다. 이 여정은 가치가 있었으며, 몸으로 익히는 모든 작업처럼 시간이 오래 걸렸다. 많은 사람이 그 시간을 할애해준 결과 업무에 대한 더 큰 틀과 삶의 흐름, 개인 리더십 및 효과적인 팀을 지원하는 것에 대해 더 깊이 이해하게 되었다.

나는 교사, 트레이너와 동료들, 고객을 보유한 코치들과 함께 작업하였고, 이번 제3판에서 그들을 소개할 수 있게 되어 영광이다. 그들은 혼을 담아 이 섬세하고 실용적인 작업을 함께 나누고 코칭이 발전해야 한다는 사명으로 커리큘럼을 공동으로 만들어 이 책에 표현된 작업을 가르치고 있다.

코치들과 트레이너들로 이루어진 이 커뮤니티는 전 세계에서 활발하게 활동 중이며 이제 부쿠레슈티와 베를린, 파리, 에든버러, 옥스포드 및 더블린에서도 교육하게 되었다. 물론 영국 런던이 출발점이며, 폴란드의 바르샤바에서 미국의 시애틀까지 가능하다.

2020년 글로벌 위기로 원격 근무가 일반화되었다. 그래서 여러 시간대와 언어로 된 온라인 교육과 마스터 클래스 포트폴리오를 만들었고, 정기적인 대면 워크숍과 함께 진행된다. 맞춤형 디지털 촉진 키트는 세우기, 원칙 및 실행을 온라인으로 적용할 수 있다.

각자 이 응용 철학에 몰두하여 코치와 조력자로서의 업무에 활용하고 삶, 리더십, 팀과 전체 조직이 성장할 수 있는 여건을 만드는 데 관심이 있는 다양한 코치, 컨설턴트 등과 함께 즐겁게 공유하고 있다.

여기에 팀을 소개하게 되어 기쁘다.

PATRIZIA
AMANATI
London, UK
CoachingConstellations.com

GRÉGOIRE
BARROWCLIFF
Paris, France
CoachingConstellations.fr

EWELINA
BERNIAK
Warsaw, Poland
CoachingConstellations.pl

MICHAEL
CAHILL
Dublin, Ireland
CoachingConstellations.com/ireland

DORU
CURTEANU
Bucharest, Romania
CoachingConstellations.ro

CORINNE
DEVERY
Paris, France
CoachingConstellations.fr

KATRINA
FERGUSON
Seattle, USA
CoachingConstellations.com/usa

ELAINE
GRIX
London, UK
CoachingConstellations.com

BECKY
HALL
Oxford, UK
CoachingConstellations.com/oxford

EILEEN
MOIR
Edinburgh, Scotland
CoachingConstellations.com/scotland
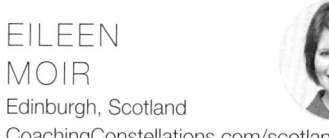

KIRSTIE
PAPWORTH
London, UK
CoachingConstellations.com

OANA
TĂNASE
Bucharest, Romania
CoachingConstellations.ro

MAREN DONATA
URSCHEL
Berlin, Germany
CoachingConstellations.de

JOHN
WHITTINGTON
London, UK
CoachingConstellations.com

추신
아웃사이드 인, 인사이드 아웃

지난 몇 년 동안 나는 조직 건강을 위해 코치로서 할 수 있는 일에 매료됐다. 물론 시스템 코칭과 컨스텔레이션은 이 분야에서 매우 중요한 기여를 할 수 있다. 그러나 이것은 여전히 다른 사람, 코치 및 퍼실리테이터들에 의한 개입으로 이루어진다. 건강은 내면에서 나와야 하지 않을까?

시스템 내의 조직 리더들이 시스템이 어떻게 작동하는지 알아야 한다는 것이 내 의견이다. 한 발 더 나아가서 코치로서 우리의 목표 가운데 하나는 그들이 자신의 역할에서 벗어나게 하는 것이어야 한다고 생각한다. 외부 지식과 개입에서 내부 지식과 시스템 리더십으로 성공적으로 전환한다면 자연스럽게 이런 결과가 나올 것이다. 안에서 우러나는 지도력이다.

이를 위해서는 코치뿐만 아니라 리더도 시스템적 입장에서 소속, 숨겨진 역동성 및 원가족의 영향을 이해해야 한다. 리더들은 시스템을 염두에 두고 변화를 주도하면서 전체를 책임져야 한다. 이것은 조직 건강의 숨겨진 동인에 관한 관심이 전반적으로 넓게 퍼져 있어야만 가능할 것이다.

변화를 거부한다 해도 영웅 리더십에서 시스템의 집단적 리더십으로 전환은 이미 시작되었다. 사람들은 여전히 가치를 강요하고 있지만 가치는 리더십 태도와 관계 시스템 역동성의 결과라는 것을 알아야 한다. 사람들은 여전히 자신의 지능과 권위가 시스템보다 크다는 자만으로 리더십을 발휘한다. 그리고 여전히 사람들을 모집하고 해고하는데, 해고당한 사람이나 남아있는 사람들에게 영향을 미치지 않는 것처럼 여긴다.

내가 보기엔 아직 많은 사람이 리더십과 조직개발 분야에 이성적, 선형적, 지적 방식을 원하는 것 같다. 이성적인 것과 머리와 자아를 넘어서 '다른 방식'으로 작업하는 것을 활용하는 방식은 아직 잘 모른다.

수백, 수천의 코치가 개인 코칭과 팀 워크숍에서 컨스텔레이션을 촉진하고 있지만, 아직 시작에 불과하다. 컨스텔레이션은 정말 유용하며, 함께 작업하는 시스템에서 사람들이 그 유익을 경험할 수 있도록 더 많고 나은 방법을 찾아야 한다. 시스템 조직 건강의 토대를 위해 시스템적 관점, 자세와 방법을 가질 수 있도록, 임원들과 젊은 관리자들을 교육하는 방법을 찾기 위해 우리는 더 많은 일을 해야 한다.

밖에서의 개입이 실제로 안에서 발현될 수 있다면, 조직의 삶을 변화시키고 조직 내부와 주변의 수백만 명의 사람들에게 긍정적 영향을 미칠 것이다. 그리고 시스템 흐름을 위한 촉매 역할을 하는 구성원들의 가족 시스템에도 이 지식이 전달될 수 있다.

이 작업 방식은 현재 진화하고 있으며, 더 능동적 방식으로 시스템을 살펴보고 작업하는 데 초점을 맞춘다. 다시 말해, 시스템 컨스텔레이션을 사용하여 고착을 조명하고 해결하고, 얽힘을 풀고, 숨겨진 제한적 역동성을 풀어낼 뿐 아니라, 이 엄청난 힘을 미래를 설계하는 데 활용할 수 있는 방법은 어떤 것일까? 새로운 건강한 조직 시스템의 생성을 지원하고 기존 시스템이 지속해서 건강하도록 촉진하는 방법은 무엇일까? 그리고 시스템에 통찰력과 지식을 남기는 방식으로 작업하여 자신을 돌볼 수 있도록 하는 방법은 무엇일까?

　이미 많은 코치와 조력자들에 의해 시작된 이 여정의 다음 단계는 이러한 사고방식, 즉 관리자와 리더의 커뮤니티 내 존재 방식을 포함하는 것이다. 컨스텔레이션 철학의 자세, 원칙 및 실행에 따라 시스템에 자원을 남겨두는 것이다. 이런 방식으로 조직이 건강해지고 지속한다. 안에서 발현된다.

　그것은 여행이다. 아마도 우리와 함께할 것이다.

　여정이 어디로 향하든지, 자신이 잘되기를 바란다.

존 휘팅턴John Whittington, 2020

www.coachingconstellations.com
시스템 코칭과 컨스텔레이션에 대한 훈련

www.businessconstellations.com
리더와 팀을 위한 워크숍 및 시스템 코칭

FAQs
잦은 질문에 대한 답변

이 마지막 섹션은 워크숍과 교육에서 가장 많이 듣는 질문들을 공유하고 답변을 제공하며 그 가운데 일부는 이 책에서 설명하고 확장했다.

'시스템'이란 무엇을 의미하는가?

- 시스템은 사람과 다른 요소로 구성되어 있으며 서로 연결되고 상호 의존적 관계다: 즉 관계 시스템이다.
- 우리가 인식하고 속한 첫 번째 시스템은 가족 시스템이고, 그다음에는 교육과 문화 시스템인 경우가 많다. 무의식적으로 어떻게 소속되는지 그리고 그 소속을 보호하기 위해 무엇을 해야 하는지 안다.
- 삶과 일을 통해 무의식적으로 모든 종류의 시스템에 충성을 유지할 수 있다. 시스템에 맞게 생활하고 일하는 것은 우리가 '결백함'을 느낄 수 있게 한다. 자신이 태어나고, 살고 있으며 충성하는 참조 시스

템을 알아보라. 그런 다음 고객에게도 동일한 작업을 수행하라.
- 우리가 일하고 생활하는 시스템에 대해 의식적으로 인식하지 못할 때가 많으며 단순히 '참조 시스템'이라고 부를 수 있지만, 어떻게 하면 시스템에 충성을 유지할 수 있는지는 정확히 알고 있다.
- 시스템은 자연적으로 발생하는 일관된 조직 원칙에 의해 유지된다. 이러한 원칙들은 반복되며 모든 휴먼 시스템을 하나로 통일시켜 균형을 유지하려는 질서력으로 경험된다.
- 자연적으로 발생하는 힘이 무시되면 시스템은 다시 일관성과 정렬을 시도한다. 다시 균형을 잡고 정렬하여 시스템 전체성을 유지하기 위해 시도하며 시스템 내부와 시스템 사이에 역동성을 발생시켜 일과 삶에 영향을 미친다.

시스템 컨스텔레이션이란 무엇인가?

- '시스템'과 '컨스텔레이션'이라는 두 단어를 문자 그대로 번역하면 '패턴을 형성하며 함께 서 있는 객체들의 그룹'을 의미한다.
- 즉 시스템 컨스텔레이션은 고객의 보이지 않는 관계 시스템의 내적 이미지를 가시화한 관계 맵이다. 컨스텔레이션 과정을 통해 조명되고 얽힘이 풀리고, 통찰력, 원칙 및 실행을 적용하여 더 나은 균형을 유지한다.
- 컨스텔레이션은 시스템의 살아 있는 지도를 만들기 때문에 시스템 각 부분의 관계와 상호 연결성을 개선할 때 유용하다.
- 컨스텔레이션을 사용하면 정중한 방식으로 복잡한 관계 시스템에 접

근함으로써 관리가 가능해진다. 시스템을 재정렬하고 변경하여 더 나은 흐름과 기능을 제공할 수 있다.
- 컨스텔레이션은 사람, 팀, 조직, 제품 및 브랜드를 포함한 추상적 특성을 가진 구성요소들 사이의 관계도 조명할 수 있다.
- 단순히 '컨스텔레이션'라고 부르는 '시스템 컨스텔레이션'은 고객에게 새로운 지도와 새로운 그림을 남긴다. 고객은 이를 내면화하여 일과 삶에 통합한다.

코칭에서 컨스텔레이션은 어떻게 유용한가?

- 컨스텔레이션은 강력한 코칭 어젠다를 표면화하고 설정하는 데 도움이 된다. 이를 통해 고객과 코치가 깊이 있는 주제를 선명하고 날카로운 관점으로 바라볼 수 있으므로 코칭에 활력을 불어넣는다.
- 컨스텔레이션은 매우 까다로운 문제의 근원을 파악하여 개인, 팀과 전체 비즈니스에 대해 강력하고 빠르게 문제를 진단할 수 있게 한다.
- 컨스텔레이션은 사람들이 시스템에서 자신의 '올바른 위치' - '느낌'으로만 알 수 있는 추상적 특성 - 를 찾을 수 있도록 지원하는 효과적인 방법이다. 컨스텔레이션은 '올바른 위치'를 몸으로 체험하기 때문에 새로운 해결 그림을 경험하고 내면화하는 독특하고 강력한 방법을 제공한다.
- 코칭 프로그램의 모든 부분에서 컨스텔레이션을 사용하여 숨겨진 장애물을 식별하고 숨겨진 자원을 찾고 해결 방법을 모색할 수 있다.
- 판단 없이 전체를 보고, 있는 그대로 인정하는 데 초점을 맞추면 높

은 수준의 신뢰와 안전성이 생긴다. 모든 것을 있는 그대로 동의하는 포괄적 포용성은 모든 것을 포함하고 존중받는 장소를 마련함으로써 코치와 고객을 안정시킨다.
- 이 접근 방식은 가벼운 터치로 작업하는 다른 방법과 통합될 수 있다. 코칭 대화와 기타 모든 개입에 유용한 프레임워크를 만들 수 있다.

시스템 코칭이란?

- 시스템 코칭은 코치와 고객이 시스템의 패턴을 파악하고 숨겨진 역동성을 조명할 수 있도록 하는 코칭이다. 컨스텔레이션을 적용하여 복잡한 시스템에 접근하여 신선하고 지속적인 해결책을 찾을 수 있다.
- 시스템 코칭은 전체에 관심을 두고 시스템의 모든 것을 위한 자리를 복원한다. 모든 것이 정중하게 포함되면 시스템은 긴장을 풀고 접근을 허용한다.
- 시스템 코칭은 전체 시스템을 위한 코칭이다. 개인을 넘어 개인이 속한 시스템에 초점이 맞춰져 있다. 시스템을 우선한다.
- 전체 시스템을 염두에 두고 작업하면 자원이나 해결책을 찾을 수 없었던 개인 또는 팀의 역동성과 행동을 새롭게 조명할 수 있는 추가적인 통찰력과 자원을 제공한다.
- 더 넓은 시스템적 관점을 포함하지 않으면 개인적 자기 계발 수준에서만 코칭하게 되거나 지속적인 해결책과 행동이 어렵다.
- 시스템 코칭은 개인과 팀이 시스템을 유지하고 균형을 유지하는 힘에 대한 이해를 제공하므로, 시스템 자체의 통찰력을 가져오고 시스

팀 지능을 유지하고 성장할 수 있게 한다. 이것은 조직 전체의 행동 변화를 일으키고 건강한 조직을 만든다.
- 조직의 행동 변화에 영향을 미칠 목적으로 코칭하려면 반드시 시스템 개입이 필요하며, 시스템 지향적 방법과 개입 중에는 시스템 코칭과 컨스텔레이션이 있다.
- 조직 시스템이 균형을 유지하고 건강한 상태로 바뀌면, 개인의 신뢰로운 위치를 찾고, 역할 권한을 온전히 가지며, 소중한 기여를 할 수 있게 된다. 시스템 지향 코칭은 시스템의 유기체적 힘을 따르게 하여 지속적인 변화가 가능하게 되며 전체 시스템 목적에 기여하는 행동을 하게 한다.

시스템 코칭과 컨스텔레이션을 언제 사용하는가?

- 개인, 팀 또는 전체 시스템 수준에서 무언가 고착된 경우
- 고객 주변에 복잡한 관계 및 관계 시스템이 많은 경우(컨스텔레이션의 큰 이점은 대규모나 복잡한 시스템에 관리 가능한 방식으로 접근할 수 있다는 것이다.)
- 해결책에 대한 명확한 경로가 없거나 이전 문제 해결 시도가 성공하지 못한 경우
- 숨겨진 것 비밀스러운 것이 있거나 '그냥 옳지 않은 것 같지만' 근거가 명확하지 않은 경우
- 코칭 어젠다를 조명하거나 명확히 해야 하는 경우
- 선호하는 이론이나 모델이 코칭에 적용되지 않는 것 같아도 시스템

에서 그 잠재력을 실현해보고 싶을 때
- 고객이 자신의 역할 권한을 편하게 받아들이고 자원과 접속하고 조율하기를 원하는 경우
- 언어와 토론 및 성장의 한계에 도달하여 새로운 관점이 필요한 경우
- 코치로서 이 고객의 시스템에 존재하거나 수행하는 능력에 영향을 미치는 '다른 것'이 있다고 느끼는 경우: 그들의 주의를 산만하게 하고 에너지를 빼앗아 가지만 여전히 말로 표현되지 않은 채로 남아있다.
- 코치가 자연스러운 조직 원칙이 무시되었음을 감지하는 경우. 예를 들어, 이전 사람들과 그들이 기여한 중요성을 인정하지 않아서 시스템과 '충돌'하는 경우
- 고객이 시스템의 다른 사람에게 하기 힘든 말을 해야 하고 심지어 상대방이 잘 받아들일 수 있는 방식으로 진실을 말해야 하는 경우
- 업무에 대한 자세한 내용을 요청했으나 제대로 된 답변을 얻을 수 없었던 경우. 저항 또는 주저함으로 착각하기 쉽지만, 시스템에 '말로는 표현이 안 되는' 문제가 있다는 분명한 신호다. 언어로 표현되지 않는 원인은 대부분 시스템에 있으므로 반드시 전체 시스템 관점을 포함하는 개입을 해야만 한다.
- 고객이 문제를 보는 관점과 자신의 스토리에 집착할 경우 새로운 관점이 필요하다.
- 코치 또는 고객이 머릿속에 갇혀서 새롭게 '알아차리기' 위한 방법이 필요할 경우

이 접근법은 해결 중심인가?

- 그렇다. 그렇지만 시스템에 적합한 해결책이 아닌 경우에는 해결책을 구현할 수 없다! 이처럼 사실은 간단하지만 일부 조직에서는 코치와 컨설턴트에게 여러 번 비용을 지급하며 불가능한 일을 '정상화'하거나 '정렬'한다. 시스템적 관점은 가능한 것과 불가능한 것을 있는 그대로 위치를 제공하고 조직 흐름을 지원하는 방식으로 방법을 찾을 수 있게 한다.

이 접근 방식은 어떤 식으로 변혁적 코칭을 촉진하는가?

- 이 방법론을 경험한 사람들이 때로 '심오하다'라고 하는 이유는 컨스텔레이션이 이전에는 보이지 않았던 것과 명확히 알 수 없었던 것을 조명하기 때문이다. 이것은 고객에게 새로운 내적 정렬, 즉 새로운 내적 컨스텔레이션을 만든다.
- 이것은 코치의 자세, 기본 원칙에 대한 이해와 프로세스 적용의 조합을 통해 이루어진다.
- 컨스텔레이션을 사용할 때 상황에 대해 말하는 대신 가시적으로, 명백한 3차원으로 만들 수 있다. 이것은 '있는 그대로'와 가능한 것에 대해 새롭게 볼 수 있게 하여 깊은 내적 변화를 촉진한다. 고객은 관계 시스템의 구조 속에서 상호 연결성을 보고 컨스텔레이션을 통한 비언어적 언어 교환을 경험한다.
- 컨스텔레이션은 시스템 내부와 시스템 사이 구성요소들의 상호 연결

성을 건드린다. 보이지 않는 정보 필드에 접근하게 되면 코치와 고객은 가시적이고 명시적인 정보뿐만 아니라 보이지 않는 묵시적 정보도 사용할 수 있다. 보이지 않는 정보는 특히 복잡한 역동성, 고착 또는 타성을 해결할 방법을 찾을 때 가장 중요하다. 두 가지 모두 사용하여 작업하면 흐름과 완전함을 찾을 수 있다.
- 컨스텔레이션은 코치와 고객을 익숙한 관점에서 벗어나 '있는 그대로'의 진실에 서서 더 넓은 시스템에서 고객의 이슈를 볼 수 있도록 격려한다. 이것은 시스템이 일관성과 무결성으로 나아가는 것에 대한 이해를 통해, 통찰력과 행동 및 태도의 전환이 가능해진다.

코치로서 자기 계발을 위해 언제 컨스텔레이션을 사용해야 하는가?

- 자신의 코칭 제안(또는 비즈니스)이나 특수한 상황의 고객을 만났을 때 코치로서 자신의 명확성과 자원화를 뒷받침하기 위해 수퍼비전이나 셀프 수퍼비전이 필요한 경우
- 선택과 의사 결정을 위해 잠재적 자원을 탐색해야 할 경우
- 컨스텔레이션 소개를 위한 준비 또는 자원화할 경우
- 자신의 원가족 패턴을 탐색하고 싶을 경우
- 자신이 사용하던 코칭 방식을 통합하여 그 자원을 현재 작업에 가져오고 싶을 경우

'시스템적 이슈'에 관한 이야기, 무엇을 의미하는가?

- 시스템적 이슈는 항상성을 유지하고 관계 시스템을 지속하는 자연 '질서력'이 침해되거나 무시되었기 때문에 발생하는 문제다. 시스템은 그 힘에 맞게 정렬하여 수정함으로써 자연스럽게 완전성과 동적 균형을 유지한다.
- 근본적인 조직 원칙이 무시되어 시스템 역동성이 생기기 때문에 시스템 문제가 발생한다. 이러한 역동성은 개인, 팀과 전체 조직에서 증상이나 행동으로 나타난다.
- 개인과 조직에서 시스템 문제의 증상은 근본 원인이나 명백한 원인이 없는 것처럼 보일 때가 많다. 그러므로 시스템에 대한 인식과 컨스텔레이션의 방법론을 생각하고 작업하는 것은 다루기 힘들어 보이는 고착과 변화에 대한 저항과 기타 시스템 이슈들에 대한 근원, 그리고 패턴과 연결을 드러내는 효과적인 방법이다.

조직 시스템에서 시스템 문제의 일반적인 징후는 무엇인가?

일반적인 징후는 다음과 같다.

- 경험과 기술은 충분해 보이지만 역할에서 권위를 찾고 수행하기 어려움
- 가시적 원인은 보이지 않는데 시스템의 부분이나 전체 내 타성
- 명백한 이유 없이 권위나 리더십 발휘가 어려움

- 명백한 원인 없는 팀 갈등, 스트레스 또는 도전적인 행동
- 갈등, 비밀 또는 배제의 문화
- 잦은 내부 경쟁, 즉 정치 권력 다툼
- 설명할 수 없는 낮은 수준의 신의와 동기부여 수준
- 조직적 위계질서에 대한 매우 낮은 존중
- 금기시되는 주제나 사람이 존재
- 개인, 팀 또는 조직 시스템의 명확성과 흐름을 방해하는 고착이나 반복 패턴
- 리더의 결정이 행동의 변화를 가져오지 않음

시스템을 유지하는 자연적 조직 원칙은 무엇인가?

TIME의 구성 원칙은 다음과 같다.

- 먼저 오는 것이 나중에 오는 것보다 우선한다. 이 조직 원칙이 중단되거나 무시되면 시스템이 정렬에서 벗어나 균형을 잃게 된다. 가족 시스템에서 이러한 힘이 작동되는 가장 쉬운 경우가 많다. 예를 들어, 첫 번째 아내의 '첫 번째로서의 위치'가 존중되지 않고 두 번째 아내로 '대체'될 때와 같이 주변의 가까운 관계에서 볼 수 있다. 첫 번째 아내의 '첫 번째로서의 위치'를 시스템적으로 존중하지 않으면, 그 위치를 주고 인정될 때까지 두 번째 결혼은 불균형하고 힘든 일이 될 것이다.
- 조직에서도 같은 일이 발생한다. 예를 들어, 기여에 대한 존중 없이 퇴사했거나 강제 퇴직당한 사람의 역할을 맡을 때 같은 일이 발생한

다. 새로 그 역할을 맡은 사람이 이전에 그 역할을 맡은 사람에 대해 내적으로 존중하지 않으면, 해당 역할에서 자신의 권위를 찾거나 사람들이 자신을 따르도록 하는 데 어려움을 겪을 것이다. 비즈니스 시스템에서 앞서 온 것에 대한 존중의 부족이 심각한 혼란을 초래한다는 사실을 반복해서 확인하게 된다.

- 이것은 이러한 작업 방식을 처음 접하는 코치가 귀담아들으면 좋은 사례이다. 자연적 위계질서, 즉 TIME의 조직 원리가 무시되고 어려운 역동성을 유발하는가를 염두에 두어야 한다. 시스템 우선순위에 대한 개념은 시스템 건강에 매우 중요하다.

또 다른 예로는 주고받는 힘의 균형인 EXCHANGE가 있다.

- 예를 들어, 친밀한 관계에서 한 사람이 너무 많은 것(사랑, 에너지, 관심, 돈)을 주면 다른 사람은 관계를 떠나야 할 필요성을 느낄 수 있다. 이것은 그들이 부담과 부채감을 느끼고 받은 것의 균형을 맞출 만큼 충분히 돌려줄 의지나 능력이 없기 때문이다. 참기엔 너무 많아서, 개인으로서 자신의 '무게감'과 힘을 다시 느낄 수 있도록 시스템을 떠날 필요가 있다고 느낀다.
- 조직 시스템에서 일에 대한 급여 균형과 관련하여 매우 유사한 역동성이 일어난다. 사람들이 일하는 시간과 효율성을 발휘하는 것보다 더 많은 급여를 지급하면 시스템을 약화하고 동기와 충성을 더 떨어뜨린다. 너무 많은 급여를 받는 사람들은 흔히 동기를 잃고 회사에 대해 부정적으로 말하거나 문제를 일으키거나 균형을 잡기 위해 몰래

떠나고 싶어 한다.

모든 문제는 '시스템적'이며 모든 문제를 시스템적 개입에서 해결할 수 있는가?

- 모든 증상과 문제가 숨겨진 시스템 역동성에 뿌리를 두고 있는 것은 아니다. 다른 문제로 인해 발생할 수 있다. 그러나 대부분은 이 방법론을 통해 매핑, 조명 및 자원을 제공할 수 있다. 모든 것이 관계 시스템 내에서 발생하기 때문에 시스템이 아닌 문제를 매핑하고 명확히 할 때도 시스템 원칙이 적용된다.
- 예를 들어 '무능함' 또는 '실수'를 생각해보라. 무능함이나 실수에 책임 있는 개인 또는 팀 주변의 시스템 관계 지도, 즉 컨스텔레이션을 세팅하면 숨겨진 연결을 발견할 수 있다. 무의식적 신의를 예를 들면, 훨씬 더 깊거나 보이지 않는 무의식적인 것과 연결된 행동을 한다.
- 이러한 시스템적 접근 방식과 관점은 모든 문제를 바라보는 유용한 프레임워크가 될 수 있으며, 컨스텔레이션은 시스템 문제를 밝히고, 명확히 하고, 자원을 공급하는 유용한 도구가 될 수 있다.

이 작업은 어디서 누가 시작했는가?

- 시스템 컨스텔레이션은 가족 시스템에 대한 버트 헬린저Bert Hellinger의 작업을 기반으로 한다. 버트와 동료들은 조직 환경에서도 통찰력, 관찰 및 개입을 개발하고 테스트했으며 역동성의 균형과 완전성 면에

서 가족 시스템과 동일한 필요성, 동일한 숨겨진 신의 및 역동성을 발견했다.
- 가족 시스템에서 조직 시스템으로 옮겨가는 작업을 한 사람 가운데 한 명이 군타르트 베버Gunthard Weber이다. 다른 사람들도 이 작업을 개척하고 전해 왔고 계속 진행되고 있다.

이 방법론을 사용해서 코칭할 때 가족 문제에 관해 이야기하거나 작업하는가?

- 이 접근법을 사용하기 위한 훈련에서 가족 시스템과 역동성에 대한 이해가 꼭 필요하지만, 코칭이나 조직적 개입에서 시스템 컨스텔레이션을 사용할 때 가족 역동성에 이름을 붙이거나 작업할 필요는 없다.
- 이 접근법은 원래 가족 시스템의 맥락에서 개발되었으며 가족 내의 사랑과 삶의 흐름을 지원하는 것으로 밝혀졌지만, 비즈니스와 조직 시스템에서도 그 가치가 매우 유사하게 작용하여 리더십의 흐름과 조직 활력을 지원한다.
- 코치로 일할 때 우리는 모두 가족 시스템에서 왔다는 사실을 명심하라. 더 나아갈 수 있더라도, 고객과 함께하기 전에 먼저 자신의 뿌리와 근원에 연결하는 작업을 해야 한다.

대리인 인식이란 무엇인가?

- 컨스텔레이션 워크숍이나 일대일 작업 시, 시스템 구성요소 대신 서

있는 사람들은 감정의 변화, 신체적 경험('강함' 또는 '약함') 및 체온 변화를 포함한 뚜렷한 경험을 하게 된다. 갑작스러운 통찰력과 이미지와 단어가 떠오를 때도 많다. 이것이 '대리인 인식'이라고 불리는 현상이다. 워크숍과 코칭에서 정보의 출처가 된다. 그 출처와 작용을 더 깊이 탐구하기 위한 몇 가지 연구가 진행 중이다.

- 대리인 인식은 부분적으로 사람이 컨스텔레이션에 배치되는 방식과 다른 사람 관련하여 배치되는 위치에 따라 촉발된다. 고객이 수집한 내적 상태에 있을 때 대리인은 사용 가능한 정보를 충분히 가질 수 있게 된다.
- 대리인 인식이 가리키는 point 역동성과 자원은 시스템의 심오한 재정렬로 이어진다. 이것이 바로 새로운 정보, 통찰력 및 자원을 제공하는 컨스텔레이션 힘의 원천이다. 대리인 인식은 워크숍뿐만 아니라 일대일 작업에서도 사용할 수 있으며, 먼 과거의 사건에 대한 인식이나 미래의 가능성에 대한 식별도 가능하다.
- 컨스텔레이션은 고객이 자신의 대리인을 통해 2차 감정에서 벗어나 1차 감정으로 이동할 수 있는 경로를 제공한다. 대리인 인식은 그들이 대리하는 사람의 1차 감정에 대한 독특한 통찰력을 보여준다. 마치 상황에 대한 모든 '스토리'와 아이디어가 씻겨 나가면서, 차분히 말하게 되는 1차 감정의 단순한 우아함을 남기는 경우가 많다.

대리인 인식과 '역할극'의 차이점은 무엇인가?

- 중요한 차이점이 있으며 퍼실리테이터는 이것을 구별할 수 있어야

코칭 컨스텔레이션 훈련 그룹은 서로를 살아 있는 대리인으로 활용하여 컨스텔레이션을 촉진할 수 있도록 실행을 준비한다.

한다. 역할극은 상황이 어때야 하는지, 투사, 신념 및 판단에 대한 개인적인 스토리와 생각에서 출발한다. 컨스텔레이션은 시스템에서 나온 정보에 대해 말하는 것이다.

- 차이를 구분하려면 경험과 연습이 필요하지만, 사용하는 언어뿐 아니라 방식(태도)과 신체 상태를 보고 느낄 수 있다.
- 차이점을 확인하려면 스토리를 모르고 대리인도 모르는 블라인드 또는 이중 블라인드 컨스텔레이션에 참석하거나 촉진해보라. 이렇게 하면 어디서 또는 누구에게서 온 것인지 더 쉽게 알 수 있다.
- 누구도 컨스텔레이션에서 '~인 척하기' 또는 '역할극'을 요구하지 않는다. 대리인에게 어떤 포즈를 취하거나 특정한 방식으로 서거나 움

직이도록 요청하지 않는다; 연기하거나 연기로 행동하지 않는다.

- 사람들이 대리인 경험에 자연스럽게 자신의 '것'을 가져온다는 사실을 기억하는 것이 중요하다. 이것은 흔히 프로세스에서 중요한 부분이며, 그 특정인이 이슈 보유자에 의해 대리인으로 선정된 이유는 다음과 같다: 한 번도 만난 적 없지만, 무의식적으로 다른 사람의 패턴과 역동성을 선택할 수 있다. 이것이 일반적으로 워크숍이 '이슈 보유자'뿐 아니라 '관찰자/대리인'에게도 똑같이 흥미롭고 매력적인 이유 가운데 하나다.

- 일반적으로 모든 대리인이 '중립성', 즉 인종적 배경이나 성별과 관계없이 기본적 역동성을 조명할 수 있도록 설정 프로세스에서 이슈 보유자들에 대한 충분한 정보를 수집하고 중심을 잡는다. 그러나 고객이 여전히 '느낀 감각'을 사용하지 않고 어떻게 보여야 한다고 생각하는지, 또는 어떻게 생각하는지에 대한 그림을 설정할 때도 있다. 이렇게 되면 대리인이 자신이 선택한 스토리의 느낌을 '연기'하게 된다. 경험 많은 퍼실리테이터는 이것을 발견하고 다른 접근 방식을 취하도록 초대해야 한다.

- 대리인들은 흔히 퍼실리테이터만 인식할 수 있는 가벼운 트랜스 상태가 되어 시스템에 대해 의식적으로 알고 있는 내용이나 시스템의 스토리를 잊고 오염되지 않은 시스템 정보를 드러내는 주의 상태로 접속한다. 퍼실리테이터도 동일한 상태에(가벼운 트렌스 상태에) 직접 접속함으로써 컨스텔레이션 동안 접근하기 쉬운 정보 필드에 맞출 수 있다. 이러한 정보를 수집하는 것은 퍼실리테이터의 역할에서 중요한 부분이다.

컨스텔레이션은 어떻게 작동하는가?

- 고객에게서 이 질문을 받지 않으리라고 생각한다(고객들은 새로운 수준의 명확성에 몰두하기 때문이다). 이 질문은 컨스텔레이션 학습 현장에서 반드시 받게 되는 질문이다.
- 컨스텔레이션이 작동하는 이유는 우리 각자가 모든 관계 패턴의 내적 이미지를 내부에 가지고 있기 때문이다. 내적 이미지를 외적인 3차원 방식으로 표현할 수 있게 되면 이것이 '살아 있는 지도'이다.
- 우리는 그 내적 이미지를 깊은 무의식적 수준에서 유지하고, '느낀 감각'을 사용하여 직관적으로 지도를 만들기(설정하기) 때문에 내적 무의식 지도를 외적으로 보이는 지도로 만들 수 있다. 시스템 맵의 구성요소들 사이의 특정 관계는 요소들이 '유지'되는 특정 방식을 반영한다. 새로운 정보와 통찰력으로 기존에 언급되지 않았고 '알려지지 않았던' 것들이 일단 내적 지도가 외부화된 것을 볼 때 자연스럽게 모습을 드러낸다. 우리는 우리의 무의식 지도를 보고 있다.
- 특정 위치에 서 있는 것의 영향을 깊게 느끼고 움직임이나 말을 통해 표현할 때 대리인, 이슈 보유자 및 컨스텔레이션의 다른 사람들에게 강력한 의미를 준다. 이것이 소매틱 코칭이다.
- 다가오는 위험을 '알아차리는 것'처럼 뇌의 변연계를 통해 공간 관계 패턴과 컨스텔레이션에서의 언어적이고 비언어적인 의사소통에서 시스템의 요소들parts 사이에 존재하는 정보 필드에 접속할 수 있다. 필드에 서 있으면 그것에 접속할 수 있다.
- 흔히 '알아차림 필드'라고 불리는 것에 접속할 수 있는 이 현상은 이

성적인 사고방식으로 보면 다소 어려운 과제이다. 영국의 생물학자 루퍼트 쉘드레이크Rupert Sheldrake는 '형태 유전학 분야'에 대한 설명에서 물고기 떼나 새 같은 무리 시스템에서 행동 패턴을 만드는 보이지 않는 균형력에 대해 말하고 있다.

- 내가 알기로는 알브레히트 마흐Albrecht Mahr 박사가 이 정보 분야를 설명하기 위해 '알아차림 필드'라는 용어를 처음 사용했으며, 그 필드에서 정보가 도출되는 방식을 설명하기 위해 '대리인 인식'이라는 용어를 만들었다. 알브레히트는 '근본적 포용'이라고 하는, 모든 것을 장소에 제공한다는 아이디어를 요약하는 문구를 개발한 경험이 많고 영혼이 충만한 퍼실리테이터이다.

- 나는 응용 퍼실리테이터이자 코치로서 신경 과학자, 학계 및 연구자들이 이 접근 방식을 엄격하게 탐구하고 테스트하고 있다는 사실을 알게 되어 기쁘다. 상대적으로 새로운 실습 분야이므로 연구 조사가 늘 진행되고 있다.

'느낀 감각felt sense'으로 작업하는 것에 관해 말하는데, 그게 무슨 뜻인가?

- 이 표현이 처음에는 이상하게 들릴 수 있다. 나도 처음 이 표현을 들었을 때는 회의적이었지만, 시간이 지나면서 이것은 매우 중요한 의미를 두게 되었다. 나는 이것을 정서나 육체적 감각을 넘어서 알아차리는 '다른 방법'이라고 말하고 싶다. 이것은 일종의 '여섯 번째 감각'이다. 워크숍이든 일대일이든 상관없이 대리인을 설정할 때, 여섯 번째 감각에서 작동하는 이 '느낀 감각'은 머릿속의 개념이나 스토리보

> 다른 그룹 구성원을 대리인으로 세워서 훈련 그룹은 그들의 첫 번째 실제 컨스텔레이션을 촉진하고 연습한다.

다 훨씬 많은 정보를 드러낸다. 느낀 감각을 사용하여 대리인을 배치하면 새로운 그림이 밝혀진다.

- 미국의 철학자이자 심리치료사인 유진 겐들린Eugene Gendlin은 이 개념에 관해 많은 연구를 했으며, 느낀 감각을 실제 세계와 살아 있는 상호작용으로 이야기했다. 그의 연구에서 그는 칼 로저스Carl Rogers와 함께 '느낀 감각'에 연결하고 표현하는 방법을 개발하고 집중하는 것이라고 불렀다. '알아차림' 도구로서의 인간의 몸에 대한 그의 이해는 컨스텔레이션이 어떻게 그렇게 안정적으로 작동하는지에 대한 우리의 이해와 매우 밀접하게 일치한다.

- 숙련된 퍼실리테이터가 자신이 무엇을 하고 있는지 설명하기 어렵

고, 이제 막 끝낸 컨스텔레이션의 세부사항을 기억할 수 없는 이유 가운데 하나는, 그들이 다른 방식의 알아차림, 느낀 감각으로 빠지는 데 익숙해졌고, 방법을 완전히 알지 못해도 시스템에서 정보를 얻을 수 있기 때문이다. 일반적으로 아는 방식을 버리는 연습이 시스템을 촉진하는 것의 뉘앙스를 배우는 데 중요한 부분인 이유이다. 그래야 느낀 감각에 접근할 수 있다.

'모든 것에 위치를 준다'라는 접근 방식에 관해 이야기할 때, 예를 들어, 문제가 있는 팀이나 시스템과 작업할 때 이 접근 방식이 우리의 개인적인 판단에 어떤 영향을 미치는가?

- '문제가 있다'는 것은 누구의 판단인가? 자신? 함께 작업하는 스태프? 누가 판단했든 시스템에서 나가야 한다. 판단하는 사람이나 팀과 효과적으로 일할 수 없다.
- 개인, 리더십 팀 또는 비즈니스 시스템을 판단하기 시작할 때 이미 조직 건강을 돕거나 전체에 도움이 되는 개입을 할 능력을 잃은 것이다.
- '모든 것에 있는 그대로 동의하는 것'(시스템 접근 방식)은 '모든 것에 동의하는 것'(합리적/도덕적 접근 방식)과 다르다. 고객이나 다른 컨설턴트들의 판단에 동의할 필요 없다. 모든 것에 있는 그대로 동의할 수 있을 때 자신의 능력을 발휘할 수 있다.
- 코치가 모든 것을 있는 그대로 보기 시작할 때 시스템에 훨씬 더 많은 영향을 미칠 수 있다. 아무것도 숨길 필요가 없고 모든 것을 밝힐 수 있기 때문이다.

- '문제'를 보는 또 다른 방법은 행동, 갈등 또는 타성을 시스템의 신호로 보는 것이다. 깃발을 흔들어 무엇인가를 보여주려고 하는 것이다. 누군가 팀이 문제가 있다고 말할 때, 컨스텔레이션을 통해 그 팀이 실제로는 문제가 없다는 것을 드러낸다 – 단지 문제 행동이 시스템의 역사에서 완전히 인정받지 못했거나 정중하지 않았던 방식이나 여러 가지 얽힘을 가진 무엇 또는 누군가를 가리키고 있다는 것이다.
- 수퍼바이저와 함께 작업하거나 컨스텔레이션을 통해 자신이 수퍼비전을 받을 경우, 개인 또는 팀에 대해 '문제가 있다'라고 판단한 것의 대리인을 세워 볼 수 있다. 전체 시스템에서 어떻게 나타나는지 확인하고, 새로운 길을 열 수 있게 된다.

이 접근 방식을 안전하게 적용하는 방법을 배우는 가장 효과적인 방법은 무엇인가?

이 작업은 경험적 연구이므로 현상학적이다. 따라서 이 작업에 대해 배우고 촉진하는 가장 좋은 방법은 다음 사항들을 경험하는 것이다.

- 컨스텔레이션 워크숍에서 대리인이 되는 경험을 최대한 많이 하라.
- 개인적, 전문적 이슈를 시스템 컨스텔레이션 워크숍, 학습 환경 또는 시스템 수퍼비전에서 다루며 컨스텔레이션의 유익을 경험하라.
- 고객과 일대일로 작업할 때 고객이 설명하는 현재 상황과 경험을 매핑하도록 하고 거기에서 시작하여 고객과 관계를 안전한 경계 내에서 유지하며 천천히 시야를 확장한다.

훈련 실습에서 제공되는 학습 경험 외에, 처음 시작할 때 자신이 생각하는 가장 중요한 팁은 무엇인가?

시스템의 자연 발생적 조직 원리를 학습하고 관찰하는 것과 시스템의 정렬이 어긋난 시기와 위치를 알아채기 시작하는 것 외에도, 이 방법론을 사용하기 시작할 때 고려해야 할 네 가지 팁이 있다:

- **첫 번째와 마지막**: 고객이 '인터뷰' 단계에서 말하는 첫 번째 문장과 마지막 문장을 들어보라. 처음 15개 단어를 들어보면 문제의 핵심에서 작업할 수 있고, 나중에 고객을 그 지점으로 데려가 진행 상황을 확인할 수 있다. 특히 마지막 15개 단어를 들을 때는 매번 다른 중요한 것을 듣게 되며 반드시 나중에 컨스텔레이션에서 관련이 있다는 것을 알게 될 것이다.
- **조기 중지**: 이러한 작업 방식에 대한 경험이 많아질수록 너무 많은 통찰력으로 고객을 압도하지 않는 것이 중요하다. '지금으로서 충분합니까, 아니면 한 단계 더 나아가고 싶습니까?'라고 물어보라. 단순히 있는 그대로 '매핑'하는 것만으로도 고객에게 매우 신선한 무엇인가를 밝혀줄 수 있으므로 이 첫 번째 단계만으로도 충분할 수 있다.
- **작은 것이 아름답다**: 많은 대리인 추가는 이 접근 방식을 적용하는 방법을 배울 때 유용하지 않다. 복잡해서가 아니라, 처음 두세 개의 대리인 사이에 존재하는 단순한 진실에 머물기보다는 상황에 대한 고객의 스토리에 끌리게 되기 때문이다.
- **머리를 써라**: 이 접근 방식은 자신의 상황에 대한 감각을 신뢰하고,

시스템에서 무언의 역동성에 맞춰야 한다. 시스템 역동성이 드러날 때 자신과 고객은 거의 명상 상태, 즉 가벼운 트랜스 상태가 된다. 이것은 꼭 필요한 깊은 공간이며 머리에서 몸으로 나올 것을 요구한다. 그러나 이 방법론을 사용하는 코치에게 필요한 기술 가운데 하나는 컨스텔레이션 이후에 더 인지적인 감각 단계를 통해 고객을 지원하는 능력이다. 직장생활하는 대부분 사람은 체화된 작업에 익숙하지 않으므로 적절한 후속 조치를 위해 언어화 작업, 반영 및 토론으로 돌아가는 것이 매우 중요하고 필수적이다. 그래서 다시 머리에서 작업할 수 있어야 한다.

'허용', '인정', '존중'에 대해 자세히 말해달라. 모두 구식으로 들린다.

- 그럴 수 있다. 시스템에 대한 잘못된 사고방식으로 예전부터 전해 내려오는 지혜들의 발을 묶어왔다. 이것은 구식이 아니라 오래되고 필수적이며 근본적인 것이다. 이 작업은 특히 많은 비즈니스 환경에서, 시대적으로 요즘은 관심을 받지 못하고 있는 특성과 태도를 현대적으로 표현할 수 있게 한다.
- 예를 하나 들어보자. 최근에 워크숍을 진행하고 있었는데 한 코치가 그녀가 함께 일하고 있는 팀을 둘러싼 이슈를 다루어도 될지 물었다. '긴 스토리'를 요약해 보면, 그녀는 리더를 '지배적이고 독재적인 보스'로 지정했고, 대부분 쉽게 무의식적으로 '동의'했다. 우리는 워크숍을 진행했고 팀원들의 대리인을 세웠지만, 상사의 대리인은 세우지 않았다. 왜냐하면 나는 그녀의 말을 통해 상사가 이 상황을(그녀가

2명의 코치가 시스템 코칭 훈련에서 테이블 컨스텔레이션을 촉진하는 연습을 한다.

이런 종류의 탐색을 하고 있다는 것을) 안다면 그녀가 '무서워할 것'으로 판단하고 있었기 때문이다. 결과적으로 컨스텔레이션에서 시스템의 해당 부분에 접속이 허용되지 않았다. 그녀는 상사를 포함해 달라고 계속 요청했고, 워크숍 공간 중앙에 배치된 팀의 위치에 상사의 자리를 만들고 의자를 배치했다.

- 잠시 뒤 '팀이 실제로 보고 있는 것'을 나타내기 위해 바닥에 놓은 무엇인가로 인해 팀이 모두 고정되었다는 것이 분명해졌다. 이로 인해 시스템이 매우 어려운 상황에서 강제로 떠나야 했던 일부 팀원에 대한 새로운 정보가 나타났다. 그들을 인정하기 위해 몇 가지 작업을 했고 이것은 모두를 컨스텔레이션에 안착시켰다. 컨스텔레이션 거의

막바지에 와서 그녀는 바닥에서 물건을 집어 상사인 의자에 던졌다. 그녀는 그렇게 하면서 '이것은 당신 것입니다!'라고 말하고 급하게 몸을 돌렸다.

- 나는 그녀에게 천천히 정중하게 돌아서서 이렇게 말하도록 했다. '당신은 책임을 지고 있습니다.' 그녀가 이 말을 하면서 전체 분위기가 바뀌었고, 부드럽게 그리고 매우 존경스럽게 자기 뜻을 덧붙여 말했다: '… 그리고 당신은 매우 힘들었습니다. 개인적으로 그리고 직업적으로.' 이 새로운 진실을 가지고 나는 그녀에게 이렇게 말하도록 했다: '나는 당신이 지닌 책임과 공포를 보고, 당신이 얼마나 힘든지에 대해 큰 존경심을 가지고 당신에게 맡깁니다.' 그녀는 기꺼이 그렇게 말했고, 워크숍의 모든 사람에게 강력한 겸손과 존재감으로 영향을 주었다.
- 그 순간 그 방에 있던 모든 사람은 이 '지배적이고 독재적인' 지도자가 실제로 큰 비중을 차지하고 있다는 것을 알았다. 그녀는 자신과 팀에 깊은 상처를 입히는 삭감을 실행하는 책임을 져왔고, 사람들이 그 일과 그녀에 대한 지속적인 판단으로 인해 고립되고 배제되어왔다.
- 코치는 매우 다른 방식으로, 즉 복잡한 시스템을 이끄는 어려움에 대한 확실한 존중으로 컨스텔레이션을 완료했다. 그녀는 허가, 인정, 존중에 대해 매우 유용한 것을 배웠다고 보고했고, 새롭고 신선한 에너지를 가지고 그녀가 이끄는 시스템과 상사에 대한 완전히 다른 내적 태도와 접속했다고 말하며 워크숍을 떠났다.
- 모든 사람을 존중받는 위치에 두는 이런 차원의 비판단적 포괄성은 이 작업과 시스템 코칭의 기초가 된다.

'위치'에 대해 좀 더 자세히 말해 달라. 이 단어는 여러 가지 방식으로 사용되는 것으로 보인다.

그렇다. 여기에서는 '위치place'라는 단어를 여러 가지 방식으로 사용한다. 이 단어는 여러 가지 의미가 있을 수 있는 강력하고 자극적인 단어이다. 내가 이해하고 사용하는 방법은 다음과 같다.

- 시스템의 구성 원리 가운데 하나인 PLACE:
  - 시스템에 기여한 모든 것은 자신의 위치가 있으며, 기여에 대한 인정 없이 제외될 경우 추가적인 얽힘이 발생한다. 시스템이 번창하려면 모든 사람과 모든 것이 시스템에서 독특하고 동등하게 존중받는 위치를 있을 필요가 있다. 사람, 사실, 제품 또는 서비스가 제자리를 거부당하거나 강제로 배제되거나 의도적으로 언급을 피할 때, 시스템에 의해 '기억'될 것이다.
  - 모든 것이 인정되고 자리를 주면 시스템은 떠난 사람들을 놓아주고 과거는 현재에 통합되어 미래에 유용할 수 있다. 이것은 시스템과 리더와 그 안에 있는 다른 사람들이 각자의 개인적이고 집단적 경험과 기술을 자유롭게 누릴 수 있게 한다.
- 고객 및 고객의 문제와 관련해서 자신의 위치를 찾는 고객의 내적 입장
  - 고객이 속한 모든 시스템을 검색하고 시스템 플래그를 들을 수 있는 위치를 유지할 수 있는 경우 시스템 관찰과 개입으로 중요한 가치를 추가할 수 있다.
  - '도움이 되기보다는 유용하게 하려는' 중립적인 자세를 유지하는 것은 시스템 코칭과 컨스텔레이션의 핵심이다.

- 누군가 또는 무엇인가의 관계에 올바른 위치를 알 수 있는 곳에 배치하라;
  - 컨스텔레이션에서 특정 위치에 서는 것은 내적 관계 구조와 역동성을 몸으로 느낄 기회이다. 컨스텔레이션에 대리인으로 서게 되면 이전에 접근할 수 없었던 어떤 것을 '알아차릴' 수 있게 된다.
  - 대리인들은 몸으로 느끼는 강력한 체험을 하게 되며 시스템의 나머지 부분과 관련하여 '올바른 위치'에 있는지 '잘못된 위치'에 있는지를 매우 정확하게 말할 수 있다. 고객이 자신의 컨스텔레이션에서 '올바른 위치'에 서게 되면 결과적으로 자신의 시스템에 설 때도 같은 경험을 할 수 있다.
- 조직 건강을 지원하기 위해 시스템의 모든 것을 안전하고 존중받는 장소에 배치하라:
  - 시스템에서 존중받는 위치가 필요한 것은 사람뿐 아니라 역할과 목적도 있다는 것을 기억하라. 역할은 개인이 아니라 비즈니스 목적과 필요에 따라 생성되어야 한다. 각 역할은 리더에게 동등하게 가치 있는 것으로 인식되어야 하며 시스템 내에서 적절하고 신뢰할 수 있는 위치를 주어야 한다. 제대로 된 위치를 주지 않은 역할을 맡으려고 하거나 자신을 중심으로 역할을 만들려는 사람들은 대개 노력하다가 지치게 될 것이다.
  - 목적을 제자리에 위치시켜야 한다. 조직 시스템은 목적이 인정되고 공유되고 이해될 때 번창할 수 있다. 사람들이 숨겨둔 개인적 목적과 관련된 이기적인 사업을 할 때 살아남기 위해 고군분투하게 될 것이다.

- 돈도 위치해야 한다. 기업은 지속적인 자금 공급 없이는 살아남지 못하며 시스템 내에서 일하는 사람들이 돈의 중요성과 시스템에서의 위치에 대해 인식하게 하는 것이 리더들의 일이다. 특히 돈이 제 위치를 찾지 못하는 비영리단체의 경우 더욱 그렇다.

시스템 코칭 및 컨스텔레이션이 전반적인 비즈니스 목표 또는 목적에 부합하도록 어떻게 지원하는가?

- 이것은 계약과 실제 코칭 모두에서 수행될 수 있다.
  - 계약할 때는 개인이나 팀만이 아니라 '더 넓은 비즈니스 시스템을 위한 작업'에 관해 이야기하는 것이 좋다. 이것은 고객과 팀의 시야를 넓히고 발전할 수 있게 한다.
  - 일대일 또는 워크숍에서 컨스텔레이션을 할 때 비즈니스 목표 또는 목적을 나타내는 것을 배치한다. 고객의 위치를 포함하는 것도 필요하다. 이것들은 모두 '좋은 해결책'을 찾아낼 방법이며 확장된 시스템이 포함되었는지 확인하는 데 도움이 된다.
  - 코칭이 조직 목적에 맞게 서비스와 조정 작업을 수행하지 않은 경우, 시스템이 아니라 개인을 위해 코칭하게 된다.

개인을 코칭하는 것이 회사 전체의 조직 건강에 영향을 미칠 수 있는가?

- 코치가 시스템에 대해 가볍게 생각한다면 고객이 시스템과 상호 작용하는 방식에 거의 영향을 미치지 않을 수 있다. 그러나 단순히 시스

템을 염두에 두는 것 이상의 것이 필요하다.
- 조직 건강에 영향을 미치기 위해서는 시스템 코치가 시스템의 진실에 도전해야 한다. 그들은 고객이 자신의 책임(그리고 적절한 경우 죄책감)에 직면해서 자신의 행동과 태도가 시스템의 조직 원리 및 목적과 어떻게 일치하는지 생각할 수 있도록 지원해야 한다.
- 코치가 리더 자신의 시스템과 충성하는 양심 집단 및 조직 시스템에의 얽힘을 볼 수 있도록 지원하면 리더로서 자세를 변화시킬 수 있다.
- 이러한 방식으로 리더십 커뮤니티는 시스템이 어떻게 유지되고 성장할 수 있는지에 대해 학습하게 되고, 전체적인 맥락에서 자신의 개별 행동뿐 아니라, 더 넓은 시스템에 대해 완전한 책임감을 느끼고 스스로 발전시킨다.
- 시스템을 유지하는 데 대한 지식이 증가함에 따라, 조직 시스템 전반에 걸쳐 일종의 시스템 항상성이 생성된다.
- 시스템에 이런 지식이 존재하면 조직의 건강이 시작되고 구축되기 시작한다. 리더와 주변 사람들이 유기체적 조직 원리를 인식하면 조직 원리를 쉽게 위반하지 않게 된다. 어떤 원리는 개인과 시스템 사이의 연결에서 변화를 가져온다.

이 작업을 고객에게 어떻게 소개해야 하는가?

- '다른 관점에서 보는 것'이 어떤지 물어보라. 컨스텔레이션에 대해 말할 필요가 없다. 그것은 생각하고 일하는 방식이며 내면의 자세이지 이름을 지정해야 하는 도구가 아니다.

- 이를 매핑 또는 '살아 있는 지도 만들기'라고 부를 수 있다. 대부분 사람은 그 개념에 만족하고 더 멀리 깊게 탐색할 것이다.
- 질문: '문제에 대해 그냥 이야기만 하는 것보다 문제를 직접 보는 것이 어떻습니까?'
- 공손하고 작게 작업을 시작하라. 정중하게 멈추는 시기와 방법을 알아야 한다.
- '컨스텔레이션'에 대해 이야기하기보다는 '조직 건강'이나 '확장된 시스템'을 염두에 두고 작업하는 것에 관해 이야기하라.

리더들에게 인정은 어떤 면에서 유용한가?

- 직원과 고객 모두 회사의 말과 시스템에서 자신의 위치를 신뢰할 수 있다는 것을 알고 있으므로 진정으로 자신의 어려움을 인정하고 직면하는 리더는 신뢰, 충성, 존중을 받을 수 있게 된다.
- 역사, 특히 창립 아이디어의 본질을 공개적으로 공유하고, 모든 어려웠던 상황을 인지하고 있고, 성공 스토리 속에서 기여한 사람들을 모두 포함하는 리더는 차분하고 생산적인 시스템을 만들어낸다.
- 제외되는 것이 무엇이든 포함되기 전까지는 강력한 에너지로 주의를 흐트러뜨린다. 그러나 제외된 모든 것(자신의 태어난 곳)과 여기에 있게 하는 데 기여한 모든 사람을 인정하고 자리를 제공하라. 기여에 대한 존중으로 모든 것을 놓아주기 위해 모든 것을 제자리로 되돌려 놓아라.
- 리더들은 시스템의 진실을 인정하고 직면할 필요가 있다. 그 진실은 모든 조직마다 다르며 흔히 식별하기가 어렵다.

참가자들이 긴장, 자원 및 고객 그룹을 탐색하기 위해 시스템 컨스텔레이션을 사용하는 리더십 수련회

사내 코치의 경우 어떻게 해야 하는가?

- 코치가 시스템 일부일 때 통찰력과 실행이 실현되기 가장 어렵다. 시스템 안에서 자신의 신의와 얽힘을 피하기 힘들고 다른 사람들과 작업할 때 시스템 내에서 허용되는 수준이 달라지기 때문이다. 사내 코치도 여느 코칭과 마찬가지로 항상 계약과 심리적 안전에 주의를 기울이는 것이 중요하다. 사내 코치는 시스템 일부이자 퍼실리테이터이다.
- 그러나 이러한 작업 방식을 지지하는 입장을 적용하여 수행할 수 있는 작업은 많다. 내부 컨설턴트가 자신이 일하는 시스템을 위해 진정

으로 중립적인 입장을 찾고 확립할 수 있을 때, 그들은 큰 가치를 더 찾을 수 있게 된다.
- 같은 시스템에 있는 다른 사람들과 컨스텔레이션을 하는 것은 현재 시스템을 벗어나 새로운 눈으로 시스템을 볼 수 있는 매우 효과적인 방법이다. 교육을 마치고 일대일로 진행할 수 있으며 특정 유형의 조직 문제에 대한 워크숍을 진행할 수도 있다.
- 충분한 시스템 인식이 이루어진다면 사내 코치로서 시스템 내에서 작업하면서 시스템에서 벗어날 수 있다. 이런 상황에서는 수퍼비전이 특히 중요하다.

비즈니스 시스템에서의 교환EXCHANGE 원리에 대해 좀 더 자세히 알려 달라.

모든 상호작용에는 활발한 교환 균형이 필요하다. 모든 시스템이 불균형을 해결하려고 시도한다. 금융과 대인관계 시스템뿐만 아니라 자연, 정치에서 이러한 사실을 반복해서 볼 수 있다.

- 시스템은 역동적 균형을 만드는 연속적인 교환으로 구성된다. 시스템의 한 부분은 주고 다른 부분은 받는다. 받는 것은 주는 것으로 돌아오고 주는 것은 받는 것으로 균형을 이루고 각각은 상호작용하는 움직임을 만든다.
- 너무 많이 주는 것(예: 급여, 인정 및 보상 측면에서)은 너무 적게 주는 것만큼 소속감과 동기를 약화한다.

때때로 고객에게 다음과 같은 방식으로 조직 원리를 설명한다.

1단계 교환(가시적이고 의식적)

- 고객, 공급 업체 및 파트너는 자신의 비즈니스에 대해 어떻게 느끼는가? 고객이 비즈니스에서 원하는 것을 얻고 공정한 대가를 지급한다고 느끼는가?
- 이것은 1단계 교환이며 상대적으로 보고, 측정하고, 교정이 쉽다. 그렇게 하는 것이 매우 중요하다. 그렇지 않으면 고객, 파트너 및 공급 업체는 자신이 제공하는 것을 가치 있게 여기지 않거나 충분한 대가를 지급하지 않는다고 느낄 수 있다.

2단계 교환(개인적 private)

- 2단계 교환은 가장 많은 것을 제공했던 사람들(창업자)과 비즈니스 사이에 존재하기에 보기가 더 어렵다. 그들이 가진 위험과 책임 수준을 균형 있게 유지하는 것은 어렵지만 필수적이다.
- 이 문제를 고려하지 않을 경우, 가장 많이 제공한 사람들은 분개하기 시작하고 다른 곳에서 적절한 수준의 교환을 찾기 위해 그들의 에너지와 헌신을 철회할 수 있다. 창업자들이 떠나고 싶다고 생각하는 시점이 바로 이 시점일 경우가 많다. 그러나 교환의 불균형이 해결되었을 때는 다시 돌아오고 싶어 하는 것이 일반적이다.

3단계 교환(비가시적이고 무의식적)

- 사람들은 사업에 참여할 때 공식적인 계약을 한다. 심지어 단기 계약직이라도 기대할 수 있는 급여 수준을 알고 있다. 이것은 의식적이고 가시적인 교환 수준이다.
- 사람들이 비즈니스 시스템에 참여할 때 이루어지는 또 다른 계약은 심리적 계약이다. 이것은 불문율로 가시화되지 않고 문서화 되지도 않아서 영향을 주기가 훨씬 더 어렵다. 이에 따라 기꺼이 제공하려고 하는 것과 그 대가로 기대하는 것에 좌우된다.
- 직원들은 무언의 기대가 있으며 충족되지 않으면 다른 곳으로 관심을 돌리게 된다. 이 교환 수준은 전적으로 직원에 의해 설정되며 고용주는 이를 완전히 인식하지 못할 수 있다. 심지어 직원들도 자신들의 기대를 완전히 인식하지 못하는 경우가 많다. 충족되지 않았거나 무의식적인 계약이 이행되지 않았을 때 인식하게 된다.
- 이러한 교환 불균형을 찾는다면 모든 불만 사항 이면에는 요청이 있다는 것을 기억하라. 무언의 또는 위장된 요청들이 교환에 대한 문서화 되지 않은 기대인 경우가 많다.

이 작업으로 성격 유형을 탐색할 수 있는가?

- 고객(또는 자기 계발 분야의 동료)이 MBTI(또는 기타 유사한 모델)에 익숙하다면 요소를 설정하고 발견한 내용을 함께 나눌 수 있다.
- 예를 들어, '주 기능'를 설정한 다음 이와 관련된 다른 기능을 설정한다.

- 동료들과 함께 이 작업을 수행하는 경우, 동료가 느끼는 감정이나 내면의 움직임에 반응하여 매우 천천히 움직이도록 초대하라.
- 이를 통해 새로운 정보를 얻을 수 있으며 타고난 선호보다 더 효과적으로 정렬할 수 있는 창이 열릴 것이다.
- 그런 다음 이 첫 번째 맵에 인접한 현재 문제 또는 이슈를 설정하고 다른 맵에 어떤 영향을 미치는지 확인하라.

특히 동료 코치들과 함께 작업할 때 '벨빈Belbin 스타일' 또는 '영향력 스타일', '갈등 스타일', '성격' 등을 컨스텔레이션에 가져오는 실험을 해볼 수 있다. 이러한 실험을 통해 좋은 학습 경험과 신선한 통찰력을 가지게 될 것이다.

처음 잠재적 고객을 만나거나 소개받았을 때 이 작업을 어떻게 사용할 수 있을까?

- 시스템 관점에서 통찰력을 공유하는 것은 시스템 사고의 단순한 진리가 잠재적 고객을 자신의 몸과 깊게 연결하기 때문에 첫 회의에서 매우 긍정적인 효과를 가져올 수 있다. 조직과 고객은 새로운 통찰력으로 개인주의적 코칭 방식에 도전할 수 있는 능력을 갖춘 뛰어난 코치를 찾는다.
- 과거, 역할의 이력, 역할의 원래 목적, 기여하고 떠난 사람, 리더십과 권위가 어떻게 표현되는지 등 시스템과 관련된 질문을 하면 된다.
- 예를 들어, 잠재 고객(지금 고객이나 중간 소개자)을 초대하여 주변

물건을 사용하여 '있는 그대로'에 대한 간단한 맵을 설정하도록 해 볼 수도 있다.

예를 들어 다음과 같이 말할 수 있다:
'좋아요, 내가 제대로 이해했다면, 당신은 이 리더가 적절한 권한을 가지고 팀 내에서 자신의 자리를 찾는 것이 어렵다고 생각하는 거죠? 우리 둘 다 무슨 일이 벌어지고 있는지 더 명확하게 파악할 수 있도록 여기에서 리더를 대표할 핸드폰, 물병 등 무엇이든 선택하세요. 이제 종이 한 장이나 테이블 한 부분이 팀이고 전체 테이블이 회사라고 가정해 봅시다. 바라는 대로가 아니라, 실제로 있는 그대로 각자는 어디에 위치할까요?'

- 단순히 현재 상황을 매핑하는 것만으로도 항상 새로운 정보와 통찰력을 얻을 수 있다. 그냥 물어보라 '이 맵에서 어떤 것이 보이세요?' 이 접근 방식은 시스템이 보여주려고 하는 것과 근본적인 역동적인 관계를 드러낸다.

이 접근 방식을 시작할 때 고객의 시스템을 정중하게 여는 다른 질문에는 어떤 것이 있는가?

- 개인, 팀 또는 조직이 난관에 부딪혔다는 것에 대해 들었을 때; '누구에게 (또는 무엇에) 신의를 지키고 있습니까?'(또는 '이렇게 되면 누가 좋아할까요?')
- 역할(개인 또는 팀)의 어려움을 들었을 때; '이전 사람/팀/역할에 무

슨 일이 있었나요?'
- 뚜렷한 이유 없이 리더십의 어려움이 있다는 것을 들었을 때; '과거 누가 이 시스템을 떠났고, 기여가 인정받지 못한 사람은 누구입니까?'
- '더 넓은 시스템에서 볼 때 당신 주변에 이 질문에 해당되는 사람은 실제로 누구라고 생각합니까?'(또는 '누가 이 패턴, 즉 관계 맵을 잘 알고 있습니까?')
- '당신 이전에 누가 있었나요?'
- '어떤 질문에 대한 답인가요?'(또는 '이 패턴을 보면 무엇이 가장 먼저 떠오르나요?')
- '여기서 제외된 것은 무엇입니까?'(또는 '여기에 더 포함 시킬 것 또는 사람이 있습니까?')

이것은 시스템에 대한 질문의 몇 가지 예일 뿐이다. '전체 조직 시스템을 위해 작업하고 있다'라는 말로 고객과 계약을 맺는다면, 자신과 고객을 위해 자연스럽게 더 많은 질문과 통찰이 나올 것이다.

물리적 '지도'나 '컨스텔레이션' 없이도 이 접근 방식을 사용할 수 있는가?

- 그렇다. 조직 원리와 실행을 통해 듣는 방식, 반응 방식, 코칭 방식을 알 수 있다. 실제 컨스텔레이션보다 더 중요한 것은 코치의 내적 자세와 질문을 통해 잠재적 시스템 역동성과 해결책에 대해 관찰하고 적용하는 것이다.
- 먼저 시스템적 지향 질문으로 시작하라.

- 컨스텔레이션의 과정을 사용하지 않고 '시스템 코칭'을 수행하는 방법에는 여러 가지가 있다. 이 모든 것은 시스템에 영향을 주고 지속시키는 조직력에 대한 이해와 시스템 역동성을 말할 수 있는 능력에 달려있다.
- 그렇지만 이 모든 작업을 배우는 가장 좋은 방법은 먼저 컨스텔레이션을 촉진하는 방법을 배우는 것이다. 그럴 수 없다면 오직 한 가지밖에 없다: 바로 자신의 머릿속이다.

컨스텔레이션 워크숍은 항상 정서적인가?

- 이 접근 방식은 가족 시스템의 관계를 탐구하는 워크숍에서 발전했기 때문에 강렬한 정서적 경험으로 명성을 떨쳤다. 그렇지만 가족 컨스텔레이션 워크숍의 문제는 흔히 세대 간 트라우마, 상실 또는 부모와 자녀 사이에서 손상되거나 힘든 관계와 관련이 있다. 당연히 이것은 정서적 문제이고 부모와 자녀에 대한 정서로 표현된다. 때로 상실에 대한 슬픔이 치유에 필요한 방식으로 표현된다. 컨스텔레이션 코칭 교육에서는 개인과 전문 시스템이 겹치는 경우, 함께 설정하여 두 가지 모두의 명확성과 흐름을 지원하는 병렬 컨스텔레이션을 촉진하는 방법에 대해 배운다.
- 가족 시스템은 본질에서 방대하며 시간을 초월한다. 가족 시스템과 비교해서 조직 시스템은 일시적이다. 이러한 이유로 리더십 및 조직 문제를 탐구하는 워크숍에서는 감정적으로 압도하는 경우가 많지 않다.
- 강한 정서를 경험한다면 그것은 결합의 강도 또는 트라우마의 깊이

를 반영하는 것이다. 조직 시스템에서 유대가 매우 강하다면, 가족 시스템 문제나 신의와 관련된 혼란이나 투사를 가리킨다. 워크숍 환경에서 개인적인 문제가 발생할 경우, 이를 존중하고 제한적으로 적용하며, 이슈 보유자의 명시적인 허락을 받고 나서야 탐색할 수 있다. 조직에서는 강한 정서적 문제에서도 비교적 가벼운 터치로 해결책을 찾을 수 있다.

- 이것에 대한 예외는 고질적인 괴롭힘이나 조직적 트라우마를 포함하는 컨스텔레이션인데 조직 시스템에 제대로 소속하려는 강한 정서가 존재할 가능성은 있다.

이 접근 방식을 시스템 전반의 행동 변화를 위한 촉매로 사용할 수 있는가?

- 모든 행동은 소속된 시스템 맥락에서 의미가 있음을 기억하라. 시스템에 접속하여 조직 행동을 주도하는 것이 무엇인지, 그리고 행동 변화를 위해 시스템이 요구하는 것이 무엇인지 파악할 수 있으므로 시스템 컨스텔레이션이 특히 유용하다.
- 이것은 그 자체로 크고 매력적인 주제이며 조직 건강의 여러 주제 가운데 하나이다.

컨스텔레이션 워크숍의 조직 적용에 관해 설명해줄 수 있는가?

이 접근 방식에는 다양한 적용이 있다. 일부는 개발 중이고 다른 일부는 테스트 중이다. 여기에는 조직 문제 해결 방법도 포함된다. 즉 중립적 대리물을 사용하여 다른 구성원들이 명백히 다루기 어려운 문제, 리더십 질문, 팀 또는 추상적인 문제를 일대일 작업을 통해 탐색하는 것이다. 그러나 컨스텔레이션 워크숍을 통해 이 접근 방식을 사용하여 전체 비즈니스 또는 비즈니스 내 팀에 대한 대체 전략 개발에 사용할 수도 있다.

조직 구조가 변경되면 중대한 시스템적 변화와 관련 역동성이 형성된다. 예를 들어, 인수합병에서 리더와 코치는 구조조정이 가장 잘 이루어질 방법에 대한 새로운 통찰력을 얻을 수 있다. 그들은 컨스텔레이션을 통해 역동성과 최상의 잠재적 결과를 조명하도록 설계된 워크숍을 통해 성공적인 합병 또는 성장을 위해 어떤 조건이 필요한지 파악할 수 있다.

또 컨스텔레이션을 사용하여 새로운 소비자 및 기타 이해관계자에 대한 통찰력을 얻을 수 있는 여러 가지 방법이 있다. 예를 들어, 여러 대체 제품이나 계층들을 테스트해 볼 수 있다. 이러한 작업은 대부분 '중립적인' 대리인이 많은 워크숍으로 진행한다.

또 '브랜딩 컨스텔레이션'으로 브랜드 작업도 상당히 많이 진행되고 있다. 브랜딩 컨스텔레이션은 브랜드 소유자에게 브랜드와 브랜드 개발을 테스트하는 기회를 제공한다.

나는 동료들과 함께 리더들이 직면하는 모든 문제를 다룰 수 있도록 정기적인 워크숍을 제공한다. 워크숍에는 핵심 원칙과 실행에 관한 강의를 하고 있으며, 다양한 이슈를 조명하고 비즈니스 또는 조직에 대한 시스템적 작업을 해 볼 수 있다.

코칭 컨스텔레이션 훈련 그룹이 개인과 전문 관계 시스템이 겹치는 상황에서 동시에 명확성과 흐름을 지원하도록 병렬적 촉진에 대해 배우고 있다.

브렉시트BREXIT 또는 2020 팬데믹과 같은 대규모 사회 시스템 트라우마의 맥락에서 이 접근 방식이 제공하는 것은 무엇인가?

우리 주변에서 일어나는 모든 일은 우리가 살고 일하는 사회 시스템 안에서, 일대일이든 팀이든 상관없이 컨스텔레이션을 통해 자리가 주어질 수 있다. 내가 고객에게 특히 유용하고 안정된 것이라고 발견한 것 가운데 하나는 급진적인 포괄성 그 자체가 시스템 개입이라는 것이다.
 있는 그대로 인정하고 포함 시키는 것, 나는 이 두 가지를 사회 시스템 문제에 적용하는 것에 대해 온라인에서 견해를 밝혔으며, 더 자세히 탐색해 보는 것을 환영한다.

색인

A

businessconstellations.com 318, 426
CEO의CEOs 75, 77, 158, 159, 235, 250, 251, 254, 257, 279, 280, 281, 282, 284, 394
coachingconstellations.com 426, 427
lifeloveleadership.com 426
MBTI® 모델MBTI® model 285-7, 471
thechemistrycheck.com 426
TalkTalk 329-34

1

1단계 교환1st level of exchange 470
2단계 교환2nd level of exchange 470
3단계 교환3rd level of exchange 471
3자 코칭three-way coaching 273-4
360도 피드백360-degree feedback 107, 136, 260-2

ㄱ

가벼운 트랜스 상태light trance state 215, 453, 460
가설hypotheses 54, 167, 337
가장자리에서 걷기edge-walking 388-9
가족 시스템family systems 36, 37, 41, 56, 65, 89, 90, 97, 100, 103, 104, 115, 119, 122, 129, 139, 145, 149, 152, 153, 181, 385, 386, 395, 397-403, 407, 409, 412, 414-6, 421, 425, 428, 430, 431, 436, 438, 447, 449, 450, 475, 476
　개인적 양심personal conscience 97-8, 100-3, 115, 118-9, 123
　소속(감)belonging 83-93, 384-6
　시간의 원리time principle 139, 447-8
　위치의 원리place principle 148
가족 워크숍family workshops 224
가족 컨스텔레이션Family Constellations(Manne) 431
가치values
　가족family 100
　개인personal 108, 132, 161, 256, 351
　공유된shared 351
　조직organizational 29-31, 161, 210, 325, 435
　팀team 297, 306-7
갈등 중재자/평화를 만드는 사람peacemaker 402
갈등 패턴conflict pattern 226
갈등 해결conflict resolution 234, 312-5, 376
감정/정서emotions 218-23, 245-6, 343, 475-6
개인 작업, 개별 작업(코칭)individual working 131-2, 164, 208, 303-4
개인 관계 매핑personal relationship mapping 69-80
개인 성장(개발)personal growth(development) 115-9, 399
개인 양심personal conscience 97-8, 100-6, 108-9, 112, 114, 115, 118, 122-3
개인사 요약personal abstracts 351
개인적 가치personal values 109, 132, 161, 256, 351
개인적 스토리personal stories 56, 61, 145, 202, 255
개인적 이슈personal issues 430-1
겸손/겸손함humility 62, 135, 140, 166, 216,

254, 293, 405, 462
결백함innocence 95, 97, 99, 100, 104-8, 112, 115-8
경계 설정boundary setting 95, 103, 186, 190, 321, 356
경청listening 55, 56-7, 387, 390
계약contracting 315, 465, 468
고객clients 48, 49, 51, 122-4, 413-25, 466, 472-4
고객customers 150, 160, 162, 329-34, 352, 465
고객 양육parenting clients 413
고독한 영웅 지도자one-hero leaders 165
고립isolation 159, 343
고착stuckness 335-9, 399, 473
공간 관계 지도spatial relationship maps 44, 276, 321, 454
공감empathy 59, 135-6, 254, 367
공감대 확인chemistry checks 244
공개 워크숍open workshops 317-22
공명 문장resonant sentences 50, 109, 202-7, 213, 371
공명 언어resonant language 40, 292
공유된 가치shared values 351
공작의 꼬리 비유peacock's tail metaphor 36
과도하게 확장된(지나친)overextension 404
과거 경험past experiences 29-34, 64-5, 154-7
진행 상황 확인progress checking 337
관계 매핑(관계 지도)relationship mapping(relational maps) 44, 69-80, 190, 309, 439, 449
관계 시스템relationship systems 35-8, 42-3, 45, 478
관계 친밀성, 관계 공감대relationship chemistry 243-7
관계 패턴relationship patterns 225-7
관계의 어려움challenging relationships 176, 178, 370, 412
관찰(시청)observation(watching) 249, 367
교육 시스템educational systems 36, 56, 84, 97, 101, 155
교환exchange 150-7, 227, 363, 448, 469-71
　가족 시스템family system 400, 408-12, 419-21
　공명 문장resonant sentences 204, 205, 221, 223
　교환 불균형imbalance of 327, 400, 419, 447
　조직 시스템organization systems 448, 470-1
　조직 탈퇴, 조직 떠나기leaving organizations 257
　팀 실습, 팀 활동team exercise 326, 363

교환 불균형imbalance of exchange 151-4, 156-7, 159, 160, 327, 400, 419, 447, 470, 471
구성요소elements 43, 44, 71, 141, 189, 195, 287, 289, 313-5, 345, 352
구조rescuing(healing) 154, 422, 475
국제코치연맹International Coaching Federation(ICF) 324-9
군타드 베버Weber, Gunthard 61, 428, 450
권력의 남용power, misuse of 406
권한authority 110, 226, 229-32, 246, 387-8, 402
　그리고 가족 시스템and family systems 122, 123, 402, 406-7, 417-20
　리더십leadership 138, 139, 147, 302, 345-9, 406-7, 417-20
　역할role 171, 334, 442
규칙rules 89
규칙에서 벗어난out of order 226, 284
그룹 수퍼비전group supervision 354-70
근본적인 문제underlying issues 298
글로벌 코칭 및 멘토링 연합Global Coaching and Mentoring Alliance 329
급진적 포괄성radical inclusiveness 30, 58, 455, 479
기능 장애dysfunction 105, 125, 293, 457-8
기대치 설정expectation setting 86, 414-6, 471
기적, 솔루션 및 시스템Miracle, Solution and System(Sparrer) 429
기회와 피드백opportunity, and feedback 261
긴 스토리long stories 173
꼬리 깃털tail feathers 37

ㄴ

'나는 당신을 따를 것이다'라는 역동성'I will follow you' dynamic 284
눈에 띈 물체, 개체, 대리물found objects 191, 197, 472-3
내 마음에 당신의 마음을 담아(부스 코헨)I Carry Your Heart in my Heart(Booth Cohen) 430
내부 고발자whistleblowers 112
내면 자세inner stance 33, 53-67, 292, 302, 355-6, 388, 463, 466
뇌 센터brain centres 60
느낀 감각felt sense 37, 60, 66, 453, 454, 455, 456, 457
　코칭 실습, 코칭 활동coaching exercises 142, 143,

색인 **481**

286, 306, 346-8, 368
느낌(감)feelings 40, 84, 155, 208, 227, 256, 267-8, 321, 392

ㄷ

단계 설정setting up phase 453
대규모 그룹 워크숍large group workshops 329-34
대리물representative objects 48, 71-80, 197-8, 214-5, 229-31, 247-9, 256-7, 336, 374-8, 464
대리인representatives 49, 345-52, 356-9, 459
대리인 매핑representational mapping 40, 299
대리인 지각(대리인)representative perception(representation) 49-50, 321, 355, 450-4
더 나은 위치better place 194, 206-7, 216, 289, 307, 331, 347
더블 블라인드 컨스텔레이션double-blind constellations 318-20, 452
도덕적 판단moral judgements 106-7, 115
도움되는 것, 도움helpfulness 33, 63-4, 67, 364, 367, 403, 413
돈money 464-5
동기motivation 40, 134, 164-5, 448, 469
동성 부모와의 연관성same-sex parent relationship 416-25

ㄹ

리더십leadership 166-8
리더십 권한leadership authority 135, 147, 302, 345-9, 406-7, 417-20
리더십 코칭leadership coaching 47, 125, 131-6, 179-80, 258-68, 345-9, 392-4, 467-8, 474
가족 시스템family system 414-25
교환의 원리exchange principle 151
소속(감)belonging 92, 123
시간의 원리time principle 138-9, 141-2
위치의 원리place principle 147
리빙 맵, 살아 있는 지도living maps 49, 72-3, 178, 225-40, 347, 355, 439, 454, 467

ㅁ

마찰friction 268-72

만성적인 갈등chronic conflict 312-5
많은 사람 앞에서In the Presence of Many(Broughton) 430
매니저managers 28, 230-1, 274, 346-7, 356-62, 364, 437
매핑mapping 40, 44, 69-80, 175-6, 181-3, 185-24, 295-6, 299, 302, 473
맥락, 상황context 299-300
맹목적 신의blind loyalty 88, 284
멀티팀워크숍multi-team workshops 329-34
명상활동meditative exercises 407-12
모든 것을 포함하는/급진적인 포괄성/근본적 포용 radical inclusiveness 58, 455
목격자 위치witness position 64, 217
목표 설정agenda setting 150, 175-6, 247-9
목표 설정goal-setting 63, 262-6
무언의 규칙unspoken rules 36, 43, 83, 89, 95, 100-1, 104, 108-11, 113-4
무언의 기대unspoken expectations 471
무의식unconsciousness 60, 299
문장 제공offering sentences 200-2, 202-7
문장에 대한 응답responses to sentences 202
문화(문화 시스템)culture(cultural systems) 36, 44, 65, 84, 101, 145, 291, 438
　조직적organizational 30, 98, 108, 111, 114, 149, 153-4, 224, 330
　팀team 297
물리적 공간physical space 72, 275-6, 330, 333, 369

ㅂ

바라봄, 관찰watching 367
발전(성장)development(growth) 115-9, 180, 398-9
발전적 피드백developmental feedback 260
방향direction 72-3, 190-1, 197, 240, 278, 346-7, 359-60, 369
배제exclusion 84, 105, 113, 114, 134, 204, 206, 338, 467
　참조 - 목표설정으로부터from goal-setting 264-5
버트 헬린저Hellinger, Anton('Bert') 52, 53, 58, 64, 95, 128, 367, 400, 414, 425, 429, 430, 449
번, 에릭Berne, Eric 389
번 아웃(소진)burn-out 30, 32, 77, 88, 233, 259, 273, 395, 414, 464
변화 프로그램change programmes 79-80, 180,

318-20, 379
병렬 컨스텔레이션parallel constellations　328, 355, 360, 365, 370, 478
병합mergers　77, 143, 151, 477
보이지 않는 역동성Invisible Dynamics(Horn & Brick)　429
보이지 않는 필드invisible fields　38, 45, 56, 95, 137, 157, 445
부담되는 지위burdened positions　272-3
부하직원(직속 부하)direct reports　107, 229-32, 302
불문율unwritten rules　36, 38, 40, 93, 98, 109, 393, 404
브랜드 컨스텔레이션branding constellations　477
블라인드 컨스텔레이션blind constellations　52, 62, 318-20, 452
블라인드 워크숍'blind' workshops　51-2
블록, 장애물blocks　262-6
비공개 워크숍closed workshops　322-4, 329-34
비공식 클럽informal clubs　84
비밀secrets　148
비밀 문장secret sentences　208-23
비밀 유지confidentiality　62, 318
비밀 유지 계약confidentiality agreements　51
비영리단체non-profit organizations　465
비애착non-attachment　311-2
비즈니스 결과business results　331
비즈니스 시스템business systems　133, 147, 161, 246, 414-5, 428-9, 448, 457, 469-71

ㅅ

사내 코칭in-house coaching　322-9, 329-34, 356-66, 468-9
사랑의 질서orders of love　400
사회 시스템social systems　36, 84, 100, 105, 111, 116
살아 있는 역사 연습(활동, 예제)living history exercises　143, 307-8, 378
상위 목표further goals　264
상처wounding　33, 152, 399, 401, 403
새로운 팀원new team members　310-1
선발 회의selection meetings　243-7
성격 유형personality types　285-6, 471-2
성장(개발)growth(development)　115-9, 180, 399
세부사항detail　173, 191

셀프 수퍼비전self-supervision　368-70, 445
소매틱 코칭somatic coaching　40, 46, 60, 154, 187, 355, 369, 386, 454
소셜 미디어social media　84, 390
소속(감)belonging　28-9, 40, 83-93, 149, 384-6
　가족 시스템and family system　398-403, 406, 414-6, 423
　리더들leaders　122
　팀 실습, 팀 활동team exercises　311-2
손 대리인cataleptic hand　267, 343-9
수퍼비전supervision　353-79, 428, 445, 469
숨겨진 신의hidden loyalties　40, 55, 62, 65, 89, 110, 118, 123, 174
　목표설정goal setting　264, 265, 266
숨겨진 역동(성)hidden dynamics　43, 157, 164, 174, 195, 217, 227-33, 251, 273, 365
　가족 시스템family system　401, 403-5, 412
　조직 시스템organization systems　132
숨겨진 자원, 숨은 자원hidden resources　37, 111, 182, 261, 440
숨겨진 혜택(유익), 목표, 장애물hidden benefits, goal, blocks　263-6
스토리stories　57, 61, 145, 201, 254, 467
시간time　138-46, 157, 159, 174, 226, 227, 447-8
　가족 시스템family system　409
　공명 문장resonant sentences　204, 205, 409
　인정acknowledgement　327, 366, 409
　조직 탈퇴leaving organizations　251
　팀 실습, 팀 활동team exercises　307-9, 366
시스템systems　35-8, 125-8, 438-9
시스템 대리인system representatives　349
시스템 역동성systemic dynamics　46, 110, 132, 167, 230, 264, 297, 475
시스템 위계질서system hierarchy　148, 157, 287, 302, 322, 330
시스템 컨스텔레이션, 정의systemic constellation, defined　439-10
시스템 코칭, 정의systemic coaching, defined　38-43, 441-3
시스템 퇴출석systemic ejector seat　110, 147, 159
시스템 플래그system flags　169-75
시스템적 리더십systemic leadership　166-8
시스템적 양심systemic conscience　99, 101, 119-24
시스템적 이슈systemic issues　446
신념beliefs　101, 102

신뢰trust
　조직에서in organization 122, 134, 164-5, 293, 297, 322
　코칭 과정에서in coaching process 40, 66, 70, 182, 215, 223, 227, 246-9, 386, 441
신의loyalty 89, 100-1, 102, 104-11, 115-9, 122, 226
심리적 계약psychological contract 315, 471
심리적 안전psychological safety 253, 386-8, 401, 468
실험testing 337

ㅇ

아는 분야knowing field 307
안전 욕구safety needs 386-9
안전한 공간safe spaces(places) 387, 403, 406
알브레히트 마흐Mahr, Dr Albrecht 415, 428
암묵적 룰, 암묵적 규칙implicit rules 95, 97
앨 포드, 프레드Alford, Fred 113
양심 집단conscience groups 95-124
언어language 40, 207, 292
언어 필드 활동word field exercise 306
역할 권한role authority 110, 170, 229-33, 334, 442
역할 반전role reversal 377
역할극role-play 267, 321, 451
예상치 못한 죽음unexpected deaths 374
영웅(적) 리더hero leaders 165, 436
액션 러닝 세트 수업action learning sets 230-2
오프라인 자료offline resources 427-31
온라인 자료online resources 426
올바른 위치right place 249, 257, 308, 316, 355, 440, 464
외로움/외로운 감정loneliness 92, 117, 342, 389, 413, 415
움직임(이동)movement 197-8, 205
유럽 멘토링 및 코칭위원회European Mentoring and Coaching Council(EMCC) 324-9
유용함usefulness 63, 67, 367-8
유진 젠들린Gendlin, Eugene 60, 456
워크숍workshops 48-52, 130, 169, 185, 205, 316-8, 427, 475
　가족family 224, 400
원거리, 떨어진distance 72, 79, 191, 219-21, 299, 331, 371

원격 작용action at a distance 39
위계질서hierarchy 89
　자연적 시스템natural system 143-4, 148, 157, 287, 302, 322, 330, 448
　조직적organizational 149, 167, 287, 302, 322, 330, 447
위임delegation 131-2, 259
위치, 자리place 146-50, 157, 159, 174, 177, 463-4
3자 세션three-way coaching 274
가족 시스템family system 152, 409, 422
공명 문장resonant sentences 203, 213, 372
일대이 코칭two-way coaching 269-72
의사소통(커뮤니케이션)communication 143, 178, 230, 250, 454
의식적 인식(의식)conscious awareness(consciousness) 31-2, 40, 88
이슈(문제) 정의, 식별issue identification 62, 172, 188-90, 337, 338
이슈 진단diagnosing issues 45, 176, 337, 440
이슈 해결issue resolution 181, 205-7, 228, 259
어려운 대화difficult conversations 178, 267-8
이중 매핑double mapping 287
이차 감정secondary feelings 267
이해 관계자stakeholders 208, 350, 375, 477
인간 욕구human needs 383-96
인정acknowledgement 29, 133-6, 182, 228, 460, 467
　교환 원칙exchange principle 155-6
　시간 원칙time principle 138-46, 326, 366, 409
　장소 원칙place principle 146-50, 311-2
　조직 시스템in organizational systems 164, 177-8
　조직 탈퇴leaving organizations 92, 163, 250-7, 311
　팀 작업team working 311, 331
인수acquisitions 143, 144, 151, 477
인정 문장sentences of acknowledgement 160, 199-207, 260, 267, 348, 362
　가족 시스템family system 409-11
　고착stuckness 335-6
　공명resonant 50, 109, 232, 372
　교환 원칙exchange principle 156, 204, 205
　시간의 원리, 시간의 원칙time principle 204, 205, 409
　위치의 원리, 위치의 원칙place principle 204, 205, 311-2

이전 역할 소유자previous role-holders 362
팀 코칭team coaching 311-2
해결resolving 348
인터뷰 단계, 초기 매핑interview stage, initial mapping 188-90, 324
일관성coherence 132, 135, 171, 178, 403, 445
일대일 매핑one-to-one mapping 302
일대일 코칭two-way coaching 268-72
일대일 코칭one-to-one coaching 141, 150, 185, 205, 214-8, 243-88
일차감정primary feelings 84, 267-8
있는 그대로what is 59, 155, 249, 254, 293, 299, 303, 370, 473
있는 그대로 인정하기Acknowledging What Is(Hellinger &Hövel) 430

ㅈ

자각/자기 인식self-awareness 54, 64-5, 127, 131, 167, 259, 287, 415
자급자족self-sufficiency 419
자만하는hubristic 391
자세stance 42, 55-6, 292-3, 444
자신, 자체self 41, 101, 390
자연적 위계질서natural system hierarchy 144, 146, 157, 287, 322, 394, 448
자원화resourcing 179, 229, 275-7, 407-12
자원봉사 시스템voluntary system 154
잘 떠나기leaving well 251-8
재-멤버화re-membering 110, 120, 146, 148, 207
전문적 시스템, 직업 시스템professional systems 29, 97, 109, 404, 475
전이transference 392, 393
전임자predecessors(previous role-holders) 245, 251, 257, 273
전체 시스템적 접근whole system approach 57
절하기bowing 223-4
접속 필드Fields of Connection(Stam) 429
정서적 안전emotional safety 388
정서지능emotional intelligence(EQ) 131, 254, 287
정신생물학적 갈망psychobiological hungers 389
제3 문화 아이들third-culture kids 89
조직 가입하기joining organizations 90-2, 179, 250, 253
조직 가치organizational values 29, 161, 210, 325, 436
조직 건강organizational health 161-2, 257, 323-9, 435, 465-6
조직 문화organizational culture 30, 98, 108, 111, 113, 148, 154, 329
조직 시스템organizational systems 119, 132, 182
개인적인 경험personal experiences 28-32
교환의 원리exchange principle 154, 448, 469-71
비밀 문장secret sentences 210-1
시간의 원리time principle 447-8
워크숍workshops for 322-4, 475-7
인간 욕구human needs 394
인정acknowledgement 164, 174, 177-8
장소의 원리place principle 146-8, 163-5
조직 원리(질서력)organizing principles(ordering forces) 123, 128-31, 136-68, 247, 277-84, 294, 446
조직 탈퇴(종료)leaving organizations(endings) 90-3, 174, 179, 226, 250-8
어려운 환경difficult circumstances 30, 32, 76, 86, 110, 461
인정acknowledgement 311-2, 467
조직적 양심organizational conscience 98-9, 108-13
조직적 위계질서organizational hierarchy 149, 167, 287, 302, 322, 330, 447
실존적 위기existential crises 393
종결, 초기매핑closure, initial mapping 193-4
좋은 퇴사'good' leaving 255-7
좌절frustration 219, 245-6, 253, 319, 359-60, 399
죄책감guilt 97, 99, 104-8, 111-2, 115-9
주의 사항contraindications 181
중립성neutrality 59, 121, 205, 286, 304, 322, 453, 463, 469, 477
지혜의 원wisdom circles 314, 328
직업적 마찰professional friction 269-72
진짜 문제를 정의함real problem identification 337
질문questions 62, 108, 114, 117-9, 188-9, 198, 473-4
집단 대리인group representatives 349-52
집중focusing 456
짝을 이루어 실습하기, 페어 활동pairs exercise 368-9

ㅊ

참조 시스템reference systems 103, 188, 192, 438,

439
초기 매핑initial mapping 172, 192-3
추상적 대리인abstract representatives 44, 45, 189, 275, 313, 350-2

ㅋ

칼 로저스Rogers, Carl 456
컨스텔레이션constellations ii, 43-52, 181-3, 195-6, 441-5, 454-5
   이중 블라인드double-blind 318, 452
   통합integration 218
컨스텔레이션 워크숍constellation workshops 48, 130, 169, 207, 257, 401, 408, 450, 458, 475, 476, 477, 488-9
컨스텔레이션 조각 재배치replacing constellation pieces 198
코치coaches 28-34, 53, 63-4, 69, 121, 212, 217
코칭coaching
   시스템적systemic ii, 39-43, 441-3
   팀 실습, 팀 활동team exercises 304-12, 379-80
코칭 수퍼비전(멘토링)coaching supervision(coach mentoring) 353-79, 428
코칭 질문coaching questions 62, 108, 114, 117, 121, 188-9, 198

ㅌ

타입 나침반type compasses 286
테이블 컨스텔레이션tabletop constellations 197, 248, 277, 412
통합 컨스텔레이션integration constellation 218
퇴출석 증후군ejector seat syndrome 147
투사projection 355, 392, 452, 476
트라우마 및 유대감과 가족 컨스텔레이션Trauma, Bonding and Family Constellations 431
트랜스 상태trance state 215, 453, 460
팀teams 30, 131-3, 143-6, 150,
   비밀 문장secret sentences 208

팀 리더team leader 150, 210, 238, 278, 287, 293, 295-6, 302, 311, 347, 421
팀 매핑team mapping 295
팀 목적team purpose 309
팀 활동team exercises 304-16, 378

ㅍ

패턴 인식pattern recognition 225
퍼실리테이션facilitation 50, 67, 233, 305, 313, 315, 342
편파성partiality 54, 55, 57, 66, 116
포괄성, 포함하는 방식inclusiveness 58, 462, 479
플로어 마커floor markers 73, 141, 142, 263-4, 266-7, 275, 289, 310, 314, 331, 341, 342, 344, 368
피드백feedback 32, 49, 107, 110, 136, 151, 180, 260, 368, 413

ㅎ

학생 코칭student coaching 144-6
허락/허용permission 170, 181, 186-7, 233, 423, 460-2, 468, 476
현상학phenomenology 22, 52
현존presence 53, 70, 171, 216, 390, 401
형태유전학 분야morphogenetic field 455
해결 문장resolving sentences 290, 348
해결 중심solutions focus 189, 429, 444
해결책resolution 180-2, 195-6, 205-6, 229, 259, 338-9
핵심 요소key elements
   고객의 문제client issues 189
   관계 시스템relationship systems 71
행동(행동 변화)behaviour(behaviour change) 84, 96, 157, 161, 245-6, 265, 323, 391, 441-2, 476
혼란스러운 이슈muddled issues 172-3
훈련, 실습training 427

저자 및 역자 소개

저자

존 휘팅턴 John Whittington

존 휘팅턴은 시스템 코칭과 컨스텔레이션 코치이자 퍼실리테이터이며 교사이다. Coaching Constellations Ltd.의 창립자로서 기업 CEO와 임직원들에게 정기적으로 컨스텔레이션 워크숍을 진행 중이며, 세계적인 전문 코치들과 함께 시스템 코칭 및 컨스텔레이션을 공유하는 교육팀을 이끌고 있다.

그는 삶과 일, 관계 시스템에 매료되어, 2002년 일련의 컨스텔레이션 워크숍에 참여하여 이 접근법을 깊이 훈련했다. 그 뒤 삶과 리더십, 팀 개발에 적용되는 시스템 코칭과 컨스텔레이션을 가르치고, 저술하고, 혁신하는 지속적인 학습 여정을 시작했다.

2012년에 그의 첫 번째 책 『시스템 코칭과 컨스텔레이션 Systemic Coaching & Constellations』을 출간하였으며, 2020년 8월에 개정된 3판을 출간했다.

휘팅턴은 2011년 영국과 남아프리카 요하네스버그에서 헨리 경영대학원 Henley Business School 석사과정 학생들에게 시스템 코칭과 컨스텔레이션을 가르쳤으며, 2018년에는 헨리 경영대학원 핀란드 Finland를 위한 일련의 시스템 리더십 개발 워크숍을 진행했다.

또 자신의 웹사이트(https://lifeloveleadership.com)에서 고객과 학생들이 묻는 주제에 대해 글을 쓰고 있으며, 2020년 봄부터 해당 플랫폼을 통해 매월 컨스텔레이션 워크숍을 제공할 뿐만 아니라 많은 주제에 관한 글을 공유한다.

그는 특히 비즈니스 컨스텔레이션 워크숍을 통해 리더십 활력과 조직의 건강을 지원하며, 리더들에게 팀과 전체 조직에서 리더십 흐름을 유지하고 숨겨진 역동성을 조명할 기회를 제공한다.

역자
가향순

남서울대학교에서 코칭을 전공하였으며, (사)한국코치협회 전문코치 KPC이다. 충남청소년진흥원 '주도적으로 인생을 변화시켜 공동체를 이끄는 삶'과 '주인공 리더십 프로젝트'의 전문강사이며 프로그램 개발 연구원 및 리더십 진로코치로 활동 중이다.

코치로서 소명은 개인의 고유성과 독특함을 존중하고, 수용과 사랑의 마음으로 더 나은 세상을 위한 지렛대가 되고자 한다.

코치와 강사로서 다양한 코칭 관련 프로그램을 경험함과 아울러 고객 자신의 탁월성을 발견하는 데 큰 도움을 주는 NLP Neuro Linguistic Propramming를 몸소 체험했다.

코로나-19로 인한 상실된 내면의 '참 나'를 만나 순수 의도로 내면의 힘을 발휘할 수 있도록 돕는 회복탄력성 강의 중이다.

　이 책을 통해서 시스템 코칭과 컨스텔레이션은 최적화된 시스템이며, 그 효과가 강력하다는 인식을 갖게 되었으며, 컨스텔레이션으로 코칭의 꽃을 피우고자 한다.

문현숙

남서울대학교 대학원에서 코칭학을 전공하였고, 청소년 리더교육 강사로서 청소년들이 자기 계발을 통해 주도적인 삶의 리더로 성장하는 데 관심이 많아 코칭을 선택하게 되었다. 현재 (사)한국코치협회 전문코치KPC이며, 코치로서 역량을 강화하기 위해 NLP와 도형심리를 배우고, 도형심리 가감승제 진로 코칭을 하고 있다. 최근에는 타로와 코칭을 접목하고 나아가 도형심리와 타로로 정서 코칭과 진로 코칭에 적용하고 있다.

　이 책을 번역하면서 시스템 코칭과 컨스텔레이션을 더욱 깊이 있게 이해하게 되었고, 이를 실제 코칭에 적용하고 있다.

임정희

대학교를 졸업 후 20여 년의 직장 생활을 하며 수많은 역동을 경험하였다. 코치로 활동하면서 평생 학습을 통한 지속적인 성장을 추구한다. 에니어그램과 퍼실리테이션을 활용한 그룹 코칭과 개인 코칭에 중점을 두고 활동하고 있다. 현재 (사)한국코치협회 인증 전문코치KPC이며, 한국FT코칭연구원 러닝코칭 강사, 에니어그램 강사, 진로 강사 및 멘토로 활동 중이다.

    시스템과 역동을 이해하고 얽힘을 풀어내는 컨스텔레이션은 앞으로 지향하는 코칭 분야에서 큰 힘을 발휘할 것으로 믿는다.

홍삼열

캘리포니아 대학에서 리더십과 조직신학을 전공하여 신학박사를 취득하고 국내에서 조직 코칭과 사회기술시스템을 전공하여 이학박사를 취득하였다. America Evangelical University 교수로서 코칭 세미나를 지도하고 있다. (사)한국코치협회 이사로 있으면서 종교계 코칭확산본부 기독교코칭센터 초대 센터장을 역임하는 등 코칭 문화 확산에 힘쓰고 있다. 한국FT코칭연구원 대표로서 (사)한국코치협회 자격 인증과정인 '인성코칭', '러닝코칭', '프로세스코칭' 그리고 기독교코칭센터 인증과정인 '임마누엘코칭' 등을 개발하여 코치를 양성하고 있다. 이와 함께 한국퍼실리테이터협회 자격 인증과정인 '공동체개발 Issue Solving Process'를 개발하여 퍼실리테이터를 양성하고 있다. 리더십, 집단지성, 코칭 분야의 다양한 논문과 책을 집필하였다.

한국FT코칭연구원

http://fcikorea.co.kr

홍승지

경북대학교 대학원에서 심리학을 전공하고 MBTI 전문강사로 활동했으며, 영업조직에서 10년간 종사하면서 팀워크와 개인의 성장에 관심을 두게 되어 코칭에 입문하였다. 현재 (사)한국코치협회 인증 전문코치(KPC)와 국제코칭연맹(ICF) 인증 전문코치(PCC) 자격을 갖고 있다. NLP를 코칭에 접목하기 위해 마스터 프랙티셔너 과정을 3회 수료하였다. 코칭을 삶의 전반에 적용하는 데에 관심을 두고 있으며, 지금까지 개인 코칭을 800시간 이상 진행하였다. 능률협회에서 다년간 코칭 리더십과 회복탄력성에 대해 강의 중이다. 조직 컨스텔레이션 워크숍에 참석하고 많은 통찰과 새로운 시각을 얻게 되었으며, 이 책의 번역을 통해 시스템 코칭과 컨스텔레이션을 이해하게 되었으며, 이를 적용하기 위해 활동 중이다.

발간사

호모코치쿠스 29. 시스템 코칭과 컨스텔레이션

『시스템 코칭』 발간 이후 호모 코치쿠스는 또 한 걸음으로 『시스템 코칭과 컨스텔레이션』을 출판한다. 두 책을 통해 우리는 시스템 사고와 접근의 전체적 윤곽을 접할 수 있게 되었다. 시스템 코칭은 사실 코칭 초창기부터 제기되어 코칭 이론의 여러 분야에서 두루 활용되어 왔다. 두 저서에서 주장하는 시스템 코칭 내용과 참고 자료는 우리에게 풍부한 자극을 줄 것이다.

  이 책은 개인과 팀 코칭에 더욱 실질적으로 활용할 수 있는 컨스텔레이션constellation이라는 용어를 본격적으로 제시한다. 이 용어를 그대로 영어로 표기하는 것에 많은 망설임이 있었다. 코칭 용어에 난무하는 영어 표기가 마음에 걸리기 때문이다. 이른바 K-문화 자체가 세계화 장에 일원이 되고, 옥스포드 영어 사전에 많은 한국어 표현이 그대로 등재되어 새로운 의미로 확장하고 있다. 반면에 코칭 전문 분야에는 영어 단어가 그대로 또아리를 틀고 있음을 우리는 안다. 우리 언어로 사색하고 철학하기가 쉽지 않아 한국어로 번역해 놓으면 오히려 연상이 축소되거나 소통과 토론이 어려운 '텅 빈 단어'가 되는 현상에는 우리 인문학 전반의 발전과 결부된 어쩔 수 없는 측면이 있지만 새로운 단어를 앞장서서 그대로 가져 오는 것에 무력감을 느낀다. 그렇지만 이번에 수록된 단어는 그 출처가 영어 단어인데도 우리 언어 생활에 의해 새로운 의미가 추가되어 영어 단어의 의미가 확장된 단어를 보면서 어떤 반딧불을 보는 듯하다. 우리의 코칭 용어도 코치들의 임상 경험에서 확장되고, 사색으로 깊어져 단어의 외연과 내포적 확장이 될 수 있지 않겠는가 염원해본다.

    constellation은 별자리, 별무리, **성좌**로 번역되고 '**별들이 함께 있음**'의 의미를 지닌다. 이 용어가 철학과 정신분석에서는 그대로 '성좌'로 단순 번역되기도 하고, 저술자의 의미 부여와 용법이 별도로 설명되기도 했다. 또 주창자의 논의 내용을 반영하여 **관계**, **배치**, **짜임관계** 등 연구자들에 따라 다양한 한국어로 소개되어왔다. 철학 분야에서는 막스 베버, 발터 벤야민, 아도르노 등이 앞서고 정신분석에서는 프로이트, 융과 윌프레드 비온 등이 이 용어를 활용해 무의식이 지닌 현상과 성격을 언급해왔다. 대인관계 조력 분야에서는 '가족 세우기' 이론에서 집중적으로 활용되고 발전해온 것으로 안다. 그렇다고 이것이 꼭 서양 사유의 산물만은 아니다. 이른 바 현실 세계와 시간과 역사의 흐름을 대상이나 개념으로 포착해 사유하는 과정에서 각각의 생성과 발전과는 별도로 각각의 관계와 '사이', '틈'에 대한 관심, **배열**에 따른 또 다른 의미로의 발전 등을 사유하는 흐름은 당연히 동양의 사유 도처에 있으나 과문한 탓에 이 자리에서 설명하지 못함이 아쉽다.

 그렇지만 이 용어를 사유의 은유적 도구로 활용하여 이미 있는 것이 (빛으로) 새롭게 나타나는 것, 서로 연결되어 새로운 의미로 발전하는 과정, 각각을 이어내는 연결 그 자체, 또는 배치나 배열에 주목하거나, 다름의 차이나 사이에 주목하거나, 출현의 변화와 속도 등을 남다르게 해석하는 사상가의 관심에 따라 다양하게 적용되며 의미가 확대되어왔다. 그래서 이 단어는 어떤 맥락에서 활용되는가에 따라 사전적 해석 이상의 의미로 소통되어 왔다. 그 만큼 이 용어 자체가 철학, 사회학, 정신분석 사유를 거치면서 두터워지고, 농축된 의미로 간주된다. 대체로 보이지 않거나 인식할 수 없는 것, 무의식적 현상의 발전 등에 대한 비유를 통해 사유를 발전시킨 특징을 살려 이제 '코칭의 2자 관계, 3자 관계, 그룹 관계 등에서 다양하게 적용될 여지가 높고, 이 단어의 내포적 의미를 어떻게 발전시켜 나가는가에 따라 코칭 이론 안에서 새롭게 외연이 확대될 수 있다.

 반면에 이 단어를 중심으로 사유할 때 어떤 지점에 착목着目하는가도 주목된다. 현실에서 추출해내는 경험/개념 등이 결합된 새로운 것들이 ① 두 가지 이상이 순차적으로 출현하는가, 동시에 출현하는가 - 이때는 '기다림'이 중요하다. ② 둘 이상이 함께 있음으로 인해 출현하는 다른 의미를 발견하는 것, 병렬/병치juxtaposition이다 - 이때는 누가 발견의 주체이고 서로에게 발견의 기회를 허용하는 것이 중요하다. 또 이 과정이 바로 의미-만들기 과정이다. ③ 새로운 의미 출현의 다양함을 보장하고 즐거움을 만끽하는 데에 주목할 수 있다 - 이때는 이를 얼마나 깊이 각자 또는 서로가 소유, 전유하는가가 중요하다. ④ 각각의 출현과 창발을 중시하는가, 그것들의 사이와 관계에 주목하는가도 주제가 된다 - 이런 여러 가지 길은 이후 다양한 별도의 경로이기에 그 순간 몸의 움직임이나 직관에 맡기게 된다. ⑤ 당연히 두 가지 것만 상정되지는 않는다. 여러 개(별)가 동시에 또는 무작위로 복합적이고 다층적으로 보일 수 있다 - 이때 우리는 별-자리/성좌라고 부르며 하나의 독립된 별도의 의미-형성(완료)을 중요시한다. 우리는 비로소 다른 '말'이나 '이름'으로 부를 수 있다 - 이때는 그 이름으로 부르는 것, 호명이 중요하다. 김춘수 시인의 꽃 "내가 그의 이름을 불러주기 전에는/그는 다만/하나의 몸짓에 지나지 않았다. // 내가 그의 이름을 불러주었을 때/그는 나에게로 와서/꽃이 되었다." 이 시구는 이를 뒷받침하는 최고의 미적 순간이 된다. ⑥ 이것은 결코 온전한 하나의 고정된 '성좌'로만 보이는 것은 아닐 것이다. 다양한 **불꽃놀이**로 창발/출현할 수 있다. 컨스텔레이션하다/되다가 된다 - 이때 우리는 조건 없이 감탄과 경탄을 제공하게 될 것이다. 즉 아기와 눈 맞추고 아낌없이 경탄하는 어머니가 된다. 우리 모두는 어머니의 경탄과 감탄을 먹고 자랐다. 우리가 컨스텔레이션의 의미의 내포와 외연을 이렇게 까지 확장한다면, 그동안 코칭에서 중요한 단어였던 acknowledgement를 '존재 자체의 승인'이란 의미로 이해했던 것에 버금가는 중요한 작업이 된다.

이런 모든 현상이 코칭-관계, 코칭 프레즌스 안에서 일어난다는 점은 자명하다. 코치와 고객이 나누는 자각 인식/알아차림^{awareness}, 통찰, 아하!, 이크! 등의 내용과 이것이 형성되는 모든 순간을 컨스텔레이션의 다양한 의미 가운데 하나로 풍부하게 설명할 수 있게 된다. 팀 코칭, 그룹 코칭에서 경험하는 집단적 '자각' 역시 같다. 작업 동맹이 견고할수록 위에 열거한 모든 것이 다 가능하고 훌륭함이 높아지는 것 또한 자명하다. 코치는 고객 안에 감춰진 '어떤 것'이 희미하게 드러나고 점차 '별'로 빛나며, 이미 있는 것이나 버려둔 것과 자유롭게 연결하는 것을 목격하고 증언할 수 있게 된다. 당연히 이는 코치이 그의 것이고 그가 할 일이기에 코치는 지지하고 인정(존재 승인)과 칭찬 aknowledgement을 제공하며 뒤따르면 된다. 코치이가 가는 길이 난雛 코스라면 코치는 버팀목이 되어 줄 것이다. 희미한 자각에서 점차 통찰로 변하고 끝내 말로 표현하게 되는 과정을 코치와 나누며 의미-형성을 하게 된다. 이렇게 얻어지는 앎/지식이 곧 '대화적-앎'이요 코칭 관계에 의한 (새로운) 앎이 된다.

　이 같은 전망을 바라보며 우리는 향후 컨스텔레이션을 어떻게 번역해 코칭 언어로 표현할 것인가? 어디서 어디까지 이 단어의 내포적 의미를 부여하고 외연을 확대할 것인가? 이 단어를 소유하고 연상하고 임상 과정을 설명하고 새로운 의미로 채워야 하는 것은 이제 우리 모두의 몫이다.

　팀 코칭과 그룹 코칭은 일대 일 코칭과는 다른 별도의 실천 장field이다. 일대일 코칭을 풍선처럼 확대하면 되거나, 복제하는 것은 결코 아니다. 일대일 코칭을 조직 시스템 안에서 접근해야 하듯, 팀 코칭, 그룹 코칭도 매 한가지라면 시스템 접근은 이 양자를 각각, 또 같이 이어주는 붉은 실이 될 수 있다. 특히 이 저서는 이 점을 잘 드러내준다.

　번역 팀 작업을 옆에서 보면서 좋은 리더십이 성과에 얼마나 좋은 영향을 미치는지 목격했다. 역자들의 노고에 감사드린다. 번역 과정에서 이룬 팀워크를 바탕으로 책의 내용을 코칭 임상에 적용해 다양하게 엮어나갈 수 있기를 소망한다. 이제 한 해가 다가 올해의 마지막 책이다. 편집과 교정을 묵묵히 감당해온 정익구 코치, 분망한 직장 생활에서도 편집디자인을 진행해주신 이상진 님에게도 언제나 변함없는 감사를 전한다. 아울러 어려운 출판 여건을 보며 출판 기금을 보태주신 저자 김현주 코치에게도 감사의 마음이다.

2021년 12월 20일
발행자 김상복

호모코치쿠스

코칭 튠업 21
: ICF 11가지 핵심 역량과 MCC 역량

김상복 지음

뇌를 춤추게 하라
: 두뇌 기반 코칭 이론과 실제
Neuroscience for Coaching

에이미 브랜 지음
최병현, 이혜진 옮김

마음챙김 코칭
: 지금-여기-순간-존재-하기
Mindful Coaching

리즈 홀 지음
최병현, 이혜진, 김성익, 박진수 옮김

코칭 윤리와 법
: 코칭입문자를 위한 안내
Law & Ethics in Coaching

패트릭 윌리암스, 샤론 앤더슨 지음
김상복, 우진희 옮김

조직을 변화시키는 코칭 문화
How to create a coaching culture

질리안 존스, 로 고렐 지음
최병현, 이혜진 등 옮김

내러티브 상호협력 코칭
: 3세대 코칭 방법론
A Guide to Third Generation Coaching: Narrative-Collaborative Theory and Practice

라인하드 스텔터 지음
최병현, 이혜진 옮김

임원코칭의 블랙박스
Tricky Coaching

맨프레드 F. R. 케츠 드 브리스 등 편집
한숙기 옮김

마스터 코치의 10가지 중심이론
Mastery in Coaching

조나단 패스모어 편집
김선숙, 김윤하 등 옮김

코칭·컨설팅
수퍼비전의 관계적 접근
Supervision in Action

에릭 드 한 지음
김상복, 조선경, 최병현 옮김

정신역동과 임원코칭
: 현대 정신분석 코칭의 기초1
Executive Coaching : A Psychodynamic Approach

캐서린 샌들러 지음
김상복 옮김

수퍼비전
: 조력 전문가를 위한 일곱 눈 모델
Supervision in the Helping Professions

피터 호킨스, 로빈 쇼헷 지음
이신애, 김상복 옮김

코칭 프레즌스
: 코칭개입에서 의식과 자각의 형성
Coaching Presence : Building Consciousness and Awareness in Coaching Interventions

마리아 일리프 우드 지음
김혜연 옮김

멘탈력
정신적 강인함에 대한 최초의 이론적 접근
Developing Mental Toughness:
Coaching strategies to improve performance,
resilience and wellbeing

더그 스트리챠크직, 피터 클러프 지음
안병옥, 이민경 옮김

코치 앤 카우치
Coach and Couch

멘프레드 F.R. 케츠 드 브리스 등 지음
조선경, 이희상, 김상복 옮김

리더의 정치학
: 조직개혁과 시대전환을 위한 창발 리더십 모델
Leading Change: How Successful Leaders
Approach Change Management

폴 로렌스 지음
최병현 등 옮김

고용 가능성
고용+가능성 업그레이드 전략
Developing Employability and Enterprise:
Coaching Strategies for Success in the Workplace

더그 스트리챠크직, 샬롯 보즈워스 지음
조현수, 최현수 옮김

게슈탈트 코칭
바로 지금 여기
Gestalt Coaching: Right here, right now

피터 브루커트 지음
임기용, 이종광, 고나영 옮김

강점 기반 리더십 코칭
: 조직 내 긍정적 리더십 개발을 위한 가이드
Strength_based leadership Coaching
in Organization An Evidence based guide to
positive leadership development

딕 매키 지음
김소정 옮김

영화, 심리학과 라이프 코칭의 거울
The Cinematic Mirror for
Psychology and Life Coaching

메리 뱅크스 그레거슨 편저
앤디 황, 이신애 옮김

영웅의 여정
자기 발견을 위한 NLP 코칭
The Hero's Journey: A voyage of self-
discovery

스테판 길리건, 로버트 딜츠 지음
나성재 옮김

VUCA 시대의
조직문화와 피어코칭
Peer Coaching at Work

폴리 파커, 팀 홀, 캐시 크램,
일레인 와서먼 공저
최동하, 윤경희, 이현정 옮김

정신역동 마음챙김 리더십
: 내면으로의 여정과 코칭
Mindful Leadership Coaching : Journeys
into the interior

맨프레드 F.R. 케츠 드 브리스 지음
김상복, 최병현, 이혜진 옮김

실존주의 코칭 입문
: 알아차림·용기·주도적 삶을 위한
철학적 접근
An Introduction to Existential Coaching

야닉 제이콥 지음
박신후 옮김

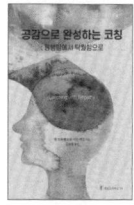
공감으로 완성하는 코칭
: 평범함에서 탁월함으로
Coaching with Empathy.

앤 브록뱅크, 이안 맥길 지음
김소영 옮김

내러티브 코칭
: 새 스토리의 삶을 위한 확실한 가이드
Narrative Coaching : The Definitive Guide to Bringing New Stories to Lif

데이비드 드레이크 지음
김상복, 김혜연, 서정미 옮김

ADHD 코칭
: 정신건강 전문가를 위한 가이드
ADHD Coaching: A Guide for Mental Health Professionals

프란시스 프레벳,
아비가일 레브리니 지음
문은영, 박한나, 가요한 옮김

시스템 코칭
: 개인을 넘어 가치로
Systemic Coaching: Delivering Value Beyond the Individual

피터 호킨스, 이브 터너 지음
최은주 옮김

글로벌 코치 되기
: 코칭 역량과 ICF 필수 가이드
Becoming a Coach

조나단 페스모어,
트레이시 싱클레어 지음
김상학 옮김

시스템 코칭과 컨스텔레이션
Systemic Coaching & Consitellations

존 휘팅턴 지음
가향순, 문현숙, 임정희, 홍삼렬,
홍승지 옮김

.... (출간 예정)

수퍼바이지와 수퍼비전
: 수퍼비전을 위한 가이드
Being Supervised A Guide for Supervision

에릭 드 한, 윌레민 레구인 지음
한경미, 박미영, 신혜인 옮김

정신역동 코칭
: 30가지 특징
Psychodynamic Coaching: Distinctive Features

클라우디아 나젤 지음
김상복 옮김

인지행동 코칭
: 30가지 특징
Cognitive Behavioural Coaching: Distinctive Features

마이클 니난 지음
박지홍 옮김

코칭수퍼비전의 이론과 모색
Coaching and Mentoring Supervision : Theory and Practice

타티아나 바키로버, 피터 잭슨, 데이빗 클라터벅 지음
김상복, 최병현 옮김

비연속 단일회기 코칭
: 30가지 특징
Single-Session Coaching and One-At-A-Time Coaching: Distinctive Features

윈디 드라이덴 지음
김상복 옮김

인지행동 기반 라이프코칭
Life Coaching : A Cognitive behavioural approach

마이클 니난, 윈디 드라이덴 지음
정익구 옮김

웰다잉 코칭
생의 마지막과 상실을 겪는 사람들을 위한 코칭 가이드
Coaching at End of Life

돈 아이젠하워, J. 발 헤이스팅 지음
정익구 옮김

임원코칭
: 시스템 - 정신역동 관점
– 현대 정신분석 코칭의 기초 3
Executive coaching: System-psychodynamic persfective

하리나 버닝 편집
김상복 옮김

정신역동 코칭의 이해와 활용
: 현대 정신분석 코칭의 기초2
Psychodynamic Coaching : focus & depth

울라 샤롯데 벡 지음
김상복 옮김

코칭과 정신건강 가이드
: 코칭에서 심리적 과제 다루기
A Guide to Coaching and Mental Health : The Recognition and Management of Psychological Issues

앤드류 버클리, 케롤 버클리 지음
김상복 옮김

10가지 코칭 핵심주제 사례연구
: 20개 사례와 40개 논평
Complex Situations in Coaching

디마 루이스, 폴린 파티엔 디오콘 지음
김상복 옮김

코칭심리학(2판)
실천연구자를 위한 안내서
Handbook of Coaching Psychology

스티븐 팔머, 앨리스 와이브로 엮음

코칭 이론과 실천
The SAGE Handbook of Coaching

타티아니 바흐키로바, 고든 스펜스, 데이비드 드레이크 엮음

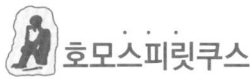
호모스피릿쿠스

나르시시스트와 직장생활하기
Narcissism at Work: Personality Disorders of Corporate Leaders

마리 린느 제르맹 지음
문은영 · 가요한 옮김

정신분석 심리치료의 기본과 실천
: 정신분석·지지적 심리치료와의 차이

아가쯔마 소우 지음
최영은 · 김상복 옮김

조력 전문가를 위한
공감적 경청
共感的傾聽術
:精神分析的に"聽く"力を高める

고미야 노보루 지음
이주윤 옮김

철학과 정신분석 (근간)
Philosophy and Psychoanalysis

Richard Gipps,
Michael Lacewing 편집

(코쿱북스)

코칭의 역사
Sourcebook Coaching History

비키 브록 지음
심경화, 김상복 외 15명 옮김

101가지 코칭의 전략과 기술
: 젊은 코치의 필수 핸드북
101 Coaching Strategies and Technique

글래디나 맥마흔, 앤 아처 지음
김민영, 한성지 옮김

리더십을 위한 코칭
Coaching for Leadership

마샬 골드 스미스,
로렌스 라이언스 등 지음
고태현 옮김

코칭 A to Z

누구나 할 수 있는 코칭 대화 모델
: GROW_candy 모델 이해와 활용

김상복 지음

세상의 모든 질문
: 아하에서 이크까지, 질문적 사고와 질문 공장

김현주 지음

첫 고객.첫 세션 어떻게 할 것인가
(1) 윤리적 가이드라인과 전문가 기준에 의한 고객 만남
(2) 코칭계약과 코칭 동의 수립하기

김상복 지음

코칭방법론
: 조직 운영과 성과 리더십 향상을 돕는 효과성 코칭의 틀

이석재 지음

코치 100% 활용하는 법
: 코칭을 만난 당신에게

김현주, 박종석, 박현진, 변익상,
이서우, 정익구, 한성지 지음

집필자 모집

- 멘토링 기반 코칭 방안과 사례 연구
- 컨설팅 기반 코칭 방안과 사례 연구
- 조직개발 코칭 방안과 사례 연구(1:1 또는 그룹 코칭)
- 사내 코치 활동 방안과 사례 연구
- 주제별·대상별 시네마 코칭 방안과 사례 연구
- 시네마 코칭 이론과 실천 방안 연구
- 아들러 심리학 기반 코칭 방안과 사례 연구
- 코칭 기획과 사례 개념화(중심 이론별 연구)
- 코칭에서 은유와 은유 질문
- '갈굼과 태움', 피해·가해자 코칭
- 미루기 코칭 이해와 활용
- 코치의 젠더 감수성과 코칭 관계 관리
- 정서 다루기와 감정 관리 코칭 및 사례연구
- 코칭 장場 field · 공간과 침묵
- 라이프 코칭 핵심 과제와 사례 연구(청년 및 중년)
- 커리어 코칭 핵심 과제와 사례 연구(청년 및 중년)
- 노년기 대상 라이프 코칭 방안과 사례 연구
- 비혼·혼삶 라이프 코칭 방안과 사례 연구
- 코칭 스킬 총정리와 적용 사례
- 부모 리더십 코칭과 사례 연구(양육자 연령별)
- 코칭 이론 기반 코칭 방안과 사례
- 커플 코칭 방안과 사례
- 의식확장과 영성코칭
- 군 리더십 코칭
- 코칭 ROI 연구

▣ 동일 주제라도 코칭 대상과 방식, 코칭 이론별 집필이 가능합니다.
▣ 최소 기준 A4 기준 80페이지 이상. 코칭 이론과 임상 경험 집필 권장합니다.
▣ 편집위원회와 관련 전문가 심사로 선정됩니다.
▣ 선정 원고는 인세를 지급하며, 무료로 출판합니다.

본 도서는 『세상의 모든 질문』 저자 김현주 코치의 출판기금 지원으로 출간되었습니다.

☞ 호모코치쿠스 29

시스템 코칭과 컨스텔레이션
개인, 팀 및 그룹에 대한 원칙, 실천 및 적용

초판 1쇄 발행　2022년 1월 7일

펴낸이　　｜ 김상복
지은이　　｜ 존 휘팅턴
옮긴이　　｜ 가향순, 문현숙, 임정희, 홍삼열, 홍승지
편　 집　　｜ 정익구
디자인　　｜ 이상진
제작처　　｜ 비전팩토리
펴낸곳　　｜ 한국코칭수퍼비전아카데미
출판등록　｜ 2017년 3월 28일 제2018-000274호
주　 소　　｜ 서울시 마포구 포은로 8길 8. 1005호
문의전화 (영업/도서 주문) 카운트북
　　　　　전화 ｜ 070-7670-9080　　팩스 ｜ 070-4105-9080
　　　　　메일 ｜ countbook@naver.com
　　　　　편집 ｜ 010-3753-0135
　　　　　편집문의 ｜ hellojisan@gmail.com 010-3753-0135
www.coachingbook.co.kr
www.facebook.com/coachingbookshop
카페: 시스템 코칭-팀 코칭-그룹 코칭 http://cafe.naver.com/systemcoaching

ISBN 979-11-89736-34-7
책값은 뒤표지에 있습니다.